Treaty Overriding im Internationalen Steuerrecht als Verfassungsproblem

FINANZ- UND STEUERRECHT IN DEUTSCHLAND UND EUROPA

Herausgegeben von Klaus-Dieter Drüen,
Hanno Kube und Rainer Wernsmann

Band 36

*Zur Qualitätssicherung und Peer
Review der vorliegenden Publikation*

Die Qualität der in dieser Reihe
erscheinenden Arbeiten wird
vor der Publikation durch
Herausgeber der Reihe geprüft.

*Notes on the quality assurance
and peer review of this publication*

Prior to publication, the quality of the
work published in this series is
reviewed by editors of the series.

Ralf Haendel

Treaty Overriding im Internationalen Steuerrecht als Verfassungsproblem

Insbesondere zur Reichweite
der Völkerrechtsfreundlichkeit
des Grundgesetzes

Bibliografische Information der Deutschen Nationalbibliothek
Die Deutsche Nationalbibliothek verzeichnet diese Publikation
in der Deutschen Nationalbibliografie; detaillierte bibliografische
Daten sind im Internet über http://dnb.d-nb.de abrufbar.

Zugl.: Passau, Univ., Diss., 2016

Gedruckt auf alterungsbeständigem,
säurefreiem Papier.

D 739
ISSN 1863-141X
ISBN 978-3-631-71620-5 (Print)
E-ISBN 978-3-631-71624-3 (E-PDF)
E-ISBN 978-3-631-71625-0 (EPUB)
E-ISBN 978-3-631-71626-7 (MOBI)
DOI 10.3726/b10718

© Peter Lang GmbH
Internationaler Verlag der Wissenschaften
Frankfurt am Main 2017
Alle Rechte vorbehalten.
PL Academic Research ist ein Imprint der Peter Lang GmbH.

Peter Lang – Frankfurt am Main · Bern · Bruxelles · New York ·
Oxford · Warszawa · Wien

Diese Publikation wurde begutachtet.

www.peterlang.com

Vorwort

Die vorliegende Doktorarbeit wurde am 8. Februar 2016 bei der Juristischen Fakultät der Universität Passau als Dissertation eingereicht. Für die Veröffentlichung wurden Rechtsprechung und Literatur bis zum Tag der Einreichung berücksichtigt. Am 12. Februar 2016 hat das Bundesverfassungsgericht seinen Beschluss vom 15. Dezember 2015 zur Zulässigkeit der Überschreibung von Völkervertragsrecht durch innerstaatliches Recht („Treaty Override") auf seiner Homepage der Öffentlichkeit zugänglich gemacht. Auf Grund seiner Bedeutung für diese Arbeit wurde dieser Beschluss samt dazu veröffentlichter Literatur zum Stand 31. Oktober 2016 in einem Nachtrag eingearbeitet.

Ich bedanke mich sehr herzlich bei meinem Doktorvater Herrn Prof. Dr. Rainer Wernsmann. Er stand mir von dem Zeitpunkt der Auswahl des Themas bis zur Erstellung des Nachtrags mit ausnahmslos hilfreichem Rat zur Seite. Dank schulde ich auch für die zügige Erstellung des Erstgutachtens und der Genehmigung des Nachtrags. Dieser Dank gilt ebenso Herrn PD Dr. Christian Thiemann im Hinblick auf die Erstellung des Zweitgutachtens und der Genehmigung des Nachtrags. Insbesondere bin ich ihnen für die wissenschaftliche Offenheit, mit der sie dieser Arbeit trotz geübter Kritik begegnet sind und für die darin zum Ausdruck kommende Auffassung von wissenschaftlicher Freiheit sehr verbunden.

Mein ganz besonderer Dank gilt schließlich jeglicher Unterstützung aus dem Kreis meiner Familie und Freunde während der Erstellung dieser Arbeit.

München, im November 2016   Ralf Haendel

5

Inhalt

A. Einführung

Das Grundgesetz ist in der Lesart des Bundesverfassungsgerichts ausgesprochen „freundlich" gegenüber dem Völkerrecht. So spricht das Bundesverfassungsgericht nicht erst seit dem sog. „Görgülü"-Beschluss vom 14. 10. 2004[1] von der Völkerrechtsfreundlichkeit des Grundgesetzes.[2] In Folgeentscheidungen wird diese Begrifflichkeit seitens des Bundesverfassungsgerichts mehr und mehr mit Inhalt gefüllt.[3]

Im Gegensatz dazu setzt sich der Gesetzgeber im Rahmen seiner Steuergesetzgebung in den letzten zwei Jahrzehnten auf breiter Basis offen in Widerspruch zu den völkervertraglichen Verpflichtungen Deutschlands. Er kennzeichnet diesen Völkerrechtsbruch häufig mit Ausdrücken wie „ungeachtet der Bestimmungen eines Abkommens" und zeigt damit, dass er bewusst von völkerrechtlichen Verpflichtungen abweicht. Die Rede ist von der gesetzgeberischen Vorgehensweise des Treaty Overriding.[4] Darunter wird die einseitige gesetzliche Abänderung von völkerrechtlichen, in einem zwischenstaatlichen Konsens gefundenen Regelungen in einem „DBA"[5] verstanden.[6] Diese Vorgehensweise gilt gemeinhin als völkerrechtswidriger

---

1   BVerfGE 111, 307 (318).

2   „Reichskonkordats"-Urteil, BVerfGE 6, 309 (362); vgl. auch BVerfGE 18, 112 (121), wo jedenfalls von einer *völkerrechtsfreundlichen Grundhaltung des Grundgesetzes* die Rede ist. In begrifflicher Anlehnung an die Völkerrechtsfreundlichkeit des Grundgesetzes ist seit dem „Lissabon"-Urteil vom 30.6.2009 nunmehr auch von der „Europarechtsfreundlichkeit des Grundgesetzes" in Entscheidungen des Bundesverfassungsgerichts die Rede, BVerfGE 123, 267 (4. Leitsatz); vgl. auch die „Honeywell" -Entscheidung, BVerfGE 126, 286 (303 f.).

3   „Alteigentümer"-Beschluss, BVerfGE 112, 1; „Sicherungsverwahrung"-Urteil, BVerfGE 128, 326.

4   Der Ausdruck „Treaty Overriding" lässt sich im Deutschen mit „Abkommensüberschreitung" übersetzen. Weitere Übersetzungen finden sich bei *Debatin*, DStR 1992/ Beihefter zu Heft 23, 1 (3): *„Überrollen"; Eckert*, RIW 1992, 386: *„Verdrängen"; Musil*, Deutsches Treaty Overriding (2000), S. 26: *„Abkommensderogation"*. Kritisch zu diesem Begriff *Vogel*, Abkommensbindung und Missbrauchsabwehr, in Cagianut/ Fischer, Festschrift zum 65. Geburtstag von Ernst Höhn (1995), S. 461 (462 ff.); *Leisner*, RIW 1993, 1013 (1016).

5   Der Begriff „DBA" steht im Folgenden für Doppelbesteuerungsabkommen auf dem Gebiet der Steuern vom Einkommen und vom Vermögen. Eine Übersicht über den Stand der am 1.1.2015 geltenden deutschen Doppelbesteuerungsabkommen und die Doppelbesteuerungsverhandlungen findet sich in dem Schreiben des BMF vom 19.1.2015 – IV B 2-S 1301/07/10017-06, das jährlich aktualisiert wird. Soweit in dieser Arbeit DBA mit bestimmten Staaten erwähnt werden, handelt es sich vorbehaltlich einer entgegenstehenden Kennzeichnung stets um das aktuelle, im Verhältnis zu diesem Staat anzuwendende DBA. Rechtsstand ist insoweit der 1.2.2016.

6   Eine ausführliche Erläuterung des Begriffs folgt in Punkt D.III.

Gesetzgebungsakt.[7] Während also das Bundesverfassungsgericht vermehrt die Völkerrechtsfreundlichkeit des Grundgesetzes betont und mit Inhalt füllt, kann das geschilderte Gebaren des deutschen (Steuer-)Gesetzgebers zunächst ohne jegliche verfassungsrechtliche Wertung ohne weiteres als völkerrechts*un*freundlich charakterisiert werden. Das Spannungsverhältnis dieser beiden Entwicklungen liegt auf der Hand. Gerade die in den letzten ca. zehn Jahren zu beobachtende „Zuspitzung" durch die wiederholte Betonung der Völkerrechtsfreundlichkeit des Grundgesetzes durch das Bundesverfassungsgericht auf der einen Seite und die stetige, von der Rechtsprechung des Bundesverfassungsgerichts bisher unbeeindruckte Steuergesetzgebung per Treaty Overriding auf der anderen Seite lassen eine vertiefte Auseinandersetzung mit den einfach-, völker- und verfassungsrechtlichen Rahmenbedingungen des Treaty Overriding aktueller denn je erscheinen. Insbesondere die dahinterstehende Grundfrage zwischen dem Verhältnis von Völkerrecht und innerstaatlichem Recht stellt sich jedoch schon seit Langem. So formulierte bereits *Barandon* im Jahr 1948: *„Die Souveränität der Staaten und die Bindungen, die sie für gemeinsame Ziele eingehen, sind die beiden Pole, zwischen denen sich das gesamte Völkerrecht bewegt."*[8]

Seit jeher rief die gesetzgeberische Vorgehensweise per Treaty Overriding ein gewisses Unbehagen in der steuer- wie staatsrechtlichen Literatur hervor. Jedoch herrschte insbesondere in der staatsrechtlichen Literatur teilweise nur wenig Problembewusstsein, wie beispielsweise der Hinweis darauf zeigt, dass Fälle des Verdrängens von früherem Völkervertragsrecht durch späteres Gesetzesrecht *„in der Praxis (...) außerordentlich selten"*[9] zu finden sind.[10] Dass dem nicht so ist, stellte *Vogel* schon im Jahre 1997 für den Bereich der Abkommen zur Vermeidung von Doppelbesteuerungen fest.[11] Doch auch in der aktuellen staatsrechtlichen Literatur findet sich noch der Satz: „Überdies erscheint es *undenkbar, dass ein völkerrechtswidriges Verhalten der Bundesrepublik gesetzlich festgeschrieben wird (...)."*[12] Angesichts dieses Befundes verwundert es wenig, dass ein bewusstes Abweichen des Gesetzgebers von einem völkerrechtlichen Abkommen über lange Zeit weitgehend nur im Internationalen Steuerrecht diskutiert wurde.[13] Auch wenn sich dies seit geraumer Zeit ändert

---

7   Siehe dazu ausführlich Punkt E. Von dieser Gesetzgebung sind alle DBA zwischen Deutschland und europäischen Mitgliedsstaaten sowie Drittstaaten betroffen.

8   *Barandon*, Die Vereinten Nationen und der Völkerbund (1948), S. 13, zitiert bei *Carl*, Zwischen staatlicher Souveränität und Völkergemeinschaftsrecht (2012), S. 1.

9   *Bernhardt*, in Isensee/Kirchhof, Handbuch des Staatsrechts (1992), § 174 Rz. 29; vgl. auch *Tomuschat*, in Isensee/Kirchhof, Handbuch des Staatsrechts (1992), § 172 Rz. 35.

10   So *Vogel*, JZ 1997, 161.

11   *Vogel*, JZ 1997, 161 (161 f.).

12   *Proelß*, Der Grundsatz der völkerrechtsfreundlichen Auslegung, in Rensen/Brink, Linien der Rechtsprechung des Bundesverfassungsgerichts (2009), S. 553 (560).

13   Richtigerweise weist *Elicker* denn auch auf die große Praxisrelevanz in der Steuerrechtswissenschaft hin, siehe *ders.*, Die Zukunft des deutschen internationalen Steuerrechts, IFSt-Schrift Nr. 438 (2006), S. 16; nunmehr auch für die staatsrechtliche

und auch die staatsrechtliche Literatur dieser Problematik immer weiteren Raum einräumt, wird durch diesen Befund die Einzigartigkeit dieser gesetzgeberischen Vorgehensweise im völkerrechtlichen Gesamtkontext angedeutet.[14]

Es scheint, als sei die Hemmschwelle zum Bruch von Völkervertragsrecht besonders gering, wenn es um Steuereinnahmen geht. Dies ist angesichts der immer wieder öffentlich in Rundfunk, Fernsehen und Zeitungen verbreiteten Meinung über Steuervermeidungsstrategien großer Konzerne im Rahmen von DBA durchaus verständlich und wirkt vor diesem Hintergrund für viele Seiten offenbar geradezu als wünschenswert. Unabhängig von der öffentlichen Meinung stellt sich für die Steuerrechtswissenschaft im Bereich des Internationalen Steuerrechts jedoch die Frage, inwieweit sich der Gesetzgeber von dem Einfluss des Völkerrechts und seiner innerstaatlichen Beachtung abkoppeln kann bzw. darf. Diese Frage stellt sich umso dringlicher, als das Bundesverfassungsgericht regelmäßig die Völkerrechtsfreundlichkeit des Grundgesetzes betont. Kann es sein, dass sich der Steuergesetzgeber also nicht nur vom Völkervertragsrecht abkoppelt, sondern auch von der Verfassungsinterpretation des Bundesverfassungsgerichts? Und inwieweit würde dies die Rechte des Steuerpflichtigen berühren? Hier ist eine Einordnung dieses gesetzgeberischen Verhaltens in den aktuellen staats- wie auch völkerrechtlichen Diskussionsstand sowie der entsprechenden Rechtsprechung des Bundesverfassungsgerichts notwendig, um für den Bereich des Internationalen Steuerrechts einen verfassungsrechtlichen Maßstab für völkerrechtswidrige Gesetzgebungsakte ableiten zu können. Dieser sollte möglichst auch ein belastbarer Maßstab für die spätere Gesetzgebung sein bzw. dem Gesetzgeber eine Richtschnur geben, wie das Verhältnis zwischen DBA und innerstaatlicher Gesetzgebung ausgestaltet werden muss, um eine gegebenenfalls verfassungswidrige Treaty Overriding-Gesetzgebung zu verhindern.

Dabei sind grundlegende Fragen zum Verhältnis von Völkerrecht und innerstaatlichem Recht zu beantworten. Letztlich wird dabei vor allem auch die vom Bundesverfassungsgericht betonte Völkerrechtsfreundlichkeit des Grundgesetzes in ihrer Aussagekraft und Reichweite für das Treaty Overriding auf den verfassungsrechtlichen Prüfstand zu stellen sein. Anhand der daraus resultierenden Ergebnisse ist dann der verfassungsrechtliche Rahmen für den genannten „diametralen Gegensatz" zwischen dem als völkerrechtsfreundlich charakterisierten Grundgesetz und der inzwischen regelmäßigen Gesetzgebung im Wege des Treaty Overriding zu finden.

Als beispielhaftes Zeugnis der Steuergesetzgebung im Wege des Treaty Overriding kann insbesondere § 50d EStG dienen. Insgesamt zeugen die einzelnen Absätze des § 50d EStG von dem aktuellen Bemühen des Gesetzgebers, vermeintliche Lücken in den DBA durch einseitige Regelungen zu schließen. Auch ohne eine prophetische Weisheit an den Tag legen zu müssen, ist abzusehen, dass dieses

---

Theorie als Praxisfälle erkennend *Rauschnig*, in Kahl/Waldhoff/Walter, Bonner Kommentar (2015), Art. 59 Rz. 142.

14 *Rauschnig*, in Kahl/Waldhoff/Walter, Bonner Kommentar (2015), Art. 59 Rz. 142: „(...) *wird praktisch nur im Steuerrecht diskutiert.*"

Vorgehen von Seiten des Gesetzgebers vorerst kein Ende finden wird.[15] Dabei kann davon ausgegangen werden, dass sich der Gesetzgeber in der Regel bewusst ist, dass verfassungsrechtliche Bedenken gegen diese Art von Gesetzgebung bestehen. Eine Entscheidung des Bundesverfassungsgerichts explizit zu dieser Thematik liegt bisher (noch) nicht vor. Doch kam vom Bundesverfassungsgericht im Jahr 2004 der Anstoß zu einer inhaltlichen Bewegung in der wissenschaftlichen Diskussion und zwar mit dessen „Görgülü"-Beschluss[16]. Die auf den ersten Blick nicht unbedingt ersichtliche Relevanz der Entscheidung zum Umgangsrecht eines Elternteils für das Internationale Steuerrecht und dabei insbesondere für die verfassungsrechtliche Einordung der Treaty Overriding-Gesetzgebung ergab sich aus den Aussagen des Gerichts zum Verhältnis des Völkerrechts zum innerstaatlichen Recht.[17] Diese Relevanz erkannte zuerst *Vogel* und schuf dafür durch seine entsprechenden Veröffentlichungen ein breiteres Bewusstsein in der Steuerliteratur für die Bedeutung des Beschlusses hinsichtlich des gesetzgeberischen Vorgehens im Wege des Treaty Overriding.[18] Die herausgehobene Wichtigkeit dieser Entscheidung für das Internationale Steuerrecht zeigte sich nicht zuletzt daran, dass in der Folge namhafte Autoren wie *Wassermeyer/Schönfeld*, die Treaty Overriding ursprünglich für verfassungsrechtlich unbedenklich hielten, sich durch diese Rechtsprechung des Bundesverfassungsgerichts gehalten sahen, eine deutlich strengere Position hinsichtlich ihrer verfassungsrechtlichen Beurteilung einzunehmen und sich nunmehr für eine im Grundsatz bestehende Verfassungswidrigkeit aussprechen, die lediglich in einem engen Rahmen beseitigt werden könne.[19]

Dass es trotz des in der Finanzgerichtsbarkeit im Vergleich zur Verwaltungsgerichtsbarkeit kürzeren Rechtswegs über eine verhältnismäßig lange Zeit[20] keine Entscheidung des Bundesverfassungsgerichts zu der Thematik Treaty Overriding gibt, liegt in erster Linie daran, dass der Bundesfinanzhof in einer Entscheidung aus dem Jahre 1994 diese Form der Gesetzgebung als verfassungsrechtlich unbedenklich angesehen hat.[21] Auch wurde gegen diese Entscheidung nicht Urteilsverfassungsbeschwerde eingelegt. Die Erfolgsaussichten eines solchen Vorgehens erschienen der Klägerseite möglicherweise als zu gering, zumal auch die überwiegende steuerrechtliche Literatur damals dem Bundesfinanzhof mindestens im

---

15   Ein aktuelles Zeugnis ist § 50i EStG, siehe hierzu statt vieler *Gosch*, in Kirchhof, EStG (2015), § 50i EStG Rz. 2.

16   BVerfGE 111, 307.

17   In dem „Görgülü"-Beschluss ging es um die EMRK.

18   Vgl. nur *Vogel*, IStR 2005, 29.

19   Vgl. dazu *Wassermeyer/Schönfeld*, in Flick/Wassermeyer/Baumhoff/Schönfeld, Außensteuerrecht (2015), § 20 AStG Rz. 42 ff.

20   Die erste Treaty Overriding-Norm in Deutschland datiert aus dem Jahre 1992 in Gestalt des § 20 AStG, der mit dem Steueränderungsgesetz 1992 vom 25.2.1992, BGBl. I 1992, 297, eingefügt worden war.

21   BFH vom 13.7.1994, I R 120/93, BStBl. II 1995, 129.

Ergebnis folgte,[22] wobei sich jedoch immer wieder kritische Stimmen (allen voran die von *Vogel*)[23] geradezu hartnäckig in die wissenschaftliche Diskussion einmischten. In der Praxis stellte sich offenbar nach der Entscheidung des Bundesfinanzhofs jedoch nicht mehr die Frage, ob gegen einen Steuerbescheid Einspruch eingelegt werden soll, der sich auf eine Treaty Overriding-Norm stützt. Damit war denn auch die Chance auf eine klärende Entscheidung des Bundesverfassungsgerichts vorerst dahin. Mit der Entscheidung vom 10. 1. 2012 hat der Bundesfinanzhof nun aber seine Rechtsprechung aus dem Jahre 1994 ausdrücklich aufgegeben und die Frage der Verfassungsmäßigkeit einer Treaty Overriding-Norm[24] unter Berufung auf den „Görgülü"-Beschluss erstmals dem Bundesverfassungsgericht in Form eines Normenkontrollantrags vorgelegt.[25] Es folgten zwei weitere Vorlagebeschlüsse in den Jahren 2013[26] und 2014[27]. Zum Zeitpunkt des Abschlusses dieser Arbeit stehen die Entscheidungen jedoch noch aus. Nicht zuletzt diese Vorlagebeschlüsse unterstreichen die Aktualität der Thematik.

Ob diese völkerrechtswidrige Art der Steuergesetzgebung wie nach der bisherigen, in der Entscheidung des Bundesfinanzhofs zum Ausdruck kommenden Sichtweise verfassungsrechtlich quasi „schrankenlos" geschehen kann, wird Gegenstand dieser Untersuchung sein. Dabei wird sich zeigen, dass der „Görgülü"-Beschluss, den der Bundesfinanzhof offenbar als Anlass zur Änderung seiner Rechtsprechung und zur Vorlage der Entscheidung zum Bundesverfassungsgericht genommen hat,[28] keinen Einzelfall darstellt, sondern in eine weite Rechtsprechungslinie des Bundesverfassungsgerichts sowie in eine aktuelle staats- und völkerrechtliche Diskussion eingeordnet werden kann. Diese aktuellen Entwicklungen in der wissenschaftlichen Diskussion sollen aufgegriffen und beleuchtet sowie die Rechtsprechung des Bundesverfassungsgerichts insbesondere zum Grundsatz der Völkerrechtsfreundlichkeit des Grundgesetzes eingehend dargestellt und in den Zusammenhang mit der Treaty Overriding-Gesetzgebung gebracht werden. Unter Berücksichtigung des Diskussionsstands und der Rechtsprechungsentwicklung wird der verfassungsrechtliche Rahmen für die Treaty Overriding-Gesetzgebung dargestellt werden.

Zu Beginn der Untersuchung soll zunächst das Verhältnis von Völkerrecht zu dem innerstaatlichen Recht Deutschlands abgebildet und hierbei die Einbeziehung

---

22 Siehe dazu BFH vom 13.7.1994, I R 120/93, BStBl. II 1995, 129, dort m. w. N. zur älteren Literatur.

23 Siehe nur folgende Veröffentlichungen: *Vogel*, JZ 1997, 161; *ders.* IStR 2005, 29.

24 Es geht um § 50d Abs. 8 Satz 1 EStG 2002 n. F.

25 BFH vom 10.1.2012, I R 66/09, IStR 2012, 426, sowie die Ergänzung des Vorlagebeschluss, IStR 2015, 627, anhängig beim Bundesverfassungsgericht unter Az.: 2 BvL 1/12.

26 BFH vom 11.12.2013, I R 4/13, BStBl. II 2014, 791, anhängig beim Bundesverfassungsgericht unter Az.: 2 BvL 15/14.

27 BFH vom 20.8.2014, I R 86/13, BStBl. II 2015, 18, anhängig beim Bundesverfassungsgericht unter Az.: 2 BvL 21/14.

28 BFH vom 10.1.2012, I R 66/09, IStR 2012, 426.

von völkerrechtlichen Verträgen (insbesondere der DBA) in den innerstaatlichen Rechtsbereich erörtert werden. Sodann sollen die abkommensrechtlichen Grundlagen zur Verhinderung einer internationalen Doppelbesteuerung dargestellt werden. Denn in diesem Bereich entfaltet die Treaty Overriding-Gesetzgebung ihre Wirkung. Daraufhin soll der Begriff Treaty Overriding als Untersuchungsgegenstand dieser Arbeit dogmatisch und inhaltlich erfasst sowie von bestimmten abkommensrechtlichen Sachverhalten abgegrenzt werden. In diesem Zusammenhang sind an Hand ihrer fiskalischen Zweckrichtung einzelne Fallgruppen von Treaty Overriding-Normen zu bilden.

Um sich der verfassungsrechtlichen Problematik zu nähern, werden zunächst die völkerrechtliche Dimension der Treaty Overriding-Gesetzgebung und ihre völkerrechtlich eingeschränkte Sanktionierbarkeit dargestellt.

Sodann erfolgt eine genaue Untersuchung der Problemfelder auf Ebene des innerstaatlichen Rechts. Es wird sich zeigen, dass das Phänomen Treaty Overriding neben seiner verfassungsrechtlichen Relevanz vor allem Anwendungsfragen hinsichtlich innerstaatlicher Normen aufwirft, die in ihrer praktischen Relevanz für den Rechtsanwender nicht zu unterschätzen sind. Diese Probleme werden aus dem Blickwinkel einer Treaty Overriding-Gesetzgebung einer dogmatisch stringenten Lösung zugeführt. In Bezug auf die aktuell anwendbaren Treaty Overriding-Vorschriften soll daran anknüpfend ein konkreter verfassungsrechtlicher Rahmen für die Treaty Overriding-Gesetzgebung entwickelt werden. Dieser wird dann in einem Anwendungsfall einer verfassungsrechtlichen Prüfung der Treaty Overriding-Vorschriften in Gestalt des § 50d Abs. 8 Satz 1 EStG oder des § 50d Abs. 10 EStG veranschaulicht werden, welche aktuell Gegenstand der Vorlagebeschlüsse des Bundesfinanzhofs sind. Diese Normen sind ins Verhältnis zur neueren Rechtsprechung des Bundesverfassungsgerichts in Bezug auf die Völkerrechtsfreundlichkeit des Grundgesetzes und zu dem in dieser Arbeit zu entwickelnden verfassungsrechtlichen Rahmen zu setzen. Dabei geht es insbesondere um eine dogmatische Einordnung der Völkerrechtsfreundlichkeit des Grundgesetzes und die Frage, inwieweit diese im Rahmen einer verfassungsrechtlichen Prüfung von Steuernormen in Bezug auf die Grundrechte aus Art. 2 I, 3 I und 14 GG von Bedeutung sein kann.

Auf unionsrechtliche Fragestellungen im Zusammenhang mit einer Treaty Overriding-Gesetzgebung wird in dieser Untersuchung nicht eingegangen.[29]

---

29 Siehe hierzu die ausführliche Darstellung von *Gebhardt*, Deutsches Tax Treaty Overriding (2013), S. 59 ff. sowie *Wernsmann*, in Schulze/Zuleeg/Kadelbach, Europarecht – Handbuch für die deutsche Rechtspraxis (2015), § 30 Rz. 95 mit zahlreichen Nachweisen aus der Rechtsprechung des EuGH zur (fehlenden) unionsrechtlichen Relevanz von Doppelbesteuerungen (auch in Folge eines Treaty Overriding) durch den Steuerzugriff zweier Mitgliedstaaten.

B. Völkerrecht und innerstaatliches Recht

Generell handelt es sich bei Treaty Overriding-Normen um nationale Steuergesetze, die an einen völkerrechtlichen Vertrag („Treaty") zwischen zwei Staaten anknüpfen. Gemeint ist das jeweilige DBA, das durch das nationale Steuergesetz „überspielt" werden soll. Es stellen sich in diesem Zusammenhang die gleichen rechtlichen sowie rechtstheoretischen Fragen wie bei jedem anderen völkerrechtlichen Vertrag. Dabei ist zunächst zu erläutern, in welchem allgemeinen Verhältnis das Völkerrecht (hier insbesondere das Völkervertragsrecht) und das innerstaatliche Recht zueinander stehen und wie es dazu kommt, dass völkerrechtliche Verträge zwischen zwei Staaten in das innerstaatliche Recht einbezogen werden und im innerstaatlichen Rechtskreis ihre Wirksamkeit auch gegenüber dem deutschen Staatsbürger bzw. dem Steuerpflichtigen entfalten können. Erst nach Klärung dieses grundlegenden Verhältnisses kann die einseitige Einwirkung des Gesetzgebers auf ein DBA durch eine Treaty Overriding-Gesetzgebung vollumfänglich gewürdigt werden. Die Überlegungen für die Einordnung von Treaty Overriding in die grundlegenden staats- und völkerrechtlichen Denkweisen bilden letztlich die Grundlage bzw. den denklogischen Zugang zu der Gesamtproblematik, insbesondere vor dem Hintergrund, dass sich Probleme der konkreten Rechtsanwendung häufig bereits in den rechtstheoretischen Grundlagen andeuten bzw. abzeichnen.[30] Abschließend soll in diesem Unterpunkt skizziert werden, wie das Grundgesetz vor diesem rechtstheoretischen Hintergrund die Einbeziehung von DBA in das innerstaatliche Recht konkret vollzieht.

I. Theorien zum Verhältnis von Völkerrecht und innerstaatlichem Recht

In Deutschland haben sich in erster Linie zwei maßgebliche rechtsdogmatische Denkschulen für das Verhältnis von Völkerrecht zu dem innerstaatlichen Recht herausgebildet.[31] Diese zeichnen sich durch eine monistische bzw. dualistische Sicht auf die weltweite(n) Rechtsordnung(en) aus. Prägend für die dualistische Sicht war insbesondere eine Arbeit von *Triepel* zur Geltungszeit der Reichsverfassung[32], in der er eine strikte Trennung zwischen innerstaatlichem Recht und Völkerrecht

---

30 Vgl. dazu *Kunig*, in Graf Vitzthum/Proelß, Völkerrecht (2013), S. 68.
31 Eine eingehende Untersuchung zu den einzelnen Theorien und deren „Spielarten" findet sich bei *Pfeffer*, Das Verhältnis von Völkerrecht und Landesrecht (2009), S. 81 ff.; zu weiteren Theorien *Bleckmann*, Grundprobleme und Methoden des Völkerrechts (1982), S. 191 ff.
32 Die Reichsverfassung trat am 1.1.1871 in Kraft.

präferierte und darin zwei unterschiedliche Rechtskreise erblickte.[33] Eine andere Denkrichtung ging dagegen von der Einheit des Rechts aus und sah beide Rechtsordnungen als Teile in einem einheitlichen Rechtssystem an.[34] Beide Denkschulen bilden heute noch die rechtstheoretische Grundlage für das Verhältnis von innerstaatlichem Recht zum Völkerrecht.

1. Die monistische Theorie

Anhänger einer monistischen Denkrichtung gehen davon aus, dass das Völkerrecht ebenso wie das innerstaatliche Recht als Teile einer (Gesamt-)Rechtsordnung anzusehen sind[35] Ihr Geltungsgrund ist demnach identisch.[36] Für den die monistische Theorie prägenden *Kelsen* besteht dieser Geltungsgrund in der „Grundnorm", aus der sich alles Recht ableitet.[37] Dies hat zur Folge, dass das Völkerrecht innerstaatlich ohne weiteren Rechtsakt anwendbar ist.[38] Dadurch ist allerdings noch nichts über die für den Rechtsanwender bedeutsame Frage ausgesagt, wie sich die Normen des innerstaatlichen Rechts und des Völkerrechts im Konfliktfall zueinander verhalten. Das ist eine Frage der Normenhierarchie bzw. des Normenvorrangs. Hinsichtlich der Frage des Vorrangs im Konfliktfall existieren innerhalb der Anhänger der monistischen Theorie unterschiedliche Auffassungen.[39] So sollte sich entweder das Völkerrecht (Monismus mit Primat/Geltungsvorrang des Völkerrechts)[40] oder das innerstaatliche Recht (Monismus mit Primat/Geltungsvorrang des Landesrechts)[41]

---

33 *Triepel* formulierte es in seinem Werk „Völkerrecht und Landesrecht" aus dem Jahre 1899 so: *„Völkerrecht und Landesrecht sind [...] verschiedene Rechtsordnungen. Sie sind zwei Kreise, die sich höchstens berühren, niemals schneiden."* Siehe *ders.*, Völkerrecht und Landesrecht (1899), S. 111.

34 Siehe dazu *Kelsen*, ZaöRV 1958, 234; zum gemäßigten Monismus grundlegend *Verdross*, Völkerrecht (1964), S. 113 ff.

35 Vgl. dazu die Formulierung bei *Stein/von Butlar*, Völkerrecht (2012), Rz. 177; siehe auch *Bleckmann*, Grundprobleme und Methoden des Völkerrechts (1982), S. 189 m. w. N.

36 Deutlich *Bautze*, Völkerrecht (2012), S. 135 mit Nachweisen zur Diskussion um die naturrechtlichen Grundlagen des Völkerrechts; *Stein/von Butlar*, Völkerrecht (2012), Rz. 176; *Kunig*, in Graf Vitzthum/Proelß, Völkerrecht (2013), S. 78; der unterschiedliche Geltungsgrund ist das entscheidende Unterscheidungsmerkmal zwischen der monistischen und der dualistischen Theorie.

37 Vgl. *Kelsen*, ZaöRV 1958, 234 (234 f.).

38 *Kunig*, in Graf Vitzthum/Proelß, Völkerrecht (2013), S. 78; *Nettesheim*, in Maunz/ Dürig, Grundgesetz (2015), Art. 59 Rz. 168; vgl. *Stein/von Butlar*, Völkerrecht (2012), Rz. 178 f.

39 Siehe dazu *Schweisfurth*, Völkerrecht (2006), S. 196 und mit kritischer Würdigung der Auffassungen *Kunig*, in Graf Vitzthum/Proelß, Völkerrecht (2013), S. 78.

40 So *Verdross/Simma*, Universelles Völkerrecht (1984), S. 53 f.; vgl. auch *Bautze*, Völkerrecht (2012), S. 134.

41 Nachweise zu dieser Sichtweise finden sich bei *Rudolf*, Völkerrecht (1967), S. 132 f.

durchsetzen.[42] Letztgenannte Auffassung wird heute allerdings nicht mehr vertreten.[43] Inzwischen ist also der Geltungsvorrang des Völkerrechts Merkmal der monistischen Theorie, wobei wiederum umstritten ist, ob die innerstaatliche Norm im Konfliktfall nichtig (radikaler Monismus) oder lediglich nicht anwendbar (gemäßigter Monismus) ist.[44] Für Zwecke dieser Arbeit ist ein weiteres Eingehen auf diese Varianten der monistischen Theorie nicht notwendig. Es soll lediglich die für die monistische Theorie spezifische Denkweise in Bezug auf das Verhältnis von innerstaatlichem Recht zum Völkerrecht dargestellt werden, ohne einzelne Varianten näher zu diskutieren.

2. Die dualistische Theorie

Innerhalb der dualistischen Vorstellung von Völkerrecht und innerstaatlichem Recht geht man von einem selbständigen Nebeneinander der beiden Rechtsordnungen aus.[45] Dies hat zur Folge, dass sowohl die Quellen der beiden Rechtsordnungen als auch ihre Inhalte und Adressaten unterschiedlich sind, was bei einer strikten Fortführung dieser Denkrichtung (radikaler Dualismus) auf Grund des Nebeneinanders der Rechtsordnungen eine Verneinung von Konfliktmöglichkeiten zur Folge hat.[46] Vorherrschend ist heute in der staats- und völkerrechtlichen Lehre aber nicht ein solcher radikaler, sondern vielmehr ein gemäßigter Dualismus.[47] Nach diesem ist ein Konflikt zwischen innerstaatlichem Recht und Völkerrecht durchaus denkbar, wobei im Falle einer Normenkollision im Gegensatz zum heutigen Verständnis der monistischen Theorie grundsätzlich dem innerstaatlichen Recht der Vorrang einzuräumen ist, da nur ein innerstaatlicher Akt der völkerrechtlichen Norm zu ihrer innerstaatlichen Geltung verhelfen kann.[48]

---

42 Siehe dazu ausführlich *Kelsen*, ZaöRV 1958, 234 (235 ff.).
43 *Stein/von Butlar*, Völkerrecht (2012), Rz. 176; *Schweisfurth*, Völkerrecht (2006), S. 196; *Wernsmann*, in Hübschmann/Hepp/Spitaler, AO FGO (2015), § 4 Rz. 246; siehe aber *Kunig*, in Graf Vitzthum/Proelß, Völkerrecht (2013), S. 78, der annimmt, dass lediglich „*überwiegend*" vom Primat des Völkerrechts ausgegangen wird.
44 Siehe dazu *Stein/von Butlar*, Völkerrecht (2012), Rz. 177; vgl. auch *Schweisfurth*, Völkerrecht (2006), S. 196.
45 Vgl. statt vieler *Bautze*, Völkerrecht (2012), S. 133; *Nettesheim*, in Maunz/Dürig, Grundgesetz (2015), Art. 59 Rz. 167.
46 *Schweisfurth*, Völkerrecht (2006), S. 195; *Stein/von Butlar*, Völkerrecht (2012), Rz. 180; vgl. *Nettesheim*, in Maunz/Dürig, Grundgesetz (2015), Art. 59 Rz. 167.
47 So *Stein/von Butlar*, Völkerrecht (2012), Rz. 181; vgl. *Hobe*, Einführung in das Völkerrecht (2008), S. 232; *Wernsmann*, in Hübschmann/Hepp/Spitaler, AO FGO (2015), § 4 Rz. 247.
48 Vgl. *Kunig*, in Graf Vitzthum/Proelß, Völkerrecht (2013), S. 77 f.

3. Die Theorien in der Praxis

Auch wenn die monistische Theorie eher für das Primat des Völkerrechts streitet und die dualistische Theorie für den Vorrang des innerstaatlichen Rechts, so stellen die beiden Theorien in ihrer heute vorherrschenden, gemäßigten Deutung letztlich ähnliche Lösungen für die praktischen Fragen bei der Anwendbarkeit beider Rechtsordnungen zur Verfügung und sind damit mehr oder weniger „zwei Seiten einer Medaille".[49] So kann auch die tatsächliche Rechtslage in der Bundesrepublik Deutschland sowohl aus dualistischer Sicht als auch aus monistischer Sicht erklärt werden.[50] Für die Praxis ergeben sich insofern aus den beiden Denkrichtungen keine unterschiedlichen Ergebnisse in der Rechtsanwendung.[51] Das Bundesverfassungsgericht scheint in jüngerer Zeit einer gemäßigt dualistischen Auffassung das Wort zu reden und begründet dies mit Wortlaut und Existenz von Art. 25 GG und Art. 59 Abs. 2 GG.[52] So heißt es in einer jüngeren Entscheidung, dem Grundgesetz liege

> *„deutlich die klassische Vorstellung zu Grunde, dass es sich bei dem Verhältnis des Völkerrechts zum nationalen Recht um ein Verhältnis zweier unterschiedlicher Rechtskreise handelt und dass die Natur dieses Verhältnisses aus der Sicht des nationalen Rechts nur durch das nationale Recht selbst bestimmt werden kann".*[53]

In der Tat wird sich in dieser Arbeit zeigen, dass nicht nur das Grundgesetz von einer gemäßigt dualistischen Sichtweise zumindest geprägt zu sein scheint,[54] sondern dass auch auf der Grundlage dieses Denkansatzes in sinnvoller Weise für die Anwendung von Völkervertragsrecht und innerstaatlichem Recht ein rechtlicher Rahmen im innerstaatlichen Recht gefunden werden kann. Tatsächlich ließen sich die hier gefundenen Ergebnisse aber auch durch die gemäßigte monistische Sichtweise rechtstheoretisch begründen.

Mit *Kunig* ist jedoch ganz allgemein zur Wirkkraft der dualistischen und monistischen Theorie festzustellen, dass diese in ihrem absoluten Anspruch kein Eingang in das zwischenstaatliche Recht gefunden haben, zumal die Staaten nicht die Einhaltung von Theorien verlangen, sondern die Einhaltung einzelner völkerrechtlicher

---

49 Ähnlich *Kunig*, in Graf Vitzthum/Proelß, Völkerrecht (2013), S. 78 f.
50 *Kunig*, in Graf Vitzthum/Proelß, Völkerrecht (2013), S. 79 m. w. N. zu eher dualistischen bzw. monistischen Deutungen in der völkerrechtlichen Literatur.
51 Vgl. *Wernsmann*, in Hübschmann/Hepp/Spitaler, AO FGO (2015), § 4 Rz. 247.
52 BVerfGE 111, 307 (318).
53 BVerfGE 111, 307 (318).
54 Ähnlich auch *Kotzur*, Deutschland und die internationalen Beziehungen, in Häberle, 60 Jahre deutsches Grundgesetz (2011), S. 203 (208); sowie deutlich *Schweisfurth*, Völkerrecht (2006), S. 200.

Vereinbarungen.[55] Sie „schulden (...) einander ein Ergebnis, sind aber frei auf dem Weg dorthin."[56]

II. Die Einbeziehung von Völkerrecht in den innerstaatlichen Rechtskreis

Vor dem Hintergrund des Monismus und des Dualismus haben sich unterschiedliche Theorien herausgebildet, die eine rechtstheoretische Antwort darauf geben wollen, wie dem Völkerrecht in der innerstaatlichen Rechtsordnung Geltung und Wirksamkeit verliehen wird. Dabei ist eine Zuordnung einer Theorie zum Monismus oder Dualismus allerdings keinesfalls zwingend.[57] Die Theorien nennen sich entsprechend ihrem Grundansatz Inkorporationstheorie[58], Transformationstheorie und Vollzugstheorie.[59]

1. Die Inkorporationstheorie

Die Inkorporationstheorie geht davon aus, dass das Völkerrecht durch eine generelle oder einzelfallbezogene Einbeziehung, welcher die Erfüllung bestimmter, qualifizierender Bedingungen voraussetzt, als solches innerstaatliche Geltung erlangt, so dass für das Inkrafttreten, die Auslegung von völkerrechtlichen Normen und die Beendigung völkerrechtlicher Verträge die Normen und Regeln des Völkerrechts anzuwenden sind.[60] Das so inkorporierte Völkerrecht behält seinen völkerrechtlichen Charakter.[61]

---

55 Siehe dazu *Kunig*, in Graf Vitzthum/Proelß, Völkerrecht (2013), S. 78 f.
56 *Kunig*, in Graf Vitzthum/Proelß, Völkerrecht (2013), S. 78.
57 So auch *Pfeffer*, Das Verhältnis von Völkerrecht und Landesrecht (2009), S. 132 m. w. N.
58 Auch bekannt als „Adoptionstheorie", „Absorptionstheorie" bzw. „Rezeptionstheorie", vgl. *Kunig*, in Graf Vitzthum/Proelß, Völkerrecht (2013), S. 80 m. w. N.
59 Hierbei beschränkt sich diese Arbeit auf die Grundstrukturen der genannten Theorien. Ein Eingehen auf die verschiedenen „Unterarten" der Theorien wäre ohne ein vertieftes Eingehen auf die dahinter stehende erkenntnistheoretische Methodik kaum möglich. Daher bleibt eine genauere Analyse anderen wissenschaftlichen Arbeiten vorbehalten. Eine solche findet sich beispielsweise zuletzt bei *Pfeffer*, Das Verhältnis von Völkerrecht und Landesrecht (2009), S. 81 ff.
60 So *Nettesheim*, in Maunz/Dürig, Grundgesetz (2015), Art. 59 Rz. 175; vgl. auch *Kunig*, in Graf Vitzthum/Proelß, Völkerrecht (2013), S. 80.
61 *Kunig*, in Graf Vitzthum/Proelß, Völkerrecht (2013), S. 80; siehe auch *Schweisfurth*, Völkerrecht (2006), S. 199; zur Abgrenzung zwischen Vollzugs- und Inkorporationslehre siehe *Nettesheim*, in Maunz/Dürig, Grundgesetz (2015), Art. 59 Rz. 176.

2. Die Transformationstheorie

Einen weiteren Erklärungsversuch stellt die von *Triepel* geprägte Transformationstheorie dar.[62] Eine unmittelbare Anwendung von völkerrechtlichen Normen ist nach dieser Theorie nicht möglich, vielmehr ist ein Transformationsakt notwendig, um dem Völkerrecht zu innerstaatlicher Geltung zu verhelfen.[63] Da die notwendige „Umsetzungsnorm" innerstaatliches Recht darstellt, richtet sich (jedenfalls bei strikter Anwendung der Transformationstheorie) die Auslegung, das Inkrafttreten bzw. die Beendigung und die Abänderung des transformierten Rechts nach innerstaatlichem Recht.[64]

3. Die Vollzugstheorie

Mehr und mehr vorherrschend ist die Vollzugstheorie. Nach der Vollzugstheorie kann sowohl auf eine Inkorporierung als auch eine Transformation von Völkerrecht verzichtet werden und lediglich dessen Vollzug, mithin die Verpflichtung Völkerrecht innerstaatlich durch die staatlichen Organe anzuwenden, „befohlen" werden.[65] Letztlich führt dieser Rechtsanwendungsbefehl nicht zur Implementierung von völkerrechtlichen Normen, sondern lediglich zu deren innerstaatlicher Anwendbarkeit.[66]

4. Auffassung der Rechtsprechung

In der Rechtsprechung wurden bisher insbesondere die Vollzugstheorie sowie die Transformationstheorie verwendet. Jedoch war und ist das Bild unter den einzelnen Gerichten nicht einheitlich.[67] Oberste Bundesgerichte gingen jedenfalls bis in letzter

---

62 Prägend war insoweit die Schrift von *Triepel* zum dualistischen Verständnis der völkerrechtlichen und staatsrechtlichen Rechtsordnung, siehe *ders.*, Völkerrecht und Landesrecht (1899), S. 111 ff.; siehe auch *Kunig*, in Graf Vitzthum/Proelß, Völkerrecht (2013), S. 80; sehr kritisch zu Inhalt und Anwendbarkeit der Transformationstheorie im deutschen Recht *Vogel*, IStR 2003, 523 (525), der den Ursprung dieser Theorie im britischen Verfassungsrecht sieht.
63 Siehe auch *Nettesheim*, in Maunz/Dürig, Grundgesetz (2015), Art. 59 Rz. 174.
64 Dies kann insbesondere beim Inkrafttreten von völkerrechtlichen Verträgen zu inkongruenten Ergebnissen führen und ist daher problematisch. Eingehend zu der Transformationstheorie *Nettesheim*, in Maunz/Dürig, Grundgesetz (2015), Art. 59 Rz. 174; *Schweisfurth*, Völkerrecht (2006), S. 199 f.; *Kunig*, in Graf Vitzthum/Proelß, Völkerrecht (2013), S. 80; im Sinne der Transformationslehre wohl auch das Bundesverwaltungsgericht in seinem Urteil vom 12.6.1970, VII C 64.68, BVerwGE 35, S. 265 f.: „(...) in Bundesrecht transformiert (...)."
65 *Schweisfurth*, Völkerrecht (2006), S. 199.
66 *Nettesheim*, in Maunz/Dürig, Grundgesetz (2015), Art. 59 Rz. 176; vgl. auch *Kunig*, in Graf Vitzthum/Proelß, Völkerrecht (2013), S. 80 f.
67 Vgl. *Rojahn*, in von Münch/Kunig, GG (2012), Art. 59 Rz. 36 m. w. N.

Zeit noch von der Transformationstheorie aus.[68] Das Bundesverfassungsgericht folgte hingegen in früherer Zeit zwar ebenfalls der Transformationstheorie,[69] hat sich seit geraumer Zeit aber vermehrt der Vollzugstheorie angeschlossen[70] und spricht neuerdings hinsichtlich des Zustimmungsgesetzes[71] nach Art. 59 Abs. 2 GG von einem „Rechtsanwendungsbefehl".[72] Teilweise vermischt es Transformations- und Vollzugstheorie bzw. wendet sie in Kombination an.[73]

5. Würdigung

In dieser Arbeit wird der neueren Sicht des Bundesverfassungsgerichts gefolgt[74] und das Zustimmungsgesetz als Rechtsanwendungsbefehl verstanden. Die Anwendung der Transformationstheorie bereitet nämlich in Bezug auf völkerrechtliche Verträge insofern dogmatische Schwierigkeiten, als regelmäßig der Zeitpunkt des Inkrafttretens des völkerrechtlichen Vertrages und derjenige des Inkrafttretens des Zustimmungsgesetzes bei ihrer Anwendung auseinanderfallen.[75] Gewollt ist aber, dass die innerstaatliche Verbindlichkeit von völkerrechtlichen Verträgen erst mit dem völkerrechtlichen Inkrafttreten des Vertrags eintreten soll[76] und dass die DBA mit ihrer (völkerrechtlichen) Kündigung auch ihre innerstaatliche Wirksamkeit verlieren,

---

68 Siehe beispielsweise BGHZ 52, 216 (219); ebenso BVerwGE 35, 262 (265 f.); *Rausch-nig*, in Kahl/Waldhoff/Walter, Bonner Kommentar (2015), Art. 59 Rz. 146 ff. mit weiteren Nachweisen und kritischen Worten; der Bundesfinanzhof lässt die Frage zuletzt offen, welche Theorie anzuwenden ist, siehe BFH vom 10.1. 2012, I R 66/09, IStR 2012, 426 (427).

69 Vgl. etwa BVerfGE 1, 396 (411); 6, 309 (345).

70 Diesen Eindruck teilt auch *Viellechner*, Berücksichtigungspflicht als Kollisionsregel, in Matz-Lück/Hong, Grundrechte und Grundfreiheiten im Mehrebenensystem (2012), S. 109 (119 f.); siehe zudem *Nettesheim*, in Maunz/Dürig, Grundgesetz (2015), Art. 59 Rz. 177.

71 Weitere Begriffe für das Umsetzungsgesetz nach Art. 59 Abs. 2 GG finden sich bei *Nettesheim*, in Maunz/Dürig, Grundgesetz (2015), Art. 59 Rz. 90.

72 Siehe dazu *Kunig*, in Graf Vitzthum/Proelß, Völkerrecht (2013), S. 108 mit Nachweisen aus der Rechtsprechung des Bundesverfassungsgerichts und anderer deutscher Gerichte zur Anwendung der Transformationstheorie; für die Anwendung der Vollzugstheorie hingegen BVerfGE 90, 286 (364).

73 So in BVerfGE 111, 307 (316 f.); siehe auch BVerfGK 9, 174 (189): „*Bundesgesetze im Sinne von Art. 59 Abs. 2 Satz 1 GG erteilen innerstaatlich den Befehl zur Anwendung der betreffenden völkerrechtlichen Verträge bzw. setzen diese in nationales Recht um.*"

74 So beispielsweise auch *Schweisfurth*, Völkerrecht (2006), S. 200; *Geiger*, Grundgesetz und Völkerrecht (2010), S. 173.

75 Vgl. dazu etwa *Schweisfurth*, Völkerrecht (2006), S. 199.

76 Vom völkerrechtlichen Inkrafttreten zu unterscheiden ist der Zeitpunkt, zu dem das DBA seine materielle Wirkung entfalten soll. Dieser „Anwendungsbeginn" ist regelmäßig ausdrücklich in den DBA festgelegt und fällt bei den Veranlagungssteuern sinnvollerweise auf den Beginn eines Veranlagungszeitraums, so *Nasdala*, in Vogel/ Lehner, DBA (2015), Art. 31. Kündigung Rz. 7.

was die Transformationstheorie nicht dogmatisch überzeugend zu erklären vermag. Ihre Anwendung führte vielmehr regelmäßig auf Grund der unterschiedlichen Zeitpunkte des Inkrafttretens zu einer Divergenz zwischen völkerrechtlicher und innerstaatlicher Verbindlichkeit der DBA-Regelungen. Durch Anwendung der Vollzugstheorie wird verhindert, dass die innerstaatliche und die völkerrechtliche Bindung in dem beschriebenen Sinne auseinanderfallen können, da die innerstaatliche Bindung durch die völkerrechtliche Bindung bedingt ist.[77] Damit richten sich Inkrafttreten, Kündigung und die Auslegung von völkerrechtlichen Verträgen einheitlich nach völkerrechtlichen Grundsätzen.[78] Bezogen auf die Treaty Overriding-Gesetzgebung bedeutet dies, dass das dadurch „überspielte" DBA innerstaatlich Rechtsnormqualität besitzt, aber (anders als bei Anwendung der Transformationstheorie) seinen Status als Völkerrecht nicht verliert. So können die beschriebenen dogmatischen Schwierigkeiten bei der Anwendbarkeit von Völkerrecht im innerstaatlichen Rechtsbereich in stringenter Weise gelöst werden.[79]

Ergänzend sei erwähnt, dass im Schrifttum auch eine Variante der Transformationstheorie vertreten wird, nach der sich auch bei Anwendung der Transformationstheorie Inkrafttreten, Änderung und Auslegung von völkerrechtlichen Verträgen nach dem Völkerrecht richten.[80] In dieser Interpretation der Transformationstheorie kommt es nicht zu divergierenden Ergebnissen. Dies mag ein Grund dafür sein, dass das Bundesverfassungsgericht die beiden so verstandenen Theorien zur Einbeziehung von Völkerrecht gleichzeitig anwendet. Diese so verstandenen Theorien implizieren weiter, dass aus rechtstheoretischer Sicht auf DBA ohne weiteres durch unilaterale Gesetzgebungsakte eingewirkt werden kann, allerdings etwaige Besonderheiten der DBA aus ihrem Charakter als völkerrechtliche Verträge zu beachten sind.

III. Vorgaben des Grundgesetzes für die Einbeziehung von DBA

DBA sind völkerrechtliche Verträge, so dass sie ebenso wie andere völkerrechtliche Verträge Bezugspunkt für die vorstehend beschriebenen Theorien zum Verhältnis des Völkerrechts zum innerstaatlichen Recht sowie die Einbeziehung von

---

77 Vgl. zum Ganzen *Nettesheim*, in Maunz/Dürig, Grundgesetz (2015), Art. 59 Rz. 174.

78 Für die Transformationstheorie, aber die Anwendung der Regeln über die Auslegung völkerrechtlicher Verträge spricht sich *Kunig* aus, siehe *ders.*, in Graf Vitzthum/Proelß, Völkerrecht (2013), S. 108.

79 So auch *Rauschnig*, in Kahl/Waldhoff/Walter, Bonner Kommentar (2015), Art. 59 Rz. 145; *Vogel*, IStR 2003, 523 (525).

80 So hält *Pfeffer* die nachteiligen Folgen der Transformationstheorie durch eine entsprechende Auslegung des „Transformationsakts" für vermeidbar und plädiert für eine so verstandene Transformationstheorie, siehe *ders.*, Das Verhältnis von Völkerrecht und Landesrecht (2009), S. 140 f.; vgl. auch *Kunig*, in Graf Vitzthum/Proelß, Völkerrecht (2013), S. 108.

Völkerrecht in den innerstaatlichen Rechtskreis sind. Das Grundgesetz selbst enthält mit Art. 59 Abs. 2 GG eine Verfassungsnorm, die den formal-juristischen Mechanismus der Einbeziehung von Völkervertragsrecht ins innerstaatliche Rechtsgefüge zum Gegenstand hat.[81] Konkret bestimmt Art. 59 Abs. 2 GG Folgendes:

„Verträge, welche die politischen Beziehungen des Bundes regeln oder sich auf Gegenstände der Bundesgesetzgebung beziehen, bedürfen der Zustimmung oder der Mitwirkung der jeweils für die Bundesgesetzgebung zuständigen Körperschaften in der Form eines Bundesgesetzes. Für Verwaltungsabkommen gelten die Vorschriften über die Bundesverwaltung entsprechend."

Bei den DBA handelt es sich um völkerrechtliche Verträge, die unter die in Art. 59 Abs. 2 GG genannten Verträge fallen.[82] Für den völkerrechtlichen Vertrag selbst kommen die formellen Regeln des Wiener Übereinkommens über das Recht der Verträge[83] bezüglich des Zustandekommens, der Ratifikation[84] und des Inkrafttretens zur Anwendung.[85] Nach Art. 26 WÜRV sind die vertragschließenden Staaten

---

81 Daneben befassen sich auch Art. 32, Art. 24, Art. 23 und Art. 25 GG mit der Einbeziehung von Völkerrecht.

82 Dies ausdrücklich für DBA konstatierend *Pieper,* in Epping/Hillgruber, Beck´scher Onlinekommentar GG (2015), Art. 59 Rz. 31, entweder weil in ihnen die Besteuerungshoheit als eine der Kernkompetenzen des Staates geregelt wird (Art. 59 Abs. 2 Satz 1 Alt. 1 GG) oder weil sie als politische Beziehungen regelnd anzusehen sind (Art. 59 Abs. 2 Satz 1 Alt. 2 GG).

83 Wiener Übereinkommen über das Recht der Verträge vom 23.5.1969, BGBl. II 1969, 926; in der Bundesrepublik Deutschland ist das Wiener Übereinkommen am 20.8.1987 in Kraft getreten, BGBl. II 1987, 757; das Übereinkommen wird im Folgenden mit „WÜRV" abgekürzt.

84 Mit der „Ratifikation" sind die Unterzeichnung und der Austausch der Vertragsurkunden gemeint, vgl. *Verdross/Simma,* Universelles Völkerrecht (1984), S. 452 ff.

85 Konkret verhält es sich folgendermaßen: Zunächst führt auf der Fach- und Arbeitsebene die zumeist aus Ministerialbeamten des Bundesfinanzministeriums bestehende Verhandlungsdelegation die Verhandlungen für die Bundesrepublik Deutschland. Die Verhandlungsführer haben dafür entsprechende Mandate erteilt bekommen. Der Abschluss der Verhandlungen geschieht grundsätzlich durch die Paraphierung des Vertragstexts (vgl. Art. 10 WÜRV). Daraufhin gibt eine vom Bundespräsidenten (Art. 59 Abs. 1 GG) bevollmächtigte Person in der Ratifikationsurkunde die Erklärung ab, dass sich die Bundesrepublik Deutschland an den Inhalt der Urkunde (DBA), einschließlich der zum Vertrag gehörenden Protokolle und Briefwechsel, halten wird und sich dadurch völkerrechtlich bindet, vgl. *Schaumburg,* Internationales Steuerrecht (2011), Rz. 16.20 sowie Art. 14 WÜRV. Mit dem Austausch der Ratifikationsurkunden findet das völkerrechtliche Vertragsverfahren seinen Abschluss und es tritt die völkerrechtliche Verbindlichkeit ein (vgl. Art. 16 WÜRV). Meist schreibt das DBA selbst die Ratifikation vor und legt den Tag des Austauschs der Ratifikationsurkunden als Zeitpunkt des Inkrafttretens fest (z.B. Art. 32 Abs. 2 DBA-USA). Außerdem bestimmt das DBA in der Regel den Zeitpunkt des Anwendungsbeginns

mit Abschluss des Vertrags verpflichtet, den Inhalt des Vertrags nach Treu und Glauben zur innerstaatlichen Geltung zu bringen.[86].
Die konkrete Einbeziehung eines DBA geschieht gemäß Art. 59 Abs. 2 GG durch die Zustimmung des Bundestags, welche „in der Form eines Bundesgesetzes" erfolgen muss. Damit ergibt sich aus Art. 59 Abs. 2 GG die für die innerstaatliche Geltung notwendige Einbeziehungskompetenz des Parlaments.[87] Das entsprechende Bundesgesetz wird als „Zustimmungsgesetz"[88], teilweise auch als „Vertragsgesetz"[89] bezeichnet.[90] Gleichzeitig enthält das Zustimmungsgesetz die Ermächtigung des Bundespräsidenten („Ermächtigungsfunktion")[91] zur Abgabe der erwähnten völkerrechtlichen Zustimmung zum Vertrag.[92] Hinsichtlich der Beteiligung des Bundesrats gilt, dass dessen Zustimmung entsprechend der allgemeinen Regeln dann erforderlich ist, wenn ein inhaltsgleiches Gesetz ein Zustimmungsgesetz wäre.[93] Dies ist hinsichtlich von DBA der Fall, da diese ihrem Regelungsgehalt entsprechend dem Einkommensteuerrecht zuzuordnen sind. Nach der beschriebenen Beteiligung von Bundestag und Bundesrat, der Ausfertigung durch den Bundespräsidenten und der Verkündung des Zustimmungsgesetzes im Bundesgesetzblatt gemäß Art. 82 GG

(z. B. Art. 32 Abs. 3 bis 6 DBA-USA); vgl. zum Ganzen auch die überblicksmäßige Darstellung bei *Schwenke*, FR 2012, 443 (444 f.).

86 Wie ein solcher Vertrag zu innerstaatlicher Wirksamkeit gelangt und in welchem Verfahren die Einbeziehung des völkerrechtlichen Vertrags in den innerstaatlichen Rechtsraum vollzogen wird, ist den Vertragsstaaten überlassen. Vereinfacht kann man sagen, dass das Völkerrecht verbindlich vorschreibt, dass der völkerrechtliche Vertrag zu erfüllen ist (Frage des „Ob"), es den Vertragsstaaten aber überlässt, wie sie diese Verpflichtung erfüllen (Frage des „Wie"). Vgl. dazu auch *Nettesheim*, in Maunz/Dürig, Grundgesetz (2015), Art. 59 Rz. 173.

87 Diese hat das Parlament bei den „allgemeinen Regeln des Völkerrechts" wegen Art. 25 GG nicht, vgl. dazu nur *Steinberger*, in Isensee/Kirchhof, Handbuch des Staatsrechts (1992), § 173 Rz. 28 ff.; *Hobe*, Einführung in das Völkerrecht (2008), S. 238.

88 So beispielsweise *Schaumburg*, Internationales Steuerrecht (2011), Rz. 16.20.

89 So beispielsweise *Pieper*, in Epping/Hillgruber, Beck'scher Onlinekommentar GG (2015), Art. 59 Rz. 40; *Nettesheim*, in Maunz/Dürig, Grundgesetz (2015), Art. 59 Rz. 93.

90 In dieser Arbeit wird der Ausdruck „Zustimmungsgesetz" verwendet, da durch diese Bezeichnung die entsprechende Funktion des Gesetzes zum Ausdruck kommt und es in der Diskussion zum Treaty Overriding die gängige Variante zu sein scheint.

91 *Nettesheim* geht von vier Funktionen des Zustimmungsgesetzes nach Art. 59 Abs. 2 Satz 1 GG aus: Kontrollfunktion, Übernahmefunktion, Rangordnungsfunktion und Ermächtigungsfunktion, siehe *ders.*, in Maunz/Dürig, Grundgesetz (2015), Art. 59 Rz. 93 ff.

92 Darin kommt die Abschlusskompetenz des Bundespräsidenten als völkerrechtlicher Vertreter der Bundesrepublik Deutschland (Art. 59 Abs. 1 GG) zum Ausdruck, vgl. dazu *Pieper*, in Epping/Hillgruber, Beck'scher Onlinekommentar GG (2015), Art. 59 Rz. 5 ff.

93 *Nettesheim*, in Maunz/Dürig, Grundgesetz (2015), Art. 59 Rz. 148.

erlangt der völkerrechtliche Vertrag innerstaatliche Geltung.[94] Das DBA ist damit in den innerstaatlichen Rechtskreis einbezogen.

Da es nur eine Geltung oder eine „Nicht-Geltung" einer Norm geben kann, ist die durch Art. 59 Abs. 2 GG vermittelte Geltungsanordnung des völkerrechtlichen Vertrags im innerstaatlichen Rechtskreis der Grund dafür, dass dem völkerrechtlichen Vertrag vom Parlament nur *en bloc* zugestimmt werden kann.[95] So bestimmen denn auch die §§ 81 Abs. 4 Satz 2, 82 Abs. 2 der Geschäftsordnung des Bundestags, dass völkerrechtliche Verträge nur im Ganzen abgelehnt oder angenommen werden können und Änderungsanträge dazu nicht zulässig sind.[96] Die dadurch eingeschränkte Mitwirkungsbefugnis des Parlaments wird offenbar in Kauf genommen. Mit Verkündung des Zustimmungsgesetzes kommt dem völkerrechtlichen Vertrag innerstaatlich Rechtsnormcharakter zu.[97]

Im Hinblick auf Treaty Overriding-Normen als innerstaatliche Gesetze ist abschließend festzuhalten, dass durch die über Art. 59 Abs. 2 GG vollzogene Einbeziehung des DBA in den innerstaatlichen Rechtsraum dessen Rang innerhalb der innerstaatlichen Normenhierarchie zunächst nicht bestimmt wird. Art. 25 GG hingegen führt nicht zur Einbeziehung von DBA in die innerstaatliche Rechtsordnung, sondern ordnet lediglich die Geltung der *„allgemeinen Regeln des Völkerrechts"* im innerstaatlichen Rechtsraum an.[98] Unter diese werden das Völkergewohnheitsrecht und die anerkannten allgemeinen Rechtsgrundsätze des Völkerrechts gefasst,[99] nicht aber völkerrechtliche Verträge,[100] zu denen die DBA zählen. Zur Einbeziehung der allgemeinen Regeln bedarf es im Gegensatz zu Art. 59 Abs. 2 GG keines eigenen Rechtsetzungsakts, wie sich ohne weiteres aus dem Wortlaut von Art. 25 GG ergibt (*„Die allgemeinen Regeln des Völkerrechts sind Bestandteil des Bundesrechtes"*).[101]

---

94   Siehe zur Geltung eines völkerrechtlichen Vertrages in der innerstaatlichen Rechtsordnung ausführlich Punkt B.II.; vgl. auch *Kunig*, in Graf Vitzthum/Proelß, Völkerrecht (2013), S. 90 und S. 106 ff., der ausdrücklich festhält, dass Art. 59 GG die innerstaatliche Geltung und nicht die Anwendbarkeit völkerrechtlicher Verträge regelt; vgl. auch *Geiger*, Grundgesetz und Völkerrecht (2010), S. 157 f.; siehe zuletzt auch *Streinz*, in Sachs, GG (2014), Art. 59 Rz. 67 mit weiteren Nachweisen u. a. aus der staatsrechtlichen Kommentarliteratur.

95   *Nettesheim*, in Maunz/Dürig, Grundgesetz (2015), Art. 59 Rz. 94.

96   Zweifelnd, ob diese Vorgehensweise auch rechtlich zwingend geboten ist, *Bernhardt*, in Isensee/Kirchhof, Handbuch des Staatsrechts (1992), § 174 Rz. 15.

97   *Schaumburg*, Internationales Steuerrecht (2011), Rz. 16.29.

98   *Herdegen*, in Maunz/Dürig, Grundgesetz (2015), Art. 25 Rz. 36.

99   BVerfGE 23, 288 (317) m. w. N.

100   *Herdegen*, in Maunz/Dürig, Grundgesetz (2015), Art. 25 Rz. 20.

101   Vgl. *Herdegen*, in Maunz/Dürig, Grundgesetz (2015), Art. 25 Rz. 1.

IV. Zwischenergebnis

Der vorstehende Gliederungspunkt hat gezeigt, in welchem völkerrechtlichen Zusammenhang Treaty Overriding-Vorschriften stehen. Die DBA, auf die sie einwirken, sind völkerrechtliche Verträge zwischen Deutschland und dem jeweiligen Vertragsstaat. Abstrahiert geht es also bei Treaty Overriding-Vorschriften auch um das generelle Verhältnis von Völkerrecht (DBA) zum innerstaatlichen Recht (Treaty Overriding-Vorschrift). Den rechtstheoretischen Hintergrund für das Verhältnis zwischen diesen beiden Rechtsordnungen liefern die monistische und die dualistische Theorie. Heutzutage werden nur noch gemäßigte Formen dieser beiden Theorien vertreten. In der gerichtlichen Praxis herrscht offenbar eine gemäßigte dualistische Sichtweise vor. Aus den gemäßigten Ansätzen können allerdings keine Rückschlüsse auf den Vorrang im Kollisionsfall abgeleitet werden.

Gleiches gilt für die verschiedenen Theorien zur Einbeziehung von völkerrechtlichen Verträgen in den deutschen Rechtsraum. Vorherrschend ist hier die Vollzugstheorie. Diese besagt, dass durch einen innerstaatlichen Rechtsakt die Anwendung des völkerrechtlichen Vertrags angeordnet wird, wobei dieser seine Völkerrechtsqualität behält.

Das Grundgesetz selbst trifft in Art. 59 Abs. 2 und Art. 25 GG Aussagen zur Einbeziehung von Völkerrecht. Art. 25 GG ordnet die Geltung der allgemeinen Regeln des Völkerrechts ohne weiteren Rechtsakt im innerstaatlichen Rechtskreis an. Art. 59 Abs. 2 GG fordert hingegen für die Einbeziehung von Völkervertragsrecht die Zustimmung des Bundestags in Form eines Zustimmungsgesetzes. Darüber hinaus ist die Zustimmung des Bundesrats gemäß den allgemeinen Regeln erforderlich.

Weder die allgemeinen Theorien zum Verhältnis von Völkerrecht und innerstaatlichem Recht noch die einzelnen Einbeziehungstheorien nehmen in ihrer heute vorherrschenden Interpretation ausdrücklich Stellung zu der Normenhierarchie. Auch die grundgesetzlichen Anordnungen sind diesbezüglich ausfüllungs- bzw. konkretisierungsbedürftig. Diese für die Wirksamkeit von Treaty Overriding-Vorschriften entscheidende Frage wird an späterer Stelle ausführlich erörtert. An dieser Stelle sollte zunächst einleitend der rechtstheoretische sowie völker- und verfassungsrechtliche Rahmen völkerrechtlicher Verträge aufgezeigt werden, in dem die Treaty Overriding-Problematik eingebettet ist.

C. Abkommensrechtlicher Hintergrund zum Treaty Overriding

Sobald ein Steuerpflichtiger Einkünfte auch aus ausländischen Quellen bezieht, stellt sich in der Regel die Frage, welcher Staat in welcher Höhe auf das daraus resultierende Besteuerungssubstrat zugreifen darf. Die Gefahr einer Doppelbesteuerung durch die Geltendmachung von Besteuerungsbefugnissen mehrerer Staaten kraft ihrer durch ihre völkerrechtliche Souveränität vermittelten Besteuerungshoheit liegt auf der Hand. Grundsätzlich besteht zwischen den Staaten Einigkeit darin, dass eine solche zu vermeiden ist. Davon zeugen die zum Stand vom 1. 1. 2015 mit Deutschland bestehenden 93 Abkommen auf dem hier relevanten Gebiet der Steuern vom Einkommen und vom Vermögen.[102] Mit Hilfe dieser Abkommen werden die jeweiligen Besteuerungsbefugnisse zwischen den Vertragsstaaten aufgeteilt, da eine Doppelbesteuerung unerwünscht ist und möglichst vermieden werden soll. Die DBA knüpfen dafür an die innerstaatlichen Steueransprüche an und stellen selbst ein ausdifferenziertes, zwischen den Vertragsstaaten verhandeltes Regelungsgefüge dar.

Vor diesem Hintergrund soll im Folgenden das „Regelungsgefüge DBA" erläutert werden. Denn Treaty Overriding-Normen greifen in dieses Regelungsgefüge ein, um insbesondere das immer mehr in den Fokus rückende Problem der doppelten Nichtbesteuerung zu überwinden, welches mit Recht als „andere Seite der Medaille" des Ziels von DBA bezeichnet werden kann, Doppelbesteuerungen zu vermeiden.[103]

I. Besteuerungsbefugnis als Teil staatlicher Souveränität

Wurzel der Problematik der internationalen Doppelbesteuerung ist die völkerrechtlich anerkannte umfassende Besteuerungsbefugnis souveräner Staaten. So ist die Bundesrepublik Deutschland als Gebietskörperschaft kraft ihrer Souveränität auf ihrem Staatsgebiet Inhaberin der Gebiets-, Personal- und Organisationshoheit[104] und als solche zur Erhebung von Steuern berechtigt.[105] In einer völkerrechtlichen Gemeinschaft mit grenzüberschreitender wirtschaftlicher Tätigkeit kann dies allerdings nicht grenzenlos geschehen. Zur völkerrechtlichen Legitimierung des

---

102 Eine Übersicht findet sich in dem jährlich aktualisierten Schreiben des BMF vom 19.1.2015, IV B 2 – S 1301/0710017–06 unter Punkt I.

103 Vgl. *Jankowiak*, Doppelte Nichtbesteuerung (2009), S. 21 sowie ähnlich *Burmester*, Zur Systematik internationaler Minderbesteuerung und ihrer Vermeidung, in Festschrift für Helmut Debatin (1997), S. 55.

104 Vgl. dazu instruktiv *Weber-Fas*, RIW 1979, 585 (585 f.).

105 Siehe statt vieler *Dolzer*, in Graf Vitzthum/Proelß, Völkerrecht (2013), S. 492.

Besteuerungsrechts eines jeden Staates ist daher eine Verbindung zur jeweiligen Gebiets- oder Personalhoheit des steuererhebenden Staates, mithin zu einer Person dieses Staates und/oder zu dem Hoheitsgebiet des besteuernden Staates erforderlich.[106] Dieses Grunderfordernis folgt aus den allgemeinen Regeln des Völkerrechts.[107] Diese Inlandsverbindung kann Diesem Erfordernis entsprechend knüpft das deutsche Steuerrecht in § 1 Abs. 1 bis 3 EStG und § 1 Abs. 1 KStG für die unbeschränkte Steuerpflicht an die persönliche bzw. statuarische Beziehung des Steuerpflichtigen zum Inland sowie in § 1 Abs. 4 EStG bzw. § 2 Nr. 2 KStG für die beschränkte Steuerpflicht an die Belegenheit der Einkunftsquelle bzw. den Ort der Einkunftserzielung an.[108] Mit Vorliegen der unbeschränkten Steuerpflicht verbindet die Bundesrepublik Deutschland das Recht das gesamte Welteinkommen des Steuerpflichtigen besteuern zu dürfen („Welteinkommensprinzip"). Bei beschränkt Steuerpflichtigen erstreckt sich dieses Recht lediglich auf die in § 49 EStG aufgezählten inländischen Einkünfte („Territorialitätsprinzip"). Die Einteilung in unbeschränkte und beschränkte Steuerpflicht anhand der genannten Parameter ist international üblich und genügt den völkerrechtlichen Erfordernissen des „genuine link". In grenzüberschreitenden Sachverhalten wird dadurch jedoch nicht verhindert, dass in bestimmten grenzüberschreitenden Konstellationen mehrere Staaten auf ein und dasselbe Steuersubstrat zugreifen. Konkret ergeben sich derartige Überschneidungen, wenn ein Sachverhalt zwei- oder mehrmalig der Wohnsitz- oder Quellenbesteuerung oder der Wohnsitz- und Quellenbesteuerung unterworfen wird.[109]

---

106   Vgl. nur *Bleckmann*, Grundprobleme und Methoden des Völkerrechts (1982), S. 193.

107   Vgl. *Weber-Fas*, RIW 1979, 585 (586) mit Nachweisen zur anderen Ansicht in FN 18; wie hier auch *Schaumburg*, Internationales Steuerrecht (2011), Rz. 1.2 ff.

108   Gemäß § 1 Abs. 1 Satz 1 EStG bildet der Wohnsitz (§ 8 AO) oder der gewöhnliche Aufenthalt (§ 9 AO) im Inland für natürliche Personen und gemäß § 1 Abs. 1 KStG der gesellschaftsrechtliche Sitz (§ 11 AO) oder der Ort der Geschäftsleitung (§ 10 AO) im Inland für Körperschaften den die Besteuerung auslösenden „genuine link" für die unbeschränkte Steuerpflicht und die in § 49 EStG abschließend aufgezählten inländischen Einkünfte den „genuine link" für die beschränkte Steuerpflicht. Andere Rechtsordnungen wie beispielsweise die USA kennen aber auch die Staatsangehörigkeit als ein die Besteuerung auslösendes persönliches Merkmal. In Deutschland kommt es hingegen im Bereich der unilateralen Gesetzgebung zur Einkommensteuer nur in den Fällen des § 1 Abs. 2 EStG und für die sog. erweiterte beschränkte Steuerpflicht in § 2 Abs. 1 Satz 1 AStG auf die Staatsangehörigkeit an.

109   Siehe hierzu mit Beispielen *Jacobs*, Internationale Unternehmensbesteuerung (2016), S. 8.

II. Vermeidung der Doppelbesteuerung durch den Abschluss von DBA

Obwohl es keine völkerrechtliche Regel gibt, welche den Staaten in grenzüberschreitenden Sachverhalten eine Doppelbesteuerung verbieten würde[110] und auch das Unionsrecht zum jetzigen Stand die Mitgliedsstaaten nicht verpflichtet eine Doppelbesteuerung zu vermeiden,[111] so liegt es doch auf der Hand, dass es durch eine solche Doppelbesteuerung zu Hemmnissen innerhalb des Wirtschaftsverkehrs zwischen verschiedenen Staaten kommen würde. Daher ist es allgemeiner Konsens, dass eine Doppelbesteuerung, die aus den (völkerrechtlich berechtigten) Besteuerungsansprüchen zweier Staaten herrührt, verhindert werden soll.[112] Im amtlichen Kommentar zum OECD-Musterabkommen[113] werden die nachteiligen Folgen von Doppelbesteuerungen denn auch richtigerweise als allgemein bekannt vorausgesetzt.[114] Dazu dient der Abschluss von DBA. Im Folgenden werden die darin enthaltenen bilateralen Maßnahmen und die entsprechenden Methoden gegen eine internationale Doppelbesteuerung näher dargestellt. Daneben existieren auch

---

110 Vgl. hierzu die Entscheidung des BFH vom 18.12.1963, I 230/61 S, BFHE 79, 57 (66 f.), in der sich der BFH mit damaligen Lehrmeinungen zu einer konkurrierenden Besteuerungszuständigkeit der Staaten auseinandersetzt und im Ergebnis kein völkerrechtliches Verbot der Doppelbesteuerung annimmt; siehe auch *Großfeld*, Berichte der deutschen Gesellschaft für Völkerrecht (1978), S. 84 ff., der sich mit der Frage eines völkergewohnheitsrechtlichen Verbots der internationalen Doppelbesteuerung und dem früheren Schrifttum dazu auseinandersetzt; im neueren Schrifttum *Lehner*, in Vogel/Lehner, DBA (2015), Grundlagen des Abkommensrechts Rz. 13 mit Nachweisen aus der Rechtsprechung; *Seer*, in Tipke/Lang, Steuerrecht (2015), § 1 Rz. 93; siehe auch *Stein*, IStR 2006, 505.

111 Siehe hierzu ausführlich *Wernsmann*, in Schulze/Zuleeg/Kadelbach, Europarecht – Handbuch für die deutsche Rechtspraxis (2015), § 30 Rz. 95 mit zahlreichen Nachweisen aus der Rechtsprechung des EuGH sowie Rz. 112 zur fehlenden Beschränkung von Grundfreiheiten im Falle der Doppelbesteuerung.

112 Vgl. nur *Lehner*, in Vogel/Lehner, DBA (2015), Grundlagen des Abkommensrechts Rz. 20 m. w. N.

113 OECD-Musterabkommen 1977 in der Fassung der Änderungen vom 23.7.1992, 31.3.1994, 21.9.1995, 23.10.1997, 29.4.2000, 28.1.2003, 15.7.2005 und 18.7.2008; das Musterabkommen wird im Folgenden als „OECD-MA" bezeichnet werden. Es ist abgedruckt etwa in Wassermeyer, Doppelbesteuerung (2015) sowie abrufbar unter http://www.oecd.prg/berlin/publikationen/oecd-musterabkommenzurvermeidungvondoppelbesteuerung.htm.

114 OECD-MA Musterkommentar Ziffer 1, abgedruckt in Wassermeyer, Doppelbesteuerung (2015), Art. 1 MA MK 1.

unilaterale Normen wie § 34 c EStG, aber auch multilaterale Akte wie zum Beispiel auf europäischer Ebene die sog. Mutter-Tochter-Richtlinie.[115,116]

1. Begriff der internationalen Doppelbesteuerung

Bis heute ist man sich weder über das Erfordernis noch über den Inhalt des Begriffs der internationalen Doppelbesteuerung im Bereich des Internationalen Steuerrechts[117] gänzlich einig.[118] Es haben sich jedoch weitgehend die rechtliche internationale Doppelbesteuerung und die wirtschaftliche internationale Doppelbesteuerung als Begriffspaare durchgesetzt.[119] In einem beide Begriffspaare einschließenden Sinne liegt eine internationale Doppelbesteuerung vor, wenn ein Steuergegenstand bei demselben (wirtschaftlichen oder rechtlichen) Steuersubjekt innerhalb eines Zeitraums in zwei oder mehreren Staaten einer gleichen oder vergleichbaren Steuer unterliegt.[120] Wie bereits erwähnt, sind solche Doppelbesteuerungen von der internationalen Staatengemeinschaft nicht gewollt, da sie den grenzüberschreitenden Warenverkehr, internationale Kapitalbewegungen und Dienstleistungen behindern und damit die Ausweitung und Intensivierung der zwischenstaatlichen Wirtschaftsbeziehungen stören.[121]

---

115 Richtlinie 2011/96/EU des Rates vom 30.11.2011 über das gemeinsame Steuersystem der Mutter- und Tochtergesellschaften verschiedener Mitgliedstaaten, Amtsblatt der Europäischen Union L 345 vom 29. 12. 2011 S. 8.

116 Die multilateralen Akte zur Vermeidung von Doppelbesteuerungen stehen nicht im Fokus dieser Arbeit, da sich ein Treaty Overriding im Sinne dieser Untersuchung immer auf bilaterale Abkommen bezieht.

117 Mit dem Begriffspaar „Internationales Steuerrecht" sind für diese Arbeit alle Normen gemeint, die einen Sachverhalt mit Auslandsbezug steuerrechtlich regeln; so auch *Schaumburg*, Internationales Steuerrecht (2011), Rz. 1.2 ff. mit Ausführungen zu weiteren Ansichten, die für diese Arbeit aber keine Relevanz haben. Vgl. auch *Seer*, in Tipke/Lang, Steuerrecht (2015), § 1 Rz. 83.

118 Vgl. *Jacobs*, Internationale Unternehmensbesteuerung (2016), S. 3. Im älteren Schrifttum wurden viele Arten von Doppelbesteuerungen zum Zwecke der Abgrenzung der verschiedenen Erscheinungsformen von Doppelbesteuerungen unterschieden. Mit Beispielen für die einzelnen begrifflichen Schattierungen und gegen eine solch differenzierte Unterscheidung wegen fehlender rechtlicher Relevanz *Schaumburg*, Internationales Steuerrecht (2011), Rz. 12.1 ff. m. w. N.

119 *Jacobs*, Internationale Unternehmensbesteuerung (2016), S. 3 f.

120 Siehe dazu *Schaumburg*, Internationales Steuerrecht (2011), Rz. 12.2 ff.; ebenso der amtliche Kommentar zum OECD-MA, OECD-MA Musterkommentar Ziffer 1, abgedruckt in Wassermeyer, Doppelbesteuerung (2015), Art. 1 MA MK 1; *Vogel* verlangt darüber hinaus mit Hinweis auf das geltende Recht und die Rechtsfolgen bei der Anrechnung ausländischer Steuern das Entstehen einer Mehrbelastung, siehe *ders.*, DStZ 1997, 269 (277).

121 Siehe nur statt vieler *Weber-Fas*, RIW 1979, 585 (586 f.).

2. DBA als bilaterale Beschränkungs- und Verteilungsnormen zur Vermeidung einer Doppelbesteuerung

Zwar kann eine internationale Doppelbesteuerung auch weitgehend auf unilateralem Wege durch einen Verzicht eines Staates auf eine Besteuerung von Sachverhalten mit Auslandsbezug verhindert werden.[122] Dies kann aber die Doppelbesteuerung nicht vollständig beseitigen und letztlich keinen für die Staaten hinnehmbaren Ausgleich schaffen.[123] Deshalb schließen die einzelnen Staaten DBA mit Staaten, zu denen sie in nennenswerten Handelsbeziehungen stehen. Ein Vorteil dieser Abkommen besteht darin, dass in den Verhandlungen zu den DBA flexibel auf die jeweiligen wirtschaftlichen Verhältnisse und Bedürfnisse der Vertragsstaaten eingegangen werden kann und so gegebenenfalls Investitionsanreize geschaffen werden können.[124] Denn in der Ausgestaltung dieser Abkommen sind die Staaten frei. Mit Hilfe dieser Abkommen teilen die einzelnen Staaten das kraft ihrer Steuerhoheit bestehende Besteuerungssubstrat wechselseitig auf, indem in dem Abkommen für einzelne Einkünfte verbindlich festgelegt wird, welcher Vertragsstaat bei einem Anwendungsfall eines DBA die Einkünfte ausschließlich, primär, in der Höhe begrenzt oder gar nicht besteuern darf.[125] Aus der Sicht des Steuerpflichtigen setzen die DBA dem innerstaatlichen Steueranspruch Schranken und wirken nach überzeugender sowie im Schrifttum überwiegender Auffassung wie Steuerbefreiungs- bzw. Steuerermäßigungsnormen.[126]

3. Vorlagen für die Ausgestaltung der DBA

Deutsche DBA werden zwar mit dem anderen Vertragsstaat im Einzelnen ausgehandelt. Doch orientiert sich Deutschland dabei im Verhältnis zu Industriestaaten regelmäßig an dem in gewissen Abständen aktualisierten OECD-MA.[127] Mit Entwicklungsländern werden die dortigen Besonderheiten über eine Anlehnung an das UN-Musterabkommen 2001[128] berücksichtigt.[129] Einige Staaten haben eigenständige Musterabkommen wie beispielsweise die Vereinigten Staaten von Amerika, Belgien, Australien oder

---

122 Siehe dazu die Anrechnungvorschrift des § 34 c EStG.
123 *Vogel*, DStZ 1997, 269 (278).
124 Dies gilt selbstverständlich nur insoweit, als dies in den Verhandlungen mit dem anderen Vertragsstaat durchgesetzt werden kann.
125 *Vogel*, DStZ 1997, 269 (279).
126 Siehe *Schaumburg*, Internationales Steuerrecht (2011), Rz. 14.23 m. w. N.; *Wassermeyer*, StuW 1990, 404 (411); siehe auch *Vogel*, DStZ 1997, 269 (279) mit Bezug auf die Rechtsprechung des BFH; eine Charakterisierung als „*Schrankenrecht*" favorisierend *Debatin*, DStR 1992, Beihefter zu Heft 23, 1 (2).
127 Siehe dazu *Müller-Gattermann*, FR 2012, 1032.
128 Abrufbar unter http://www.un.org/esa/ffd/documents/DoubleTaxation.pdf; zu jüngeren Änderungen des UN-Musterabkommens siehe *Bayer*, SWI 2011, 539.
129 Vgl. *Müller-Gattermann*, FR 2012, 1032.

Österreich.[130] Die Musterabkommen haben in Bezug auf die Abkommenspraxis und die Anwendung der Abkommen der einzelnen Staaten einen vereinheitlichenden Effekt. Seit April 2013 existiert eine neue Art von „Leitfaden" für die deutschen Verhandlungen mit anderen Vertragsstaaten. Die Rede ist von der „Verhandlungsgrundlage für DBA im Bereich der Steuern vom Einkommen und Vermögen"[131], welche von dem Bundesministerium der Finanzen entwickelt und veröffentlicht wurde. Damit ist das Bundesministerium der Finanzen einer immer wieder in der Fachliteratur geäußerten Forderung nachgekommen.[132] Die naheliegende Bezeichnung als „deutsches Musterabkommen" wurde wohl deshalb nicht gewählt, um nicht in offene Konkurrenz zu dem OECD-MA zu treten. Die Bezeichnung als „Verhandlungsgrundlage" ist mutmaßlich rechtspolitischen Erwägungen geschuldet. Sie ist in Aufbau und Inhalt jedoch an das OECD-MA angelehnt und verfolgt vergleichbare Ziele hinsichtlich der Standardisierung der Anwendung von DBA sowie die Berechenbarkeit der künftigen Abkommenspolitik,[133] wenngleich sich auch in den konkreten Regelungen nicht unerhebliche Abweichungen finden lassen.[134] Ein grundsätzlicher Wandel in der deutschen Abkommenspolitik, insbesondere im Hinblick auf die weitere Anwendung der Freistellungsmethode soll mit der Einführung der deutschen Verhandlungsgrundlage nicht verbunden sein.[135] Für Zwecke dieser Arbeit hat die deutsche Verhandlungsgrundlage lediglich eine geringe Bedeutung, da sich das Treaty Overriding auf konkretes Abkommensrecht bezieht und sich nur diesbezüglich Anwendungs- bzw. Verfassungsfragen stellen. Sie gibt allerdings Ausblick auf zukünftige Überarbeitungen von Abkommen bzw. Neuabschlüsse von Abkommen.

III. Methoden zur Vermeidung einer Doppelbesteuerung auf bilateraler Ebene

Für die Erfassung von Treaty Overriding ist es erforderlich, sich über die grundlegende Wirkungsweise von DBA und die Gründe eines Vertragsstaats für die Wahl einer bestimmten Methode zur Vermeidung einer Doppelbesteuerung Klarheit zu

---

130 Siehe dazu mit entsprechenden Fundstellen *Lehner,* in Vogel/Lehner, DBA (2015), Grundlagen des Abkommensrechts Rz. 37 f.

131 Abgedruckt u.a. in DStR-Beihefter 2013, 46; im Folgenden soll das Schreiben als „deutsche Verhandlungsgrundlage" bezeichnet werden. Dieser Terminus scheint gebräuchlich zu sein, vgl. *Lüdicke,* IStR-Beihefter 2013, 26.

132 Vgl. nur *Lüdicke,* Überlegungen zur deutschen DBA-Politik (2008), S. 19 ff. sowie den Diskussionsbericht zum 40. Berliner Steuergespräch „DBA-Politik der Bundesregierung" von *Richter/Welling,* FR 2011, 1092 (1093 f.) mit zum Teil kritischen Stimmen aus der Wissenschaft.

133 Vgl. zu diesem Aspekt die Aussagen aus dem Diskussionsbericht zum 40. Berliner Steuergespräch „DBA-Politik der Bundesregierung" von *Richter/Welling,* FR 2011, 1092 (1094) sowie *Müller-Gattermann,* FR 2012, 1032.

134 Vgl. *Lüdicke,* IStR-Beihefter 2013, 26.

135 So *Lüdicke,* IStR-Beihefter 2013, 26 (26 f.).

verschaffen. Denn mittels der Treaty Overriding-Normen wird in den von den Vertragsstaaten vereinbarten Mechanismus zur Vermeidung der Doppelbesteuerung eingegriffen bzw. ein Wechsel der Methode mit neuer Rechtsfolge veranlasst.

Die Vermeidung der Doppelbesteuerung folgt dabei in den deutschen DBA einem zweistufigen System: Auf der ersten Stufe wird festgelegt, wie das Steuersubstrat zwischen dem Quellenstaat und dem Wohnsitzstaat aufgeteilt wird. Die entsprechenden Normen in den DBA nennt man ihrer Wirkung entsprechend Verteilungs- bzw. Zuteilungsnormen.[136] Enthalten sie eine abschließende Regelung eines Steuersachverhalts in Form der Einkünftefreistellung, ist damit eine Doppelbesteuerung ausgeschlossen.[137] In den sonstigen Fällen wird die Doppelbesteuerung auf einer zweiten Stufe durch die Methodenartikel Art. 23A oder Art. 23B OECD-MA im DBA vermieden. Diese Artikel werden entsprechend ihrer Wirkung als Vermeidungsnormen bezeichnet.[138] Die Vermeidung der Doppelbesteuerung erfolgt dann ausschließlich durch den Wohnsitzstaat.[139]

Die Vermeidungsnormen stellen zur Vermeidung der Doppelbesteuerung die sog. Anrechnungs- und die Freistellungsmethode zur Verfügung.[140] Neben diesen Methoden bedienen sich die einzelnen Staaten auf unilateraler Ebene auch einiger anderer verfahrenstechnischer Mittel zur Vermeidung einer Doppelbesteuerung wie zum Beispiel der Steuerabzugs-, der Steuerpauschalierungs- und der Steuererlassmethode.[141] Diese spielen aber im Zusammenhang mit dem Phänomen des Treaty Overriding keine Rolle.

1. Anrechnungsmethode

Unter Geltung des Welteinkommensprinzips werden neben den inländischen Einkünften auch die ausländischen Einkünfte des Steuerpflichtigen steuerlich erfasst. Bei Anwendung der Anrechnungsmethode lässt der Wohnsitzstaat aber zu, dass die im Ausland gezahlte Steuer von der im Inland zu zahlenden Steuer abgezogen werden kann. Dabei gibt es zwei Arten der Anrechnungsmethode, die sich in dem Umfang des abziehbaren Steuerbetrags unterscheiden. So kann in der einen Variante die ausländische Steuer unbegrenzt abgezogen werden. In der anderen Variante ist die Abziehbarkeit auf einen Höchstbetrag begrenzt, wobei die Höhe dieses Höchstbetrags entweder landes- oder auf die einzelnen Einkünfte bezogen oder kombiniert

---

136   *Dürrschmidt*, in Vogel/Lehner, DBA (2015), Vor Art. 6 bis 22 Rz. 1a ff.
137   Siehe nur *Dürrschmidt*, in Vogel/Lehner, DBA (2015), Vor Art. 6 bis 22 Rz. 4.
138   So statt vieler *Dürrschmidt*, in Vogel/Lehner, DBA (2015), Vor Art. 6 bis 22 Rz. 2.
139   Diesem Aufbau folgen das OECD-MA und damit auch die meisten deutschen DBA.
140   Unabhängig von der Wahl der Bundesrepublik Deutschland haben sich die angloamerikanischen Vertragsstaaten bisher überwiegend für die Anrechnungsmethode entschieden und die kontinentaleuropäischen Vertragsstaaten für die Freistellungsmethode, siehe hierzu die Abkommensübersicht von *Ismer*, in Vogel/Lehner, DBA (2015), OECD-MA 2005 Artikel 23B. Anrechnungsmethode Rz. 16.
141   *Jacobs*, Internationale Unternehmensbesteuerung (2016), S. 57 ff. sowie S. 61 ff.

ermittelt wird.[142] Im Falle des Bestehens eines DBA mit dem Quellenstaat wird die Anrechnungsmethode durch den einschlägigen Methodenartikel für den Ansässigkeitsstaat angeordnet und ist nach dessen Maßgabe durchzuführen. Soweit das DBA bezüglich der Anrechnungsmodalitäten auf das nationale Recht verweist oder diese nicht regelt, erfolgt die Anrechnung nach den entsprechenden innerstaatlichen Normen.[143] In den unilateralen Vorschriften hat sich Deutschland für eine Anrechnung mit einem landesbezogen zu ermittelnden Höchstbetrag entschieden.[144]

Zusätzlich existiert als Spielart der Anrechnungsmethode die Anrechnung fiktiver Steuern. Gerade bei Abkommen mit Entwicklungsländern spielt diese Art der Anrechnungsmethode als Mittel der Entwicklungspolitik eine große Rolle und ist in verschiedensten Unterformen in den deutschen DBA zu finden.[145]

2. Freistellungsmethode

Die Freistellungsmethode hat einen anderen Bezugspunkt als die Anrechnungsmethode. Setzt die Anrechnungsmethode beim Steuerbetrag an, so wirkt die Freistellungsmethode auf die Höhe der Steuerbemessungsgrundlage ein.[146] Im Falle einer vollständigen Befreiung vom deutschen Steuerzugriff würden nur die ausländischen Einkünfte mit einem unter Umständen entsprechend niedrigen Steuersatz im anderen Staat die Steuerbemessungsgrundlage bilden. Um eine Aufteilung der Einkünfte auf viele Vertragsstaaten und einem dadurch erwirkten Progressionsvorteil zu verhindern, ist der Regelfall, dass eine Befreiung mit Progressionsvorbehalt in den DBA vereinbart wird.[147] Bei dieser werden die inländischen und ausländischen Einkünfte zum Zwecke der Ermittlung des Steuersatzes zusammengerechnet, so

---

142 Vgl. zum Ganzen *Schreiber*, Besteuerung der Unternehmen (2012), S. 445 ff. sowie 840 f.

143 In der Bundesrepublik Deutschland selbst ist die Anrechnung gemäß § 34c Abs. 6 Satz 2 EStG „entsprechend" den Vorschriften des § 34c Abs. 1 Satz 2 bis 5 und Abs. 2 EStG; siehe auch *Gosch*, in Kirchhof, EStG (2015), § 34c Rz. 8.

144 Sog. „Per-Country-Limitation", vgl. § 34c Abs. 1 Satz 1 1. Halbsatz und Satz 2 EStG sowie § 34c Abs. 7 Nr. 1 EStG in Verbindung mit § 68a der Einkommensteuerdurchführungsverordnung; kritisch zur Berechnung des Höchstbetrag *Gosch*, in Kirchhof, EStG (2015), § 34c EStG Rz. 20 ff.

145 Siehe hierzu den Abkommensüberblick und die ausführlichen Erläuterungen zu den einzelnen Formen der fiktiven Steueranrechnung in deutschen DBA *Ismer*, in Vogel/Lehner, DBA (2015), OECD-MA 2005 Artikel 23B. Anrechnungsmethode Rz. 191 ff. Für das Treaty Overriding hat diese besondere Art der Steueranrechnung jedoch keine Relevanz.

146 Dabei wird häufig ein Aktivitätsvorbehalt im jeweiligen DBA eingefügt, so dass nur Einkünfte aus „aktiver" Tätigkeit freigestellt werden (so für Betriebsstätteneinkünfte und Schachteldividenden).

147 Dafür hat sich die Bundesrepublik Deutschland entschieden, soweit ein solcher Progressionsvorbehalt nach dem jeweiligen DBA möglich ist, vgl. § 32b EStG.

dass der Steuersatz auf die ausländischen Einkünfte die Gesamtleistungsfähigkeit des Steuerpflichtigen abbildet.[148]

Die Rechtsgrundlage der Freistellungsmethode[149] ist auf bilateraler Ebene das Abkommen selbst.[150] Darin zeigt sich eine Besonderheit vieler, aber nicht aller Einzelregelungen in DBA im Vergleich zu anderen völkerrechtlichen Verträgen. Soweit die DBA den Steuerpflichtigen berechtigen und für die Finanzbehörden insoweit verbindliche Anordnungen in ausreichend inhaltlicher Bestimmtheit enthalten (wie die Freistellung von Einkünften), sind sie unmittelbar anzuwenden (sog. „self-executing treaties").[151]

Da die unmittelbare Anwendung der Freistellungsmethode zu einer inländischen Steuerbefreiung der ausländischen Einkünfte führt (Anknüpfungspunkt ist die Bemessungsgrundlage, nicht die gezahlte Steuer), ist es unerheblich, ob im ausländischen Staat tatsächlich eine Besteuerung der freigestellten Einkünfte stattfindet.[152] Allein die Möglichkeit einer Doppelbesteuerung durch eine Besteuerung im anderen Vertragsstaat wird durch die Anwendung der Freistellungsmethode verhindert (sog. „virtuelle Doppelbesteuerung").[153] Diesem Grundsatz folgt die Bundesrepublik Deutschland in vielen DBA.[154] Dies kann im Falle einer Nichtbesteuerung im Ausland dazu führen, dass es zu keiner Besteuerung von Einkünften kommt. Auch mit der Veröffentlichung der oben bereits erwähnten deutschen Verhandlungsgrundlage[155] durch das Bundesministerium der Finanzen scheint ein grundsätzlicher Wandel

---

148 Vgl. *Schaumburg*, Internationales Steuerrecht (2011), Rz. 14.27 m. w. N.

149 In Abkommen wird sie auch als „Befreiungsmethode" bezeichnet.

150 *Schaumburg*, Internationales Steuerrecht (2011), Rz. 14.23; vgl. dazu Art. 23A Abs. 1 OECD-MA.

151 Vgl. zu dem Begriff „self-executing treaties" *Schweisfurth*, Völkerrecht (2006), S. 203 m. w. N.; *Stein/von Buttlar*, Völkerrecht (2012), Rz. 187; aus der staatsrechtlichen Literatur vgl. nur *Pieper*, in Epping/Hillgruber, Beck´scher Onlinekommentar GG (2015), Art. 59 Rz. 42; siehe auch BVerfGE 29, 348 (360); andererseits beinhalten DBA auch Regelungen, die lediglich eine Ermächtigungsfunktion wahrnehmen und einer über das Zustimmungsgesetz hinausgehende Umsetzung im innerstaatlichen Recht bedürfen. Siehe dazu *Schaumburg*, Internationales Steuerrecht (2011), Rz. 16.32; vgl. auch zu einem Beispielsfall *Baumhoff*, in Mössner u. a., Steuerrecht international tätiger Unternehmen (2012), Rz. 3.66 f.

152 Vgl. dazu *Schaumburg*, Internationales Steuerrecht (2011), Rz. 14.23.

153 Vgl. zur „virtuellen Doppelbesteuerung" zuletzt den Vorlagebeschluss des BFH vom 10. 1. 2012, I R 66/09, IStR 2012, 426 (429); vgl. auch RFH vom 29.2.1940, III 206/39, RStBl. 1940, 532; deutlich BFH vom 13.9.1972, I R 130/70, BStBl. II 1973, 57; BFH vom 31.7.1974, I R 27/73, BStBl. II 1975, 61 (Leitsatz); grundlegend BFH vom 27.8.1997, I R 127/95, BStBl. II 1998, 58 zum DBA Kanada.

154 *Gosch*, IStR 2008, 413 (415); zum DBA Türkei in neuester Rechtsprechung BFH vom 10.1.2012, I R 66/09, IStR 2012, 426 (429).

155 Abgedruckt u. a. in DStR-Beihefter 2013, 46.

hinsichtlich der weiteren Anwendung der Freistellungsmethode nicht verbunden zu sein.[156]

3. Wirtschaftliche Konsequenzen der Methoden

Entsprechend ihrer oben beschriebenen Wirkungsweise führt die Anrechnungsmethode dazu, dass grundsätzlich das inländische Steuerniveau für die steuerliche Belastung des im grenzüberschreitenden Kontext wirtschaftlich tätigen Steuerpflichtigen maßgeblich ist und nicht das ausländische Steuerniveau, was insbesondere den dort tätigen Unternehmen und sonstigen Steuerpflichtigen steuerliche Nachteile im Vergleich zu anderen dort tätigen Unternehmen und Steuerpflichtigen bringen kann.[157] Da die Bundesrepublik Deutschland immer noch ein Hochsteuerland ist, kommt es regelmäßig zu einer „Hochschleusung" auf das deutsche Steuerniveau.[158] Bei Anwendung der Freistellungsmethode ist dagegen das ausländische Steuerniveau maßgeblich.[159]

Wettbewerbspolitisch folgt die (uneingeschränkte) Anrechnungsmethode der sog. Kapitalexportneutralität.[160] Das bedeutet, dass für den Steuerinländer der Export von Kapital (in welcher Form auch immer) dem gleichen Steuerniveau wie eine Investition im Inland unterliegt.[161] Die Freistellungsmethode führt in ihrer Anwendung zur sog. Kapitalimportneutralität, indem der Import von Kapital immer dem Steuerniveau des Staates unterliegt, in dem das Kapital investiert wird.[162]

Ein vorteilhafter Effekt der Anrechnungsmethode liegt insbesondere darin, dass Steuervorteile aus der Kapitalverbringung unter das Steuerregime sog. „Steueroasen" neutralisiert werden. Als weiterer Vorteil kann angeführt werden, dass sich durch fehlende Steueranreize die Kapitalallokation an nichtsteuerlichen Faktoren ausrichtet, was einen allokativen Effizienzgewinn bedeuten kann.[163] Auch werden aus Sicht des Steuerinländers die Steuern gleichmäßig erhoben.[164] Diese Wirkungen der Anrechnungsmethode bilden zum Teil den wirtschaftlichen Hintergrund für

---

156   So *Lüdicke*, IStR-Beihefter 2013, 26 (26 f.).
157   Vgl. *Jacobs*, Internationale Unternehmensbesteuerung (2016), S. 23.
158   Vgl auch *Schreiber*, Besteuerung der Unternehmen (2012), S. 46.
159   Deshalb wurde diese Methode von der deutschen Wirtschaft eingefordert, siehe *Lüdicke*, Überlegungen zur deutschen DBA-Politik (2008), S. 64.
160   *Jacobs*, Internationale Unternehmensbesteuerung (2016), S. 23.
161   *Jacobs*, Internationale Unternehmensbesteuerung (2016), S. 23.
162   *Jacobs*, Internationale Unternehmensbesteuerung (2016), S. 23 f.
163   Findet beispielsweise ein Steuerinländer mit Einkünften aus nichtselbständiger Tätigkeit im In- und Ausland das gleiche Steuerniveau vor, so wird für ihn die Steuerbelastung bei der Wahl seines Arbeitsplatzes keine Rolle spielen.
164   Die Anrechnungsmethode bevorzugt u. a. *Jacobs*, Internationale Unternehmensbesteuerung (2016), S. 27 ff.; kritisch in Bezug auf die Gleichmäßigkeit der Besteuerung *Lüdicke*, Überlegungen zur deutschen DBA-Politik (2008), S. 68 f.

einige Treaty Overriding-Vorschriften, die einen Wechsel von der Freistellungs- zur Anrechnungsmethode vorsehen.[165]

Deutschland präferiert jedoch seinem Ruf als Exportnation[166] entsprechend die Freistellungsmethode als grundlegende Methode in seinen DBA.[167] Dies geschieht nicht grundlos. Neben den genannten Auswirkungen gibt es einige Vorteile der Freistellungsmethode, die zu der bisherigen Abkommenspraxis geführt haben.[168] Dazu zählt insbesondere der Umstand, dass die Beibehaltung der Freistellungsmethode im Grundsatz für deutsche Unternehmen mit Auslandsberührung die für die unternehmerische Expansion wichtige Planbarkeit und Kontinuität der Besteuerungsbelastung sicherstellt.[169] Ein umfassender Wechsel zur Anrechnungsmethode würde allein aus gesetzgeberischer Sicht eine weitreichende Fortentwicklung der Anrechnungsmethode vor allem im Bereich der Dividendenbesteuerung erforderlich machen, was mit einer erhöhten Komplexität und erschwerter Administrierbarkeit einhergehen würde.[170] Die Freistellungsmethode ist zudem regelmäßig mit einem geringeren Verwaltungs- und Kontrollaufwand verbunden.[171] Insgesamt stellt sie für den Steuerpflichtigen und die Finanzverwaltung eine klare, einfach zu handhabende

---

165 Vgl. auch *Gebhardt*, Deutsches Tax Treaty Overriding (2013), S. 105; zu Schwierigkeiten bei der Durchführung der Anrechnung siehe *Gosch*, in Kirchhof, EStG (2015), § 34c EStG Rz. 20 ff. sowie § 50d Rz. 48a.

166 Kritisch zu der pauschalen Aussage, die mit der Freistellungsmethode verwirklichte Kapitalimportneutralität gewährleiste die wirtschaftlichen Interessen von Staaten, deren Wirtschaft exportorientiert ist: *Jacobs*, Internationale Unternehmensbesteuerung (2016), S. 28 ff.

167 So wird auf Seite 15 im Koalitionsvertrag der CDU, CSU und der FDP für die 17. Legislaturperiode die Freistellungsmethode ausdrücklich als die grundsätzlich anzuwendende Methode genannt. Der Koalitionsvertrag ist online abrufbar unter http://www.cdu.de/doc/pdfc/091026-koalitionsvertrag-cducsu-fdp.pdf; vgl. auch *Lüdicke*, Überlegungen zur deutschen DBA-Politik (2008), S. 63: *„Deutschland vermeidet (...) die Doppelbesteuerung (...) traditionell durch Anwendung der Freistellungsmethode.“* Siehe auch *Gosch*, IStR 2008, 413 (415).

168 Wie bereits erwähnt, sollte die deutsche Verhandlungsgrundlage daran nichts ändern.

169 Vgl. *Lüdicke*, Überlegungen zur deutschen DBA-Politik (2008), S. 66; dies gilt freilich nur insoweit, als diese Sicherheit von dem anderen Vertragsstaat durch dessen innerstaatliches Steuerrecht gewährleistet wird. Denn das Steuerniveau hängt bei Anwendung der Freistellungsmethode von dessen innerstaatlicher Steuerpolitik ab. Die effektive Steuerbelastung von Unternehmen soll sich im internationalen Vergleich tatsächlich annähern, siehe *Jacobs*, Internationale Unternehmensbesteuerung (2016), S. 33.

170 Vgl. *Lüdicke*, Überlegungen zur deutschen DBA-Politik (2008), S. 71.

171 *Jacobs*, Internationale Unternehmensbesteuerung, (2016), S. 33; vgl. auch *Gebhardt*, Deutsches Tax Treaty Overriding (2013), S. 104: *„am einfachsten (...) umzusetzen(...)“* m. w. N.; auf die unter Umständen schwierige Durchführung der Anrechnung hinweisend *Gosch*, in Kirchhof, EStG (2015), § 50d Rz. 48a.

Regelung dar.[172] Im Übrigen spricht für die Freistellungsmethode, dass sie dem anderen Staat die Freiheit lässt, eine eigene Steuerpolitik zu Gunsten oder zu Lasten ausländischer Investoren zu betreiben und damit auf dem jeweiligen Gebiet in weitem Maße souverän zu agieren.[173] In diesem Sinne zeigt die Freistellungsmethode im Verhältnis zu den anderen Vertragsstaaten eine gewisse „Offenheit" bzw. eröffnet sie dem anderen Vertragsstaat mehr Gestaltungsfreiheit bei seiner internationalen Steuerpolitik, indem sie Lenkungsmaßnahmen zu Gunsten oder zu Lasten der (auch nichtansässigen) Steuerpflichtigen zulässt.[174] Bei der Anrechnungsmethode ist dies auf Grund der mit ihr verbundenen „Hochschleusung" der Steuerbelastung auf das deutsche Steuerniveau für den Partnerstaat nur eingeschränkt möglich.

Letztlich führt diese „Offenheit" für steuerliche Maßnahmen des anderen Vertragsstaats zu einem Steuerwettbewerb, der für einen führenden Industriestaat wie der Bundesrepublik Deutschland insofern schwierig zu führen sein kann, als kleinere Volkswirtschaften schneller und effektiver auf die Attraktion von Kapital durch niedrige Steuersätze setzen können.[175] Dieser Art von Steuerwettbewerb und generell der missbräuchlichen Inanspruchnahme von DBA wird jedoch durch sog. Aktivitätsklauseln oder auch die Hinzurechnungsbesteuerung nach dem deutschen Außensteuergesetz und sonstige Missbrauchsvermeidungsnormen wie beispielsweise § 50d Abs. 3 EStG entgegengesteuert.

IV. Das Problem der doppelten Nichtbesteuerung bzw. einer Minderbesteuerung

Schließen zwei Staaten ein DBA, kann es vorkommen, dass in bestimmten grenzüberschreitenden Konstellationen nicht nur dem eigentlichen Zweck des Vertragsschlusses entsprechend eine Doppelbesteuerung verhindert wird, sondern keiner der Staaten auf Grund der Anwendung des DBA und seines innerstaatlichen Rechts

---

172 Vgl. *Lüdicke*, Überlegungen zur deutschen DBA-Politik (2008), S. 64; siehe auch *Jacobs*, Internationale Unternehmensbesteuerung, (2016), S. 33.

173 Dies kann aber auch unter dem Stichwort „Steueroasen" und „unfairer Steuerwettbewerb" als Nachteil gesehen werden. Da die Bundesrepublik Deutschland aber frei in der Vereinbarung der Freistellungsmethode ist und gegebenenfalls Sicherungsmechanismen in den DBA verankern kann, sind derartige Nachteile zumindest „hausgemacht". Änderungsbedarf in der Abkommenspolitik kann sich allerdings dann ergeben, wenn einzelne andere Vertragsstaaten über das übliche Maß an Lenkungsmaßnahmen hinausgehen und unfairen Steuerwettbewerb betreiben; siehe auch zum Einfluss auf das Investitionsverhalten bei Anwendung der Freistellungsmethode die Auswertung einer Studie von *Hines* in *Lüdicke*, Deutsche Abkommenspolitik, IFSt-Schrift Nr. 480 (2012), S. 91.

174 Siehe dazu auch die Aussagen des BFH in seiner Entscheidung vom 17.12.2003, I R 14/02, BStBl. II 2004, 260 unter Punkt II.2.c)bb); vgl. auch *Lüdicke*, Überlegungen zur deutschen DBA-Politik (2008), S. 67.

175 *Lüdicke*, Überlegungen zur deutschen DBA-Politik (2008), S. 69 f.

einen bestimmten steuerlichen Sachverhalt besteuert oder diesen im Vergleich niedrig besteuert.[176] Diesbezüglich spricht man von sog. „weißen Einkünften" für nicht besteuerte Einkünfte bzw. von „grauen Einkünften" für niedrig besteuerte Einkünfte. Dabei liegt bis heute weder eine gesetzliche noch eine sonstige allgemein akzeptierte Definition vor, nach der eine „Niedrig oder Minderbesteuerung"[177] allgemein verbindlich festgestellt werden kann.[178] Dies liegt vor allem daran, dass die Ursachen für eine Minderbesteuerung äußerst vielfältig sind und es sowohl legale wie auch illegale Wege gibt, die zu einer Minderbesteuerung führen.[179]

Weitgehende Einigkeit besteht jedoch darin, dass sowohl weiße wie auch graue Einkünfte (wie sie im Einzelnen auch immer definiert sein mögen) seitens der Vertragsstaaten aus steuerpolitischen Gründen häufig nicht gewünscht sind.[180] Daher versuchen die Vertragsstaaten dem Entstehen derartiger nicht- oder minderbesteuerter Einkünfte durch den Einsatz von bilateralen, aber auch unilateralen Regelungen entgegenzuwirken. Mit den letztgenannten Regelungen ist bereits die in dieser Arbeit behandelte Treaty Overriding-Problematik angesprochen. Denn soweit sich diese unilateralen Regelungen in Widerspruch zu der anzuwendenden DBA-Regelung setzen, steht ihre Qualifikation als Treaty Overriding-Vorschrift im Raum.

Da die Treaty Overriding-Vorschriften insbesondere auch der Verhinderung der doppelten Nichtbesteuerung dienen,[181] sollen an dieser Stelle überblicksmäßig die Existenz und die grundlegenden Ursachen der doppelten Nichtbesteuerung und einer Minderbesteuerung im Bereich der DBA abgebildet werden. Außerdem werden die gängigen abkommensrechtlichen „Vermeidungsmaßnahmen" dargestellt, um die Treaty Overriding-Vorschriften auch unter diesem Blickwinkel einordnen zu können. Es wird sich zeigen, dass eine gewisse Anzahl von Treaty Overriding-Vorschriften ihren Ursprung und ihre jeweilige Ausgestaltung der abkommensrechtlichen Problematik der doppelten Nichtbesteuerung verdanken und als Reaktion

---

176 Siehe dazu umfassend *Jankowiak*, Doppelte Nichtbesteuerung (2009), S. 38 ff.

177 In dieser Arbeit werden die Begriffe „Niedrigbesteuerung" und „Minderbesteuerung" synonym verwendet.

178 Eine überzeugende inhaltliche Eingrenzung des Begriffs der Minderbesteuerung findet sich bei *Burmester*, Zur Systematik internationaler Minderbesteuerung und ihrer Vermeidung, in Festschrift für Helmut Debatin (1997), S. 55 (56 f.), welche zwischen „systembedingter" und „gestaltungsbedingter" Minderbesteuerung unterscheidet.

179 Siehe auch *Hannes*, Qualifikationskonflikte im Internationalen Steuerrecht (1992), S. 8.

180 Vgl. *Wassermeyer*, in ders., Doppelbesteuerung (2015), MA Art. 1 Rz. 11 mit Verweis auf Art. 1 Nr. 6 MK: „(...) *allgemeine Vermutung* (...)"; siehe dazu auch den Bericht der Europäischen Kommission mit dem Titel „Summary report of the responses received on the public consultation on factual examples and possible ways to tackle double non-taxation cases", abrufbar unter http://ec.europa.eu/taxation_customs/resources/documents/common/consultations/tax/double_non_tax/summary_report.pdf.

181 Siehe dazu unten Punkt D.VI.2.

auf diese Problematik verstanden werden können. Ob dies im Ergebnis ein aus verfassungsrechtlicher Sicht gangbarer Weg ist, soll an dieser Stelle erstmal dahingestellt sein.

1. Abkommensrechtliche Sachverhalte

Relevante Fallkonstellationen, bei denen es als Resultat aus der Anwendung eines DBA in grenzüberschreitenden Sachverhalten zu einer Nicht- oder Minderbesteuerung kommt, sollen an dieser Stelle kurz skizziert werden, da einige Treaty Overriding-Vorschriften genau an diese Konstellationen anknüpfen und eine Nicht- oder Minderbesteuerung zu verhindern suchen. Dadurch soll ein Verständnis dafür geschaffen werden, warum der Gesetzgeber zum Mittel des Treaty Overriding greift und welche anderen Mechanismen in diesem Zusammenhang bestehen. Für Zwecke dieser Untersuchung besteht diesbezüglich jedoch kein Anspruch auf Vollständigkeit.[182]

a) Nichtbesteuerung als Folge der Freistellungsmethode

Ist die Freistellungsmethode ohne Einschränkungen in einem DBA vereinbart, kann es zu einer häufig sogar gewünschten Nichtbesteuerung von Einkünften kommen, wenn der Staat, dem die Besteuerungsmöglichkeit zugewiesen ist, nach seinem innerstaatlichen Recht die fraglichen Einkünfte nicht besteuert.[183] Dies ist letztlich dem Umstand geschuldet, dass deutsche DBA vom Grundsatz her lediglich die virtuelle Doppelbesteuerung verhindern wollen.[184]

b) Qualifikationskonflikte

Qualifikationskonflikte entstehen auf Grund einer unterschiedlichen Rechtsanwendung von DBA-Regelungen. In der Steuerpraxis gibt es die Tendenz, solche Rechtskonflikte im Hinblick auf eine niedrige Steuerbelastung des Steuerpflichtigen auszunutzen.

Der Begriff selbst weist dabei keine festen Konturen auf bzw. existiert ein unterschiedliches Begriffsverständnis.[185] Für Zwecke dieser Arbeit soll ein Qualifikationskonflikt

---

182 Für eine vertiefte Darstellung soll hier auf die eingehende Untersuchung von *Jankowiak*, Doppelte Nichtbesteuerung (2009), S. 34 ff. verwiesen werden.

183 Ausführlich dazu *Jankowiak*, Doppelte Nichtbesteuerung (2009), S. 74 ff., S. 85 ff.; vgl. auch *Lehner*, IStR 2011, 733 (736).

184 Deutlich: BFH v. 19.05.1993, I R 64/92, BFH/NV 1994, 11, juris Rz. 15 f. m. w. N.; vgl. auch *Lehner*, IStR 2011, 733 (736).

185 Systematisierungsvorschläge aus der älteren Literatur und die historische Entwicklung des Begriffs „Qualifikationskonflikt" werden ausführlich dargestellt in *Hannes*, Qualifikationskonflikte im Internationalen Steuerrecht (1992), S. 88 ff. und 129 ff. *Hannes* selbst unterscheidet im Bereich des Abkommensrechts zwischen „*unechten Qualifikationskonflikten*", „*echten Qualifikationskonflikten im weiteren*"

jedenfalls dann vorliegen, wenn steuerliche Vorgänge entweder auf Grund der Anwendung innerstaatlichen Rechts[186] oder durch Auslegung der Abkommensvorschriften selbst[187] eine unterschiedliche steuerliche Einordnung (Qualifikation) oder Zuordnung zu einer DBA-Regelung erfahren und es in der Folge durch die Anwendung unterschiedlicher (Verteilungs-)Normen zu einer Doppelbesteuerung oder doppelten Nichtbesteuerung bzw. einer Minderbesteuerung kommt. Ob Zurechnungskonflikte, also unterschiedliche Ansichten der Vertragsstaaten über die Zurechnung von Einkünften zu einer steuerpflichtigen Person, ebenfalls als Fall eines Qualifikationskonflikts anzusehen sind, ist umstritten.[188] Generell lassen die verschiedenen Abgrenzungen, die in der steuerrechtlichen Literatur vertreten werden, keine dogmatisch einheitliche Erfassung erkennen. Die unterschiedliche Terminologie erscheint für die praktische Rechtsanwendung wenig hilfreich.[189]

Sinne" und „echten Qualifikationskonflikten im engeren Sinne", ebd. S. 168 ff., 181 ff. und 226 ff.

186 Dies ordnen entweder einzelne Abkommensnormen oder Art. 3 Abs. 2 OECD-MA nachgebildete Abkommensartikel an. Ein solcher Artikel findet sich in fast allen deutschen DBA. Beispielsweise sieht die deutsche Finanzverwaltung Sondervergütungen an einen Gesellschafter einer Personengesellschaft als Einkünfte aus Gewerbebetrieb (§ 15 Abs. 1 Satz 1 Nr. 2 EStG) an und ordnet diese in Anwendung von Art. 3 Abs. 2 OECD-MA dem Art. 7 Abs. 1 OECD-MA (Unternehmensgewinne) zu. Andere Staaten hingegen sehen je nach zivilrechtlicher Ausgestaltung der Sondervergütung Art. 11, 12 oder 15 OECD-MA als einschlägig an. Dadurch konnte es zu einer Minderbesteuerung oder doppelten Nichtbesteuerung kommen, wenn beide Staaten davon ausgehen, dass die Freistellung eine virtuelle Doppelbesteuerung verhindern soll. Inzwischen fingiert § 50d Abs. 10 EStG Sondervergütungen für Abkommenszwecke (Art. 7 OECD-MA) als Unternehmensgewinne (sog. „Inbound-Fall"). Den umgekehrten Fall (sog. „Outbound-Fall") zur Verhinderung einer doppelten Nichtbesteuerung regelt nun § 50d Abs. 10 Satz 2, Abs. 9 Nr. 1 EStG. Zur Kritik an § 50d Abs. 10 EStG neben vielen *Schaumburg*, Internationales Steuerrecht (2011), Rz. 18.72 ff. Zur Behandlung von Sondervergütungen im deutschen Steuerrecht *Hennrichs,* in Tipke/Lang, Steuerrecht (2015), § 10 Rz. 139 ff. sowie zur Qualifikationsfunktion *ders.,* in Tipke/Lang, Steuerrecht (2015), § 10 Rz. 103.

187 *Menck,* in Gosch/Kroppen/Grotherr, DBA-Kommentar (2015), Grundlagen Teil 1 Abschnitt 6 Rz. 44.

188 So beispielsweise *Hannes,* Qualifikationskonflikte im Internationalen Steuerrecht (1992), S. 173 f.; a. A. *Lehner,* in Vogel/Lehner, DBA (2015), Grundlagen Rz. 181g; *Lampert,* Doppelbesteuerungsrecht und Lastenausgleich (2009), S. 42 f.; *Lang,* IStR 2010, 114 (117) unterscheidet die Begrifflichkeiten „Zurechnungskonflikt" und „Qualifikationskonflikt", sieht aber in dem von ihm diskutierten Fall den Zurechnungskonflikt als Wurzel des Qualifikationskonflikts; auch der Steuerausschuss der OECD unterscheidet in seinem Bericht vom 21.1.1999 über Personengesellschaften (OECD, Application of the OECD Model Tax Convention to Partnerships, Paris 1999, kurz: Partnership-Report) zwischen den beiden Begriffen, vgl. *Wassermeyer,* in ders., Doppelbesteuerung (2015), MA Art. 1 Rz. 28c.

189 Vgl. *Schaumburg*, Internationales Steuerrecht (2011), Rz. 16.82 (Fußnote 6).

In diesem Bereich stellt sich in Bezug auf das Treaty Overriding im Besonderen die Frage, inwieweit eine unilaterale Regelung eines solchen Konflikts dem Phänomen des Treaty Overriding zugeordnet werden kann. Als Beispiel können hier etwa § 50d Abs. 10 EStG[190] und § 50d Abs. 9 Satz 1 Nr. 1 EStG[191] genannt werden.

c) Personen- und sachbezogene Verlagerung von Steuersubstrat

Nicht nur auf Grund einer unterschiedlichen rechtlichen Würdigung eines Steuersachverhalts, sondern auch schlicht durch den Wegzug eines Steuerpflichtigen von einem hoch besteuernden Staat in einen niedriger oder bestimmte Einkünfte nicht besteuernden Staat kann es zu einer Niedrig- oder Nichtbesteuerung kommen. Die sachbezogene Verlagerung von Steuersubstrat ist etwa unter dem Stichwort „Verrechnungspreise" im Konzern bekannt.[192]

Häufig ist in diesem Zusammenhang auch die Rede von der Verlagerung von Steuersubstrat durch den Einsatz einer sog. Basisgesellschaft[193]. Diese Art der planerischen Steuerverlagerung basiert auf dem Gedanken, dass durch den Einsatz einer deutsch beherrschten Kapitalgesellschaft mit Sitz bzw. Geschäftsleitung in einem Niedrigsteuerland eine steuerliche Abschirmwirkung erzielt wird, wobei diese Gesellschaft keine eigene geschäftliche Tätigkeit oder einen Geschäftsbetrieb unterhält.[194] Das klassische Mittel gegen derlei „gesetzlich nicht vorgesehene Steuervorteile"[195] aus dem Einsatz von Basisgesellschaften ist die Missbrauchsvorschrift des § 42 AO. Daneben gibt es die sog. Hinzurechnungsbesteuerung der §§ 7 ff. AStG,[196] aber auch die Vorschrift des § 50d Abs. 3 EStG. Die Wirkungsweise der letztgenannten „Verhinderungsvorschriften" besteht darin, dass bei Vorliegen der

190   *Gosch,* in Kirchhof, EStG (2015), § 50d Rz. 44a; vgl. auch *Jankowiak,* Doppelte Nichtbesteuerung (2009), S. 37 ff.

191   *Gosch,* in Kirchhof, EStG (2015), § 50d Rz. 41b.

192   Vgl. *Jacobs,* Internationale Unternehmensbesteuerung, (2016), S. 92 f.

193   Zur Herkunft des Begriffs im angloamerikanischen Rechtsraum und dessen Bedeutung *Schaumburg,* Internationales Steuerrecht (2011), Rz. 10.23 f. Neben dem Begriff „Basisgesellschaft" werden als Synonyme Sitz-, Domizil-, Briefkastengesellschaft oder auch Strohfirma verwendet, vgl. *Gosch,* Die Zwischengesellschaft, in Kirchhof/Nieskens, Festschrift für Wolfram Reiss (2008), S. 598.

194   Vgl. dazu *Burmester,* Zur Systematik internationaler Minderbesteuerung und ihrer Vermeidung, in Festschrift für Helmut Debatin (1997), S. 55 (70); *Schaumburg,* Internationales Steuerrecht (2011), Rz. 10.26.

195   *Gosch,* Die Zwischengesellschaft, in Kirchhof/Nieskens, Festschrift für Wolfram Reiss (2008), S. 600.

196   Zum Verhältnis der §§ 7–14 AStG zu § 42 AO siehe *Wassermeyer,* in Flick/Wassermeyer/Bamhoff/Schönfeld, Außensteuerrecht (2015), Vor §§ 7–14 Rz. 91 ff. mit Darstellung der BFH-Rechtsprechung zu dieser Thematik bis zum Jahr 2002; siehe auch *Gosch,* Die Zwischengesellschaft, in Kirchhof/Nieskens, Festschrift für Wolfram Reiss (2008), S. 601 ff.; *Schaumburg,* Internationales Steuerrecht (2011), Rz. 10.31.

tatbestandlichen Voraussetzungen zwar die steuerliche Existenz der Basisgesellschaft anerkannt wird, es aber zu einer Hinzurechnung der Basisgesellschaftsgewinne kommt.[197] § 50d Abs. 3 EStG stellt nach hier vertretener Ansicht eine Treaty Overriding-Vorschrift dar.

d) Steuerhinterziehung und Steuerverkürzung

Tägliche Realität in der Steuerrechtspraxis ist auch die Vermeidung von Steueransprüchen durch strafbare Handlungen. Dies kann im Bereich des Internationalen Steuerrechts insbesondere nicht nur dadurch geschehen, dass pflichtwidrig keine Angaben zu einem steuerlich für zwei Staaten relevanten Sachverhalt gemacht werden, sondern diese nur einem Staat gegenüber eröffnet werden oder es in den jeweiligen Staaten zu unterschiedlichen Sachverhaltsangaben kommt, so dass mindestens ein Staat von einem falschen Sachverhalt ausgeht. Dadurch, dass der Steuerpflichtige auf diese Art und Weise seinen steuerlichen Pflichten nicht nachkommt, kann es ebenfalls zu einer doppelten Nichtbesteuerung oder einer Minderbesteuerung kommen.[198]

e) Vereinbarung einer fiktiven Steueranrechnung im DBA

Insbesondere zur Förderung der wirtschaftlichen Entwicklung durch Investitionen ausländischer Kapitalgeber von Entwicklungsländern sehen einige deutsche DBA die Anrechnung von fiktiven Steuerzahlungen im Ausland vor.[199] Diese Fälle der Nicht- oder Minderbesteuerung sind zwischen den Vertragsstaaten ausdrücklich vereinbart und daher im Unterschied zu den genannten Fallkonstellationen erwünscht. Minderbesteuerungen oder eine Nichtbesteuerung können dann vorkommen, wenn der Quellenstaat Steueranreize für den Steuerpflichtigen setzt, die der Ansässigkeitsstaat entgegen der üblichen Vorgehensweise bei der Anrechnungsmethode durch eine von der realen Steuererhebung im Ausland unabhängigen Anrechnung in fiktiver Höhe bestehen lässt.[200] Dadurch kommt der von dem jeweiligen Entwicklungsland gesetzte Steueranreiz tatsächlich dem Investor und nicht dem

---

197 Wohingegen Rechtsfolge aus der Anwendung des § 42 AO ist, dass die Einkünfte einer anderen Person steuerlich zugerechnet werden; siehe nur *Gosch*, Die Zwischengesellschaft, in Kirchhof/Nieskens, Festschrift für Wolfram Reiss (2008), S. 601.
198 *Jankowiak*, Doppelte Nichtbesteuerung (2009), S. 66 f.
199 Siehe dazu die Abkommensübersicht von *Ismer*, in Vogel/Lehner, DBA (2015), OECD-MA 2005 Artikel 23B. Anrechnungsmethode Rz. 191; kritisch zu derlei Investitionsanreizen *Mutén*, Steuerrechtsprobleme in Entwicklungsländern, in Klein/Stihl/Wassermeyer, Festschrift für Hans Flick (1997), S. 71 f.
200 Vgl. *Ismer*, in Vogel/Lehner, DBA (2015), OECD-MA 2005 Artikel 23B. Anrechnungsmethode Rz. 192.

Ansässigkeitsstaat zugute.[201] Gebräuchlich sind zur Anrechnung fiktiver Steuern die sog. „tax sparing credit"-Methode und die sog. „matching credit"-Methode.[202]

2. Maßnahmen zur Vermeidung einer Nicht- oder Minderbesteuerung

Die geschilderten Rechtsfolgen aus der Anwendung von DBA sind den Vertragsstaaten in aller Regel bekannt. Zur Verhinderung der Entstehung von grauen bzw. weißen Einkünften auf Grund der oben genannten Fallkonstellationen (mit Ausnahme der beiden letztgenannten), die teilweise gezielt von Steuerpflichtigen angestrebt werden, sind daher eine Reihe von Regelungsmechanismen seitens der Vertragsstaaten entwickelt worden. Diese bilateralen Regelungen sollen im Folgenden näher dargestellt werden. Denn sie finden sich tatbestandlich in unilateralen Regelungen wieder, denen ein Treaty Overriding-Charakter zukommt. Die unilateralen Regelungen unterscheiden sich aber in einem Punkt ganz wesentlich von den bilateralen Vereinbarungen – sie gelten als abstrakt-generelle Gesetze im formellen Sinne für alle DBA (mithin nicht nur im Verhältnis zu einem Vertragsstaat) und modifizieren gegebenenfalls deren Rechtsfolgenanordnung.

Eine Möglichkeit, um eine doppelte Nichtbesteuerung bzw. eine Minderbesteuerung auf bilateralem Weg zu verhindern, besteht darin, die Anwendung der Freistellungsmethode an bestimmte Voraussetzungen zu knüpfen und bei Nichterfüllung dieser Voraussetzungen die Anrechnungsmethode zur Anwendung kommen zu lassen. Dadurch wird die oben angesprochene Möglichkeit der doppelten Nichtbesteuerung durch die schlichte Anwendung der Freistellungsmethode verhindert. Dies geschieht regelmäßig durch Aktivitätsklauseln[203] bzw. Switch-over-Klauseln[204]. Eine weitere Möglichkeit besteht darin, bei Erfüllung bestimmter Voraussetzungen das Besteuerungsrecht an den anderen Vertragsstaat zurückfallen zu lassen.

---

201 Siehe nur *Jacobs*, Internationale Unternehmensbesteuerung (2016), S. 80 f.
202 Eine ausführliche Darstellung der Wirkungsweise der Methoden findet sich bei *Ismer*, in Vogel/Lehner, DBA (2015), OECD-MA 2005 Artikel 23B. Anrechnungsmethode Rz. 192 ff.; siehe ferner *Jacobs*, Internationale Unternehmensbesteuerung (2016), S. 81.
203 Eine Übersicht über deutsche DBA, in denen Aktivitätsvorbehalte vereinbart sind, findet sich beispielsweise in dem Schreiben der OFD Münster vom. 28.6.2008, BeckVerw 155542. Vgl. auch die Übersicht bei *Ismer*, in Vogel/Lehner, DBA (2015), OECD-MA 2005 Artikel 23B. Anrechnungsmethode Rz. 16 und die dortige Erklärung der Übersicht in Rz. 17 ff.
204 Ausführlich zu switch-over-Klauseln und ihre Wirkung *Petereit*, IStR 2003, 577. Eine Übersicht über deutsche DBA, in denen Switch-over-Klauseln vereinbart sind, findet sich bei *Prokisch*, in Vogel/Lehner, DBA (2015), OECD-MA 2005 Art. 1. Unter das Abkommen fallende Personen Rz. 136b.

Klauseln dieser Kategorie nennt man Subject-to-tax-Klauseln.[205] Vor dem geschilderten Hintergrund, dass diese Klauseln in Treaty Overriding-Vorschriften imitiert werden, sollen sie an dieser Stelle eine kurze Erläuterung erfahren. Darauf zielen im Übrigen auch die Remittance-base-Klauseln, die Limitation-of-benefits-Klauseln sowie die Anti-treaty-shopping-Klauseln.

a) Aktivitätsklauseln bzw. Switch-over-Klauseln

Mit dem englischen Begriffspaar „switch-over" ist das „Umschalten" von der Anwendung der Freistellungsmethode zur Anrechnungsmethode gemeint.[206] Diese stellt die tatsächliche Besteuerung eines grenzüberschreitenden Steuersachverhalts sicher, da die Anrechnung in der Deutschland bei unbeschränkt Steuerpflichtigen nach § 34c EStG, auf den die DBA in ihren Methodenartikeln verweisen, die tatsächliche Erhebung und Zahlung der Steuer im Quellenstaat voraussetzt. Mit der uneingeschränkten Anwendung der Freistellungsmethode wird hingegen nur die virtuelle Doppelbesteuerung verhindert. Folge der Anrechnungsmethode ist bei Ansässigkeit in Deutschland die Hochschleusung auf das deutsche Steuerniveau und die damit verbundene Derogierung etwaiger Steuervorteile im Investitionsstaat.[207] Abkommensrechtliche Anwendungsvoraussetzung für die Switch-over-Klauseln ist grundsätzlich ein Qualifikations- bzw. Zurechnungskonflikt[208], der zu einer Nicht- oder Minderbesteuerung führt[209] und grundsätzlich die erfolglose Durchführung eines Verständigungsverfahrens.[210] Die Switch-over-Klauseln finden sich im Gegensatz zu den Aktivitätsklauseln häufig auch in den Protokollen zu den DBA.

---

205   Siehe dazu nur *Wassermeyer,* in ders., Doppelbesteuerung (2015), Art. 1 MA Rz. 72; *Dürrschmidt,* in Vogel/Lehner, DBA (2015), vor Art. 6–22 Rz. 20 ff.

206   Daher wird auch der deutsche Begriff „Umschaltklausel" verwendet. Siehe etwa BFH vom 17.10.2007, I R 96/06, IStR 2008, 262 (264) sowie die Urteilsanmerkung von *Salzmann,* IStR 2008, 264.

207   Zu diesen Wirkungen ausführlich oben unter Punkt C.III.1 sowie das Schreiben des BMF vom 16.4.2010, IV B 2 – S 1300/09/10003, Rn. 4.1.3.2 f., BStBl. I S. 354.

208   *Prokisch,* in Vogel/Lehner, DBA (2015), OECD-MA 2005 Art. 1. Unter das Abkommen fallende Personen Rz. 136c; ähnlich *Jankowiak,* Doppelte Nichtbesteuerung (2009), S. 159 f. mit ausführlicher Stellungnahme zum Streitstand hinsichtlich des Anwendungsbereichs solcher Klauseln.

209   Wann eine das Umschalten auslösende „niedrige" Besteuerung vorliegt, ist im konkreten Fall schwer zu bestimmen, was zu Rechtsunsicherheit führt und daher teilweise für verfassungswidrig gehalten wird; siehe dazu *Prokisch,* in Vogel/Lehner, DBA (2015), OECD-MA 2005 Art. 1. Unter das Abkommen fallende Personen Rz. 136c; vgl. auch *Kahler,* Die Freistellungsmethode (2007), S. 75 f.; *Pereit,* IStR 2003, 577 (581 f.).

210   Vgl. *Prokisch,* in Vogel/Lehner, DBA (2015), OECD-MA 2005 Art. 1. Unter das Abkommen fallende Personen Rz. 136a und 136c.

Bei den Aktivitätsklauseln[211] handelt es sich um eine besondere Form von Switch-over-Klauseln.[212] Die Besonderheit liegt darin, dass Anknüpfungspunkt für das Wechseln zur Anrechnungsmethode allein die fehlende aktive Tätigkeit einer Investition[213] und nicht ein Qualifikations- bzw. Zurechnungskonflikt ist. Dahinter steckt die Überlegung, dass die durch die Freistellungsmethode dem anderen Vertragsstaat eingeräumte Möglichkeit Investitionsanreize zu schaffen nur dann beachtenswert ist, wenn es sich um eine Investition aus wirtschaftlichen Gründen handelt und diese Investition auch die wirtschaftliche Infrastruktur des anderen Vertragsstaats beansprucht und nicht lediglich der Steuerersparnis dienen soll.[214] Dagegen sollen rein steuerliche Gründe für die Auslandsbetätigung nicht ausreichend sein.[215] Inzwischen sind derlei Aktivitätsklauseln in allen neueren DBA der Bundesrepublik Deutschland bei Vereinbarung der Freistellungsmethode für Betriebsstätteneinkünfte und Schachteldividenden vorgesehen.[216]

b) Subject-to-tax-Klauseln

Die Subject-to-tax-Klauseln werden entsprechend ihrer Wirkungsweise im deutschen Sprachraum auch als Rückfallklauseln bezeichnet.[217] Ihre Wirkungsweise besteht darin, dass Abkommensbegünstigungen in einem Vertragsstaat an die Bedingung geknüpft werden, dass die entsprechenden Einkünfte im anderen

---

211 Umfassend hierzu *Läufer*, Aktivitätsklauseln (2014).

212 So *Kahler*, Die Freistellungsmethode (2007), S. 74. Häufig werden sie aber als eigenständige Form einer Vorbehaltsklausel dargestellt. Siehe nur *Wassermeyer/ Richter/Schnittker*, Personengesellschaften im Internationalen Steuerrecht (2015), Rz. 16.11.

213 Zu den unterschiedlichen Interpretationen, wann eine solche „aktive" Tätigkeit vorliegt, siehe *Ismer*, in Vogel/Lehner, DBA (2015), OECD-MA 2005 Artikel 23B. Anrechnungsmethode Rz. 68 ff. u. a. mit Verweis auf *Wassermeyer*, IStR 2000, 65 mit einer ausführlichen und kritischen Darstellung.

214 Vgl. dazu *Läufer*, Aktivitätsklauseln (2014), S. 3 sowie S. 5 f.

215 *Läufer*, Aktivitätsklauseln (2014), S. 5 f.

216 *Lüdicke*, Deutsche Abkommenspolitik, IFSt-Schrift Nr. 480 (2012), S. 73. Eine Übersicht über deutsche DBA, in denen Aktivitätsvorbehalte vereinbart sind, findet sich beispielsweise in dem Schreiben der OFD Münster vom 9.11.2011, S 1301–18-St 45–32, BeckVerw 258004.

217 Vgl. OFD Düsseldorf und Münster vom 18.7.2005, S 1301 A – 12 (D), S 1315 – 42 – St 14 – 32 (Ms), IStR 2006, 96; *Wassermeyer/Richter/Schnittker*, Personengesellschaften im Internationalen Steuerrecht (2015), Rz. 16.9 m. w. N. Teilweise wird auch zwischen Rückfallklauseln und Subject-to-tax-Klauseln je nach der Regelungsebene unterschieden, auf der die jeweiligen Klauseln wirken. So beispielsweise *Kahler*, Die Freistellungsmethode (2007), S. 70 m. w. N. Eine solche Unterscheidung hat für diese Arbeit jedoch keine Relevanz.

Vertragsstaat tatsächlich der Besteuerung unterliegen.[218] Aus Sicht des Wohnsitzstaats vollzieht sich dies dadurch, dass die Freistellungsmethode dann nicht zur Anwendung kommt, wenn die Einkünfte im anderen Vertragsstaat nicht besteuert werden.[219] Es erfolgt wie bei den Switch-over-Klauseln ein Wechsel von der Freistellungs- zur Anrechnungsmethode. Dadurch kommt es zur Verhinderung der effektiven und nicht der lediglich virtuellen Doppelbesteuerung.[220] Es ist darauf hinzuweisen, dass Subject-to-tax-Klauseln in unterschiedlicher Gestalt in den deutschen DBA verankert sind und hier auf Grund der Detailfülle dieser einzelnen Regelungen nur die grundsätzliche Wirkungsweise dargestellt wird.[221] Die Identifizierung von solchen Klauseln wie auch ihre Auslegung kann im Einzelfall sehr umstritten sein.[222]

c) Remittance-base-Klauseln

Einen besonderen Fall der Verhinderung einer Minder- oder Nichtbesteuerung bilden die Remittance-base-Klauseln, auch „Überweisungsklauseln" genannt.[223] Bei diesen wird die in einigen Vertragsstaaten vorherrschende Besonderheit berücksichtigt, dass nur die in den Ansässigkeitsstaat aus dem Ausland überwiesenen Beträge im Ansässigkeitsstaat der Besteuerung unterliegen.[224] Nach der allgemeinen Form dieser Klauseln beinhalten diese die Regelung, dass der Quellenstaat Einkünfte dann nicht oder nur teilweise freistellt, wenn die Einkünfte im Ansässigkeitsstaat nach dessen innerstaatlichem Recht nur mit dem dorthin überwiesenen Betrag steuerpflichtig sind, die Überweisung aber nicht vollzogen wird.[225] Es wird also

---

218 Vgl. *Schaumburg*, Internationales Steuerrecht (2011), Rz. 16.141 sowie *Jacobs*, Internationale Unternehmensbesteuerung (2016), S. 96.

219 Vgl. Art. 23 A Abs. 4 OECD-MA; siehe auch zu den deutschen DBA das Schreiben der OFD Frankfurt/Main vom 19.7.2006, S – 1301 A – 55 – St 58, DStZ 2006, 708 (708 f.).

220 Siehe zum Begriff der virtuellen Doppelbesteuerung oben Punkt C.III.2.

221 Eingehend zu abkommensrechtlichen Rückfallklauseln mit Beispielen und Darstellung der BFH-Rechtsprechung *Grotherr*, Die abkommensrechtliche Rückfallklausel im Wandel der Zeit, in Brähler/Lösel, Festschrift für Christiana Djanani (2008), S. 263 ff.; siehe auch *Rust*, in Lang, Avoidance of Double Non-Taxation (2003), S. 109 (127) ff.

222 Eine beispielhafte Übersicht über deutsche DBA, in denen Rückfallklauseln zu finden sind, bietet aus Sicht der Finanzverwaltung das Schreiben des BMF vom 26.9.2014, IV B 5-S 1300/09/10003, 2014/0599097, Rz. 4.1.1.2.3, BStBl. I 2014, 1258.

223 Beide Bezeichnungen nennend OFD Frankfurt/Main vom 19.7.2006, S – 1301 A – 55 – St 58, DStZ 2006, 708 (709); *Portner*, IStR 2010, 837 (838).

224 Dies trifft nur auf einige wenige Staaten zu, vgl. hierzu OFD Frankfurt/Main vom 19.7.2006, S – 1301 A – 55 – St 58, DStZ 2006, 708 (709).

225 So OFD Frankfurt/Main vom 19.7.2006, S – 1301 A – 55 – St 58, DStZ 2006, 708 (709).

die Besteuerung von der Überweisung der Einkünfte abhängig gemacht.[226] Einen besonderen Fall einer Remittance-base-Klausel stellt Art. 24 des im Jahr 2010 abgeschlossenen DBA-Großbritannien dar.[227]

d) Anti-treaty-shopping-Klauseln

Gewisse steuerliche Gestaltungen[228] sind darauf angelegt, Abkommensvorteile für einen Steuerpflichtigen zu erreichen, die er auf Grund seiner fehlenden Ansässigkeit in einem Abkommensstaat nicht erlangen kann.[229] Dies geschieht durch die Einschaltung von ausländischen Gesellschaften, deren Gründungen steuerlich motiviert sind und dazu dienen, spezielle Abkommenserleichterungen für die Gesellschafter in Anspruch nehmen zu können. Anti-treaty-shopping-Klauseln werden nun mit dem Ziel eingesetzt, dass derartige nicht-abkommensberechtigte Personen nicht mit Hilfe von abkommensberechtigten Gesellschaften Abkommensvorteile erzielen.[230] Dies geschieht dadurch, dass in diesen Klauseln für die Erlangung von Abkommensvorteilen durch eine Gesellschaft gewisse wirtschaftliche Gründe und eine eigenwirtschaftliche Betätigung mit dazugehöriger „Substanz"[231] in unterschiedlichem Ausmaße gefordert werden.[232] Als neueres Beispiel aus der deutschen Abkommens-

---

226 *Hahn-Joecks*, in Kirchhof/Söhn/Mellinghoff, EStG (2015), § 50d J 4.

227 Eingehend dazu *Portner*, IStR 2010, 837 (839); *Büttgen/Kaiser/Raible*, BB 2011, 862 (866); siehe zu einem vergleichbaren Sonderfall im DBA-Zypern, BFH vom 29.11.2000, I R 102/99, IStR 2001, 252 und die Besprechung des Urteils von *Wischermann*, IStR 2002, 688.

228 Dabei geht es in der Regel um die Minimierung der Quellensteuerbelastung.

229 In der Praxis ebenfalls verbreitet ist das sog. „rule-shopping". Damit sind Gestaltungen gemeint, die die Anwendung bestimmter Verteilungsnormen der DBA zum Ziel haben, beispielsweise die Verteilungsnorm für Zinsen statt der für Dividenden, welche eine Quellensteuer zulässt. Diese Gestaltungen spielen aber für das Treaty Overriding keine Rolle und sollen daher an dieser Stelle nur der Vollständigkeit halber erwähnt werden. Siehe dazu näher *Schaumburg*, Internationales Steuerrecht (2011), Rz. 16.130 und *Prokisch*, in Vogel/Lehner, DBA (2015), OECD-MA 2005 Art. 1. Unter das Abkommen fallende Personen Rz. 101.

230 *Schaumburg*, Internationales Steuerrecht (2011), Rz. 16.347.

231 Damit sind geeignete Räumlichkeiten, eigenes Personal und eine Geschäftsausstattung gemeint und die Gesellschaft auf eine gewisse Dauer angelegt ist, vgl. grundlegend die sog. „Hilversum"-Entscheidung des BFH vom 20.3.2002, I R 38/00, BStBl. II 2002, 819, zu den innerstaatlichen Vorschriften § 42 AO 1977 und § 50d Abs. 1 a 1990/1994; siehe dazu auch den Aufsatz von *Niedrig*, IStR 2003, 474.

232 Im angloamerikanischen Rechtskreis wird die Problematik daher treffenderweise unter den Schlagworten „substance vs. form" diskutiert; vgl. *Prokisch*, in Vogel/Lehner, DBA (2015), OECD-MA 2005 Art. 1. Unter das Abkommen fallende Personen Rz. 103.

praxis kann Art. 31 des DBA-Liechtenstein mit den dazugehörigen Protokollen (insbesondere Nr. 11 b und Nr. 12) genannt werden.[233]

e) Limitation-on-benefits-Klauseln

Die sog. Limitation-on-benefits-Klauseln[234] zielen darauf ab, durch den Einsatz einer ausführlichen Vorschrift die missbräuchliche Inanspruchnahme von Abkommensvergünstigungen durch die Zwischenschaltung geeigneter Rechtsträger zu verhindern.[235] Sie bilden also eine umfassende Schranke für Abkommensvergünstigungen.[236] Solche Klauseln wurden erstmals von den USA in der Abkommenspolitik verwendet.[237] Seit 2006 ist eine solche Klausel in Art. 22 des US-Musterabkommens zu finden und durch das Protokoll vom 1.6.2006 auch in neu gefasster Form in Art. 28 des DBA-USA aufgenommen worden.[238] Insbesondere gegen diese DBA-Regelung bestehen wegen der darin enthaltenen Billigkeitsklausel und wegen der hohen Komplexität der Vorschrift sowohl Bedenken hinsichtlich der Rechtssicherheit als auch europarechtliche Bedenken.[239] Nicht abschließend geklärt ist das Verhältnis zu innerstaatlichen Missbrauchsvorschriften wie § 50d Abs. 3 EStG.[240]

f) Unilaterale Maßnahmen

Es existieren inzwischen eine ganze Reihe von Beispielen für unilaterale Maßnahmen zur Verhinderung einer Nicht- oder Minderbesteuerung in der deutschen

---

233 *Lüdicke,* Deutsche Abkommenspolitik, IFSt-Schrift Nr. 480 (2012), S. 77 f.

234 Dieser Ausdruck wird in der deutschen Fassung des DBA-USA mit „Schranken für die Abkommensvergünstigungen" übersetzt.

235 Eingehend dazu *Thömmes,* IStR 2007, 577 sowie *Prokisch,* in Vogel/Lehner, DBA (2015), OECD-MA 2005 Art. 1. Unter das Abkommen fallende Personen Rz. 122 ff.

236 So auch die Überschrift bei *Prokisch,* in Vogel/Lehner, DBA (2015), OECD-MA 2005 Art. 1. Unter das Abkommen fallende Personen Rz. 144. Dort findet sich in den folgenden Randnummern eine ausführliche Darstellung der einzelnen Anwendungsvoraussetzungen der LOB-Klausel des DBA-USA.

237 *Thömmes,* IStR 2007, 577.

238 Die LOB-Klausel im DBA-USA ist außerordentlich komplex und bereitet Schwierigkeiten in der konkreten Anwendung, vgl. *Schnittker,* IStR 2012, 720 (721 f.) mit einer kurzen Erläuterung der einzelnen Absätze der Vorschrift sowie *Jacob,* IStR 2011, 45 (46 ff.). Derartige Klauseln finden sich auch in Art. 24 DBA-Großbritannien und in Nr. 3 des Protokolls zum DBA-Malaysia. Daneben wurden sie im Jahre 2010 in die DBA mit den Vereinigten Arabischen Emiraten und Kuwait aufgenommen.

239 Vgl. *Schnittker,* IStR 2012, 720 (721 f.); zu den europarechtlichen Kritikpunkten *Wassermeyer/Schönfeld,* DB 2006, 1970 (1973); *Thömmes,* IStR 2007, 577 (577 ff.).

240 *Schnittker,* IStR 2012, 720 (722); vgl. auch *Jacob,* IStR 2011, 45 (54).

Steuergesetzgebung. Diese zeichnen sich dadurch aus, dass sie sich derselben Mechanismen zur Erreichung des genannten Zwecks bedienen wie die geschilderten bilateralen Maßnahmen. In den Regelungen werden die genannten Mechanismen der Subject-to-tax-Klauseln, Switch-over-[241] oder Aktivitätsklauseln sowie der anti-treaty-shopping-Klauseln verwendet[242]. Anders als diese wirken sie aber als nationale Gesetze immer allgemein für alle deutschen DBA und können in einen Konflikt mit einzelnen abkommensrechtlichen Vorschriften treten. Hierbei handelt es sich häufig um Treaty Overriding-Vorschriften. Problematisch ist dabei neben dem fehlenden Aushandeln der Regelungen die mit ihnen verbundene, im Vergleich zum reinen DBA-Fall regelmäßig zusätzliche Belastung des Steuerpflichtigen. Dies gilt im Bereich der Verhinderung einer Nicht- oder Minderbesteuerung umso mehr, als es keine den DBA immanente allgemeine Zielsetzung der Verhinderung einer Nicht- oder Minderbesteuerung gibt, die eine Berufung des Steuerpflichtigen auf das DBA in diesen Fällen gegebenenfalls verhindern könnte.[243]

V. Zwischenergebnis

Treaty Overriding-Vorschriften knüpfen an das deutsche Abkommensrecht an, welches zuvorderst das Ziel hat, bei grenzüberschreitenden Steuersachverhalten im Einvernehmen mit dem jeweiligen anderen Vertragsstaat eine internationale Doppelbesteuerung zu verhindern. Dies geschieht grundsätzlich bilateral im Wege der Vereinbarung der Anrechnungs- wie auch der Freistellungsmethode sowie unilateral unter Verwendung der Anrechnungsmethode. Es kann unterstellt werden, dass den Vertragspartnern dabei bewusst ist, dass die beiden Methoden für das bei grenzüberschreitenden Steuersachverhalten maßgebliche Steuerniveau keineswegs neutral sind, sondern unterschiedliche wirtschaftlich-steuerliche Konsequenzen nach sich ziehen und insbesondere mit der Vereinbarung der Freistellungsmethode steuerliche Investitionsanreize geschaffen werden können.

Als in vielen Fällen unerwünschte Folge der grundlegenden Abkommenssystematik ergeben sich aus der Anwendung der DBA, die ihrem eigentlichen Ziel nach eine Doppelbesteuerung verhindern sollen, Fälle doppelter Nicht- oder Minderbesteuerungen. Zur Vermeidung dieser Phänomene hat sich in der Abkommenspolitik eine Art Maßnahmenkatalog herausgebildet, auf den je nach Verhandlungsergebnis

---

241 Als Beispiel hierfür ist § 50d Abs. 9 EStG zu nennen, vgl. dazu *Gosch* in Kirchhof, EStG (2015), § 50d Rz. 44a.

242 Als solche ist beispielsweise § 50d Abs. 3 EStG einzuordnen, vgl. dazu *Gosch,* in Kirchhof, EStG (2015), § 50d Rz. 24.

243 Vgl. dazu *Lehner,* IStR 2011, 733 (735 ff.); vgl. auch *Gosch,* in Kirchhof, EStG (2015), § 50d Rz. 42, der dort ausführt: *„Um eine doppelte Nichtbesteuerung(sog. Keinmalbesteuerung) zu vermeiden, bedarf es (...) eines expliziten Regelungsbefehls im DBA (...)."* Auf die Frage, ob es eine den DBA immanente, allgemeine Zielsetzung der Verhinderung einer Nicht- oder gar Minderbesteuerung gibt, wird an späterer Stelle in dieser Arbeit noch ausführlich eingegangen werden.

zurückgegriffen wird. Gemeint sind die in diesem Gliederungspunkt dargestellten bilateralen Maßnahmen zur Vermeidung von grauen bzw. weißen Einkünften. Aber auch auf unilateralem Wege versucht Deutschland diese (Neben-)Folgen aus der Anwendung von DBA zu beschränken. Dies geschieht in vielen Fällen mit Hilfe von Normen, die als Treaty Overriding zu qualifizieren sind. Diese modifizieren die beschriebene Abkommensystematik in fiskalisch für Deutschland vorteilhafter Weise, wobei in der Regel die dargestellten Regelungsmechanismen (unilateral) eingesetzt werden. Die unilateralen Regelungen wirken jedoch im Gegensatz zu den bilateralen Mechanismen immer allgemein für alle deutschen DBA und werden ohne weitere Verhandlung mit den Vertragsstaaten umgesetzt. Inwieweit sich dies als völker- aber auch verfassungsrechtlich problematisch erweist, ist eine Kernfrage der hier untersuchten Treaty Overriding-Problematik.

D. Dogmatische Erfassung des Treaty Overriding im deutschen Einkommensteuerrecht

Der völker- und verfassungsrechtlichen Beurteilung von Treaty Overriding soll eine möglichst exakte Eingrenzung des Untersuchungsgegenstands vorangestellt werden. Es soll der Versuch unternommen werden, das gesetzgeberische Mittel des Treaty Overriding mit ausreichender Trennschärfe zu definieren und einen Weg aufzuzeigen, um Fälle des Treaty Overriding in der Praxis identifizieren zu können. Die einzelnen Fälle von Treaty Overriding werden an Hand einer dogmatischen Kategorisierung in Fallgruppen zusammengefasst. Für die jeweilige Fallgruppe ergeben sich gleiche oder zumindest ähnliche völker- und verfassungsrechtliche Beurteilungen, was eine Kategorisierung wissenschaftlich sinnvoll erscheinen lässt.

I. Etablierung des Treaty Overriding als gesetzgeberisches Mittel

Soweit ersichtlich hat das vom Gesetzgeber gezielt eingesetzte Treaty Overriding seinen Ursprung in den USA.[244] Hervorzuheben ist in der dortigen Entwicklung insbesondere der vom amerikanischen Gesetzgeber im Jahre 1980 erlassene Foreign Investment in Real Property Tax Act,[245] der vorsah, dass bestimmte innerstaatliche Steuernormen nach einer Zeit von fünf Jahren (Zeitraum bis zum 1. 10. 1985, sog. „Treaty-Honeymoon") ohne Rücksicht auf inhaltlich widersprechende Regelungen in DBA in Kraft treten sollten.[246]

Vermutlich von seinem amerikanischen Ursprung ausgehend hat sich für diese Art der Steuergesetzgebung der englische Ausdruck Treaty Overriding bzw. Treaty Override auch im deutschen Steuerrecht als Fachterminus durchgesetzt.[247] Der OECD-Steuerausschuss hat sich im Nachgang zu der von den USA erstmals praktizierten Gesetzgebung gegen diese Art der Steuergesetzgebung

---

244 Zur historischen Entwicklung in den USA ausführlich *Mausch*, Treaty Overriding (1998), S. 1 ff. m. w. N. Dort wird als erster Gesetzgebungsakt mit Treaty Overriding-Wirkung allerdings der „Revenue Act" von 1962 genannt; so auch *Lehner*, in Vogel/Lehner, DBA (2015), Grundlagen des Abkommensrechts Rz. 203; siehe zum Ganzen auch *Langbein*, Intertax 1985, 145 (145, 147 ff.).

245 Siehe dazu *Langbein*, Intertax 1985, 145 (150 f.).

246 *Lehner*, in Vogel/Lehner, DBA (2015), Grundlagen des Abkommensrechts Rz. 204.

247 Siehe dazu nur die Nachweise bei *Lehner*, in Vogel/Lehner, DBA (2015), Grundlagen des Abkommensrechts Rz. 194.

ausgesprochen.[248] Dies hat den deutschen Gesetzgeber aber nicht davon abgehalten im Jahre 1992 mit der Switch-over-Vorschrift[249] des § 20 Abs. 2 AStG erstmals eine eindeutig als Treaty Overriding zu identifizierende Vorschrift[250] in die deutsche Steuergesetzgebung einfließen zu lassen. Inzwischen hat der deutsche Gesetzgeber vielfach von dieser Vorgehensweise Gebrauch gemacht und es lässt sich mit Fug und Recht sagen, dass sich das Treaty Overriding als gängiges Mittel der Steuergesetzgebung etabliert hat.[251] Zeugnis davon sind die bei *Gebhardt* aufgelisteten vielzähligen Fälle von Steuervorschriften, die zumindest im Verdacht stehen, Treaty Overriding-Charakter zu haben.[252] Allerdings wird der Begriff des Treaty Overriding in keiner Norm verwendet oder definiert.

Hinsichtlich der Auflistung bei *Gebhardt* ist darauf hinzuweisen, dass hinsichtlich der Einordnung als Treaty Overriding-Normen Vieles umstritten ist und die dargestellte, verallgemeinernde Auflistung stets nur einen ersten Anhaltspunkt für die Treaty Overriding-Eigenschaft einer Norm liefern kann. Denn jedes DBA kann beispielsweise eine „Öffnung" für bestimmte unilaterale Gesetzgebungsakte etwa zur Verhinderung einer missbräuchlichen Inanspruchnahme von Abkommensvergünstigungen oder auch zu Verhinderung einer doppelten Nichtbesteuerung enthalten, die die an sich gegebene Treaty Overriding-Eigenschaft einer Vorschrift entfallen lässt. Daher kann in der Regel keine allgemeingültige Einordnung als Treaty Overriding-Norm getroffen werden, auch wenn eine solche wegen der vielfach gleichen Ausgestaltung vieler deutscher DBA-Regelungen häufig zutreffend ist. Die Einordnung hängt jedoch letztlich stets von der spezifischen Ausgestaltung eines DBA ab, wie die folgenden Ausführungen zeigen werden.

Zunächst soll im Folgenden jedoch erläutert werden, warum der deutsche Steuergesetzgeber entgegen seiner ursprünglichen Haltung in so zahlreicher Form zu dieser Art der Steuergesetzgebung gegriffen hat.

---

248   Zur Empfehlung des OECD-Steuerausschusses, eine Treaty Overriding-Gesetzgebung zu unterlassen: OECD-Committee on Fiscal Affairs Report on Tax Treaty Overrides, Tax notes international 1990, 25 (32).

249   Zu der Wirkungsweise von Switch-over-Klauseln siehe oben Punkt C.IV.2.a).

250   Siehe dazu etwa *Seer*, IStR 1997, 481 (482) m. w. N.

251   *Gosch* schreibt in seinen „resümierenden Schlussbemerkungen" eines vielbeachteten Aufsatzes zum Treaty Overriding davon, dass „*Treaty Overrides (...) sich von absoluten Ausnahme- zu Beinahe-Regelfällen zu entwickeln (drohen)*", siehe *ders*, IStR 2008, 413 (421).

252   Ein Überblick findet sich bei *Gebhardt*, Deutsches Tax Treaty Overriding (2013), S. 11. Die Einordnung einer Norm hängt stets von der spezifischen Ausgestaltung eines DBA ab. Die hier verwendete Aufzählung soll lediglich einen Überblick vermitteln.

II. Gesetzgeberische Gründe für Treaty Overriding

Wie bereits dargestellt wurde, sind DBA das Ergebnis von Verhandlungen auf bilateraler Ebene. Treaty Overriding-Vorschriften stellen hingegen eine unilaterale, legislative Maßnahme dar, um auf die Verteilung des Steuersubstrats zwischen den Staaten durch die bilateralen DBA einzuwirken.[253] Es stellt sich die Frage, warum der Gesetzgeber nicht den bilateralen Weg nimmt, um für ihn vorteilhafte Änderungen in DBA zu verankern, sondern zumeist ohne Wissen des Vertragspartners einseitige Änderungen herbeiführt und damit den Steuerpflichtigen, der den Schutz des DBA beansprucht, regelmäßig über das in DBA Vereinbarte hinaus belastet.

Ein Vorteil dieses Vorgehens liegt in der bereits mehrfach erwähnten Breitenwirkung. Treaty Overriding-Vorschriften wirken als abstrakt-generelle Regelungen auf jedes bestehende DBA ein. Der Gesetzgeber erspart sich dadurch vielzählige Verhandlungen mit den jeweiligen Vertragspartnern. Es ermöglicht dem Gesetzgeber, mit einem Gesetzgebungsakt die tatsächliche oder vermutete missbräuchliche Inanspruchnahme von Abkommensvergünstigungen unattraktiv zu machen,[254] die doppelte Nicht- bzw. eine Minderbesteuerung zu verhindern oder schlicht rein fiskalisch motiviert durch die DBA-Anwendung „verlorengegangenes" Steuersubstrat zurückzuholen.[255] Insbesondere die Verhinderung von missbräuchlichen Gestaltungen sowie der Nicht- bzw. Minderbesteuerung sind potentiell allesamt auch durch ein entsprechendes Gestalten der DBA auf bilateralem Wege zu erreichen.[256] Vielfach werden „unerwünschte" Steuerausfälle jedoch erst nach dem Abschluss von DBA identifiziert. Um derlei Steuerausfälle zu vermeiden, bietet das Treaty Overriding ein probates Mittel flexibel ohne langwierige Verhandlungen mit dem jeweiligen Vertragsstaat zu reagieren, in welchen dieser eventuell für Deutschland nachteilige, eigene Änderungswünsche im DBA verankern will.[257] Das ist ein

---

253 Siehe *Musil*, Treaty Overriding (2000), S. 33 f.

254 Der Verhinderung einer tatsächlichen bzw. vom Gesetzgeber jedenfalls angenommenen missbräuchlichen Inanspruchnahme von Abkommensvergünstigungen diente die erste deutsche Treaty Overriding-Vorschrift des § 20 Abs. 2 AStG. Ein weiterer Beispielsfall ist je nach Fallkonstellation § 50d Abs. 3 EStG.

255 *Korn*, IStR 2009, 641 (644), nennt eine vierte Kategorie, nämlich die *„planmäßige Herbeiführung rechtlicher Doppelbesteuerung gegen ein bestehendes DBA"*. Richtigerweise weisen aber *Jansen/Weidmann*, IStR 2010, 596 (598) unter FN 40 darauf hin, dass diese Kategorie keinen eigenständigen Zweck darstellt, sondern eine Rechtsfolge beschreibt, die bei der Sicherstellung von Steuersubstrat durch unilaterale Regelungen eintreten kann.

256 Siehe dazu oben Punkt C.IV.2.

257 Dass dies der Hauptgrund für die Einführung einer Treaty Overriding-Gesetzgebung statt der Aufnahme bilateraler Verhandlungen ist, zeigt anschaulich eine Diskussion des Finanzausschusses des Bundestags bezüglich der Einführung des § 50d Abs. 11 EStG, nachzulesen im Wortprotokoll des Finanzausschusses, Protokoll Nr. 17/77 über die 77. Sitzung am 08.02.2012, abrufbar unter: http://www.bundestag.de/bundestag/ausschuesse17/a07/anhoerungen/2012/077/077–08_02_12-__A__E-Mail_.pdf.

aufwendiger Prozess, dessen Ausgang letztlich offen ist, da es durchaus möglich ist, dass Deutschland mit einem solchen Anliegen beim Vertragspartner auf taube Ohren stößt oder aber Kompromisse an anderer Stelle des jeweiligen Abkommens eingegangen werden müssen. Mit Hilfe von Treaty Overriding-Vorschriften können somit die oben genannten Ziele schnell und effektiv erreicht werden. Kurz zusammengefasst sind die Stärken des Treaty Overriding-Gesetzes im Vergleich zur Änderung der DBA Folgende: Allgemeinheit, Abstraktheit und ein offener zeitlicher Anwendungshorizont.[258] Werden neue „Schlupflöcher" von Wissenschaft, Finanzverwaltung oder den Gerichten erkannt, kann darauf mit einem entsprechenden, auf die erkannten Probleme fokussierten Gesetzgebungsvorhaben reagiert werden, ohne dass ein Vertragspartner dies zum Anlass nehmen könnte, die Änderung von weiteren DBA-Passagen in die Verhandlungen zur Änderung eines DBA einzubringen. Langwierige Verhandlungen erübrigen sich, fachliche Ressourcen werden geschont und etwaige Einwendungen des anderen Vertragsstaats tauchen erst gar nicht auf.

III. Begriffsbestimmung

Der Begriff Treaty Overriding ist kein Rechtsbegriff. Er beschreibt vielmehr eine bestimmte Art der (unilateralen) Steuergesetzgebung. Die inhaltliche Bestimmung des Begriffs Treaty Overriding ist mit Blick auf den Zweck der Einordnung dieses Begriffs in der steuerjuristischen Dogmatik vorzunehmen. Dieser besteht darin, dass nur solche Normen unter die Begriffsbestimmung fallen, bei welchen sich ähnliche oder gleiche Fragestellungen einfach-, verfassungs- und völkerrechtlicher Natur ergeben. Hinsichtlich der völkerrechtlichen Dimension ist für den Begriff nach insoweit einhelliger Ansicht[259] die Tatsache kennzeichnend, dass sich der Gesetzgeber im Widerspruch zu seinen völkerrechtlichen Bindungen verhält. Auch dieses muss in einer Begriffsbestimmung abgebildet werden. Die Relevanz des Treaty Overriding für den Steuerpflichtigen wird hingegen erst durch eine im Vergleich zur Abkommenslage erhöhten Belastungswirkung des Steuerpflichtigen hergestellt. Werden beide Kennzeichen für ein Treaty Overriding in eine Begriffsbestimmung integriert, so können für die als Treaty Overriding identifizierten Normen des Einkommensteuerrechts einheitliche oder zumindest ähnliche verfassungs- und völkerrechtliche Aussagen getroffen und gegebenenfalls Vorgaben für den Steuergesetzgeber gefunden werden.

Begriffsbestimmungen für das gesetzgeberische Vorgehen im Wege des Treaty Overriding finden sich bisher vor allem in den Veröffentlichungen der OECD, aber

---

258 Vgl. dazu (allerdings im Zusammenhang mit der Frage der Einschaltung des Gesetzgebers im Bereich der auswärtigen Gewalt) *Nettesheim*, in Maunz/Dürig, Grundgesetz (2015), Art. 59 Rz. 92.
259 Siehe dazu zuletzt *Gebhardt*, Deutsches Tax Treaty Overriding (2013), S. 15 f. m. w. N.

auch in einigen wissenschaftlichen Abhandlungen zu dieser Thematik. Im Folgenden werden diese zusammenfassend dargestellt und kritisch hinterfragt, bevor eine eigene Begriffsbestimmung vorgenommen wird, die den weiteren Ausführungen in dieser Untersuchung als begriffliche Grundlage dienen soll.

1. Literaturmeinungen

In der Literatur wird hinsichtlich der Definition des Ausdrucks Treaty Overriding im Wesentlichen Bezug genommen auf diejenige des Berichts des Steuerausschusses der OECD aus dem Jahre 1989.[260] Dort wird unter Treaty Overriding[261] ein Gesetzgebungsakt verstanden, der vom Gesetzgeber gezielt in klarem Widerspruch zu seinen internationalen Abkommensverpflichtungen eingesetzt wird.[262] Auch *Musil* bezieht sich auf diese Definition, modifiziert sie aber inhaltlich und spricht in seiner Untersuchung zum Treaty Overriding von einem

> *„Vorgang, bei dem durch zeitlich nachfolgende nationale Steuergesetzgebung die innerstaatliche Geltung einzelner Vorschriften von Doppelbesteuerungsabkommen geändert oder aufgehoben wird."*[263]

Auffällig ist dabei, dass *Musil* im Gegensatz zur Darstellung des OECD-Steuerausschusses eine zeitliche Komponente in die Begriffsbestimmung einfließen lässt und nur die „zeitlich nachfolgende nationale Steuergesetzgebung" von dem Begriff Treaty Overriding umfasst wissen will.[264] Auch *Mausch* beschränkt seine Abhand-

---

260 Zitiert bei *Lehner,* in Vogel/Lehner, DBA (2015), Grundlagen des Abkommensrechts Rz. 194; *Jankowiak,* Doppelte Nichtbesteuerung (2009), S. 256; zuletzt *Lehner,* IStR 2012, 389. Eine Reihe von Begriffsdeutungen aus früherer Zeit findet sich bei *Mausch,* Treaty Overriding (1998), S. 12 f., ohne dass sich aber eine davon durchgesetzt hat.

261 Es wird der gleichbedeutende Ausdruck Treaty Override verwendet.

262 OECD-Committee on Fiscal Affairs, zitiert bei *Lehner,* in Vogel/Lehner, DBA (2015), Grundlagen des Abkommensrechts Rz. 194: "*the enactment of domestic legislation intended by the legislature to have effects in clear contradiction to international treaty obligations.*"; vgl. zuletzt *Gebhardt,* Deutsches Tax Treaty Overriding (2013), S. 5 ff; ebenfalls von diesem Begriff ausgehend *Schwenke,* FR 2012, 443 mit einer zusätzlichen negativen Begriffsabgrenzung.

263 *Musil,* Treaty Overriding (2000), S. 26; ihm insoweit folgend *Jansen/Weidmann,* IStR 2010, 596 (597).

264 *Musil,* Treaty Overriding (2000), S. 26; *ders.,* FR 2012, 149 (150); zuletzt fehlt diese zeitliche Komponente, vgl. *ders.* IStR 2014, 192 (192 f.); auf die nachfolgende Gesetzgebung abstellend *Lehner,* IStR 2014, 189 (192 f.); *Kluge,* Das Internationale Steuerrecht (2000), S. 651; *Weigell,* IStR 2009, 636; zuletzt ähnlich *Schwenke,* FR 2012, 443, der bei seinem Verweis auf die Definition des OECD-Steuerausschusses (*„ganz in diesem Sinne"*) nicht beachtet, dass dort eine zeitliche Eingrenzung des Begriffs auf nachfolgende Gesetzgebungsakte fehlt.

lung auf zeitlich dem Abkommen nachfolgende Steuergesetze.[265] Für die Zeit, in der *Mausch* und *Musil* ihre Untersuchungen zu dieser Thematik veröffentlicht haben, hatte diese Eingrenzung ihre Berechtigung, da die damaligen Treaty Overriding-Vorschriften als zeitlich den DBA nachfolgende Reaktion auf „Lücken" in den deutschen DBA anzusehen waren. Die Eingrenzung erscheint jedoch vor dem Hintergrund des vielfach praktizierten Erlasses von (neuen) Treaty Overriding-Vorschriften, die auch Wirkung gegenüber jüngeren DBA beanspruchen sollen, als problematisch. Dabei geht es im Kern um die Frage, ob und wenn ja, unter welchen Voraussetzungen der frühere Gesetzgeber den späteren Gesetzgeber wirksam binden kann. Mit den damit verbundenen Problemfeldern beschäftigen sich die Untersuchungen von *Mausch* und *Musil* bereits definitionsgemäß nicht. Die daraus folgenden Fragen der Anwendbarkeit von zeitlich vor dem (Neu-)Abschluss von DBA in Kraft getretener Treaty Overriding-Normen haben allerdings angesichts der immer größer werdenden Zahl derartiger DBA inzwischen eine ganz erhebliche praktische Relevanz. Diese Tatsache und die anderweitige Modifikation der Begriffsbestimmung des OECD-Steuerausschusses durch *Musil* und *Mausch* machen eine Auseinandersetzung mit deren jeweiligem Begriffsverständnis erforderlich. Zudem soll der in der Definition von *Musil* verwendete Begriff der Geltung kritisch hinterfragt werden.

Teilweise werden außerdem für die Zuordnung von nationalen Steuervorschriften zur Gruppe der Treaty Overriding-Vorschriften „äußere" bzw. „formale" Merkmale der entsprechenden Norm herangezogen bzw. werden Treaty Overriding-Vorschriften anhand dieser Merkmale in Untergruppen eingeteilt.[266] Gemeint sind damit bestimmte Wendungen, die in potentiellen Treaty Overriding-Vorschriften vorkommen und mit denen der Gesetzgeber seinen Willen ausdrückt, sich mit einer nationalen Vorschrift über ein DBA hinwegsetzen zu wollen. So heißt es im Gesetzestext häufig *„ungeachtet des Abkommens"* oder *„ungeachtet der Bestimmungen eines Abkommens".*[267] Dies wird dann als *„offenes Treaty-Overriding"*[268] oder *„Treaty Overrides im weiteren Sinne"*[269] bezeichnet. Fehlen derartige Formulierungen, so soll es sich um ein *„verstecktes"*[270] bzw. *„verdecktes"*[271] Treaty Overriding oder auch *„Treaty Overrides im weiteren Sinne"*[272] handeln. Teils wird damit eine Unterteilung

---

265 Siehe *Mausch*, Treaty Overriding (1998), S. 16.

266 Vgl. dazu die Einordnung von *Gebhardt*, der vom *„Typus Treaty Override im engeren Sinne"* spricht, siehe *ders.*, Deutsches Tax Treaty Overriding (2013), S. 235; bei *Mausch* handelt es sich hierbei um ein *„offenes Treaty Overriding"*, siehe *ders.*, Treaty Overriding (1998), S. 21 ff.

267 Eine Übersicht über die einzelnen Formulierungen und ihre Zuordnung zu den entsprechenden Steuervorschriften findet sich zuletzt bei *Gebhardt*, Deutsches Tax Treaty Overriding (2013), S. 10 f.

268 *Musil*, Treaty Overriding (2000), S. 26; vgl. auch *ders.*, IStR 2014, 192.

269 So *Gebhardt*, Deutsches Tax Treaty Overriding (2013), S. 11 f.

270 *Lehner*, in Vogel/Lehner, DBA (2015), Grundlagen des Abkommensrechts Rz. 196.

271 *Mausch*, Treaty Overriding (1998), S. 26 f.; *Musil*, IStR 2014, 192 (193).

272 So *Gebhardt*, Deutsches Tax Treaty Overriding (2013), S. 11 f.

von Treaty Overriding-Vorschriften vorgenommen.[273] Insbesondere *Musil* möchte jedoch ein verdecktes Treaty Overriding definitionsgemäß nicht als solches ansehen.[274] Denn § 2 AO bzw. hilfsweise der Grundsatz der völkerrechtsfreundlichen Auslegung würden dazu führen, dass eine direkte Normenkollision in diesen Fällen stets zu Gunsten des DBA auszulegen wäre.[275] Auch dazu wird im Folgenden Stellung genommen werden.

2. Kritik

Zunächst ist den genannten Ansätzen darin zuzustimmen, dass ein Treaty Overriding eine Normenkollision voraussetzt, also das nationale Steuergesetz eine von der abkommensrechtlichen Regelung abweichende Anordnung trifft.[276] Die begriffliche Kritik setzt an mehreren Punkten an, die letztlich zu einer Begriffsbestimmung führt, welche das bisherige Begriffsverständnis fortentwickelt.

a) Die staats- und völkerrechtliche Kategorie der innerstaatlichen Geltung völkerrechtlicher Normen

Laut der Begriffsbestimmung von *Musil* soll für ein Treaty Overriding kennzeichnend sein, dass durch ein einfaches Bundesgesetz die innerstaatliche Geltung einer völkerrechtlich wirksam vereinbarten Regelung geändert oder aufgehoben wird.[277] Richtig ist dabei, dass hinsichtlich der Geltung eines DBA zwischen dessen völkerrechtlicher und innerstaatlicher Geltung zu unterscheiden ist und lediglich die innerstaatliche Geltung eines DBA bei einem Treaty Overriding von Relevanz sein kann. Denn an der völkerrechtlichen Geltung eines DBA oder einzelner DBA-Regelungen kann das innerstaatliche Recht grundsätzlich nichts ändern.[278] Doch ist es aus mehreren Gründen dogmatisch vorzugswürdig, im Hinblick auf eine Treaty Overriding-Vorschrift nicht von einer Änderung oder Aufhebung der innerstaatlichen Geltung einer DBA-Regelung zu sprechen. Der Hintergrund dafür findet sich in der inzwischen ausdifferenzierten und zunehmend anerkannten staats- und

---

273 So *Gebhardt*, Deutsches Tax Treaty Overriding (2013), S. 11 f.

274 So ausdrücklich *Musil*, IStR 2014, 192 (193).

275 *Musil*, IStR 2014, 192 (193).

276 *Musil*, Treaty Overriding (2000), S. 26; *Mausch*, Treaty Overriding (1998), S. 16; OECD Committee on Fiscal Affairs Report on Tax Treaty Overrides, Tax notes international 1990, 25 (28); vgl. dazu *Hey*, Nationale Missbrauchsvorschriften, in Lüdicke, Wo steht das deutsche Steuerrecht? (2009), S. 137 (148); siehe auch *Gebhardt*, Deutsches Tax Treaty Overriding (2013), S. 6 m. w. N. zum sog. „Judicial Treaty Override", der in dieser Untersuchung keine Rolle spielt; vgl. auch *Musil*, IStR 2014, 192 (193).

277 *Musil*, Treaty Overriding (2000), S. 26.

278 Zutreffend *Frotscher*, Zur Zulässigkeit des „Treaty Override", in Spindler/Tipke/Rödder, Festschrift für Harald Schaumburg (2009), S. 687 (693).

völkerrechtlichen Unterscheidung der Kategorien „Geltung" und „Anwendung" völkerrechtlicher Normen.[279] Mit der innerstaatlichen Geltung ist danach gemeint, dass der völkerrechtliche Vertrag Eingang gefunden hat in den innerstaatlichen Rechtsraum[280] und zwar als Regelung des objektiven Rechts.[281] Sie ist Voraussetzung für die innerstaatliche Anwendbarkeit von völkerrechtlichen Verträgen.[282] Im Gegensatz zur Anwendbarkeit ist die innerstaatliche Geltung unteilbar, so dass alle völkerrechtlichen Verträge mit ihrer Einbeziehung in vollem Umfang ihre innerstaatliche Geltung erlangen.[283] Diesem dogmatischen Hintergrund entspricht auch die geltende Gesetzeslage, nach der ein völkerrechtlicher Vertrag vom Bundestag nur im Ganzen angenommen oder abgelehnt werden kann.[284] Durch Treaty Overriding-Vorschriften sollen aber partielle Änderungen an der Wirkung von DBA vorgenommen werden, was bei einem Eingreifen auf der „Geltungsebene" nach hier vertretener Ansicht gar nicht möglich ist.[285] Nur ein Gesetz, welches hinsichtlich des Zustandekommens den gleichen Regeln folgt wie das Zustimmungsgesetz zu einem DBA, könnte an der innerstaatlichen Geltungswirkung eines in den innerstaatlichen Rechtskreis überführten völkerrechtlichen Vertrages etwas ändern, weil der Gesetzgeber sich in diesem Bereich für die Verfahrensweise des Art. 59 Abs. 2 GG und der §§ 81 Abs. 4 Satz 2, 82 Abs. 2 der Geschäftsordnung des Bundestags entschieden hat.[286] Dies ist aber bei den Treaty Overriding-Vorschriften nicht der Fall.

---

279 Grundlegend dazu *Bleckmann,* Begriff und Kriterien (1970), S. 57 ff; siehe auch *ders.,* Grundgesetz und Völkerrecht (1975), S. 285 ff. mit Bezug zur Vollzugstheorie; ihm insoweit folgend *Rauschnig,* in Kahl/Waldhoff/Walter, Bonner Kommentar (2015), Art. 59 Rz. 114; *Kunig,* in Graf Vitzthum/Proelß, Völkerrecht (2013), S. 81; *Geiger,* Grundgesetz und Völkerrecht (2010), S. 157 f.; *Zuleeg,* in Denninger/Hoffmann-Riem/Schneider/Stein, AK GG (2002), Art. 24 Abs 3/Art. 25 Rz. 28 f.; siehe zuletzt auch *Streinz,* in Sachs, GG (2014), Art. 59 Rz. 67 mit weiteren Nachweisen aus der staatsrechtlichen Kommentarliteratur.

280 Vgl. *Bleckmann,* Begriff und Kriterien (1970), S. 58 und S. 66.

281 Siehe nur *Geiger,* Grundgesetz und Völkerrecht (2010), S. 158; für die allgemeinen Regeln des Völkerrechts (Art. 25 GG) BVerfGE 46, 342 (4. Leitsatz).

282 *Bleckmann,* Begriff und Kriterien (1970), S. 59 und S. 114.

283 *Bleckmann,* Begriff und Kriterien (1970), S. 65.

284 Siehe hierzu bereits oben Punkt B.III. und §§ 81 Abs. 4 Satz 2, 82 Abs. 2 der Geschäftsordnung des Bundestags.

285 Wohl auf der Ebene der Anwendbarkeit; vgl. dazu auch die Unterscheidung bei *Bleckmann,* Begriff und Kriterien (1970), S. 64 ff.

286 Allerdings kann die Kündigung des Vertrags auf Grund der dadurch zustande kommenden Aufhebung der *völkerrechtlichen Geltung* des Vertrags zur Aufhebung der *innerstaatlichen Geltung* führen. Damit ist nichts darüber gesagt, ob die Kündigung durch das nationale Parlament erfolgen muss oder nicht auch durch dazu ermächtigte Regierungsvertreter etc. Auch diese Personen können jedoch grundsätzlich die Beseitigung der *innerstaatlichen Geltung* völkerrechtlicher Verträge herbeiführen, sofern das nationale Recht dies so vorsieht. Dagegen spricht nichts. Auch eine Änderung eines völkerrechtlichen Vertrags ist durch

Es wäre schon zweifelhaft, ob ihr Gegenstand sich mit dem des Art. 59 Abs. 2 GG decken würde. Daher erscheint es vorzugswürdig, anzunehmen, dass sich Treaty Overriding-Vorschriften im Bereich der innerstaatlichen Anwendbarkeit von DBA auswirken. Dort entfalten sie ihre den ursprünglichen „Rechtsanwendungsbefehl" ändernde Wirkung, zumal nur im Rahmen der Anwendbarkeit der Wille (und damit auch ein geänderter Wille) des nationalen Gesetzgebers zu berücksichtigen ist.[287] Damit kann es letztlich nicht dazu kommen, dass eine völkerrechtliche Geltung besteht, eine innerstaatliche Geltung aber nicht. Unter Zugrundelegung dieser in der Wissenschaft zunehmend anerkannten[288] Daher ist anzunehmen, dass eine Treaty Overriding-Vorschrift auf den im Zustimmungsgesetz enthaltenen Rechtsanwendungsbefehl einwirkt[289] und ihn dahingehend verändert, dass bestimmte DBA-Regelungen gemäß dem „neuen Befehl" aus der Treaty Overriding-Vorschrift nicht oder anders anzuwenden sind.[290] Dadurch kommt der Gesetzgeber zwar seiner völkerrechtlichen Pflicht nicht nach, den völkerrechtlichen Vertrag zu erfüllen (Art. 26 WÜRV). Dies hat aber weder Auswirkungen auf die völkerrechtliche noch auf die innerstaatliche Geltung des DBA.[291]

Diese Sichtweise ermöglicht auch aus rechtsdogmatischer Sicht eine praktikable Handhabe des Phänomens Treaty Overriding, was sich insbesondere zeigt, wenn man sich vor Augen führt, wie die Aufhebung oder Änderung einer Treaty Overriding-Vorschrift vor dem beschriebenen rechtsdogmatischen Hintergrund zu beurteilen ist. Diese Frage könnte in Zukunft vor allem dann eine größere Rolle spielen, wenn das Bundesverfassungsgericht diese gesetzgeberische Vorgehensweise ganz oder teilweise für verfassungswidrig erachten würde. Wird eine Treaty Overriding-Vorschrift aufgehoben oder geändert, so müsste ausgehend von der Definition von

---

beide Vertragsparteien jederzeit möglich. Es bedarf dann aber nach deutschem Recht wiederum der ungeteilten Zustimmung des Bundestags nach Art. 59 Abs. 2 GG, damit das geänderte DBA auch *innerstaatliche Geltung* erlangt.

287   Vgl. *Bleckmann*, Begriff und Kriterien (1970), S. 114.

288   *Rauschnig*, in Kahl/Waldhoff/Walter, Bonner Kommentar (2015), Art. 59 Rz. 114; siehe auch *Rojahn*, in von Münch/Kunig, GG (2012), Art. 59 Rz. 38 ff. Dort finden sich zahlreiche weitere Nachweise zur Unterscheidung zwischen der innerstaatlichen Geltung und Anwendung von völkerrechtlichen Normen.

289   Es erfolgt keine Änderung des Zustimmungsgesetzes selbst.

290   So ist wohl auch *Frotscher,* Zur Zulässigkeit des „Treaty Override", in Spindler/ Tipke/Rödder, Festschrift für Harald Schaumburg (2009), S. 687 (703), zu verstehen.

291   Für die völkerrechtliche Geltung ergibt sich dies nach hier vertretener Auslegung schon aus Art. 26, 27 WÜRV, die dahingehend interpretiert werden können, dass sich einzelne Staaten nicht allein durch ihr innerstaatliches Recht von der *Geltung* eines völkerrechtlichen Vertrages lossagen können; ähnlich auch *Frotscher,* Zur Zulässigkeit des „Treaty Override", in Spindler/Tipke/Rödder, Festschrift für Harald Schaumburg (2009), S. 687 (693), wobei die Aussage *Frotschers,* dass sich Art. 27 WÜRV „ausdrücklich" zur *Geltung* völkerrechtlicher äußert, kritisch zu sehen ist. Vielmehr entnimmt er diese Aussage Art. 27 WÜRV im Wege der Auslegung.

Musil die innerstaatliche Geltung des DBA in diesem Punkt durch den wiederholten Erlass des Zustimmungsgesetzes wiederhergestellt werden, da ja die innerstaatliche Geltung des DBA insoweit beseitigt wurde. Da sich Treaty Overriding-Vorschriften aber auf eine Vielzahl von DBA beziehen, müssten in der Folge alle entsprechenden Zustimmungsgesetze neu erlassen werden. Dies erscheint nicht praktikabel. Es ist auch nicht notwendig. Denn geht man mit dem Bundesverfassungsgericht davon aus, dass der Bundestag und der Bundesrat mit dem Zustimmungsgesetz lediglich einen innerstaatlichen Rechtsanwendungsbefehl erteilen,[292] so führt die Aufhebung einer Treaty Overriding-Vorschrift (nur) zu einer Änderung dieses Befehls auf der Ebene der Anwendbarkeit des völkerrechtlichen Vertrags und ein Neuerlass des Zustimmungsgesetzes erübrigt sich.[293]

Allein diese Sichtweise verträgt sich mit der staatsrechtlich und völkerrechtlich überzeugenden Einordnung von Treaty Overriding in die Kategorien von „Geltung" und „Anwendung" völkerrechtlicher Normen im innerstaatlichen Recht. Anzumerken ist diesbezüglich allerdings, dass der praktische Mehrwert aus dieser Auseinandersetzung gering ist. Denn aus dieser Unterscheidung sind letztlich kaum praktische Schlüsse zu ziehen, einmal abgesehen von dem vielleicht in Zukunft relevanter werdenden (und dann dogmatisch zu begründenden) Fall der Aufhebung oder Änderung einer Treaty Overriding-Vorschrift. Als Erkenntnis für die Definition bleibt allerdings, dass der staats- und völkerrechtliche Begriff der *Geltung* in der Definition fehl am Platze ist. Die Begriffsbestimmung sollte daher ohne Verwendung des Begriffs der Geltung auskommen.

b) *Treaty Overriding und früher abgeschlossene DBA*

Es erscheint nicht (mehr) sachgerecht, den Begriff Treaty Overriding auf das Inkrafttreten von den DBA *nachfolgenden* gesetzgeberischen Akten zu beschränken.[294] Für die völkerrechtliche und verfassungsrechtliche Bewertung ist es unerheblich, ob die jeweilige Treaty Overriding-Vorschrift einem DBA nachfolgend in Kraft getreten ist oder umgekehrt. Es stellt eine praktische Realität dar, dass eine Vielzahl von potentiellen Treaty Overriding-Vorschriften existieren, die vor dem (Neu-)Abschluss eines DBA erlassen wurden. Das wirft neben der verfassungsrechtlichen Fragestellung neue Anwendungsfragen auf, die bisher kaum untersucht wurden (nicht zuletzt auf Grund der beschriebenen begrifflichen Eingrenzung in zeitlicher Hinsicht).[295] Konkret geht es dabei um die Frage, ob und inwieweit eine ältere Norm (mit Treaty

---

292 Siehe dazu oben Punkt B.II.4.
293 Siehe auch *Vogel*, IStR 2003, 523 (525) für den Fall des Außer-Kraft-Tretens des DBA. Auch daran zeigt sich die Wirkungsweise des Rechtsanwendungsbefehls.
294 So aber auch beispielsweise *Hey*, Nationale Missbrauchsvorschriften, in Lüdicke, Wo steht das deutsche Steuerrecht? (2009), S. 137 (148); differenziert *Rust/Reimer*, IStR 2005, 843 (846 f.).
295 So auch *Lüdicke*, Überlegungen zur deutschen DBA-Politik (2008), S. 127.

Overriding-Charakter) die Anwendung einer jüngeren Norm (neu abgeschlossenes DBA) ausschließen kann. Exemplarisch kann hier ein Urteil des Finanzgerichts Hamburg aus dem Jahr 2013 angeführt werden, in dem das Gericht feststellt, dass Regelungen des DBA-Aserbaidschan, die nach dem Zeitpunkt des Inkrafttretens des § 50d Abs. 8 Satz 1 EStG in nationales Recht umgesetzt worden sind, die nationale Regelung verdrängen und sie daher nicht anzuwenden ist.[296] Dieser Entwicklung zu Recht schon definitorisch Rechnung tragend sehen Autoren in neuerer Zeit wie schon der OECD-Steuerausschuss von einer zeitlichen Komponente in ihrer Definition von Treaty Overriding ab.[297] Virulent wird das Weglassen der zeitlichen Komponente in einer weiteren Prüfung nicht zuletzt hinsichtlich eines etwaigen Anwendungsvorrangs von DBA gegenüber dem innerstaatlichen Recht auf Grund kollisionsauflösender Rechtsmethoden.[298]

c) Die Unschärfe der Definition des OECD-Steuerausschusses

Ohne zeitlichen Bezug kommt auch die Begriffsbestimmung des Steuerausschusses der OECD aus. Für dessen Begriffsbestimmung spricht zudem die Einfachheit der definitorischen Festlegung von Treaty Overriding. Nachteilig ist aber, dass mit dessen Definition eine deutliche inhaltliche Unschärfe einhergeht. Denn es ist schwer festzulegen, wann ein *klarer* Widerspruch[299] im konkreten Fall vorliegen soll. Zudem ist nicht ersichtlich, warum nur der *klare* Widerspruch als Treaty Overriding bezeichnet werden soll. Für die verfassungsrechtlich relevante Belastungswirkung einer Treaty Overriding-Vorschrift kann es jedenfalls nicht von Belang sein, ob der Widerspruch zu dem jeweiligen DBA aus dem Gesetzestext „klar" oder weniger klar abzulesen ist. Treaty Overriding ist in erster Linie eine Art von Gesetzgebung, deren materielle Auswirkungen problematisch sind. Insofern ist eine formale Kenntlichmachung als Definitionsmerkmal von vornherein fehl am Platz.

Zudem ist die Definition des OECD-Steuerausschusses an anderer Stelle zu weit geraten. Denn es werden davon auch Fälle erfasst, bei denen der Steuerpflichtige

---

296 FG Hamburg vom 21.8.2013, 1 K 87/12, EFG 2013, 1932, juris Rz. 39 ff. Hiergegen wurde Revision eingelegt unter dem Az. des BFH: I R 64/13.

297 So beispielsweise *Frotscher*, der unter Treaty Overriding ein unilaterales Gesetz versteht, „*das einen grenzüberschreitenden Sachverhalt abweichend von den Regelungen eines auf diesen Sachverhalt anwendbaren DBA regelt.*" Siehe *Frotscher*, Zur Zulässigkeit des „Treaty Override", in Spindler/Tipke/Rödder, Festschrift für Harald Schaumburg (2009), S. 687 (689); wohl ebenfalls auf eine zeitliche Komponente verzichtend zuletzt *Gebhardt*, Deutsches Tax Treaty Overriding (2013), S. 5 ff.; vgl. auch *Pohl*, IWB 2013, 378 (378 f.).

298 Siehe dazu *Lüdicke*, Überlegungen zur deutschen DBA-Politik (2008), S. 127 sowie *Frotscher*, Zur Zulässigkeit des „Treaty Override", in Spindler/Tipke/Rödder, Festschrift für Harald Schaumburg (2009), S. 687 (701 f.).

299 „*(...) in clear contradiction (...)*", abgedruckt bei *Lehner*, in Vogel/Lehner, DBA (2015), Grundlagen des Abkommensrechts Rz. 194.

begünstigt wird.[300] In solchen Fällen fehlt es aber an einer erhöhten Belastungs-wirkung für den Steuerpflichtigen und damit an der für das Treaty Overriding typischen verfassungsrechtlichen Relevanz des unilateralen Gesetzgebungsakts. Ohne eine (zusätzliche) Belastungswirkung ist ein Treaty Overriding unbedenk-lich.[301] Daher sollten Fälle der unilateralen Besserstellung des Steuerpflichtigen keinen Platz in der Definition von Treaty Overriding haben.

d) Formale Definitionsmerkmale

Jegliche formale Merkmale von Treaty Overriding sind abzulehnen.[302] Denn Treaty Overriding stellt eine materielle einfach-, völker- und verfassungsrecht-liche Problemstellung dar. Dies gilt unabhängig davon, ob der Gesetzgeber sie „verdeckt" oder „offen" herbeiführt.[303] Auch die Unterscheidung von Treaty Over-riding-Vorschriften im engeren und weiteren Sinne wird dem rein materiellen Ge-halt der Treaty Overriding-Problematik nicht gerecht.[304] Diese Weiterentwicklung bzw. dieser zusätzlichen begrifflichen Einteilung ist daher nicht zu folgen. Sie hat allenfalls einen deskriptiven, nicht aber einen dogmatischen Mehrwert.[305] Die ge-nannten formalen Kriterien bringen nämlich keinen sicheren Aufschluss über die Frage, ob der jeweiligen nationalen Steuernorm eine Treaty Overriding-Qualität tatsächlich zukommt.[306] So kann beispielsweise trotz der Formulierung *„ungeachtet (...) des Abkommens"* § 8b Abs. 1 Satz 3 KStG je nach Abkommensgestaltung ein Treaty Overriding darstellen oder auch nicht.[307] Enthält etwa das im Einzelfall an-zuwendende DBA eine dem § 8b Abs. 1 Satz 3 KStG entsprechende Regelung, so liegt kein Normwiderspruch zwischen der DBA-Regelung und der nationalen Norm vor. Folglich ist die nationale Norm trotz der für die Kennzeichnung von Treaty Overriding-Vorschriften typischen Formulierung nicht als Treaty Overriding zu qualifizieren. Solche Formulierungen geben also lediglich einen Hinweis auf den Willen des Gesetzgebers und dessen Intention, eine dem jeweiligen DBA wider-sprechende Rechtsfolge durch den Gesetzgebungsakt herbeizuführen. Für den

---

300 Darauf weist auch *Gebhardt* hin, vgl. *ders.*, Deutsches Tax Treaty Overriding (2013), S. 5.
301 *Frotscher*, Zur Zulässigkeit des „Treaty Override", in Spindler/Tipke/Rödder, Fest-schrift für Harald Schaumburg (2009), S. 687 (689).
302 A.A. *Musil*, IStR 2014, 192 (192 f.).
303 So auch ausdrücklich BFH vom 11.12.2013, I R 4/13, BStBl. II 2014, 791, Punkt B.II.3.b)bb) m. w. N.
304 So *Gebhardt*, Deutsches Tax Treaty Overriding (2013), S. 11 ff.
305 Teilweise wird auf eine solche Unterteilung verzichtet, vgl. etwa *Lehner*, IStR 2012, 389.
306 So konstatiert auch *Gebhardt*: *„Nicht alle der in der Übersicht genannten Normen konstituieren auch materiell eine Abkommensverletzung."* Siehe *Gebhardt*, Deut-sches Tax Treaty Overriding (2013), S. 11.
307 Vgl. hierzu beispielsweise *Jankowiak*, Doppelte Nichtbesteuerung (2009), S. 253.

Rechtsanwender können solche Formulierungen ein Indiz sein, eine Norm auch auf ihre Treaty Overriding-Wirkung und die damit in dieser Arbeit zu untersuchenden Probleme zu überprüfen.[308] Allein darin liegt ihre Relevanz. Zur sicheren Identifizierung von Treaty Overriding-Vorschriften eignen sie sich jedoch nicht und sollten daher in der Definition weggelassen werden. Eine Unterteilung von (potentiellen) Treaty Overriding-Normen nach dem Vorhandensein bzw. dem Nichtvorhandensein einer solchen Formulierung ist vor diesem Hintergrund abzulehnen.[309]

Soweit noch weitergehend der Treaty Overriding-Charakter einer nationalen Norm allein von deren formaler Kennzeichnung abhängen soll,[310] ist dies erst recht abzulehnen.[311] Zum einen ist das Treaty Overriding sinnvollerweise durch seine materiellen Wirkungen definiert. Zum anderen werden hier Fragen der Gesetzesauslegung mit der Definition eines Begriffes vermengt, der ähnliche materielle Problemkreise des Staats-, Völker- und Verfassungsrechts umfassen soll. Anwendungsfragen sollten nach hier vertretener Ansicht davon getrennt beurteilt werden und dem dafür vorgesehenen Normenkollisionsrecht vorbehalten sein.[312]

3. Eigene Begriffsbestimmung

Auf Grund der hier dargelegten Kritikpunkte an den bisherigen Begriffsbestimmungen erscheint es angebracht, eine eigene Begriffsbestimmung unter Aufnahme der hier geleisteten Kritik und der neuen Entwicklungen in Bezug auf die Anwendungsfragen vorzunehmen.

Da sich die verfassungsrechtlichen Probleme und Fragestellungen erst aus der infolge der Anwendung einer Treaty Overriding-Vorschrift erhöhten Belastungswirkung für den Steuerpflichtigen ergeben, ist diese erhöhte Belastungswirkung kennzeichnend für ein Treaty Overriding. Daneben kennzeichnet das Treaty Overriding, dass die erhöhte Belastungswirkung durch einen Gesetzgebungsakt hervorgerufen wird, der im Widerspruch zu den die Bundesrepublik Deutschland völkerrechtlich verpflichtenden Regelungen in DBA steht.[313] Allein diese beiden Determinanten sind für das Vorliegen von Treaty Overriding konstituierend, weil diese die bestimmenden Merkmale für die mit dem Phänomen Treaty Overriding verbundenen

---

308 Wie hier *Lehner,* in Vogel/Lehner, DBA (2015), Grundlagen des Abkommensrechts Rz. 194.

309 Eine Unterteilung in „*Treaty Overrides im engeren Sinne*" und in „*Treaty Overrides im weiteren Sinn*" anhand der Gesetzesformulierung vornehmend *Gebhardt,* Deutsches Tax Treaty Overriding (2013), S. 11 f.

310 So muss wohl *Musil,* IStR 2014, 192 (192 f.) verstanden werden.

311 Auch der BFH folgt diesem Ansatz nunmehr ausdrücklich nicht, siehe BFH vom 11.12.2013, I R 4/13, BStBl. II 2014, 791, Punkt B.II.3.b)bb) m w. N.

312 Dabei stellt sich die weitere Frage, ob pauschal über § 2 AO oder den Grundsatz der völkerrechtsfreundlichen Auslegung ein Vorrang der DBA-Regelung angenommen werden kann, vgl. *Musil,* IStR 2014, 192 (193).

313 Darin besteht Einigkeit unter den vorstehend genannten Literaturmeinungen.

Anwendungsfragen sowie für die verfassungsrechtliche Fragestellung darstellen, inwieweit der Gesetzgeber nach dem Grundgesetz zum Erlass einer völkerrechtswidrigen Norm berechtigt ist bzw. wie diesbezüglich der verfassungsrechtliche Rahmen zu stecken ist. Auf Grund ihrer fehlenden verfassungsrechtlichen Relevanz sind alle Fälle auszunehmen, in dem der Gesetzgeber dem Steuerpflichtigen eine im Vergleich zur DBA-Regelung weitergehende Begünstigung gewährt.[314] Im Übrigen tritt ein Vertragsstaat hierbei schon nicht in Widerspruch zu seinen vertraglichen Verpflichtungen aus einem DBA.[315]

Ebenfalls ist nicht erforderlich, dass bei dem anderen Vertragsstaat eine „Belastungswirkung" beispielsweise in der Form der Einbuße an Steuersubstrat eintritt oder eine in sonstiger Weise besonders quantifizierbare oder qualifizierbare „Belastungswirkung" zu verzeichnen ist (etwa in Form von Verwaltungskosten für die Erstellung von Nachweisen des Vertragsstaats, wie sie beispielsweis § 50d Abs. 8 Satz 1 EStG von dem Steuerpflichtigen verlangt).[316] Inwieweit der andere Vertragsstaat „geschädigt" wird, spielt lediglich für die Intensität des völkerrechtlichen Unrechts eine Rolle und für die Maßnahmen, die völkerrechtlich dem anderen Vertragsstaat als Sanktionsmittel an die Hand gegeben werden.[317] Für den verfassungsrechtlichen Rahmen und letztlich auch für die Begriffsbestimmung ist diese Frage allerdings nicht entscheidend. Denn zum einen ist der Bruch eines völkerrechtlichen Vertrages auch ohne die Einbuße von Steuersubstrat ein Vertragsbruch gegenüber dem anderen Vertragsstaat.[318] Zum anderen ist für die verfassungsrechtliche Prüfung nur das Verhältnis des Steuerpflichtigen zum gesetzgeberischen, völkerrechtswidrigen Vorgehen entscheidend.

Nach allem liegt also ein Treaty Overriding vor, wenn die Anwendung einer innerstaatlichen Norm dazu führt, dass eine nach dem im konkreten Fall anzuwendenden DBA zu gewährende und den Steuerpflichtigen begünstigende Rechtsfolge eingeschränkt oder beseitigt wird.[319]

Anzumerken ist an dieser Stelle, dass es sich rechtsdogmatisch bei dem Widerspruch um einen sog. „Normwiderspruch" handelt, also zwei Normen sich

---

314 Siehe Punkt D.III.2.c) sowie *Frotscher*, Zur Zulässigkeit des „Treaty Override", in Spindler/Tipke/Rödder, Festschrift für Harald Schaumburg (2009), S. 687 (689); ihm offenbar folgend *Gebhardt*, Deutsches Tax Treaty Overriding (2013), S. 5.

315 Darauf weist zutreffend *Frotscher*, Zur Zulässigkeit des „Treaty Override", in Spindler/Tipke/Rödder, Festschrift für Harald Schaumburg (2009), S. 687 (689) hin; ebenso *Mausch*, Treaty Overriding (1998), S. 24 ff.

316 Diesen Eindruck scheint aber *Hahn* erwecken zu wollen, vgl. *ders.*, IStR 2011, 863 (864).

317 Vgl. dazu Art. 60 WÜRV, der eine *„erhebliche Verletzung"* fordert; siehe dazu auch *Gebhardt*, Deutsches Tax Treaty Overriding (2013), S. 15 f.

318 Vgl. dazu *Stein*, IStR 2006, 505 (506) mit einer Aufzählung von möglichen völkerrechtlichen Konsequenzen für den vertragsbrüchigen Staat.

319 Anders noch *Musil*, Treaty Overriding (2000), S. 34 f.

widersprechende Rechtsfolgen enthalten[320]. Diese rechtsdogmatische Einordnung hat insoweit praktische Auswirkungen, als damit die für formelle Gesetze geltenden Kollisionsregeln anzuwenden sind.[321]

IV. Identifizierung von Treaty Overriding-Normen in der Praxis

Zur praktischen Identifizierung von Treaty Overriding bietet sich eine zweistufige Prüfung an. Ausgehend von der obigen Begriffsbestimmung von Treaty Overriding ist auf einer ersten Stufe eine Vergleichsprüfung hinsichtlich der steuerlichen Belastung des Steuerpflichtigen im Falle der Anwendung der ihn begünstigenden DBA-Regelung mit derjenigen steuerlichen Belastung bei Anwendung der als Treaty Overriding-Norm in Verdacht stehenden Vorschrift vorzunehmen. In einem zweiten Schritt ist weiter zu prüfen, ob sich der Gesetzgeber mit der den Steuerpflichtigen belastenden nationalen Norm in Widerspruch zum Abkommensrecht setzt oder ob dieses Vorgehen des Gesetzgebers nicht durch einen Regelungsvorbehalt gedeckt ist oder das DBA nicht dahingehend ausgelegt werden kann, dass eine solche unilaterale Vorgehensweise erlaubt ist. In diesem Falle würde schon begrifflich kein Treaty Overriding vorliegen, da es an einem Widerspruch zum einschlägigen DBA fehlte. Da es letztlich auf den konkreten Belastungsvergleich und den Widerspruch zum Abkommensrecht[322] ankommt, ist eine pauschale Einordnung von unilateralen Regelungen als Treaty Overriding-Vorschriften in vielen Fällen nicht möglich.[323] Vielmehr muss eine Treaty Overriding-Wirkung im Einzelfall festgestellt werden.

V. Abgrenzungsprobleme bzw. „tatbestandliche" Eingrenzung

Der Begriff des Treaty Overriding wird (wie bereits erwähnt) in keiner Norm genannt oder definiert. Daher wurde in dieser Arbeit eine Begriffsbestimmung vorgenommen. Gerade in neuerer Zeit werden jedoch einige Abgrenzungsprobleme in

---

320 Vgl. BVerfGE 36, 342 (363) sowie *Wernsmann*, Verhaltenslenkung in einem rationalen Steuersystem (2005), S. 185 mit Erklärung des Gegenbegriffs „Wertungswiderspruch".

321 Vgl. zur Problematik bei einem Widerspruch zwischen einem Landes- und einem Bundesgesetz *Wernsmann*, Verhaltenslenkung in einem rationalen Steuersystem (2005), S. 185.

322 Bei der Feststellung des Normwiderspruchs kann es auf die jeweils gewählte Auslegung von Abkommensnormen ankommen. Denn der verbindliche Inhalt eines DBA ergibt sich aus dem Gesamtzusammenhang und nicht lediglich aus dem expliziten Wortlaut einer DBA-Regelung, vgl. *Frotscher*, IStR 2009, 593 (597) sowie eingehend Punkt D.IV.

323 Siehe nur *Jansen/Weidmann*, IStR 2010, 596 (598) in Bezug auf § 50d Abs. 3, 8 EStG; siehe zu § 50d Abs. 9 Satz 1 Nr. 1 EStG *Lehner*, IStR 2012, 389 (394).

der steuerrechtlichen Literatur diskutiert.[324] Dies betrifft insbesondere die Frage, ob ein Treaty Overriding bei konkludenten oder ausdrücklichen Vorbehalten in DBA zu Gunsten von unilateralen Regelungen vorliegt bzw. welche Voraussetzungen derartige Vorbehalte erfüllen müssen und die Frage, inwieweit die gesetzgeberische Festlegung einer Abkommensauslegung zu einem Treaty Overriding führen kann.[325] Diese Fragen sollen im Folgenden aufgegriffen und die einzelnen Fälle an Hand der hier gefundenen Bestimmung des Begriffs Treaty Overriding abgegrenzt werden. Im Kern dreht sich die Diskussion dabei um die Frage, wann sich der Gesetzgeber mit seiner innerstaatlichen Gesetzgebung in Widerspruch zu einem DBA setzt. Für die Praxis wird diese Diskussion entscheidend an Bedeutung gewinnen, wenn das Bundesverfassungsgericht im Sinne des Vorlagebeschlusses des Bundesfinanzhofs vom 10. 1. 2012[326] entscheiden und Treaty Overriding im Rahmen des Vorlagegegenstands für verfassungswidrig erklären würde.[327]

Entscheidend ist in vielen Fällen, ob und inwieweit das DBA selbst dem jeweiligen Vertragsstaat gesetzgeberischen Raum in bestimmten Fällen zugesteht, unilateral von einzelnen DBA-Regelungen abzuweichen, so dass kein Normwiderspruch vorliegt.[328] Dabei wird zu untersuchen sein, inwieweit den einzelnen DBA generell innewohnende Regelungsvorbehalte mit einer solchen Abweichungsbefugnis zu Gunsten des einzelnen Vertragsstaats in den DBA zu entnehmen sind, ohne dass diese als konkrete Formulierung in den Abkommenstext eingeflossen sind. Angesprochen ist damit insbesondere die Frage nach einem allgemeinen Missbrauchsvorbehalt und einem allgemeinen Vorbehalt auf Grund eines den DBA innewohnenden Verbots einer Nichtbesteuerung in DBA. Im diesem Falle wäre ein nationales Steuergesetz, das eine missbräuchliche Inanspruchnahme von DBA oder eine Nichtbesteuerung verhindern soll, lediglich eine Konkretisierung eines entsprechenden allgemeinen DBA-Vorbehalts bzw. würde gerade dem Willen der Vertragsparteien entsprechen. Somit entfiele ein Normwiderspruch zum jeweiligen DBA und es läge damit kein Treaty Overriding vor.[329]

Darüber hinaus wird die bereits praktizierte Vorgehensweise bei der Abfassung von Abkommen untersucht, den Vertragsstaaten durch einen ausdrücklichen

---

324 Insbesondere *Hahn* beschäftigte sich zuletzt mit der Frage, in welchen Fällen von einem Treaty Overriding ausgegangen werden kann. Dabei unterteilt er in die drei Fallgruppen *„Abkommensauslegung versus Treaty-Override", „Umgehungsvorbehalt versus Treaty Override"* und *„Ausdrückliche oder generelle Zulassung der in Frage stehenden Regelung",* siehe *Hahn,* BB 2012, 1955 (1959 f.).

325 Siehe dazu auch *Hahn,* BB 2012, 1955 (1959 ff.).

326 BFH vom 10.1.2012, I R 66/09, IStR 2012, 426, anhängig beim Bundesverfassungsgericht unter Az.: 2 BvL 1/12.

327 Ähnlich zu Recht *Hahn,* BB 2012, 1955 (1959).

328 Siehe dazu *Rauschnig,* in Kahl/Waldhoff/Walter, Bonner Kommentar (2015), Art. 59 Rz. 143.

329 Vgl. dazu *Hey,* in Lüdicke, Wo steht das deutsche Steuerrecht? (2009), S. 148 f.; *Hahn,* BB 2012, 1955 (1960).

Regelungsvorbehalt unter Nennung konkreter oder der Art nach umschriebenen nationalen Steuernormen die Abweichung von DBA-Regelungen zuzugestehen. Auch hier wäre die unilaterale Steuernorm als Konkretisierung des abkommensrechtlichen Regelungsvorbehalts anzusehen. An Hand von Beispielen für solche Regelungsvorbehalte aus der deutschen Abkommenspraxis wird im Folgenden deren Wirkung hinsichtlich des Treaty Overriding dargestellt und es wird herausgearbeitet, welche Anforderungen an ihre Bestimmtheit zu stellen sind, damit durch den Einsatz dieser sich in der Abkommenspraxis im Vordringen befindlichen Regelungsvorbehalte ein Treaty Overriding verneint werden kann.

Als weiteres Abgrenzungsproblem sind die Fälle zu nennen, bei denen das innerstaatliche Recht lediglich einen abkommensrechtlichen Begriff konkretisiert bzw. auslegt. Auch hier stellt sich die Frage, ob diese Art der Gesetzgebung ein Treaty Overriding darstellen kann. Dogmatisch betrachtet ergeben sich die Abgrenzungsprobleme hier vor allem aus der Tatsache, dass DBA keine eigene den einzelnen Vertragsstaaten übergeordnete Steuerrechtsordnung bilden, sondern sie vielmehr an bestehende steuerpflichtige Tatbestände in der innerstaatlichen Steuerrechtsordnung anknüpfen und sie daher in gewissem Maße auch auf die Auslegung nach dem innerstaatlichen Recht angelegt sind.[330]

1. Allgemeine Regelungsvorbehalte zu Gunsten unilateraler Regelungen

DBA enthalten häufig für Steuersachverhalte, die ihren Regelungen unterfallen, keine Aussagen darüber, inwieweit trotz einer anderslautenden Regelung im DBA unilaterale Regelungen zur Anwendung kommen können. In diesen Fällen ist mit Blick auf die Frage nach dem Vorliegen eines Treaty Overriding zu fragen, ob nicht ohne ausdrücklichen Vorbehalt den DBA ein allgemeiner Regelungsvorbehalt entnommen werden kann. Wäre dieser zu bejahen, so würde es an dem für das Treaty Overriding konstituierenden Normwiderspruch fehlen. Zu diskutieren ist im Bereich der DBA insbesondere ein allgemeiner Missbrauchsvorbehalt oder auch ein Vorbehalt im Sinne eines allgemeinen Verbots der aus der Anwendung eines DBA resultierenden Nichtbesteuerung. Aus solchen Annahmen könnte jeweils die Erlaubnis für den einzelnen Vertragsstaat abgeleitet werden, dass dieser in Ausfüllung der entsprechenden Vorbehalte unilaterale Regelungen erlassen darf[331] und diese daher bereits nicht unter die Definition des Treaty Overriding fallen würden.[332]

---

330 Vgl. *Lehner*, IStR 2012, 389 (390).
331 Denn dies würde gerade dem Willen der Vertragspartner entsprechen. So ausdrücklich für einen allgemeinen Missbrauchsvorbehalt *Hey*, in Lüdicke, Wo steht das deutsche Steuerrecht? (2009), S. 149; vgl. auch *Gebhardt*, Deutsches Tax Treaty Overriding (2013), S. 15 ff.
332 Vgl. dazu auch *Jansen/Weidmann*, IStR 2010, 596 (598); *Hahn*, BB 2012, 1955 (1960).

a) Allgemeiner Missbrauchsvorbehalt

Die Annahme eines allgemeinen Missbrauchsvorbehalts im Regelungsbereich der DBA würde auf Grund der Vertragseigenschaft von DBA zumindest einen Konsens der DBA-Staaten dahingehend voraussetzen, dass der eine Vertragsstaat die jeweilige Missbrauchsvorschrift des anderen Vertragsstaats im Detail billigt. Ein solcher Konsens wird aber in Bezug auf DBA nach überwiegender Meinung im neueren Schrifttum verneint.[333] Es fehle innerhalb der verschiedenen Steuerrechtsordnungen gerade ein inhaltlicher Minimalkonsens hinsichtlich des Missbrauchsbegriffs.[334] Vielmehr seien die Vorstellungen der Vertragsstaaten hinsichtlich eines Missbrauchstatbestands unterschiedlich.[335] Die Annahme eines allgemeinen Missbrauchsvorbehalts verträgt sich mit diesem Befund nicht.

Doch selbst wenn man von einem allgemeinen Missbrauchsvorbehalt ausgehen würde, so wirkt eine Treaty Overriding-Vorschrift, auch wenn sie der Missbrauchsverhinderung dient, als formelles Gesetz immer abstrakt-generell und nicht als Bekämpfung eines Missbrauchs im nachgewiesenen Einzelfall.[336] Auch diese Wirkungsweise wäre als problematisch anzusehen. Denn es ist anzunehmen, dass ein Konsens der DBA-Staaten hinsichtlich der Bekämpfung einer missbräuchlichen Inanspruchnahme einer DBA-Regelung eben nur für den nachgewiesenen Einzelfall

---

333 So *Stein*, IStR 2006, 505 (507); *Jansen/Weidmann*, IStR 2010, 596 (598); *Hey*, in Lüdicke, Wo steht das deutsche Steuerrecht? (2009), S. 149; *Menhorn*, IStR 2005, 325 (326); *Musil*, Treaty Overriding (2000), S. 38 f.; *ders.*, RIW 2006, 287 (288); *Oellerich*, IWB 2013, 33 (37); *Gebhardt*, Deutsches Tax Treaty Overriding (2013), S. 17; a. A. *Prokisch*, in Vogel/Lehner, DBA (2015), OECD-MA 2005 Artikel 1. Unter das Abkommen fallende Personen Rz. 117; ohne weitere Begründung *Forsthoff*, IStR 2006, 509; vgl. auch die Gesetzesbegründung zu § 50d Abs. 1a EStG, BT-Drs. 12/5764, S. 26; eingehend zu Missbrauchsvorbehalten in DBA und insbesondere zu einem allgemeinen Missbrauchsvorbehalt *Lampe*, Missbrauchsvorbehalte (2006). S. 148 ff. und 165 ff.
334 *Stein*, IStR 2006, 505 (507); differenziert *Menhorn*, IStR 2005, 325 (327), der zwischen einem stillschweigenden allgemeinen völkerrechtlichen Umgehungsvorbehalt, der zur Anwendung innerstaatlicher Missbrauchsvorschriften führen kann und dem Fehlen einer allgemeinen völkerrechtlichen Missbrauchsregelung, der die nötige Konkretisierung fehlt, unterscheidet; für einen allgemeinen völkerrechtlichen „Umgehungsvorbehalt" *Prokisch*, in Vogel/Lehner, DBA (2015), OECD-MA 2005 Artikel 1. Unter das Abkommen fallende Personen Rz. 117; ebenso die Gesetzesbegründung zu § 50d Abs. 1a EStG, BT-Drs. 12/5764, S. 26.
335 *Hey*, in Lüdicke, Wo steht das deutsche Steuerrecht? (2009), S. 149.
336 So zu Recht *Stein*, IStR 2006, 505 (507). Sich ihm anschließend *Jankowiak*, Doppelte Nichtbesteuerung (2009), S. 257 f; siehe auch *Lehner*, in Vogel/Lehner, DBA (2015), Grundlagen des Abkommensrechts Rz. 195: *„Darüber hinaus ist zweifelhaft, ob ein Gesetz (...) überhaupt auf ein völkerrechtliches Missbrauchsverbot gestützt werden kann."*

bestehen würde, aber nicht unbedingt für eine generalisierende Norm.[337] Folglich müsste diese Norm jedenfalls die Möglichkeit enthalten, dass der in ihr zum Ausdruck kommende Missbrauchsvorwurf durch geeignete Nachweise entkräftet werden kann.

Gegen einen allgemeinen, ungeschriebenen Missbrauchsvorbehalt spricht nicht zuletzt, dass Deutschland in seinen DBA regelmäßig Spezialvorschriften aufnimmt, die auf innerstaatliche Missbrauchsvorschriften verweisen, was unnötig wäre, wenn bereits ein allgemeiner Missbrauchsvorbehalt existierte.[338]

Daher ist die Annahme abzulehnen, DBA stünden unter einem allgemeinen Missbrauchsvorbehalt.

b) Allgemeiner Vorbehalt zur Verhinderung einer Nichtbesteuerung

Ähnlich verhält es sich mit der Annahme eines allgemeinen Vorbehalts zur Verhinderung einer aus der Anwendung eines DBA resultierenden Nichtbesteuerung im grenzüberschreitenden Steuerkontext. Voraussetzung dafür wäre zunächst wiederum, dass es ein allgemeines Verbot der Nichtbesteuerung zwischen den DBA-Vertragsstaaten gäbe. Dazu müsste die Verhinderung einer Nichtbesteuerung als ein ungeschriebener Zweck der DBA angesehen werden. Zweck der DBA ist jedoch nach überzeugender Auffassung die Verhinderung einer Doppelbesteuerung und nicht die Verhinderung einer Nichtbesteuerung, so dass aus diesem Grunde schon keine allgemeine, auslegungsleitende Verpflichtung im Bereich der DBA hergeleitet werden kann, eine Nichtbesteuerung zu verhindern.[339] Zu bedenken ist auch, dass es sich bei der Beseitigung einer Nichtbesteuerung im Gegensatz zur Beseitigung einer Doppelbesteuerung um eine Steuerverschärfung handelt[340] und die Annahme

---

337 Wobei sich dieses Missbrauchsverbot gegen den einzelnen Steuerpflichtigen richten müsste, was dem Wesen von völkerrechtlichen Verträgen zwar widerspricht, aber aus der unmittelbaren Anwendung der DBA („self-executing") wohl abgeleitet werden könnte.

338 Darauf weist auch *Menhorn*, IStR 2005, 325 (327), mit Nachweisen zu einzelnen DBA hin.

339 Vgl. dazu nur *Lehner*, IStR 2011, 733 (735 f.); *Lang*, in Haarmann, Auslegung und Anwendung von Doppelbesteuerungsabkommen (2004), S. 92 ff. und S. 99: „*keine (...) Auslegungsmaxime*"; *ders.*, SWI 2002, 86 (92 f.); diesen Zweck bei fehlendem textlichen Anknüpfungspunkt verneinend wohl auch *Hahn*, BB 2012, 1955 (1959); a. A. *Rust*, IStR 2003, 658 (661); *Mitschke*, DStR 2011, 2221 (2226); OECD, The Application of the OECD Model Tax Convention to Partnerships, Issues on International Taxation No. 6, Rz. 52: „*basic purposes oft he Convention*", wobei *Lehner* auf Grund des Kontextes dieser Passage mit guten Gründen nicht den Schluss zieht, dass die OECD die Verhinderung einer Nichtbesteuerung als Zweck von DBA anerkennt, siehe *ders.*, IStR 2011, 733 (735 f.); a. A. zur Meinung von *Lehner* zum Aussagegehalt des OECD-Reports *Rust*, in Lang, Avoidance of Double Non-Taxation (2003), S. 113.

340 Vgl. *Lehner*, IStR 2011, 733 (739).

einer entsprechenden Zielsetzung folglich eine ganz andere (Eingriffs-)Qualität besitzen würde.[341] Zwar mag eine Nichtbesteuerung in vielen Fällen unerwünscht sein, jedoch gibt es eine ganze Reihe von Abkommensnormen, die aus Gründen der Entwicklungshilfe oder zur steuerlichen Entlastung von Forschern und Studenten eine Nichtbesteuerung ermöglichen.[342] Allein das Vorhandensein dieser Normen spricht gegen einen allgemeingültigen Satz, der besagt, dass DBA der Verhinderung von Nichtbesteuerungen dienen.

Außerdem herrscht in der deutschen Steuerdogmatik (noch) der Grundsatz vor, dass DBA nur eine virtuelle Doppelbesteuerung und nicht eine tatsächlich eingetretene Doppelbesteuerung verhindern.[343] Dieser führt sogar zwingend zur Nichtbesteuerung, wenn die Bundesrepublik Deutschland Einkünfte freistellt und der andere Vertragsstaat diese nicht der Besteuerung unterwirft.[344] In solchen Fällen ist die Möglichkeit der Nichtbesteuerung seitens von Deutschland willentlich und wissentlich angelegt.[345] Die Annahme eines generellen Verbots einer aus der Anwendung von DBA resultierenden Nichtbesteuerung verträgt sich mit dieser Diagnose der deutschen Abkommenspraxis nicht.[346]

Im Übrigen bestimmt Art. 31 Abs. 1 WÜRV allgemein für völkerrechtliche Verträge, dass der Zweck eines völkerrechtlichen Vertrags nur dann für dessen Auslegung relevant ist, wenn er seinen Ausdruck im Abkommenstext gefunden hat.[347] Soweit also die Verhinderung der Nichtbesteuerung als Abkommensziel keinen Niederschlag in den deutschen DBA gefunden hat, kann im Wege der Auslegung kein dahingehender allgemein anzunehmender Vorbehalt gefunden werden.[348] Rich-

---

341 Darauf an anderer Stelle zu recht hinweisend *Gebhardt*, Deutsches Tax Treaty Overriding (2013), S. 17 mit Verweis auf *Kraft*, Die missbräuchliche Inanspruchnahme von Doppelbesteuerungsabkommen (1991), S. 20.

342 Siehe dazu *Lehner*, IStR 2011, 733 (736) m. w. N.

343 Siehe zum Begriff der virtuellen Doppelbesteuerung oben Punkt C.III.2. sowie *Lehner*, in Vogel/Lehner, DBA (2015), Grundlagen des Abkommensrechts Rz. 69 ff.; auch der BFH geht von diesem Grundsatz in ständiger Rechtsprechung aus, siehe nur BFH vom 10.1.2012, I R 66/09, IStR 2012, 949 (952); BFH vom 19.5.2010, I B 191/09, BStBl. II 2011, 156 (161) m. w. N.

344 *Lehner*, IStR 2011, 733 (736); vgl. dazu bereits oben Punkt C.III.2.

345 Zu Fällen der Entwicklungshilfe vgl. dezidiert *Jankowiak*, Doppelte Nichtbesteuerung (2009), S. 69 ff. und S. 125: „(...) *stimmiges Resultat (in bestimmten Fällen) (...)*“; ebenso *Lehner*, IStR 2011, 733 (736).

346 Vgl. dazu auch BFH vom 2.9.2009, I R 90/08, IStR 2010, 817 (819).

347 Darauf ebenfalls hinweisend *Hahn*, BB 2012, 1955 (1959); ebenso unter Hinweis auf Art. 25 Abs. 3 Satz 2 OECD-MA *Lehner*, IStR 2011, 733 (735 f.).

348 In diesem Sinne führte der BFH zur Frage der Qualifizierung einer Abkommensnorm als Subject-to-tax-Klausel aus: „*Entscheidend ist aber, dass der Zweck der Vermeidung einer Keinmalbesteuerung im Wortlaut der Norm nicht hinreichend zum Ausdruck kommt.*“ Siehe BFH v. 17.12.2003, I R 14/02, IStR 2004, 240 (241); vgl. auch BFH vom 2.9.2009, I R 90/08, IStR 2010, 817 (819): Abkommenswortlaut als „*Grenzmarke*“.

tigerweise stellt das Bemühen um die Vermeidung doppelter Nichtbesteuerung in Fällen, die in den DBA nicht geregelt sind, im Kern eine Abkommensänderung dar.[349] Als solche müsste sie von den zuständigen Organen in die jeweilige Abkommensverhandlung eingeführt werden und in dem DBA konkret festgehalten werden.[350]

Nach allem ist die Annahme eines übergeordneten, ungeschriebenen Abkommenszwecks der Gestalt, dass die DBA eine Nichtbesteuerung verhindern wollen, abzulehnen.

c) Der Bezeichnung oder der Präambel eines DBA zu entnehmender Regelungsvorbehalt

An Art. 31 Abs. 1 WÜRV anknüpfend stellt *Hahn* berechtigterweise die Frage, ob nicht dann ein Regelungsvorbehalt zu Gunsten innerstaatlicher Normen, die eine Nichtbesteuerung verhindern sollen, angenommen werden muss und damit ein Treaty Overriding zu verneinen wäre, wenn die Bezeichnung eines DBA entsprechend ergänzt würde, da die Bezeichnung eines Vertrages völkerrechtlich auslegungsrelevant wäre.[351] Damit wäre, wie von Art. 31 Abs. 1 WÜRV gefordert, im Abkommenstext ein Anknüpfungspunkt für die entsprechende Auslegung des jeweiligen DBA geschaffen. Konkret nimmt *Hahn* an, dass sich aus der Hinzufügung einer Formulierung *„und zur Verhinderung der Steuerhinterziehung und –umgehung"* zu der Bezeichnung der DBA als *„Abkommen zur Vermeidung der Doppelbesteuerung"* ergeben würde, dass eine unilaterale Norm zur Verhinderung einer Nichtbesteuerung[352] dann als *„klarstellende Bestimmung"* hinsichtlich des Abkommens anzusehen wäre und damit ihren Treaty Overriding-Charakter verlieren würde.[353] Dies wäre ein Weg, um Treaty Overriding und die damit einhergehende verfassungsrechtliche Problematik in der Praxis zu vermeiden, zumal der Vertragspartner in der Regel wohl nichts gegen eine solche Ergänzung einzuwenden hätte.[354] Tatsächlich existieren in der Abkommenspraxis DBA mit ähnlichen Ergänzungen zu den sonst üblichen Bezeichnungen, die sich nur auf die Verhinderung von Doppelbesteuerungen beziehen. So lautet beispielsweise die Bezeichnung des aktuellen DBA-Großbritannien sowie des DBA-Liechtenstein: *„Abkommen (...) zur Vermeidung der Doppelbesteuerung und zur Verhinderung der Steuerverkürzung (...)"*. Auch das Bundesministerium für Finanzen hat hinsichtlich der neuen deutschen Verhandlungsgrundlage[355] diese Formulierungsvariante für die Überschrift gewählt.

---

349 So ausdrücklich *Lehner*, IStR 2011, 733 (737).

350 Vgl. insbesondere zu Letzterem auch BFH vom 2.9.2009, I R 90/08, IStR 2010, 817 (819).

351 *Hahn*, BB 2012, 1955 (1959).

352 *Hahn* nennt explizit § 50d Abs. 8 Satz 1 EStG, siehe ders., BB 2012, 1955 (1959).

353 *Hahn*, BB 2012, 1955 (1959).

354 So wiederum auch *Hahn*, BB 2012, 1955 (1959).

355 Abgedruckt u. a. in DStR-Beihefter 2013, 46.

Darin allerdings einen Regelungsvorbehalt zu Gunsten nationaler Steuernormen zur Verhinderung einer Nichtbesteuerung zu erblicken, ist abzulehnen. Zwar kann eine Nichtbesteuerung durchaus zumindest wirtschaftlich gesehen als Steuerverkürzung im Sinne der Bezeichnung im Abkommen aufgefasst werden und entsprechend subsumiert werden.[356] Jedoch legt der deutsche Sprachgebrauch und insbesondere die Verwendung des Begriffs in den §§ 370 ff. AO nahe, unter einer „Steuerverkürzung" eine strafrechtlich relevante Handlung zu verstehen.[357] Damit hat aber die Nichtbesteuerung nicht zwangsläufig etwas zu tun. Außerdem wird etwa durch den Einsatz von unilateral wirkenden Subject-to-tax-Klauseln im Wege des Treaty Overriding keineswegs eine „Steuerverkürzung" auf beiden Vertragsseiten beseitigt, da diejenige im anderen Vertragsstaat (ob seitens des anderen Vertragsstaats gewollt oder ungewollt) bestehen bleibt.[358]

In Bezug auf die Frage, inwieweit in einer solchen Bezeichnung des DBA ein Regelungsvorbehalt gesehen werden kann, ist außerdem zu beachten, dass die Bezeichnung eines DBA in erster Linie Relevanz für dessen Anwendung hat. Eine ganz andere Frage ist es aber, ob dem nationalen Gesetzgeber gestattet werden soll, in dem Regelungsbereich eines DBA eigenständig unilaterale Regelungen erlassen zu dürfen. Bei den genannten Ergänzungen fehlt jedoch jeglicher Bezug zur innerstaatlichen Gesetzgebung. Daher kann eine solche Ergänzung der Bezeichnung nicht als „Ermächtigung" der Vertragsstaaten zum Erlass innerstaatlicher Gesetzgebungsakte verstanden werden. Nur wenn dieser Bezug vorhanden ist, kann eine innerstaatliche Vorschrift als Konkretisierung eines Regelungsvorbehalts zu Gunsten einer einseitigen Änderung der Abkommenswirkungen aufzufassen sein und dieser einseitigen Änderung ihren Charakter als Treaty Overriding-Vorschrift nehmen.

Im Übrigen bleibt es auch bei einer solchen Bezeichnung dabei, dass es unterschiedliche Auffassungen unter den Vertragsstaaten darüber gibt, wie und in welchem konkreten Fall die Nichtbesteuerung verhindert werden soll und allein aus der allgemeinen Umschreibung lediglich der allgemeinen Zielsetzung eines DBA in dessen Bezeichnung nicht zwingend darauf geschlossen werden kann, dass die jeweilige konkrete unilaterale Steuernorm in dieser Richtung vom jeweiligen Vertragspartner Billigung erfährt. Dies wäre aber Voraussetzung dafür, dass das DBA in dieser Richtung nach Art. 31 Abs. 1 WÜRV ausgelegt werden kann.

Außerdem haben viele DBA ausdrückliche Klauseln, die der Verhinderung einer Nichtbesteuerung dienen. So hat beispielsweise das in diesem Zusammenhang bereits erwähnte DBA-Großbritannien eine konkrete, allgemeine Subject-to-tax-Klausel in Form des Art. 23 Abs. 1 a) DBA-Großbritannien. Letztlich wäre eine solche ausdrückliche Regelung überflüssig, wenn sich die Verhinderung der Nichtbesteuerung schon aus dem Zweck des DBA ergeben würde.

---

356 So auch *Mitschke*, IStR 2011, 537 (539) zum diesbezüglich wortgleichen DBA-Großbritannien 1964/1970.
357 Ähnlich auch *Lüdicke*, IStR-Beihefter 2013, 26 (27).
358 Darauf ebenfalls hinweisend *Lüdicke*, IStR-Beihefter 2013, 26 (27).

Aus diesen Gründen erscheint die von *Hahn* vertretene Auslegung als zu weitreichend und ist daher im Hinblick auf die Vermeidung von Treaty Overriding durch entsprechende Ergänzungen der Bezeichnung von DBA für die Abfassung kommender DBA nicht anzuraten.[359]

Darüber hinaus sieht die deutsche Verhandlungsgrundlage in ihrer Präambel vor, dass *„sowohl Doppelbesteuerungen wie auch Nichtbesteuerungen vermieden werden (sollen)“*[360]. Wird diese Formulierung in deutschen DBA tatsächlich verwendet, so ist auch darin aus den genannten Gründen kein Regelungsvorbehalt zu erblicken, der Deutschland dazu ermächtigen würde, unilateral Regelungen zur Verhinderung einer Nichtbesteuerung zu erlassen, die einer DBA-Regelung widersprechen. Dagegen spricht, dass die Präambel allein als Wunsch bzw. Absicht des Vertragspartners „Bundesrepublik Deutschland“ formuliert ist, so dass dieser keine unmittelbare Wirkung zukommt, sondern sie lediglich als Auslegungshilfe herangezogen werden, nicht aber eine nach den Verteilungsnormen und dem innerstaatlichen Recht des anderen Vertragsstaats eintretende Nichtbesteuerung konterkarieren kann.[361]

Weder die Bezeichnung eines DBA noch die Formulierung von Zielen in der Präambel eines DBA kann folglich als allgemeiner Regelungsvorbehalt zu Gunsten von innerstaatlichen Vorschriften etwa zur Vermeidung von Missbräuchen oder einer doppelten Nichtbesteuerung angesehen werden.

2. Ausdrückliche Regelungsvorbehalte zu Gunsten unilateraler Abweichungen von DBA

Vor allem, aber nicht nur neuere DBA enthalten teilweise ausdrückliche Regelungsvorbehalte zu Gunsten unilateraler Regelungen. Damit soll offensichtlich der Regelungsbereich der DBA durch Übereinkunft mit dem anderen Vertragsstaat für die innerstaatliche Gesetzgebung wieder „geöffnet“ werden und es den Vertragsstaaten so ermöglicht werden, mit unilateralen Mitteln flexibel und ohne Nachverhandeln auf einen Änderungsbedarf reagieren zu können. Ist die einseitige Änderung der Wirkung von einzelnen DBA-Regelungen von dem Regelungsvorbehalt gedeckt, so käme es nicht zu einem Konflikt mit den entsprechenden DBA-Regelungen und es läge kein Treaty Overriding vor.

Eine solche „Öffnung“ des Regelungsbereichs eines DBA für unilaterale Regelungen kann durch eine explizite Bezugnahme auf konkrete Normen des innerstaatlichen Rechts eines Vertragsstaats geschehen, aber auch durch Formulierungen, die die innerstaatlichen Rechtsnomen der Art oder ihrem Zweck nach beschreiben. Dabei geht es insbesondere um unilaterale Vorschriften, die der Missbrauchsverhinderung oder der Verhinderung einer Minder- oder Nichtbesteuerung dienen.

---

359   Wohl können damit selbstverständlich andere Zielsetzungen verbunden sein.
360   U. a. abgedruckt in IStR-Beihefter 2013, 46.
361   Vgl. auch *Lüdicke*, IStR-Beihefter 2013, 26 (27 f.).

Ob ein solcher Vorbehalt durch das jeweilige DBA gegeben ist und ob dieser eine unilaterale abweichende Regelung umfasst, muss im Einzelfall festgestellt werden. An Hand von Beispielen soll an dieser Stelle eine Richtschnur gegeben werden.

a) Regelungsvorbehalte zu Gunsten konkreter nationaler Rechtsnormen

Die Öffnung des DBA zu Gunsten konkreter nationaler Rechtsnormen ist kein neues Phänomen. In der Abkommenspraxis geschieht dies schon seit längerer Zeit, insbesondere zu Gunsten von Vorschriften aus dem AStG.[362] Aktuelles Beispiel für diese Vorgehensweise ist das neue DBA-Liechtenstein. So lautet Art. 31 Abs. 4 c) DBA-Liechtenstein:

> *„Artikel 31*
> *Anwendung des Abkommens in bestimmten Fällen*
> *(...)*
> *(4) Dieses Abkommen ist nicht dahingehend auszulegen, dass*
> *(...)*
> *c) die Bundesrepublik Deutschland daran gehindert wird, die Beträge zu besteuern, die nach dem Vierten, Fünften oder Siebten Teil des deutschen Aussensteuergesetzes in die Einkünfte einer in der Bundesrepublik Deutschland ansässigen Person einzubeziehen sind.“*

Durch diese Formulierung können die ausdrücklich angesprochenen Vorschriften des AStG, zu denen insbesondere auch der sonst als Treaty Overriding zu qualifizierende § 20 Abs. 2 AStG (7. Teil des AStG) zählt, nicht als Treaty Overriding eingestuft werden.[363] Im Ergebnis werden die genannten innerstaatlichen Vorschriften des AStG durch solch eine Formulierung wirksam vom Regelungsbereich der DBA ausgenommen und können folglich nicht als damit kollidierendes Recht angesehen werden. Es fehlt damit an dem für das Treaty Overriding konstituierenden Normwiderspruch zwischen innerstaatlichem Recht und Abkommensrecht. Insoweit ist es auch verfehlt, wenn in der Literatur häufig generell von § 20 Abs. 2 AStG als Treaty Overriding-Vorschrift die Rede ist, da sich die Treaty Overriding-Qualität einer Vorschrift immer nur dann ergeben kann, wenn es einen Normwiderspruch

---

362 Vgl. Lüdicke, Überlegungen zur deutschen DBA-Politik (2008), S. 127; vgl. auch *Hahn*, BB 2012, 1955 (1960) mit Verweis auf das Verhandlungsprotokoll vom 29.9.1971 zum DBA-Schweiz, welches zwar nicht ausdrücklich auf Vorschriften des AStG Bezug nimmt, diese aber sinngemäß aus dem Regelungsbereich der DBA ausnimmt. Abgedruckt ist das Verhandlungsprotokoll bei *Flick/ Wassermeyer/Kempermann*, DBA Deutschland-Schweiz (2015), Rz. 2.2.

363 Siehe zu der vergleichbaren Regelung des Art. 1 Abs. 6 DBA-USA und Art. 20 Abs. 2 AStG *Wolff,* in Wassermeyer, Doppelbesteuerung (2015), Art. 1 DBA-USA Rz. 101.

zwischen einem konkreten DBA und der unilateralen Regelung gibt.[364] Dies wäre allerdings, wie gezeigt, im Falle des DBA-Liechtenstein nicht der Fall.

b) Regelungsvorbehalt zu Gunsten der Art oder dem Zweck nach beschriebener nationaler Rechtsnormen

Fraglich ist weiterhin, ob der Treaty Overriding-Charakter auch dann ausgeschlossen ist, wenn in dem DBA-Regelungsvorbehalt die innerstaatlichen Vorschriften lediglich ihrer Art bzw. ihrem Zweck nach beschrieben werden. Hier muss festgestellt werden, ob sich die innerstaatliche Norm im Rahmen der dem Gesetzgeber durch das DBA gegebenen Konkretisierungsbefugnis bewegt oder der Gesetzgeber über das Ziel hinausgeschossen ist.

Ebenso wie die Regelungsvorbehalte zu Gunsten konkreter Rechtsnormen sollen auch Regelungsvorbehalte, die im Abkommenstext lediglich ihrer Art bzw. ihres Zweckes nach beschrieben sind, den nationalen Handlungsspielraum insbesondere zur Verhinderung von missbräuchlichen Steuergestaltungen sowie zur Verhinderung unerwünschter Minder- oder Nichtbesteuerungsfälle offen halten. Der Vorteil so gefasster Regelungsvorbehalte liegt darin, dass sie offen sind für Änderungen des innerstaatlichen Rechts und im Gegensatz zur Nennung konkreter Normen grundsätzlich kein Änderungsbedarf besteht, wenn in den entsprechenden Bereichen neue nationale Regelungen hinzukommen.[365] Der Hauptanwendungsfall sind Regelungsvorbehalte zu Gunsten von nationalen Vorschriften, die der Missbrauchsverhinderung dienen.

Regelungsvorbehalte zu Gunsten nationaler Missbrauchsvorschriften finden sich in vielen DBA, wenngleich auch DBA mit wichtigen Handelspartnern der Bundesrepublik Deutschland diese nicht enthalten.[366] Als Beispiele für solche Regelungsvorbehalte sind insbesondere Art. 23 Abs. 1 DBA-Schweiz sowie Art. 29 Abs. 6 DBA-Kanada zu nennen.

Art. 23 Abs. 1 DBA-Schweiz lautet:

„Art. 23 [Verhinderung von Abkommensmissbräuchen] (1) Dieses Abkommen ist nicht so auszulegen, als hindere es einen Vertragsstaat, seine innerstaatlichen Rechtsvorschriften zur Verhinderung der Steuerumgehung oder Steuerhinterziehung anzuwenden."

---

364 Siehe nur *Rupp,* in Haase, AStG (2012), § 20 AStG Rz. 1; differenziert *Kraft,* in ders., AStG (2009), § 20 Rz. 25; vgl. auch *Wassermeyer/Schönfeld,* in Flick/Wassermeyer/Baumhoff/Schönfeld, Außensteuerrecht (2015), § 20 Rz. 22 ff. (dort insbesondere Rz. 27).

365 Zur generellen Anwendbarkeit von abkommensrechtlichen Regelungsvorbehalten bei nachfolgender innerstaatlicher Gesetzgebung siehe unten Punkt D.V.2.c).

366 Eine beispielhafte Aufzählung von DBA mit ausdrücklichem Missbrauchsvorbehalt findet sich bei *Lampe,* Missbrauchsvorbehalte (2006), S. 15 ff; siehe dazu auch *Prokisch,* in Vogel/Lehner, DBA (2015), OECD-MA 2005 Artikel 1. Unter das Abkommen fallende Personen Rz. 135.

Art. 29 Abs. 6 DBA-Kanada ist nach seinem Wortlaut etwas konkreter und lautet:

„Art. 29 Verschiedenes

(...)

(6) Keine Bestimmung in diesem Abkommen ist so auszulegen, als sei ein Vertragsstaat daran gehindert, Vorteile nach diesem Abkommen auszuschließen, wenn davon ausgegangen werden kann, dass die Gewährung von Vorteilen zu einem Missbrauch der Bestimmungen des Abkommens oder der innerstaatlichen Rechtsvorschriften dieses Staates führen kann."

Als Beispiel eines Regelungsvorbehalts zu Gunsten nationaler Steuernormen, die der Verhinderung unerwünschter Minder- oder Nichtbesteuerungsfälle dienen, kann wiederum eine Textpassage aus dem neuen DBA-Liechtenstein herangezogen werden. So lautet Art. 31 Abs. 4 b) DBA-Liechtenstein:

„Artikel 31
Anwendung des Abkommens in bestimmten Fällen
(...)
(4) Dieses Abkommen ist nicht dahingehend auszulegen, dass
(...)
b) ein Vertragstaat daran gehindert ist, nach seinem nationalen Recht Abkommensvergünstigungen ganz oder teilweise zu verweigern, um Gestaltungen entgegen zu treten, deren Begünstigung Sinn und Zweck des Abkommens. wozu insbesondere auch die Vermeidung einer Nichtbesteuerung in beiden Vertragsstaaten (Doppel-Nichtbesteuerung) oder einer mehrfachen Inanspruchnahme von Abkommensvergünstigungen gehört, widersprechen würde;
(...)."

Solche oder ähnlich formulierte[367] Vorschriften zielen ihrem Wortlaut nach klar erkennbar auf die Anwendung der innerstaatlichen Missbrauchsvorschriften wie § 50d Abs. 3 EStG und § 42 AO[368] bzw. im letztgenannten Beispiel auf die nationalen Steuernormen zur Verhinderung unerwünschter Minder- oder Nichtbesteuerungsfälle wie z. B. § 50d Abs. 9 EStG oder § 50d Abs. 8 Satz 1 EStG.[369] Zwar werden diese Normen nicht ausdrücklich genannt, jedoch ergibt die Auslegung des Abkommens, dass das Abkommen zu Gunsten dieser Vorschriften geöffnet werden soll, um auf nationaler Ebene der missbräuchlichen Inanspruchnahme von Abkommensvorteilen bzw. der Erlangung einer Minder- oder Nichtbesteuerung entgegentreten zu können. Auch hier fehlt es an dem für das Treaty Overriding konstituierenden Norm-

---

367 Vgl. *Prokisch*, in Vogel/Lehner, DBA (2015), OECD-MA 2005 Artikel 1. Unter das Abkommen fallende Personen Rz. 135.

368 So auch ausdrücklich für die Formulierung „zur Verhinderung von Steuerumgehung" im Revisionsprotokoll vom 12.3.2002 Art. VI Nr. 2 zu Art. 23 DBA-Schweiz, BStBl. II 2003, 68.

369 Siehe zu weiteren Normen Punkt D.VI.

widerspruch zwischen innerstaatlichem Recht und Abkommensrecht.[370] Vielmehr sind die innerstaatlichen Missbrauchsnormen im Bereich solcher Abkommen als nationalgesetzliche Konkretisierung des abkommensrechtlich eingeräumten Missbrauchsvorbehalts anzusehen. In diesem Sinne kann nach hier vertretener Auffassung auch die Aussage des OECD-Steuerausschusses verstanden werden, der ein Treaty Overriding dann ablehnt, wenn ein Vertragspartner mit Hilfe einer nationalen Steuernorm die DBA auf völkerrechtlich zulässige Weise auslegt.[371] Dies geschieht in den Fällen, in denen der abkommensrechtliche Regelungsvorbehalt in Form der innerstaatlichen Steuernorm konkretisiert wird, da diese Konkretisierung letztlich nichts anderes ist als eine Auslegung des Regelungsvorbehalts. Wird nachgewiesen, dass die innerstaatliche Norm in Wirklichkeit gar nicht der Zielsetzung des abkommensrechtlichen Regelungsvorbehalts entspricht, beispielsweise weil durch die nationale Steuervorschrift lediglich inländisches Steuersubstrat gesichert bzw. „zurückgeholt" werden soll,[372] so ist sie nicht von diesem Vorbehalt umfasst und kann trotz eines solchen Vorbehalts im DBA als Treaty Overriding-Vorschrift zu klassifizieren sein.

c) Regelungsvorbehalte zu Gunsten von dem DBA nachfolgenden unilateralen Gesetzgebungsakten

In zeitlicher Hinsicht stellt sich die Frage, ob die beschriebenen Regelungsvorbehalte auch dann ihre Wirkung entfalten können, wenn nationale Steuernormen zwar inhaltlich von diesen erfasst werden, aber erst nach der Vereinbarung der Vorbehalte erlassen wurden. Das ist eine Auslegungsfrage und daher ist jeder Regelungsvorbehalt in einem DBA daraufhin im Einzelfall zu untersuchen. Generell spricht gegen eine Einbeziehung der dem jeweiligen DBA nachfolgender nationaler Steuernormen, dass die Vertragsparteien bei der Vereinbarung dieser Vorbehalte die neuen nationalen Regelungen nicht kennen und man aus diesem Grunde annehmen könnte, dass sie diese daher nicht von den Vorbehalten umfasst wissen wollen. Dafür spricht aber, dass in den Regelungsvorbehalten auf eine weitere zeitliche Einschränkung gerade verzichtet wurde. Dies legt den Schluss nahe, dass die Vertragsparteien auch zukünftige innerstaatliche Rechtsänderungen von den Regelungsvorbehalten umfasst wissen wollten. Andernfalls wäre jede innerstaatliche

---

370 So ausdrücklich für die Charakterisierung von § 50d Abs. 3 EStG als Treaty Overriding-Vorschrift auch *Jansen/Weidmann*, IStR 2010, 596 (597).

371 Die angesprochene Textpassage im Bericht des OECD-Steuerausschusses lautet: "*no objection to legislation that merely interprets tax treaties*", OECD-Committee on Fiscal Affairs Report on Tax Treaty Overrides, Tax notes 1990, 25 ff.; zitiert bei *Lehner*, in Vogel/Lehner, DBA (2015), Grundlagen des Abkommensrechts Rz. 194; vgl. dazu auch *Rust/Reimer*, IStR 2005, 843 (848) sowie *Lehner*, IStR 2012, 389 (390).

372 Siehe zu dieser Normgruppe von Treaty Overriding-Vorschriften nachfolgend Punkt D.VI.3.

Rechtsänderung in diesen Bereichen ein Grund, das DBA anzupassen. Das erscheint nicht praktikabel und daher nicht gewollt.

Aber auch in der Formulierung der Regelungsvorbehalte findet sich regelmäßig ein entscheidender Anhaltspunkt für den Willen der Vertragsparteien, auch dem Abkommensabschluss nachfolgende innerstaatliche Rechtsänderungen anerkennen zu wollen. Hier sei nochmals folgende Formulierung als Beispiel genannt:

> *„Dieses Abkommen ist nicht dahingehend auszulegen, dass (...) ein Vertragsstaat daran gehindert ist, nach seinem nationalen Recht Abkommensvergünstigungen ganz oder teilweise zu verweigern (...)"*[373]

Zu beachten ist bei der Formulierung, dass die Regelungsvorbehalte ihrem Wortlaut nach in der Regel an die Auslegung des DBA anknüpfen. Zu dieser kommt es aber nur in einem Anwendungsfall. Daraus folgt, dass der jeweilige Regelungsvorbehalt zu Gunsten der nationalen Rechtsnormen gilt, die im Zeitpunkt der Anwendung des DBA Geltung beanspruchen. Damit wird durch die Vertragsparteien deutlich eine gewollte „Dynamisierung" des Regelungsvorbehalts zum Ausdruck gebracht.

d) Weitere Abgrenzungsfälle

Keine Frage eines Regelungsvorbehalts sind Fälle, in denen bereits nach dem Abkommen eine Rechtsfolge eintritt, die auch durch eine unilaterale Norm angeordnet wird. Hier kommt es schlicht auf Grund der allgemeinen Anwendungsregeln nicht zu einer (zusätzlichen) Anwendung der innerstaatlichen Norm neben dem Abkommen. Ein Beispiel hierfür sind allgemeine oder bei speziellen Abkommenssituationen anzuwendende Subject-to-tax-Klauseln oder Remittance-base-Klauseln in einem Abkommen und die Anwendung der unilateralen Subject-to-tax-Klausel des § 50d Abs. 8 Satz 1 EStG.[374] Hier kann es im Einzelfall sein, dass die innerstaatliche Norm diesen Klauseln inhaltlich entspricht und sich daher nicht in Widerspruch zum DBA setzt.[375] Soweit solche bilateralen Klauseln reichen, kann eine innerstaatliche Norm mit gleichem Inhalt also keinen Treaty Overriding-Charakter haben.[376]

---

373   Zu finden in DBA-Liechtenstein Art. 31 Abs. 4 b).

374   Vgl. dazu auch *Hahn-Joecks*, in Kirchhof/Söhn/Mellinghoff, EStG (2015), § 50d J 4 und das BMF-Merkblatt zur Steuerfreistellung ausländischer Einkünfte gem. § 50d Abs. 8 EStG vom 21.7.2005, IV B 1 – S 2411 – 2/05, BStBl. I 2005, 821 mit Nennung entsprechender DBA, die solche Klauseln enthalten (Frankreich, Österreich, Schweiz etc).

375   Vgl. zu § 50d Abs. 8 Satz 1 EStG und dem Vorhandensein einer abkommensrechtlichen Subject-to-tax-Klausel *Klein/Hagena*, in Herrmann/Heuer/Raupach, KStG EStG (2015), § 50d EStG Rz. 110.

376   In diesen Fällen ebenfalls ein Treaty Overriding verneinend, aber unklar in der Frage, ob dies auf Grund des Vorhandenseins eines Regelungsvorbehalts oder auf Grund allgemeiner Anwendungsregeln so zu sehen ist, *Hahn*, BB 2012, 1955 (1960).

Ähnlich verhält es sich, wenn das Abkommen eine Vergünstigung von einer innerstaatlich zu regelnden Voraussetzung abhängig macht, wie dies beispielsweise bei Art. 23 Abs. 1 a) Satz 3 DBA-Österreich der Fall ist. Nach dieser DBA-Regelung wird die Dividendenfreistellung nur dann vorgenommen, wenn die Dividendenzahlungen *„bei der Ermittlung der Gewinne der ausschüttenden Gesellschaft nicht abgezogen worden sind"*. In Bezug auf ein so oder ähnlich formuliertes Abkommen kann § 8b Abs. 1 Satz 2, 3 KStG, der Gleiches anordnet, richtigerweise nicht als Treaty Overriding-Vorschrift angesehen werden, da ja bereits das Abkommen die Freistellung der Dividendenzahlung von dem Nichtabzug bei der auszahlenden Gesellschaft abhängig macht.[377] Hier geht es schlicht darum, dass eine Voraussetzung aus der Abkommensnorm erfüllt werden muss, um deren Rechtsfolge herbeizuführen.

3. Treaty Overriding durch die gesetzgeberische Festlegung der Auslegung von Abkommensbegriffen

Da die Reichweite einer abkommensrechtlichen Regelung letztlich von ihrer Auslegung abhängt, kann sich durch die gesetzgeberische Auslegung von Abkommensregelungen die Besteuerungszuordnung der DBA ändern.[378] Die Frage, ob der Gesetzgeber im Wege des Treaty Overriding handelt, wenn er eine von ihm präferierte und in der Regel fiskalisch vorteilhafte Auslegung eines DBA durch ein formelles Gesetz festlegt, ist umstritten.[379] Klar ist hingegen, dass dann nicht von einem Treaty Overriding ausgegangen werden kann, wenn das DBA selbst für die Definition von abkommensrechtlichen Begriffen auf das innerstaatliche Recht eines Vertragsstaats verweist, wie dies in Art. 3 Abs. 2 OECD-MA („Lex-Fori-Klausel") vorgesehen ist. Denn in diesem Fall kann zwischen dem DBA und dem innerstaatlichen Recht kein Normwiderspruch vorliegen. Kritisch zu sehen ist die Aussage, dass kein Normwiderspruch vorliegt, wenn sich die innerstaatliche Gesetzgebung innerhalb einer völkerrechtlich zulässigen abkommensautonomen Auslegung bewegt.[380]

Um die Frage nach der Qualifikation einer auslegungsfestlegenden Norm als Treaty Overriding zu beantworten, ist zurückzugehen dessen Definition. Nach dieser ist jedenfalls ein Normwiderspruch zwischen einem formellen innerstaatlichen Gesetz und einer DBA-Regelung erforderlich.[381] Bei der Anwendung zweier Nor-

---

377 Siehe dazu auch *Jankowiak*, Doppelte Nichtbesteuerung (2009), S. 253.
378 So bereits *Mausch*, Treaty Overriding (1998), S. 27 f.
379 Dagegen für § 50 d Abs. 10 EStG die Gesetzesbegründung, BT-Drs. 16/11108, S. 23; anders wiederum zu § 50d Abs. 10 EStG der BFH in seiner Entscheidung vom 11.12.2013, I R 4/13, BStBl. II 2014, 791, anhängig beim Bundesverfassungsgericht unter Az.: 2 BvL 15/14; vgl. auch *Hahn-Joecks*, in Kirchhof/Söhn/Mellinghoff, EStG (2015), § 50d L 9 sowie *Klein/Hagena*, in Herrmann/Heuer/Raupach, KStG EStG (2015), § 50d EStG Rz. 131; siehe auch *Gosch*, ISR 2013, 87 (95).
380 *Lehner*, IStR 2012, 389 (390); vgl. auch *Rust/Reimer*, IStR 2005, 843 (848).
381 Eine ausführliche Begriffsbestimmung wird in Punkt D.III.3. vorgenommen.

men auf einen Lebenssachverhalt kann ihre Auslegung ergeben, dass sie zwar den gleichen Lebenssachverhalt regeln, aber unterschiedliche Rechtsfolgen anordnen, so dass ein Normwiderspruch vorliegt.[382] Legt der Gesetzgeber den Inhalt des DBA per Gesetzesakt fest, so ist ein Normwiderspruch faktisch ausgeschlossen. So bestehen auch laut dem OECD-Steuerausschuss von 1990 keine Einwände gegen eine innerstaatliche Gesetzgebung, die DBA in erster Linie auslegt.[383] Dies scheint eine einfach handhabbare Abgrenzung darzustellen.[384] Kein Treaty Overriding soll zudem vorliegen, wenn gerichtliche Urteile per Gesetz korrigiert werden.[385] Dies kann insbesondere dann der Fall sein, wenn der Gesetzgeber mit Hilfe einer unilateralen Norm von einer gefestigten Rechtsprechung zu einer Auslegung bestimmter Begriffe aus den DBA abweicht und dadurch eine von ihm gewünschte Rechtsfolge herbeiführt, die im Widerspruch zu der von der Rechtsprechung bei alleiniger Anwendung des DBA gefundenen Rechtsfolge steht.[386] *Musil* lehnt in diesen Fällen das Vorliegen eines Treaty Overriding ab.[387]

Richtigerweise ist zu unterscheiden. Legt der Gesetzgeber eine von mehreren möglichen und völkerrechtlich zulässigen DBA-Interpretationen gesetzlich fest, so kann diese Norm grundsätzlich nach der einen DBA-Interpretation Treaty Overriding-Charakter haben, nach der anderen aber nicht.[388] Da die Treaty Overriding-Definition einen Normwiderspruch voraussetzt, der stets aus einem Gegenüberstellen zweier Normen in ihrem durch Auslegung gefundenen Aussagegehalt festgestellt wird, ist es nur folgerichtig, dass auch die Charakterisierung als Treaty Overriding vom Auslegungsergebnis abhängt.[389] Dem entspricht die oben bereits festgestellte These, dass ein Treaty Overriding immer nur im Einzelfall bezogen auf eine bestimmte DBA-Regelung festgestellt werden kann. Das Abstellen auf ein

---

382 Vgl. zum Begriff des „Normwiderspruchs" auch *Wernsmann*, Verhaltenslenkung in einem rationalen Steuersystem (2005), S. 185 ff.

383 Bericht des OECD-Steuerausschusses, OECD-Committee on Fiscal Affairs Report on Tax Treaty Overrides, Tax notes international 1990, 25 (25 ff.).

384 Vgl. dazu *Lehner*, IStR 2012, 389.

385 *Frotscher*, Zur Zulässigkeit des „Treaty Override", in Spindler/Tipke/Rödder, Festschrift für Harald Schaumburg (2009), S. 687 (690); vgl. auch *Stein*, IStR 2006, 505 (507).

386 Wie hier *Schwenke*, FR 2012, 443 (444): *„Angesichts der entgegenstehenden Rechtsprechung des BFH (...) ist jedoch von einem Treaty Override auszugehen (...)"*; auf das Auslegungsergebnis abstellend: *Gebhardt/Quilitzsch*, BB 2011, 669 (673 f.); ähnlich *Jansen/Weidmann*, IStR 2010, 596 (598); *Mausch*, Treaty Overriding (1998), S. 34 f.

387 *Musil*, IStR 2014, 192 (193).

388 Vgl. auch *Stein*, IStR 2006, 505 (507): *„Dabei mögen die Vertragsstaaten zu unterschiedlichen Auslegungsergebnissen kommen."*

389 So für den Fall des § 50d Abs. 9 Satz 1 Nr. 1 EStG *Lehner*, IStR 2012, 389 (394) mit ausführlicher Darstellung der unterschiedlichen Ansichten; ein Treaty Overriding im Falle von § 50d Abs. 9 Satz 1 Nr. 1 und Nr. 2 EStG bejaht *Gosch*, IStR 2008, 413 (416).

Abweichen von einer allgemein anerkannten Abkommensauslegung[390] hat zum Nachteil, dass die allgemeine Anerkennung einer Abkommensauslegung insbesondere in der steuerrechtlichen Wissenschaft häufig nur schwer identifizierbar sein wird und aus diesem Grund keinen geeigneten Maßstab für das Vorliegen eines Normwiderspruchs bilden kann.

Vielmehr sollte nur dann von dem Vorliegen eines Treaty Overriding ausgegangen werden, wenn der Gesetzgeber von einer gefestigten Rechtsprechung des Bundesfinanzhofs zu einer Auslegung bestimmter Begriffe aus den DBA abweicht.[391] Da es originäre Aufgabe des Bundesfinanzhofs ist, DBA für den Steuerpflichtigen letztlich verbindlich auszulegen,[392] ist dieser jedenfalls praktisch an dessen Auslegungsergebnis gebunden. Für den Steuerpflichtigen hat das DBA folglich den Norminhalt, den es nach der Rechtsprechung des Bundesfinanzhofs hat. Wird die daraus abzuleitende Rechtsfolge nun per Gesetzesakt korrigiert,[393] so stellen sich die Wirkungen genau so dar, als ob der Gesetzgeber an eine feststehende DBA-Regelung anknüpft und diese in ihrer Rechtsfolge negiert. Aus der Sicht des Steuerpflichtigen ist die Korrektur der für ihn vorher maßgeblichen Auslegung des DBA „wie ein Normwiderspruch". Die Existenz einer davon divergierenden Ansicht etwa in der steuerrechtlichen Literatur verliert für den betroffenen Steuerpflichtigen insoweit an Bedeutung.

Entsprechend wird sich gegebenenfalls auch die für das Treaty Overriding weiter erforderliche belastende Wirkung für den Steuerpflichtigen aus einem Vergleich der Belastungswirkung nach Anwendung des DBA in der vom Bundesfinanzhof gefundenen Auslegung zu derjenigen nach Anwendung der nationalen Norm finden, die diese Auslegung korrigieren soll. Diese Frage hat sich vor allem an § 50d Abs. 10 EStG entzündet.[394] Diese Norm wird an späterer Stelle nochmals

---

390 So Frotscher, IStR 2009, 593 (597), in Bezug auf § 50d Abs. 10 EStG.

391 Wie hier *Schwenke*, FR 2012, 443 (444): „*Angesichts der entgegenstehenden Rechtsprechung des BFH (...) ist jedoch von einem Treaty Override auszugehen (...)*"; auf das Auslegungsergebnis abstellend: *Gebhardt/Quilitzsch*, BB 2011, 669 (673 f.); ähnlich *Jansen/Weidmann*, IStR 2010, 596 (598); *Mausch*, Treaty Overriding (1998), S. 34 f.

392 Vgl. BFH, Vorlagebeschluss vom 11.12.2013, I R 4/13, BStBl. II 2014, 791, Punkt B.II.3.b)bb).

393 Zu der Frage, inwieweit diese Vorgehensweise mit dem Gewaltenteilungsgrundsatz zu vereinbaren ist, s. *Gosch*, in Kirchhof, EStG (2015), § 50d Rn. 44a: „*(Es) stellt sich die ganz grds. Frage danach, ob der Gesetzgeber ohne Verstoß gegen (...) das Vertragsvölkerrecht überhaupt eine bestimmte Regelungsauslegung für ein Gericht verbindlich vorgeben kann.*" Siehe dazu auch dessen Diskussionsbeitrag in *Lüdicke*, Wo steht das deutsche internationale Steuerrecht? (2009), S. 222.

394 Vgl. *Gebhardt/Quilitzsch*, BB 2011, 669: „*eine neue Kategorie von Treaty Override*"; *Mitschke*, DB 2010, 303; statt vieler *Frotscher*, IStR 2009, 593.

exemplarisch für die genannte Fallkonstellation einer näheren Untersuchung zugeführt werden. Festzuhalten ist an dieser Stelle, dass das unilaterale Abweichen des Gesetzgebers von einer gefestigten Rechtsprechung des Bundesfinanzhofs zur Auslegung eines abkommensrechtlichen Begriffs die Einordnung einer solchen Norm als Treaty Overriding rechtfertigt.

4. Treaty Overriding durch die gesetzgeberische Festlegung der Zurechnung von Einkünften zu einer Person

Grundsätzlich lassen DBA die Fragen der Zurechnung von Einkünften zu einer Person unberührt.[395] Sie legen vielmehr die Verteilung des Steuersubstrats fest, welches durch die innerstaatliche Besteuerung von einer Person nach innerstaatlichem Recht zugerechneten Einkünften gehoben wird.[396] Rechnet Deutschland also ein Wirtschaftsgut dem wirtschaftlichen Inhaber zu, ein anderer Staat aber dem (rechtlichen) Eigentümer, so kann es zu einem „Zurechnungskonflikt" kommen. Dieser vollzieht sich jedoch unabhängig von einem DBA.[397]

Dementsprechend kann eine innerstaatliche Norm, die die Einkünftezurechnung regelt, grundsätzlich kein Treaty Overriding darstellen, da die Ebene des Abkommens nicht erreicht wird. Damit gilt insbesondere beim Einsatz von Basisgesellschaften die uneingeschränkte Anwendung von § 42 AO, da es hierbei um die Frage der Zurechnung von Einkünften geht.[398]

Dies soll jedoch nicht ausnahmslos gelten. So soll der abkommensrechtliche Begriff des Nutzungsberechtigten bei Dividenden, Zinsen und Lizenzgebühren selbst eine Zurechnungsvorschrift enthalten.[399] Virulent wird dieser Vorbehalt insbesondere bei § 50d Abs. 11 EStG.[400] Greift der Gesetzgeber auf diese Weise in die Zurechnung ein, liegt ein Treaty Overriding vor.[401] Denn in diesem Falle kann sehr

---

395 Ausführlich *Lehner*, in Vogel/Lehner, DBA (2015), Grundlagen des Abkommensrechts Rz. 181 ff.; vgl. auch *Prokisch*, in Vogel/Lehner, DBA (2015), OECD-MA 2005 Artikel 1. Unter das Abkommen fallende Personen Rz. 104 f.; *Menhorn*, IStR 2005, 325 (328); so auch BFH vom 29.10.1997, I R 35/96, BStBl. II 1997, 235 (237).

396 Siehe dazu statt vieler *Kinzl*, IStR 2007, 561 (561 f.); BFH vom 19.5.2010, I R 62/09, BFH/NV 2010, 1919 (1921).

397 Vgl. zum Ganzen *Lehner*, in Vogel/Lehner, DBA (2015), Grundlagen des Abkommensrechts Rz. 181a.

398 *Lehner*, in Vogel/Lehner, DBA (2015), Grundlagen des Abkommensrechts Rz. 181a mit Hinweis auf *Haase*, IWB 2013, 162 (166); BFH vom 29.10.1997, I R 35/96, BStBl. II 1997, 235 (237); siehe dazu auch *Kinzl*, IStR 2007, 561 (563); siehe zu der höchst umstrittenen Frage, ob und inwieweit § 50d Abs. 3 EStG vor diesem Hintergrund als Treaty Overriding einzuordnen ist *Lehner*, IStR 2012, 389 (391), mit einem Überblick über den Meinungsstand.

399 *Lehner*, IStR 2012, 389 (397) m. w. N.

400 Siehe dazu *Lehner*, IStR 2012, 389 (396 f.).

401 So auch *Lehner*, IStR 2012, 389 (396 f.); im Ergebnis auch *Gosch*, in Kirchhof, EStG (2015), § 50d EStG Rz. 51.

wohl ein Normwiderspruch vorliegen und die Voraussetzungen für ein Treaty Overriding erfüllt sein, wie dies bei § 50d Abs. 11 EStG der Fall ist.[402]

5. Treaty Overriding durch die sog. Schachtelstrafe

Schließlich wird die Frage des Treaty Overriding für die sog. Schachtelstrafe des § 8b Abs. 5 KStG diskutiert.[403] Die Besonderheit dieser Konstellation liegt darin, dass die durch das Abkommen gewährte Steuerfreistellung (Schachtelprivilegierung) zwar vollständig gewährt wird, auf einer anderen Stufe der Steuerberechnung jedoch fünf Prozent der Dividenden als nichtabziehbare (fiktive) Betriebsausgaben behandelt werden.[404] Daneben enthält § 8b KStG eine unilaterale Steuerfreistellung von Schachteldividenden, bei der es ebenso zur Anwendung von § 8b Abs. 5 KStG kommt, so dass im Ergebnis wirtschaftlich nur eine Steuerbefreiung von 95 Prozent erreicht wird, was jedenfalls wirtschaftlich der durch das Abkommen angeordneten Belastungswirkung widerspricht.[405] Teile der Literatur halten dies für ein Treaty Overriding.[406] Der Bundesfinanzhof verneint dies hingegen mit dem Argument, dass durch die unilaterale Schachtelstrafe kein Steuertatbestand geschaffen werde, der rechtlich neben der Regelung des DBA-Schachtelprivilegs stünde und diesen im Sinne eines Treaty Overriding „überschreibe".[407] Ähnlich gemeint ist der Hinweis, dass die Schachtelstrafe nicht auf das abkommensrechtliche Schachtelprivileg anwendbar sei.[408] Diese Einwände gegen die Treaty Overriding-Eigenschaft der Schachtelstrafe könnne letztlich nicht überzeugen. Zwar ist es richtig, dass ein Treaty Overriding einen Normwiderspruch voraussetzt. Dieser könnte hier angezweifelt werden, da das DBA keine Aussage zum Abzug von Betriebsausgaben trifft und daher mit der Schachtelstrafe eine andere Regelungsebene angesprochen ist. Entscheidend muss jedoch sein, ob der Regelungsgehalt des DBA in Widerspruch zu der durch das unilaterale Gesetz angeordneten Rechtsfolge steht. Dies ist im Hinblick auf die wirtschaftliche Belastung der Dividenden in Höhe von fünf Prozent nach dem innerstaatlichen Recht zu bejahen.[409] Folglich liegt sowohl ein

---

402   *Lehner*, IStR 2012, 389 (397).

403   Siehe dazu statt vieler *Hageböcke*, IStR 2009, 473; *Schönfeld*, IStR 2010, 658.

404   Siehe zur Regelungstechnik *Kraft/Gebhardt/Quilitzsch*, FR 2011, 593 (593 f.).

405   Kritisch zu dieser Regelungstechnik *Hageböcke*, IStR 2009, 473 (475 ff.).

406   *Hageböcke*, IStR 2009, 473 (476); *Schönfeld*, IStR 2010, 658 (660 f.); *Kraft/Gebhardt/ Quilitzsch*, FR 2011, 593 (597) m. w. N. bejahen ein „*faktisches Treaty Override*"; a. A. *Gosch*, Über Streu- und Schachtelbesitz, in Kessler/Förster/Watrin, Festschrift für Norbert Herzig (2010), S. 63 (63, 85 ff.); wohl auch *Heurung/Engel/Seidel*, DB 2010, 1551 (1554).

407   BFH vom 29.8.2012, I R 7/12, BStBl. II 2013, 89, juris Rz. 16; auf den fehlenden Steuertatbestand hinweisend bereits *Heurung/Engel/Seidel*, DB 2010, 1551 (1554).

408   So *Gosch*, IStR 2008, 413 (417).

409   So auch *Kraft/Gebhardt/Quilitzsch*, FR 2011, 593 (597) m. w. N. Mit Hinweis auf den „*Abkommensgeist*" jedenfalls die Möglichkeit eines Gegenbeweises fordernd, dass

Normwiderspruch vor als auch eine zusätzliche Belastung des Steuerpflichtigen. Der Treaty Overriding-Charakter von § 8b Abs. 5 KStG ist somit zu bejahen.

6. Zwischenergebnis

Im Ergebnis ist festzustellen, dass durch die Abfassung der DBA mit den genannten Regelungsvorbehalten eine Verhinderung von Treaty Overriding möglich ist. Es genügt dafür, dass die Regelungsvorbehalte diejenigen innerstaatlichen Normen, die trotz des Abkommens zur Anwendung gelangen sollen, der Art nach beschreiben, eine konkrete Benennung schadet aber nicht. Später wird untersucht werden, ob dieser bilaterale Weg nicht bei DBA, die einer potentiellen Treaty Overriding-Vorschrift zeitlich nachfolgen, sogar aus Gründen der Regeln zur Auflösung einer Normenkollision zwingend einzuschlagen ist, um die Anwendbarkeit der Treaty Overriding-Vorschrift zu gewährleisten.[410] Keine Fälle eines Treaty Overriding sind Konstellationen, in denen die Treaty Overriding-Vorschrift dem Inhalt des Abkommens nichts hinzufügt wie es bei unilateralen Normen der Fall sein kann, die bilateralen Subject-to-tax-Klauseln oder Remittance-base-Klauseln entsprechen. Hier ist aber stets zu prüfen, ob nicht das innerstaatliche Recht eine über die Abkommenslage hinausgehende Voraussetzung zur Erlangung der Abkommensvergünstigung schafft. Dann hätte diese Norm Treaty Overriding-Charakter. Schließlich kann ein Treaty Overriding nicht vorliegen, wenn das Abkommen in das nationale Steuerrecht verweist und die Abkommensvergünstigung von bestimmten Voraussetzungen des innerstaatlichen Steuerrechts abhängig macht. Ein Treaty Overriding ist zudem in innerstaatlichen Normen zu erblicken, die die Auslegung eines abkommensrechtlichen Begriffs anders festlegen, als es nach der gefestigten Rechtsprechung des Bundesfinanzhofs zu erfolgen hätte.

Grundsätzlich ist die Zurechnung von Einkünften zu einer Person dem innerstaatlichen Recht überlassen. Jedoch kann eine Norm in diesem Zusammenhang dann als Treaty Overriding zu qualifizieren sein, wenn sie sich über die abkommensrechtliche Festlegung des Nutzungsberechtigten hinwegsetzt. Schließlich ist § 8b Abs. 5 KStG trotz seiner besonderen Reglungstechnik als Treaty Overriding einzuordnen.

VI. Kategorisierung des Treaty Overriding anhand der fiskalischen Zielsetzung

Wie bereits gezeigt wurde, existieren zum heutigen Tage eine ganze Reihe von Treaty Overriding-Vorschriften im deutschen Steuerrecht.[411] Die Vielzahl der

---

Betriebsausgaben im fingierten Umfang tatsächlich nicht vorgelegen haben, *Schönfeld*, IStR 2010, 658 (660).
410 Siehe Punkt F.I.3.
411 Siehe Punkt D.I.

Vorschriften lässt es aus Gründen der Übersichtlichkeit hinsichtlich der grundlegenden Problemstellungen, die mit der Treaty Overriding-Gesetzgebung verbunden sind, als hilfreich erscheinen, eine verbindende Systematisierung zu schaffen. Gerade auch im Hinblick auf die im Verfassungsrecht verankerten Fragen zum Einsatz von Treaty Overriding in der Steuergesetzgebung erscheint dabei die erstmals von *Gosch* gewählte Kategorisierung von Treaty Overriding-Vorschriften an Hand der Zielsetzung der einzelnen Normen als treffend.[412] Dabei ist die gegebenenfalls im Gesetzgebungsverfahren geäußerte Zielsetzung des Gesetzgebers ein besonderes Indiz. Sie kann allerdings nicht allein maßgeblich sein, da die geäußerte Zielsetzung auch nur eine vermeintliche sein kann, etwa wenn eine Vorschrift der Missbrauchsverhinderung dienen soll, aber auch darüber hinausgehende Fälle erfasst.[413] Da Sinn und Zweck der Kategorisierung ist, Gruppen zu bilden, bei denen in ähnlicher Intensität verfassungsrechtliche Fragen aufgeworfen werden und bei welchen im Rahmen der Rechtfertigung von gesetzgeberischen Eingriffen in Rechte Steuerpflichtiger vergleichbare Abwägungen zu treffen sind, ist die Frage nach der Zielsetzung, die der jeweiligen Norm immanent ist, von Fall zu Fall zu beantworten.

Dabei sind drei grundlegende Zielsetzungen zu unterscheiden, die mit der Treaty Overriding-Gesetzgebung verbunden werden, anhand welcher drei Kategorien von Treaty Overriding-Vorschriften gebildet werden können.[414] Die folgende Darstellung erhebt dabei keinen Anspruch auf Vollständigkeit. Die überblicksmäßige Darstellung soll im Vordergrund stehen.[415]

1. Treaty Overriding zur „Verhinderung der missbräuchlichen Inanspruchnahme von DBA-Regelungen"

Zur ersten Kategorie mit dem (klassischen) Ziel der Verhinderung der „tatsächlichen oder vermuteten missbräuchlichen Inanspruchnahme von Abkommensvergünstigungen" zählen die §§ 50d Abs. 3 EStG und 20 Abs. 2 AStG. Die erstgenannte Vorschrift dient dazu, substanz- und wirtschaftlich funktionslosen und daher nur aus steuerlichen Gründen „zwischengeschalteten" Gesellschaften

---

412 Siehe dazu *Gosch*, IStR 2008, 413 (414 ff.); ihm insoweit folgend *Jansen/Weidmann*, IStR 2010, 596 (597 f.); auch *Lehner*, IStR 2012, 389 (390) schreibt unter Bezugnahme auf den „Systematisierungsansatz" von *Gosch* von „*Missbrauchsverhinderung und (...) Keinmalbesteuerung im Kontext des § 50d EStG*"; vgl. auch *Lehner*, in Vogel/Lehner, DBA (2015), Grundlagen des Abkommensrechts Rz. 195 f.; *Musil*, in Hübschmann/Hepp/Spitaler, AO FGO (2015), § 2 Rz. 177.

413 So nach hier vertretener Ansicht im Falle des § 50d Abs. 8 Satz 1 EStG, s. dazu Punkt F.IV.1.c).

414 Siehe dazu *Gosch*, IStR 2008, 413 (414 f.); *Lehner*, in Vogel/Lehner, DBA (2015), Grundlagen des Abkommensrechts Rz. 195 f.

415 Die Darstellung ist angelehnt an *Schwenke*, FR 2012, 443 (443 f.), *Gosch*, IStR 2008, 413 (414 ff.) sowie *Lehner*, IStR 2012, 389 (390 ff.).

Abkommensvergünstigungen zu verwehren.[416] § 20 Abs. 2 AStG ordnet hingegen für bestimmte Auslandsbetriebstätten mit passiven Einkünften die Anwendung der Anrechnungs- statt der Freistellungsmethode an.[417]

2. Treaty Overriding zur „Verhinderung einer Minder- bzw. Nichtbesteuerung"

Eine ganze Reihe von Vorschriften ist der zweiten Kategorie mit dem Ziel der „Verhinderung einer Minder- bzw. Nichtbesteuerung" zuzuordnen. Im Einzelnen gehören dazu etwa aus dem Einkommensteuergesetz die §§ 50d Abs. 8 Satz 1, Abs. 9 Satz 1 Nr. 1 und Nr. 2,[418] sowie aus dem Körperschaftsteuergesetz die §§ 8b Abs. 1 Satz 2 i. V. m. Satz 3, 26 Abs. 6 Satz 1 KStG.

3. Treaty Overriding zur „Sicherstellung von Besteuerungssubstrat"

Der dritten Kategorie mit dem Ziel der „Sicherstellung von Besteuerungssubstrat" sind die im Zuge des SESTEG geschaffenen §§ 15 Abs. 1a, 17 Abs. 5 S. 3 EStG, und die §§ 13 Abs. 2 S. 1 Nr. 2, 21 Abs. 2 S. 3 Nr. 2 UmwStG sowie die §§ 16 Abs. 1 S. 3, 20 Abs. 4 S. 2, 3 REITG zuzuordnen.[419] Ebenso gehören zu dieser Fallgruppe nach hier vertretener Ansicht § 50d Abs. 10 EStG[420], § 50d Abs. 11 EStG[421] sowie § 50i EStG[422].

---

416 Vgl. dazu nur *Schwenke*, FR 2012, 443.
417 Vgl. *Schwenke*, FR 2012, 443 (444).
418 Zur Frage nach dem Verhältnis der Vorschrift zu § 50d Abs. 8 Satz 1 EStG, siehe BFH vom 11.1.2012, I R 27/11, DStR 2012, 689.
419 Siehe *Schwenke*, FR 2012, 443 (444).
420 So ausdrücklich *Hils*, DStR 2009, 888 (892); a. A. *Schwenke*, FR 2012, 443 (444); dies offen lassend *Lehner*, IStR 2012, 389 (396).
421 *Gosch* schreibt hinsichtlich des Grundes für den Erlass der Vorschrift von „(...) Befürchtungen massiver Steuerausfälle (...)", siehe *ders.*, in Kirchhof, EStG (2015), § 50d EStG Rz. 50. Daraus lässt sich ableiten, dass es bei der Vorschrift allein um die Rückholung von Besteuerungssubstrat geht, welches auf Grund bestimmter Gestaltungen vom Gesetzgeber als verloren angesehen wurde.
422 Vgl. *Gosch*, in Kirchhof, EStG (2015), § 50i EStG Rz. 2: „*§ 50i soll (...) Besteuerungsausfällen (...) im Wege eines Treaty override begegnen: (...)*."

E. Die völkerrechtliche Dimension des Treaty Overriding

Wie bereits ausgeführt, grenzen einzelne Staaten ihre Besteuerungsbefugnisse an Hand detailliert ausgehandelter DBA ab, durch welche sich die Vertragsstaaten gegenseitig völkerrechtlich verpflichten. Deutschland hat dabei über viele Jahre ein engmaschiges Netz von über 90 DBA mit den verschiedensten Staaten auf dem Gebiet der Besteuerung des Einkommens entwickelt.[423] Mit einem Treaty Overriding setzt sich Deutschland in Widerspruch völkerrechtlich verbindlichen Regelungen in den DBA. Im Folgenden sollen die völkerrechtlichen Folgen eines Treaty Overriding und die sich daraus ergebenden Konsequenzen für die Findung eines verfassungsrechtlichen Rahmens von Treaty Overriding näher erläutert werden.

I. Völkerrechtliche Würdigung von Treaty Overriding

Die beiden an einem DBA beteiligten Staaten sind ausweislich von Art. 26 WÜRV mit Abschluss des Abkommens völkerrechtlich gebunden und haben das Abkommen nach Treu und Glauben zu erfüllen. Ab diesem Zeitpunkt gilt der für das Völkervertragsrecht grundlegende Grundsatz „pacta sunt servanda".[424] Weicht nun ein Abkommensstaat durch seine innerstaatliche Gesetzgebung von einer in dem Abkommen getroffenen Vereinbarung ab, so wird das Abkommen an dieser Stelle nicht erfüllt. Art. 27 WÜRV bestimmt aber, dass sich eine Vertragspartei zur Nichterfüllung eines Vertrags nicht auf ihr innerstaatliches Recht berufen kann. Daraus folgt, dass eine Treaty Overriding-Vorschrift, mit der sich der Gesetzgeber definitionsgemäß in Widerspruch zu einer DBA-Regelung setzt, auf völkerrechtlicher Ebene gegen den Grundsatz „pacta sunt servanda" und gegen Art. 26 WÜRV verstößt.[425] Der Staat, der eine solche Vorschrift erlässt, begeht somit völkerrechtliches Unrecht.[426]

---

423   Eine Übersicht über den Stand der am 1.1.2015 geltenden deutschen Doppelbesteuerungsabkommen und die Doppelbesteuerungsverhandlungen findet sich in dem Schreiben des BMF vom 19.1.2015 – IV B 2-S 1301/07/10017-06.

424   Siehe nur *Stein*, IStR 2006, 505 (506).

425   Ausführlich *Lehner*, in Vogel/Lehner, DBA (2015), Grundlagen des Abkommensrechts Rz. 198; *Jansen/Weidmann*, IStR 2010, 596 (597); *Frotscher*, Zur Zulässigkeit des „Treaty Override", in Spindler/Tipke/Rödder, Festschrift für Harald Schaumburg (2009), S. 687 (690); *Stein*, IStR 2006, 505 (506); *Rust/Reimer*, IStR 2005, 843 (844); dagegen schon früh *Vogel*, JZ 1997, 161 (165).

426   *Stein*, IStR 2006, 505 (506); *Rust/Reimer*, IStR 2005, 843 (844). Trotzdem besteht die Wirkung der jeweiligen Treaty Overriding-Vorschrift innerstaatlich fort, vgl. allgemein zu völkerrechtlichen Verträgen *Schweisfurth*, Völkerrecht (2006), S. 205.

Ein Vorgehen per Treaty Overriding-Gesetzgebung kann grundsätzlich auch nicht als stillschweigende Abänderung des DBA im Sinne der Treaty Overriding-Gesetzgebung angesehen werden, indem der andere Vertragsstaat diese toleriert.[427] Zwar existiert Art. 45b WÜRV, der dem anderen Vertragsstaat bei längerem rügelosem Einlassen auf ein „einseitig modifiziertes" Abkommen das Ergreifen von Vertragsrepressalien wie Beendigung oder Suspendierung des Abkommens nimmt.[428] Daraus lässt sich aber nicht ableiten, dass ein Treaty Overriding völkerrechtlich erlaubt sei.[429] Denn mit Art. 45b WÜRV wird lediglich eine weitere Vertragsänderungsmöglichkeit neben Kündigung und Neuabschluss beschrieben.[430] Diese Möglichkeit setzt allerdings einen gemeinsamen Willen zur Vertragsänderung voraus. Dies erfordert jedoch wenigstens, dass der andere Vertragsstaat Kenntnis von der jeweiligen Treaty Overriding-Gesetzgebung erlangt.[431] Wann und ob dies der Fall ist, ist praktisch kaum zu rekonstruieren. Gegen einen solchen Willen des anderen Vertragsstaats spricht jedoch, dass der andere Vertragsstaat regelmäßig kein Interesse daran hat, dass Regelungen in DBA einseitig geändert werden. Dafür spricht schon der praktische Umstand, dass das Verhandeln von DBA ein sehr langwieriges Unterfangen ist und davon ausgegangen werden kann, dass jede einzelne Regelung ausgehandelt wurde und daher eine gewisse Bedeutung für beide Seiten hat. Durch die unilaterale Änderung einer DBA-Regelung enthält der andere Vertragsstaat zudem nicht die Möglichkeit diese als Anlass zu nehmen, im Gegenzug ihm genehme Änderungen vorzubringen, wie dies bei bilateralen Verhandlungen der Fall wäre. Es kann nicht angenommen werden, dass der andere Vertragsstaat auf diese Verhandlungstaktik des „Gebens und Nehmens" verzichten will. Eine Zustimmung zu einer einseitigen Änderung im Sinne eines rügelosen Einlassens kann daher nur bei besonderen Umständen, die auf einen solchen Fall hindeuten, unterstellt werden. Im Übrigen würde eine stillschweigende Änderung innerstaatlich nur dann Geltung beanspruchen können, wenn das Zustimmungsgesetz nach Art. 59 Abs. 2 GG als „Rechtsanwendungsbefehl"[432] diese Änderung ebenfalls umfassen würde. Dies ist aber nicht der Fall, da die jeweilige Treaty Overriding-Vorschrift die Änderung erst auslöst, sich der Rechtsanwendungsbefehl zum DBA mithin nicht auf sie beziehen kann.[433]

---

427 *Stein*, IStR 2006, 505 (506 f).
428 *Rust/Reimer*, IStR 2005, 843 (844); *Stein*, IStR 2006, 505 (507).
429 *Rust/Reimer*, IStR 2005, 843 (844).
430 *Rust/Reimer*, IStR 2005, 843 (844). *Stein* weist darüber hinaus darauf hin, dass Art. 45b WÜRV hinsichtlich seiner Anwendungsvoraussetzungen nicht zu der Situation eines Treaty Overriding passt, siehe dazu mit ausführlicher Erläuterung *ders*, IStR 2006, 505 (507).
431 So auch *Stein*, IStR 2006, 505 (507); *Jankowiak*, Doppelte Nichtbesteuerung (2009), S. 258.
432 Siehe dazu später Punkt B.II.3.
433 Vgl. auch *Mausch*, Treaty Overriding (1998), S. 223.

Ergänzend sei darauf hingewiesen, dass es für das völkerrechtliche Unrecht von Treaty Overriding unerheblich ist, ob es sich dabei um eine erhebliche oder sonstige Verletzung von Völkerrecht im Sinne des Art. 60 WÜRV handelt.[434] Art. 60 WÜRV sagt nämlich nichts über die Völkerrechtswidrigkeit staatlichen Handelns aus, sondern bestimmt lediglich, wann die Schwelle für Vertragsrepressalien des anderen Vertragsstaats erreicht ist. Mit dieser Aussage von Art. 60 WÜRV ist jedoch hinsichtlich der Treaty Overriding-Gesetzgebung keine weitere Erkenntnis verbunden.

II. Sanktionsmöglichkeiten auf zwischenstaatlicher Ebene und ihre Durchsetzung in der Praxis

Grundsätzlich stehen dem anderen Vertragsstaat als Reaktionsmöglichkeit die völkerrechtlichen Regeln über die Staatenverantwortlichkeit[435] zur Verfügung.[436] Er kann unter Wahrung der Verhältnismäßigkeit zu einer sog. Gegenmaßnahme oder auch zu einer Retorsion greifen, indem er beispielsweise die diplomatischen Beziehungen beendet.[437] In Betracht kommt stets auch ein Protest, welcher rechtswahrende Funktion hat.[438] Im Bereich der DBA kann insbesondere auch Art. 60 Abs. 1 WÜRV eine Rolle spielen, der besagt, dass bei einer erheblichen Vertragsverletzung der andere Vertragsstaat die Beendigung oder die Suspendierung des Abkommens herbeiführen kann. Weit eher wird ein Vertragsstaat aber von einer speziellen Kündigungsklausel Gebrauch machen[439] oder aber ein determiniertes Abkommen auslaufen lassen. Ersteres geschah so von deutscher Seite ausgehend beim DBA-Brasilien im Jahre 2005.[440] Anzumerken ist aber, dass in diesem Falle wohl mehrere Gründe zusammengekommen sind.[441] Ein wichtiger Grund ist jedenfalls gewesen, dass für die deutsche Wirtschaft nach Einschätzung des Bundesministeriums der Finanzen keine nennenswerten wirtschaftlichen Auswirkungen auf Grund

---

434 Eine Erheblichkeit der Vertragsverletzung in jeglichen Fällen bei einem Treaty Overriding bejahend *Lehner*, in Vogel/Lehner, DBA (2015), Grundlagen des Abkommensrechts Rz. 194; für den Fall von einseitigen Beschränkungen der doppelten Nichtbesteuerung *Jankowiak*, Doppelte Nichtbesteuerung (2009), S. 258 FN 185; zweifelnd *Hahn*, IStR 2011, 863 (864); offen gelassen bei *Rust/Reimer*, IStR 2005, 843 (844).

435 Siehe dazu ausführlich *Hobe*, Einführung in das Völkerrecht (2008), S. 243 ff.

436 Zur Durchsetzung von Völkerrecht im Allgemeinen *Schweisfurth*, Völkerrecht (2006), S. 214 ff.

437 Zu diesen Begriffen allgemein *Hobe*, Einführung in das Völkerrecht (2008), S. 244 f.

438 Siehe zu den Wirkungen des Protests *Ipsen*, Völkerrecht (2014), S. 481 und S. 496.

439 *Stein*, IStR 2006, 505 (507).

440 Bis zum Abschluss dieser Arbeit besteht kein DBA zwischen Brasilien und der Bundesrepublik Deutschland.

441 Siehe hierzu *Jankowiak*, Doppelte Nichtbesteuerung (2009), S. 258 und dort insbesondere FN 189.

der Kündigung zu erwarten waren.[442] Ein Beispiel für das Auslaufenlassen eines Abkommens ist das DBA zwischen Deutschland und den Vereinigten Arabischen Emiraten, welches allerdings im Jahre 2010 neu abgeschlossen wurde.[443]

Der Einsatz der genannten Sanktionsmöglichkeiten hält sich im Bereich der DBA in äußerst engen Grenzen. Nicht ein einziges DBA ist bisher allein wegen einer Treaty Overriding-Gesetzgebung von Abkommenspartnern Deutschlands und von Deutschland selbst zum Anlass für Sanktionen genommen worden. Dies erklärt sich sicherlich zum einen dadurch, dass andere Vertragsstaaten selbst diesen Weg der Gesetzgebung gehen,[444] vor allem aber aus der Tatsache, dass die Folgen häufig allein diejenigen Steuerpflichtigen trifft, die als Steuerinländer die wirtschaftlichen Folgen der jeweiligen Treaty Overriding-Vorschrift zu tragen haben. Das steuerliche Schicksal dieser Personen scheint aber für den anderen Vertragsstaat regelmäßig von untergeordnetem Interesse zu sein.[445]

III. Berechtigung des Steuerpflichtigen auf Grund der Qualifizierung von DBA als völkerrechtliche Verträge mit Schutzwirkung zu Gunsten Dritter

Neben zwischenstaatlichen Sanktionsmöglichkeiten ist auch nach Möglichkeiten des Steuerpflichtigen zu fragen, selbst aus dem jeweiligen DBA gegen den völkerrechtswidrig handelnden Staat vorzugehen.[446] Dies scheint jedoch aus der Einordnung eines DBA als Vertrag zwischen zwei Staaten unmöglich zu sein, da hieraus lediglich die Vertragsparteien berechtigt und verpflichtet werden. Diese zivilrechtliche Selbstverständlichkeit ist auch so in Art. 26 WÜRV völkerrechtlich festgehalten.

Es könnte sich aber bei den DBA um völkerrechtliche Verträge mit Schutzwirkung zu Gunsten Dritter handeln und der Steuerpflichtige insoweit berechtigt sein, bei einem Verstoß gegen das DBA gegen den vertragsbrüchigen Staat

---

442 Siehe dazu den Eintrag auf der Homepage des BMF, abrufbar unter http://www.bundesfinanzministerium.de/Content/DE/Standardartikel/Themen/Steuern/Internationales_Steuerrecht/Staatenbezogene_Informationen/Laender_A_Z/Brasilien/kuendigung-des-deutsch-brasilianischen-doppelbesteuerungsabkommens.html.

443 Die Entwicklung des DBA-VAE und die einzelnen Verhandlungsergebnisse sind einsehbar unter http://www.bundesfinanzministerium.de/Web/DE/Themen/Steuern/Internationales_Steuerrecht/Staatenbezogene_Informationen/Vereinigte_Arabische_Emirate/vereinigte_arabische_emirate.html.

444 Darauf weist *Bron*, IStR 2007, 431 (435) hin.

445 Ähnlich *Stein*, IStR 2006, 505 (508); *Hahn*, IStR 2011, 863 (864) weist richtigerweise für den Fall des § 20 Abs. 2 AStG darauf hin, dass das Besteuerungsrecht des anderen Staates durch diesen „klassischen Fall" eines Treaty Overriding nicht berührt wird.

446 Vgl. dazu auch *Frotscher*, Zur Zulässigkeit des „Treaty Override", in Spindler/Tipke/Rödder, Festschrift für Harald Schaumburg (2009), S. 687 (694).

vorzugehen. Eine solche Einordnung von DBA bejaht *Paschen*.[447] Ähnlich wie die Europäische Menschenrechtskonvention würden auch DBA als Verträge zu Gunsten von Individuen aufzufassen sein.[448] Gegen eine solche Einordnung spricht allerdings entscheidend, dass bei einem bilateralen Abkommen wie dem DBA der einzelne Steuerpflichtige nicht als Völkerrechtssubjekt auftritt.[449] Im Völkerrecht existiert zwar das Rechtsinstitut des Vertrags zu Gunsten Dritter. Jedoch bezieht sich dies laut der entsprechenden Regelung in Art. 36 WÜRV ausdrücklich auf Drittstaaten und nicht auf Individuen. Eine Erstreckung des Schutzbereichs eines völkerrechtlichen Vertrags auf die Bürger eines Vertragsstaats bedarf zumindest der Einräumung einer Rechtsschutzmöglichkeit in einem völkerrechtlichen Verfahren wie dies die Europäische Menschenrechtskonvention im Gegensatz zu einem DBA vorsieht, indem sie dem Bürger das Rechtsschutzverfahren vor dem Europäischen Gerichtshof für Menschenrechte in Form des Individualbeschwerdeverfahrens nach Art. 34 EMRK bietet.[450] Ein nationales Rechtsschutzverfahren reicht zur Begründung eines völkerrechtlichen Vertrags mit Schutzwirkung zu Gunsten des Steuerpflichtigen nicht aus.[451] Diesen Unterschied übersieht *Paschen*, wenn er die Europäische Menschenrechtskonvention als vergleichbares Beispiel für einen „drittschützenden" völkerrechtlichen Vertrag anführt.[452] Im Übrigen leitet das Bundesverfassungsgericht selbst bei Verstößen gegen die Europäische Menschenrechtskonvention das subjektive Recht des betroffenen Bürgers nicht aus der Konvention selbst ab, sondern aus den entsprechenden Grundrechten, die im Lichte der Konvention auszulegen sind.[453] Auch aus diesem Grund verbietet sich die Ableitung der Einordnung von DBA als völkerrechtliche Verträge zu Gunsten der Bürger eines Vertragsstaats aus dem Vergleich mit der Europäischen Menschenrechtskonvention.[454]

---

447 *Paschen*, Steuerumgehung (2001), S. 142 f. und S. 153 f.
448 Vgl. *Paschen*, Steuerumgehung (2001), S. 142 f.
449 Vgl. auch *Frotscher*, Zur Zulässigkeit des „Treaty Override", in Spindler/Tipke/Rödder, Festschrift für Harald Schaumburg (2009), S. 687 (694); *Birk*, Doppelbesteuerungsabkommen im Rechtssystem der Bundesrepublik Deutschland, in Tipke/Seer/Hey/Englisch, Festschrift für Joachim Lang (2010), S. 1131 (1138).
450 Vgl. *Frotscher*, Zur Zulässigkeit des „Treaty Override", in Spindler/Tipke/Rödder, Festschrift für Harald Schaumburg (2009), S. 687 (694); vgl. auch BVerfGE 111, 307 (327).
451 Vgl. *Ipsen*, Völkerrecht (2014), S. 309 f.
452 *Paschen*, Steuerumgehung (2001), S. 142 f.
453 BVerfGE 111, 307 (317 f., 327 ff.).
454 Im Ergebnis ebenso *Lampe*, Missbrauchsvorbehalte (2006), S. 26; *Musil*, Treaty Overriding (2000), S. 34 f. m. w. N. zu früherer Literatur.

IV. Auswirkungen der völkerrechtlichen Bewertung von Treaty Overriding auf den verfassungsrechtlichen Rahmen

Grundsätzlich gibt es im deutschen Verfassungsrecht keinen Rechtssatz, der besagen würde, dass eine völkerrechtswidrige Norm in jedem Falle auch verfassungswidrig wäre. Zwar bezieht Art. 25 GG die allgemeinen Regeln in die innerstaatliche Rechtsordnung ein, was nach allgemeiner Meinung zur Folge hat, dass Normen, die gegen diese Regeln verstoßen, nicht zur „verfassungsmäßigen Ordnung" im Sinne von Art. 2 Abs. 1 GG gehören und ein Verstoß gegen diese Regeln somit mittels einer Verfassungsbeschwerde geltend gemacht werden kann.[455] DBA gehören jedoch nicht zu den allgemeinen Regeln des Völkerrechts.[456] Art. 59 Abs. 2 GG, der die Einbeziehung von DBA in den innerstaatlichen Rechtskreis regelt,[457] ist wiederum keine Aussage zur Auswirkung der Völkerrechtswidrigkeit einer nationalen Norm auf ihre verfassungsrechtliche Beurteilung zu entnehmen.[458] Doch ist aus dem Fehlen eines konkreten normativen Anknüpfungspunktes nicht der Schluss zu ziehen, dass das Grundgesetz einem völkerrechtswidrigen Gesetzgebungsakt im Bereich des Völkervertragsrechts völlig wertungslos gegenüberstünde. Vielmehr hat sich gerade auch in der verfassungsgerichtlichen Rechtsprechung unter dem Ausdruck der Völkerrechtsfreundlichkeit des Grundgesetzes die Ansicht durchgesetzt, dass das innerstaatliche Recht sehr wohl durch das Völkerrecht beeinflusst wird.[459] In welchem Maße und mit welcher Tragweite dies im Rahmen der verfassungsrechtlichen Prüfung von Treaty Overriding-Vorschriften geschieht, wird in dieser Arbeit herausgearbeitet werden. Wie bereits festgestellt, ist für die Beantwortung dieser Frage allerdings relevant, ob nun ein Treaty Overriding auf der völkerrechtlichen Ebene eine erhebliche Vertragsverletzung im Sinne von Art. 60 WÜRV darstellt, wie es etwa *Hahn* angedacht hat.[460] Für die Findung eines verfassungsrechtlichen Rahmens für die Treaty Overriding-Gesetzgebung ist allein der Fakt von Belang, dass in dieser ein völkerrechtswidriger Akt zu sehen ist. Dabei ist die Intensität des Eingriffs in Rechte des Steuerpflichtigen von Bedeutung, nicht aber die Erheblichkeit der Vertragsverletzung Deutschlands gegenüber einem Vertragsstaat.[461]

---

455   *Herdegen*, in Maunz/Dürig, Grundgesetz (2015), Art. 25 Rz. 54 m. w. N.
456   Siehe hierzu Punkt B.III.
457   Ausführlich Punkt B.III.
458   So ist auch *Nettesheim,* in Maunz/Dürig, Grundgesetz (2015), Art. 59 Rz. 183 ff. zu verstehen, der unter anderem die fehlende Einbuße der Gesetzgebungsautonomie des Gesetzgebers durch den Abschluss völkerrechtlicher Verträge allein mit *„demokratietheoretischen Erwägungen",* nicht aber mit der Existenz von Art. 59 Abs. 2 GG begründet.
459   Siehe nur BVerfGE 111, 307 m. w. N.
460   *Hahn*, IStR 2011, 863 (864), der dem Bundesverfassungsgericht nahelegt, diese Frage näher zu untersuchen.
461   A. A. *Hahn*, IStR 2011, 863 (864).

V. Zwischenergebnis

Das gesetzgeberische Vorgehen im Wege des Treaty Overriding bewirkt einen Völkervertragsbruch, soweit Deutschland dadurch seinen Verpflichtungen aus den von ihm geschlossenen DBA nicht nachkommt. Von möglichen Sanktionen für das Treaty Overriding auf völkerrechtlicher Ebene haben die Vertragsstaaten bisher keinen Gebrauch gemacht. Das DBA als völkerrechtlicher Vertrag kann selbst nicht für den Rechtsschutz des Steuerpflichtigen in Form der Rechtsfigur des Vertrages zu Gunsten Dritter fruchtbar gemacht werden. Denn die Sanktionsmöglichkeiten bestehen nach der WÜRV ausschließlich im zwischenstaatlichen Bereich. Es besteht kein Rechtssatz, der zwingend die aus der Völkerrechtswidrigkeit folgende Verfassungswidrigkeit anordnen würde. Allerdings schafft der innerstaatliche Rechtssatz der Völkerrechtsfreundlichkeit des Grundgesetzes jedenfalls dahingehend Klarheit, dass das Grundgesetz dem Völkervertragsbruch nicht wertungsfrei gegenübersteht. Die Prüfung, ob auf völkerrechtlicher Ebene eine erhebliche Vertragsverletzung im Sinne von Art. 60 WÜRV vorliegt, hat für den verfassungsrechtlichen Rahmen von Treaty Overriding keine Bedeutung.

F. Die innerstaatliche Dimension des Treaty Overriding

Im Folgenden sollen die verschiedenen innerstaatlichen Problembereiche angesprochen werden, die mit der Einordnung einer Norm als Treaty Overriding verbunden sein können. So ist insbesondere zu klären, wie der den Treaty Overriding-Normen immanente Normwiderspruch im Gefüge der rechtsmethodischen Regeln zur Normenkollision aufzulösen ist und ob sich daraus stets die (vorrangige) Anwendung der Treaty Overriding-Norm ergibt. Dabei wird unter anderem auf den normenhierarchischen Rang von DBA einzugehen sein. In der Folge werden unterschiedliche Ansätze gewürdigt, die sich mit der Einordnung von Treaty Overriding-Vorschriften in dem vom Grundgesetz vorgegebenen Normengefüge beschäftigen.

Sodann findet eine eingehende Auseinandersetzung mit der verfassungsrechtlichen Würdigung von Treaty Overriding statt. Auf Grund der nach hier vertretener Ansicht für die Herausarbeitung eines verfassungsrechtlichen Rahmens herausragenden Bedeutung der Völkerrechtsfreundlichkeit des Grundgesetzes erfährt dieser eine umfassende Untersuchung. Es wird umfassend dessen Entwicklung durch die Rechtsprechung des Bundesverfassungsgerichts untersucht und gezeigt werden, inwieweit ihm darin ein materieller Bedeutungsgehalt beigemessen wurde bzw. wird. Ausgewertet wird zudem aktuelle staats- und völkerrechtliche wie auch steuerrechtliche Literatur zu dieser Charakterisierung des Grundgesetzes. Davon ausgehend wird ein verfassungsrechtlicher Rahmen aus den grundgesetzlichen Normen und Wertungen herausgearbeitet. Schließlich werden ausgewählte, potentielle Treaty Overriding-Vorschriften anhand der gefundenen einfach- und verfassungsrechtlichen Implikationen einer verfassungsrechtlichen Prüfung unterzogen.

I. Die Anwendbarkeit von Treaty Overriding-Vorschriften

Auf den ersten Blick mag die Anwendbarkeit von Treaty Overriding-Vorschriften als nationale Steuergesetze unproblematisch erscheinen. Immerhin enthalten viele von Ihnen Ausdrücke wie „ungeachtet des Abkommens".[462] Man könnte also geneigt sein entsprechend dem Gesetzesbefehl, das DBA außer Acht zu lassen und die Treaty Overriding-Vorschrift ohne weiteres anzuwenden. Vergegenwärtigt man sich aber, dass die Definition des Treaty Overriding einen Widerspruch zwischen einer nationalen Norm und einer auf den gleichen Sachverhalt anwendbaren DBA-Regelung voraussetzt,[463] so wird klar, dass es bei der Anwendung einer Entscheidung bedarf, welche der miteinander kollidierenden Normen sich gegenüber der anderen Norm

---

462 Siehe dazu die Übersicht bei *Gebhardt*, Deutsches Tax Treaty Overriding (2013), S. 10 f.
463 Siehe dazu Punkt D.III.3.

durchsetzt. Damit ist der Fall einer gesetzlichen Normenkollision angesprochen.[464] Für die Auflösung einer solchen Normenkollision gibt es im deutschen Recht sowohl allgemeine als auch besondere Kollisionsregeln.[465] Letztere zeichnen sich durch ihre gesetzliche Normierung in Einzelgesetzen aus und sind vorrangig anzuwenden, wohingegen die allgemeinen Kollisionsregeln in der Rechtsmethodik anerkannte, meist nicht kodifizierte Regeln darstellen, die nicht unbedingt rechtslogisch zwingend sein müssen.[466] Im Falle der hier zu untersuchenden Normenkollision kommt als potentielle besondere Kollisionsregel § 2 Satz 1 AO in Betracht.[467] Daneben liefern die allgemeinen Kollisionsregeln zur Auflösung von Normkonflikten Ergebnisse, welche die Kollisionen zwischen Normen unterschiedlicher sowie gleicher Rangstufe auflösen. Als solche sind die Kollisionsregeln „lex superior derogat legi inferiori", „lex specialis derogat legi generali" und „lex posterior derogat legi priori" zu nennen.[468] Dabei ist die Regel „lex superior derogat legi inferiori" gegenüber den beiden anderen Kollisionsregeln vorrangig.[469] An dieser Stelle haben die gesetzgeberische Anordnungen in Treaty Overriding-Vorschriften wie „ungeachtet des Abkommens"[470] oder ähnliche Formulierungen unter Umständen Auswirkungen auf die Anwendung dieser Normen.

Die genannten Regeln betreffen die Frage der Rechtsanwendung, sind also Rechtsanwendungsregeln.[471] Auf Grund dieser Wirkungsweise sind sie stets der Frage nach der verfassungsrechtlichen Würdigung voranzustellen.

1. § 2 Abs. 1 AO als besondere Kollisionsregel

„*Vorrang völkerrechtlicher Vereinbarungen*" lautet die amtliche Überschrift von § 2 Abs. 1 AO und verheißt damit eine klare Lösung des Normwiderspruchs zwi-

---

464 Vgl. *Larenz*, Methodenlehre der Rechtswissenschaft (1991), S. 266 ff., der hinsichtlich der Begriffswahl die Ausdrücke „*Zusammentreffen von Rechtssätzen*" bzw. „*Konkurrenz von Rechtssätzen*" verwendet; vgl. auch allgemein zu Normwidersprüchen auf gleicher Rangebene *Bydlinski*, Juristische Methodenlehre (1991), S. 463 ff.

465 Siehe hierzu und zum Folgenden *Wernsmann*, in Hübschmann/Hepp/Spitaler, AO FGO (2015), § 4 Rz. 355 ff.; zu den allgemeinen Kollisionsregeln siehe auch *Drüen*, in Tipke/Kruse, AO/FGO (2015), § 4 Rz. 270.

466 Vgl. dazu *Larenz*, Methodenlehre der Rechtswissenschaft (1991), S. 255 ff.

467 Bei Art. 25 Satz 2 GG, der in diesem Zusammenhang eine Rolle spielen kann, handelt es sich wie bei Art. 31 GG um die Kodifikation einer allgemeinen Kollisionsregel, vgl. *Wernsmann*, in Hübschmann/Hepp/Spitaler, AO FGO (2015), § 4 Rz. 358 und 360.

468 Zur Frage, ob mit dem Wort „derogare" ein Anwendungs- oder Geltungsvorrang gemeint ist, ausführlich *Schilling*, Rang und Geltung (1994), S. 548 ff.; siehe zur Rechtsnatur dieser Kollisionsregeln eingehend der Aufsatz von *Vranes*, ZaöRV 2005, 391.

469 *Schilling*, Rang und Geltung (1994), S. 455 f.

470 Beispiele für diese Formulierungen sind etwa § 50d Abs. 8 Satz 1 sowie § 50i EStG.

471 So auch *Heckmann*, Geltungskraft und Geltungsverlust (1997), S. 171 f.

schen innerstaatlichem Recht und DBA zu Gunsten der DBA. Auch die Norm selbst klingt in ihrem ersten Absatz eindeutig:

„Verträge mit anderen Staaten im Sinne des Artikels 59 Abs. 2 Satz 1 des Grundgesetzes über die Besteuerung gehen, soweit sie unmittelbar anwendbares innerstaatliches Recht geworden sind, den Steuergesetzen vor."

Trotz des klaren Wortlauts ist nach im Ergebnis weitgehend übereinstimmender Meinung die Anwendungsfrage im Falle einer Normenkollision nicht (pauschal) zu Gunsten des DBA geregelt.[472] Denn es stellt sich die Frage, mit welcher Rechtsmacht § 2 Abs. 1 AO als Norm des einfachen Rechts den Vorrang von DBA, die in der Normenhierarchie mindestens ebenfalls auf der Ebene des einfachen Rechts angesiedelt sind,[473] anordnen soll. Die Antwort im Schrifttum lautet, dass § 2 Abs. 1 AO als Norm des einfachen Rechts diese Rechtsmacht nicht besitzt und daher nicht den generellen Vorrang von ebenfalls zumindest auf der Ebene des einfachen Bundesrechts angesiedelten DBA anordnen kann.[474] Dies könne allenfalls eine Norm des Grundgesetzes erfüllen, die aber wegen Art. 79 Abs. 2 GG einer qualifizierten Mehrheit bedürfte.[475] Früh ist daher schon die Frage gestellt worden, welchen Regelungs- bzw. Sinngehalt die Norm hat, wenn schon der eigentlich klar geregelte Gehalt dieser Norm ins Leere geht.[476]

Mit teils unterschiedlichen Begründungen hat sich die Literatur bemüht, § 2 Abs. 1 AO überhaupt einen Regelungsgehalt zu geben.[477] Vor dem Hintergrund, dass § 2 Abs. 1 AO keinen generellen Vorrang von DBA anordnen kann, wurde er dahingehend ausgelegt, dass mit dieser Norm *„eine methodische Aussage zur Anwendung von Kollisionsregeln getroffen wird."*[478] DBA seien als *„leges aliae"* aufzufassen, für die die allgemeine Kollisionsregel *„lex specialis derogat legi generali"* nicht gelten würde, so dass für eine Normenkollision nur die lex posterior-Regel zur Anwendung käme.[479] Auf diese wirke § 2 Abs. 1 AO dahingehend ein, dass im Falle eines im Vergleich zum DBA jüngeren nationalen Steuergesetzes die Folge aus der lex posterior-Regel aufgehoben wird, da der Gesetzgeber in § 2 Abs. 1 AO seinen Willen zur

---

472 *Musil*, in Hübschmann/Hepp/Spitaler, AO FGO (2015), § 2 Rz. 159 ff.; *Drüen*, in Tipke/Kruse, AO/FGO (2015), § 2 Rz. 1 mit zahlreichen weiteren Nachweisen aus der Rechtsprechung und der Literatur.

473 Siehe zur konkreten normenhierarchischen Stellung von DBA nachfolgend Punkt F.I.2.a).

474 *Drüen*, in Tipke/Kruse, AO/FGO (2015), § 2 Rz. 1 m. w. N.

475 So richtigerweise *Drüen*, in Tipke/Kruse, AO/FGO (2015), § 2 Rz. 2 m. w. N.

476 Siehe dazu ausführlich *Mausch*, Treaty Overriding (1998), S. 179 ff.; *Musil*, Treaty Overriding (2000), S. 67 ff.; *Seer*, IStR 1997, 481 (484 ff.); aus der neueren Literatur: *Musil*, in Hübschmann/Hepp/Spitaler, AO FGO (2015), § 2 Rz. 3 ff. und insbesondere Rz. 159 ff.; *Drüen*, in Tipke/Kruse, AO/FGO (2015), § 2 Rz. 1 f.

477 Vgl. etwa *Kluge*, Das Internationale Steuerrecht (2000), S. 650.

478 *Musil*, in Hübschmann/Hepp/Spitaler, AO FGO (2015), § 2 Rz. 5.

479 Grundlegend *Musil*, in Hübschmann/Hepp/Spitaler, AO FGO (2015), § 2 Rz. 166 ff.

Anwendung des DBA maßgeblich geäußert hätte.[480] Dieser Wille sei sozusagen *vor die Klammer (gezogen)*.[481] Damit wird dem Gesetzgeber zugestanden, dass er die Rechtsmacht besitzt, sich für eine bestimmte Art von Normen über die lex posterior-Regel hinwegzusetzen.[482] Allein die ausdrückliche Kenntlichmachung des Vorrangs der nationalen Vorschrift könne in diesem Fall deren Anwendung sicherstellen.[483] Der Gesetzgeber hat diese Auffassung offensichtlich zur Kenntnis genommen und ordnet in Treaty Overriding-Vorschriften wie § 50d Abs. 8 Satz 1 und Abs. 9 EStG[484] die Anwendung der innerstaatlichen Norm „ungeachtet des Abkommens" an.[485] Damit solle im Ergebnis die Wirkung des § 2 Abs. 1 AO in dessen verbliebenen Regelungsgehalt nach der beschriebenen Auffassung wieder negiert werden.[486]

Der dargestellten Ansicht ist jedenfalls für die Konstellation von Treaty Overriding-Vorschriften zu DBA zu widersprechen. Die Frage nach der Wirkung des § 2 Abs. 1 AO ist letztlich eine Rangfrage. Deshalb kann das steuersystematische Argument der Stellung von § 2 Abs. 1 AO im „allgemeinen Teil des Steuerrechts" (und damit vor der „Klammer") nichts zu der Antwort auf die Frage beitragen. In Bezug auf die in dieser Arbeit untersuchten Treaty Overriding-Vorschriften gilt zudem die Besonderheit, dass davon auszugehen ist, dass diese jedenfalls die Nichtanwendung bzw. die Abänderung der Vorrangsanordnung des § 2 Abs. 1 AO in Bezug zu den DBA anordnen.[487] Es ist davon auszugehen, dass der Gesetzgeber § 2 Abs. 1 AO kennt und kein von vornherein wirkungsloses Gesetze erlässt. Der Wille des Gesetzgebers, § 2 Abs. 1 AO im Regelungsbereich einer Treaty Overriding-Vorschrift nicht zur Anwendung kommen zu lassen, ist somit konkludent im Erlass der Treaty Overriding-Vorschrift enthalten. Zudem enthält die Treaty Overriding-Vorschrift selbst den im Verhältnis zu § 2 Abs. 1 AO spezielleren und späteren Anwendungsbefehl.[488] Somit bedarf es auch keiner ausdrücklichen Kennt-

---

480   *Musil*, in Hübschmann/Hepp/Spitaler, AO FGO (2015), § 2 Rz. 173 f.

481   *Musil*, in Hübschmann/Hepp/Spitaler, AO FGO (2015), § 2 Rz. 173 f.

482   Vgl. *Musil*, in Hübschmann/Hepp/Spitaler, AO FGO (2015), § 2 Rz. 172.

483   *Musil*, in Hübschmann/Hepp/Spitaler, AO FGO (2015), § 2 Rz. 174; fehle es an der Kenntlichmachung, solle § 2 Abs. 1 AO wegen seiner begrenzten Wirkung aber nicht dazu führen, dass Treaty Overriding schlichtweg rechtswidrig sein würde, s. dazu *Musil*, Treaty Overriding (2000), S. 72; so im Ergebnis auch *Mausch*, Treaty Overriding (1998), S. 209 ff.

484   Vgl. auch § 20 Abs. 1 AStG. Dort heißt es: „(...) *durch die Abkommen zur Vermeidung der Doppelbesteuerung nicht berührt.*" Gemeint ist das Gleiche.

485   Dies solle auch nach herrschender Meinung ausreichen, um den „Derogationswillen" des Gesetzgebers hinreichend auszudrücken. So zur damals wie heute herrschenden Meinung *Seer*, IStR 1997, 481 (485) m. w. N. Siehe auch BFH vom 13.7.1994, I R 120/93, BStBl II 1995, 129 (130); aktuell *Musil*, in Hübschmann/Hepp/Spitaler, AO FGO (2015), § 2 Rz. 175.

486   So *Musil*, in Hübschmann/Hepp/Spitaler, AO FGO (2015), § 2 Rz. 175.

487   So auch *Drüen*, in Tipke/Kruse, AO/FGO (2015), § 2 Rz. 2 m. w. N.

488   *Musil* selbst hält § 2 Abs. 1 AO denn auch für die „*allgemeine Kollisionsregel*" im Verhältnis zu einer späteren gesetzlichen Regelung, die einem älteren DBA ent-

lichmachung der Nichtanwendung von DBA im Gesetzestext der Treaty Overriding-Norm.[489] Hier stellt sich lediglich die Frage, ob der Gesetzgeber dadurch bei einer Treaty Overriding-Vorschrift auch die Nichtanwendung späterer DBA verhindern kann bzw. will.[490]

Im Übrigen ist fraglich, ob § 2 Abs. 1 AO ohne Wertungswiderspruch zwar wegen seiner normenhierarchischen Einordnung als einfaches Recht keine Rangerhöhung bewirken kann, jedoch so auf die rechtmethodischen Grundlagen (konkret auf den „lex posterior"-Grundsatz) wirken kann, dass sich DBA auf Grund einer einfachrechtlichen Norm gegenüber früherem wie späterem Recht durchsetzen, es sei denn der Vorrang der einfachrechtlichen Norm ist kenntlich gemacht.[491] Dies erinnert an das Zitiergebot von Art. 19 I Satz 2 GG,[492] welches allerdings durch eine Norm im Range des Grundgesetzes angeordnet wird. Nur eine solche Norm könnte unabhängig von den allgemeinen Kollisionsregeln auf das Verhältnis einer Treaty Overriding-Vorschrift zu § 2 Abs. 1 AO einwirken. Sollte § 2 Abs. 1 AO tatsächlich die hier kritisierte Wirkung haben, so würde sich im Übrigen die Frage stellen, warum der Wirkmechanismus des „vor die Klammer"-Ziehens nicht explizit mit Wirkung für alle Treaty Overriding-Vorschriften wiederholt wird. Damit wären Formulierungen wie „ungeachtet des Abkommens" in den einzelnen Vorschriften überflüssig. Soweit ersichtlich, wird dieser praktische und naheliegende Schluss jedoch nicht gezogen. Dies spricht ebenfalls gegen das von *Musil* in § 2 Abs. 1 AO verortete Gebot der Kenntlichmachung des Willens des Gesetzgebers, von DBA-Regelungen abzuweichen, um die Anwendung einer Treaty Overriding-Vorschrift zu erreichen bzw. sicherzustellen.

Nach allem ist zu konstatieren, dass § 2 Abs. 1 AO kein normativ-konstitutiver[493] Aussagegehalt zur (Nicht-)Anwendung von Treaty Overriding-Vorschriften zu entnehmen ist.[494] Sie kann insbesondere auch kein Gebot der Kenntlichmachung

---

    gegensteht, s. ders., in Hübschmann/Hepp/Spitaler, AO FGO (2015), § 2 Rz. 174. Allenfalls für die Situation, dass das nationale Steuergesetz und das DBA bereits bei Inkrafttreten der AO in Widerspruch zueinander standen und das nationale Steuergesetz dem DBA nachfolgt, könne § 2 Abs. 1 AO die Anwendung von DBA eventuell wirksam anordnen. Vgl. dazu wiederum *Musil*, in Hübschmann/Hepp/Spitaler, AO FGO (2015), § 2 Rz. 171. Dieser Fallkonstellation fehlt indes jegliche praktische Relevanz, da die als erste Treaty Overriding-Vorschrift geltende Norm des § 20 AStG erst 1992 ins AStG eingefügt worden ist (BGBl. I 1992, 297), wohingegen § 2 Abs. 1 AO bereits 1976 Inkraftgetreten ist (BGBl. I 1976, 613).

489   So aber die Schlussfolgerung von *Musil*, in Hübschmann/Hepp/Spitaler, AO FGO (2015), § 2 Rz. 174.

490   vgl. dazu die aktuelle Entscheidung des FG Hamburg vom 21.8.2013, 1 K 87/12, EFG 2013, 1932.

491   Siehe *Musil*, in Hübschmann/Hepp/Spitaler, AO FGO (2015), § 2 Rz. 173 f.

492   Siehe auch *Jankowiak*, Doppelte Nichtbesteuerung (2009), S. 263.

493   *Rust/Reimer*, IStR 2005, 843 (844).

494   Vgl. dazu im Ergebnis auch *Rust/Reimer*, IStR 2005, 843 (844); *Frotscher* hält § 2 Abs. 1 AO zwar ebenfalls für überflüssig, stützt in der Folge die Forderung nach

des Derogationswillens des Gesetzgebers in Bezug auf DBA statuieren, bei dessen Nichtbeachtung es gegebenenfalls nicht zur Anwendung von Treaty Overriding-Vorschriften käme. Die Norm erfüllt im Ergebnis nicht die Funktion einer besonderen Kollisionsvorschrift, so dass eine Auflösung der für ein Treaty Overriding konstituierenden Normenkollision nur durch die allgemeinen Kollisionsregeln bzw. durch Auslegung der miteinander kollidierenden Normen gelöst werden kann.

2. Die allgemeinen Kollisionsregeln

Bei Normen unterschiedlicher Rangstufe wird eine Normenkollision nach der Regel „lex superior derogat legi inferiori" aufgelöst. Inhalt dieser Regel ist, dass sich die ranghöhere Norm gegen die rangniedere Norm im Konfliktfalle durchsetzt.[495] Wäre die Treaty Overriding-Vorschrift also als gegenüber einem DBA rangniedere Norm einzuordnen, würde sich im Falle der Anwendung beider Normen auf den gleichen Steuersachverhalt die DBA-Regelung durchsetzen. Vor diesem Hintergrund soll im Folgenden eine Rangeinordnung der DBA vorgenommen werden, zumal es theoretisch denkbar ist, dass völkerrechtliche Verträge nach ihrer Einbeziehung in den innerstaatlichen Rechtskreis einen höheren Rang einnehmen als einfaches Gesetzesrecht.

Gelangt man zu dem Ergebnis, dass die Treaty Overriding-Vorschriften auf der gleichen Rangstufe wie die DBA eingeordnet werden müssen, sind insbesondere die Grundsätze „lex specialis derogat legi generali" und „lex posterior derogat legi priori" als weitere Kollisionsregeln heranzuziehen.[496] Der „lex specialis"-Grundsatz besagt, dass sich die speziellere Norm gegen die allgemeinere Norm durchsetzt. Wäre also die DBA-Regelung gegenüber der Treaty Overriding-Vorschrift spezieller, so käme nach erstgenanntem Grundsatz alleine diese zur Anwendung.[497] Gleiches gilt umgekehrt. Entscheidend sind inhaltliche Gesichtspunkte. Im zweiten Fall besagt der lateinische Rechtssatz, dass die spätere Norm der früheren Norm vorgeht. Hier ist also eine zeitliche Komponente ausschlaggebend. Es ist offensichtlich, dass diese beiden rechtsmethodischen Grundsätze miteinander in Konflikt treten können. In diesem Zusammenhang erlangt der ebenfalls im juristischen Schrifttum zu findende, aber auch umstrittene Grundsatz „lex posterior generali non derogat legi priori speciali" seine Relevanz und erfährt in den nachfolgenden

---

Kenntlichmachung des gesetzgeberischen Derogationswillens aber auch auf § 2 Abs. 1 AO und gibt der Norm insofern doch einen Regelungsgehalt, siehe *ders.*, Zur Zulässigkeit des „Treaty Override", in Spindler/Tipke/Rödder, Festschrift für Harald Schaumburg (2009), S. 687 (701 f.); vgl. auch *Drüen*, in Tipke/Kruse, AO/FGO (2015), § 2 Rz. 2 m. w. N.

495 Vgl. *Wernsmann*, in Hübschmann/Hepp/Spitaler, AO FGO (2015), § 4 Rz. 362 f.

496 Vgl. dazu *Larenz*, Methodenlehre der Rechtswissenschaft (1991), S. 266 f.; *Wernsmann*, in Hübschmann/Hepp/Spitaler, AO FGO (2015), § 4 Rz. 364 f.

497 Vgl. allgemein zur Wirkung des „lex specialis"-Grundsatzes *Bydlinski*, Juristische Methodenlehre (1991), S. 465.

Ausführungen eine kritische Würdigung.[498] Soweit die genannten „Grundsätze" bzw. „Anwendungsregeln" kein eindeutiges Ergebnis liefern, erfolgt die Auflösung nach dem festzustellenden Willen des Gesetzgebers.[499]

Da nach der hier vertretenen Definition von Treaty Overriding auch Fälle erfasst sind, bei welchen die DBA-Regelung im Vergleich zu einer Treaty Overriding-Vorschrift jüngeres Recht ist, rücken insbesondere die sich daraus ergebenden (sehr praxisrelevanten) Anwendungsfragen ins Blickfeld.[500] Die Praxisrelevanz dieser Fragen wird sich auf Grund von DBA-Revisionen und Neuabschlüssen voraussichtlich weiter erhöhen.

a) Die Derogationsregel „lex superior derogat legi inferiori"

Der Grundsatz „lex superior derogat legi inferiori"[501] ergibt sich aus der Normenhierarchie, die das Rechtssystem in Deutschland prägt. Der Gesetzgeber ist an das Grundgesetz gebunden. Dies folgt aus den Art. 1 Abs. 3, 20 Abs. 3 GG, die jede Form der Staatsgewalt (auch den Gesetzgeber) an das Grundgesetz binden sowie aus den Art. 93 und 100 GG, die diese Bindung verfahrensrechtlich absichern.[502] Die vollziehende Gewalt ist gemäß Art. 20 Abs. 3 GG an Gesetz und Recht gebunden. Rechtsdogmatisch kann die verfassungsrechtliche Verankerung des Grundsatzes zudem im Rechtsstaatsprinzip verortet werden.[503]

Hinsichtlich der Rechtsfolge aus der Anwendung des Grundsatzes „lex superior derogat legi inferiori" gilt, dass die rangniedere Norm nichtig ist,[504] wobei die Nichtigkeit (jedenfalls im Falle einer Verfassungsbeschwerde) vom Bundesverfassungsgericht gemäß §§ 78, 82 Abs. 1, 95 Abs. 3 BVerfGG erklärt werden müsste.[505] Trotzdem spricht das Bundesverfassungsgericht im Rahmen des Art. 25 GG bei einem Verstoß einer bundesrechtlichen Norm gegen eine allgemeine Regel des Völkerrechts davon, dass die bundesrechtliche Norm „verdrängt" wird.[506] Diese Wortwahl könnte dahingehend interpretiert werden, dass das Bundesverfassungsgericht bei einer „lex superior"-Konstellation lediglich von einem Anwendungsvorrang zu

---

498 Die Allgemeingültigkeit dieser Kollisionsregel verneinend *Wernsmann*, in Hübschmann/Hepp/Spitaler, AO FGO (2015), § 4 Rz. 365.

499 Vgl. *Bydlinski*, Juristische Methodenlehre (1991), S. 573; *Zippelius*, Juristische Methodenlehre (2006), S. 40 f.

500 Zeugnis davon ist FG Hamburg vom 21.8.2013, 1 K 87/12, EFG 2013, 1932.

501 Eingehend zu diesem Grundsatz *Schilling*, Rang und Geltung (1994), S. 401 ff.; siehe auch die frühe Abhandlung von *Schröcker*, DVBl. 1958, 410 (410 ff.).

502 *Wernsmann*, in Hübschmann/Hepp/Spitaler, AO FGO (2015), § 4 Rz. 275 m. w. N.

503 So auch *Heckmann*, Geltungskraft und Geltungsverlust (1997), S. 171 f.

504 Vgl. dazu Art. 100 Abs. 1 GG. Dort wird die Nichtigkeitsanordnung eines Gesetzes, dessen „Gültigkeit" durch das Bundesverfassungsgericht zu überprüfen ist, vorausgesetzt.

505 *Wernsmann*, in Hübschmann/Hepp/Spitaler, AO FGO (2015), § 4 Rz. 222 m. w. N. sowie Rz. 363.

506 BVerfGE 23, 288 (300, 316).

Gunsten der ranghöheren Norm ausgeht,[507] wie er auch im Bereich des Unionsrechts existiert.[508] Das Unionsrecht verhindert im Kollisionsfall mit entgegenstehendem nationalen Recht dessen Anwendung, führt aber nicht zu dessen Nichtigkeit, so dass es in Fällen ohne unionsrechtlichen Bezug anwendbar bleibt.[509]

Diese Interpretation für den gesamten Bereich des Völkervertragsrechts vorzunehmen, wäre vor dem eingangs erwähnten „Nichtigkeitsverdikt" zweifelhaft. Letztlich ist es für diese Untersuchung aber nicht entscheidend, ob die rangniedere Norm nichtig ist oder lediglich „verdrängt" wird. Denn jedenfalls besteht die Rechtsfolge aus der Anwendung des Grundsatzes „lex superior derogat legi inferiori" darin, dass eine Treaty Overriding-Vorschrift gegenüber dem Steuerpflichtigen keine Bindungswirkung entwickeln würde, wenn dem inhaltlich widersprechenden DBA ein höherer Rang einzuräumen wäre.

Da die Treaty Overriding-Vorschrift selbst als nationale Steuernorm unbestritten den Rang einfachen Bundesrechts hat, stellt sich die Rangfrage lediglich bezüglich der DBA als völkerrechtliche Verträge. Die Antwort darauf kann sich einmal aus dem Völkerrecht selbst, aber auch aus Aussagen des Grundgesetzes bzw. des einfachen Rechts zur Stellung völkerrechtlicher Normen im innerstaatlichen Rechtskreis ergeben.

aa) Aussagen des Völkerrechts zur Rangbestimmung von DBA

Zwar wäre es grundsätzlich denkbar, dass dem Völkerrecht selbst eine Aussage zur Rangbestimmung völkerrechtlicher Verträge im innerstaatlichen Bereich zu entnehmen ist.[510] Indes fehlt eine solche Aussage für das allgemeine Völkervertragsrecht.[511] Vielmehr ist die Frage nach dem innerstaatlichen Rang als Aspekt der Durchführung und Durchsetzung völkerrechtlicher Verträge den Vertragspartnern überlassen.[512] Auch Art. 27 WÜRV statuiert lediglich die Verpflichtung des einzelnen Vertragsstaats, dass er sich seinen vertraglichen Verpflichtungen nicht unter Hinweis auf sein innerstaatliches Recht entziehen kann, verleiht den völkerrechtlichen

---

507 Vgl. auch *Steinberger*, in Isensee/Kirchhof, Handbuch des Staatsrechts (1992), § 173 Rz. 54 m. w. N. aus Literatur und Rechtsprechung; ebenfalls von einem Rechtsanwendungsvorrang ausgehend *Heckmann*, Geltungskraft und Geltungsverlust (1997), S. 171 f.

508 Siehe zum Unionsrecht *Wernsmann*, in Hübschmann/Hepp/Spitaler, AO FGO (2015), § 4 Rz. 257.

509 *Wernsmann*, in Hübschmann/Hepp/Spitaler, AO FGO (2015), § 4 Rz. 257 m. w. N.

510 So beispielsweise das Recht der Europäischen Union, dem selbst ein Vorranganspruch entnommen wird, siehe *Nettesheim*, in Maunz/Dürig, Grundgesetz (2015), Art. 59 Rz. 183.

511 *Nettesheim*, in Maunz/Dürig, Grundgesetz (2015), Art. 59 Rz. 183; *Rauschnig*, in Kahl/Waldhoff/Walter, Bonner Kommentar (2015), Art. 59 Rz. 106.

512 Vgl. dazu *Geiger*, Grundgesetz und Völkerrecht (2010), S. 168; *Nettesheim*, in Maunz/Dürig, Grundgesetz (2015), Art. 59 Rz. 183; *Schweisfurth*, Völkerrecht (2006), S. 201.

Verträgen damit aber keinen besonderen Rang (unabhängig von der zweifelhaften Wirkung einer solchen völkerrechtlichen Rangbestimmung).[513]

bb) Aussagen des Grundgesetzes zum Rang von DBA

Im Folgenden wird untersucht, inwieweit sich aus Art. 59 Abs. 2 und Art. 25 GG über ihre Funktion im Zusammenhang mit der Einbeziehung von Völkerrecht in die innerstaatliche Rechtsordnung[514] hinaus Aussagen zu der normenhierarchischen Stellung von völkerrechtlichen Verträgen im innerstaatlichen Recht entnehmen lassen und inwieweit diese beiden Grundgesetznormen für DBA und sonstige innerstaatliche Steuernormen eine Rangfolge vermitteln.

aaa) Art. 59 Abs. 2 GG

Wie bereits festgestellt wurde, fallen DBA als völkerrechtliche Verträge unter die in Art. 59 Abs. 2 GG genannten Verträge.[515] Art. 59 Abs. 2 GG regelt die Zustimmungsbedürftigkeit des Bundestags für DBA und ordnet an, dass diese Zustimmung *„in der Form eines Bundesgesetzes"* erfolgen muss. Über die Frage nach dem Rang von DBA ist bei unbefangenem Lesen aus der Norm nichts herauszulesen. Dennoch wird in der Literatur angenommen, dass sich der Rang der durch Art. 59 Abs. 2 GG in den innerstaatlichen Rechtskreis einbezogenen völkerrechtlichen Norm wegen Art. 59 Abs. 2 GG nur nach dem Rang des Umsetzungsakts richten kann.[516] Der Umsetzungsakt wird regelmäßig als Zustimmungsgesetz bezeichnet.[517] Auch das Bundesverfassungsgericht weist völkerrechtlichen Verträgen den Rang eines Bundesgesetzes zu, ohne sich dabei jedoch ausdrücklich der eben dargestellten Argumentationslinie anzuschließen.[518] Der Bundesfinanzhof folgt dieser Einordnung für den Fall von DBA.[519]

Auch in dieser Untersuchung ist dem Ergebnis zuzustimmen, die beschriebene Argumentation aus dem Schrifttum überzeugt jedoch nicht. Denn der Schluss vom Rang der Umsetzungsnorm auf den Rang der dadurch in den innerstaatlichen

---

513 Vgl. (allerdings ohne konkreten Bezug auf Art. 27 WÜRV) *Nettesheim*, in Maunz/ Dürig, Grundgesetz (2015), Art. 59 Rz. 183.

514 Siehe hierzu Punkt B.III.

515 Siehe Punkt B.III.

516 So beispielsweise *Jankowiak*, Doppelte Nichtbesteuerung (2009), S. 261 f.; *Musil*, Treaty Overriding (2000), S. 47 und S. 49; siehe auch *Geiger*, Grundgesetz und Völkerrecht (2010), S. 160; vgl. auch *Schaumburg*, Internationales Steuerrecht (2011), Rz. 3.24 m. w. N.

517 Eine Übersicht über andere in diesem Kontext verwendete Begrifflichkeiten findet sich bei *Nettesheim*, in Maunz/Dürig, Grundgesetz (2015), Art. 59 Rz. 90.

518 So für die EMRK BVerfGE 74, 358 (370); 82, 106 (120); 111, 307 (316 f.).

519 BFH, Vorlagebeschluss vom 10.1.2012, I R 66/09, IStR 2012, 426 (427 f.), anhängig beim Bundesverfassungsgericht unter Az.: 2 BvL 1/12.

Rechtskreis überführten völkervertraglichen Regelung ist keineswegs zwingend.[520] Richtigerweise weist *Vogel* darauf hin, dass Art. 59 Abs. 2 GG lediglich die Art (bzw. Form) der Umsetzung eines DBA bestimmt, nicht jedoch dessen Rang.[521] Art. 59 Abs. 2 GG trifft nach diesem Verständnis über die Rangfrage keinerlei Aussage, sondern ordnet lediglich für die Einbeziehung von Völkervertragsrecht die Beteiligung des Bundestags an, indem die Einholung von dessen Zustimmung *„in der Form eines Bundesgesetzes"* angeordnet wird. Auf Grundlage der hier vertretenen und auch vom Bundesverfassungsgericht regelmäßig angenommenen Vollzugstheorie[522] wird das DBA infolge des Rechtsanwendungsbefehls als völkerrechtlicher Vertrag angewendet und ist dementsprechend nicht als innerstaatliches Recht anzusehen.[523] Der Rang des völkerrechtlichen Vertrags bleibt damit offen. Lediglich die Form des Zustimmungsgesetzes ist zwingend die eines Bundesgesetzes. Eine Rangeinstufung der DBA ist damit nicht verbunden.

Dies zeigt auch ein Vergleich mit Art. 25 GG, der wie Art. 59 Abs. 2 GG eine Umsetzungsnorm für Völkerrecht darstellt, aber im Gegensatz zu Art. 59 Abs. 2 GG auf eine Beteiligung des Bundestags verzichtet.[524] Im Falle des Art. 25 GG werden die allgemeinen Regeln des Völkerrechts durch die Umsetzungsnorm selbst zu Normen, die im innerstaatlichen Rechtskreis zu beachten sind.[525] Im Falle des Art. 25 GG ist die Umsetzungsnorm eine Verfassungsnorm. Daraus wird aber im Allgemeinen[526] nicht abgeleitet, dass es sich bei den allgemeinen Regeln des Völkerrechts innerstaatlich um Normen mit Verfassungsrang handelt.[527] Auch das Bundesverfassungsgericht folgt hier nicht der Argumentation, dass von dem Rang der Umsetzungsnorm auf den Rang des dadurch einbezogenen völkerrechtlichen Vertrags geschlossen werden müsse.[528] Denn wäre dies der Fall, so müsste das Bundesverfassungsgericht die allgemeinen Regeln des Völkerrechts auf Grund ihrer Einbeziehung durch die Grundgesetznorm des Art. 25 ebenfalls im Range des Grundgesetzes ansehen. Mit dem Wortlaut von Art. 25 GG wäre dies grundsätzlich zu vereinbaren, soweit es darin heißt, dass die allgemeinen Regeln des Völkerrechts den Gesetzen vorgehen. Jedoch nehmen das Bundesverfassungsgericht sowie das überwiegende Schrifttum für die Rangeinstufung der allgemeinen Regeln des Völkerrechts lediglich einen

---

520 So auch *Becker*, NVwZ 2005, 289 (291).
521 *Vogel*, IStR 2003, 523 (525); vgl. im Ergebnis auch *Becker*, NVwZ 2005, 289 (291), der darauf abstellt, dass die Vollzugslehre die Möglichkeit eröffnet, dass die einbezogene völkerrechtliche Regelung nicht den Rang der Umsetzungsnorm teilt.
522 Siehe Punkt B.II.4.
523 Dies wäre aber die Folge aus der Anwendung der inzwischen überholten Transformationstheorie.
524 Siehe dazu Punkt B.III.
525 Siehe Punkt B.III.
526 Dazu näher im folgenden Unterpunkt.
527 Vgl. *Nettesheim*, in Maunz/Dürig, Grundgesetz (2015), Art. 59 Rz. 92.
528 Dies ergibt sich jedenfalls mittelbar aus beispielsweise BVerfGE 6, 309 (363) sowie dem „Görgülü"-Beschluss, BVerfGE 111, 307 (318).

besonderen Rang zwischen dem Grundgesetz und dem Bundesrecht an.[529] Auch hier wird also die Rangeinordnung unabhängig vom Rang der Umsetzungsnorm getroffen. Es gibt also keinen zwingenden Grund, diesen Schluss im Falle von Art. 59 Abs. 2 GG zuzulassen.[530]

Weiter wird argumentiert, dass der Umstand, dass Art. 25 GG ausdrücklich den allgemeinen Regeln des Völkerrechts eine Vorrangstellung vor den Bundesgesetzen einräumt, mittels eines Umkehrschlusses dafür spreche, dass diese Vorrangstellung durch Art. 59 Abs. 2 GG in Bezug auf die besonderen Regeln (= völkerrechtliche Verträge) vom Grundgesetz gerade nicht gewollt sein könne.[531] Daraus wird gefolgert, dass für völkerrechtliche Verträge nur der Rang eines Bundesgesetzes in Betracht komme.[532] Dass auch diese Argumentation keineswegs zwingend ist, hat wiederum *Vogel* näher ausgeführt und die fehlende Notwendigkeit dieses Umkehrschlusses entlarvt, indem er darauf hinwies, dass ein Vergleich der beiden Grundgesetznormen nicht ausschließen würde, dass (auch) bestimmte nach Art. 59 Abs. 2 GG umgesetzte völkerrechtliche Verträge auf Grund anderer verfassungsrechtlich relevanter Faktoren eine Vorrangstellung einnehmen könnten.[533] Art. 25 GG ist daher keine allgemeine Aussage zum Rang von Völkerrecht zu entnehmen. Folglich verbietet es sich auch, die beiden Grundgesetznormen in Bezug auf die Rangfrage miteinander ins Verhältnis zu setzen bzw. aus der einen Norm Schlüsse für die andere Norm zu ziehen.[534] Die beiden Normen haben nur insoweit den gleichen Regelungsbereich, als sie beide die Einbeziehung von Völkerrecht regeln. Mit der Einführung des Art. 25 GG hatte der historische Gesetzgeber denn auch gar nicht im Sinn, eine Aussage zur Rangbestimmung von völkerrechtlichen Verträgen zu treffen, sondern er wollte lediglich die „allgemeinen" und nicht wie in der Weimarer Verfassung die „allgemein anerkannten" Regeln des Völkerrechts der Disposition des Gesetzgebers entziehen,[535] um die Bundesrepublik Deutschland in die (Weiter-)Entwicklung der

---

529   Aus der Rechtsprechung des Bundesverfassungsgerichts: BVerfGE 6, 309 (363); 37, 271 (278 f.); 111, 307 (318); für einen daraus folgenden Anwendungsvorrang der allgemeinen Regeln des Völkerrechts BVerfGE 75, 1 (18 f.); aus der Literatur: *Kunig*, in Graf Vitzthum/Proelß, Völkerrecht (2013), S. 120 sowie S. 125 f.; *Stein/von Butlar*, Völkerrecht (2012), Rz. 201; *Heintschel von Heinegg*, in Epping/Hillgruber, Beck´scher Onlinekommentar GG (2015), Art. 25 Rz. 27 und zum Anwendungsvorrang Rz. 25 und 28.

530   So auch *Nettesheim*, in Maunz/Dürig, Grundgesetz (2015), Art. 59 Rz. 184.

531   Siehe nur *Rauschnig*, in Kahl/Waldhoff/Walter, Bonner Kommentar (2015), Art. 59 Rz. 107; vgl. dazu auch FG Hamburg vom 15.1.1987 V 124/86, EFG 1987, 161 (162).

532   *Rauschnig*, in Kahl/Waldhoff/Walter, Bonner Kommentar (2015), Art. 59 Rz. 107 m. w. N.

533   *Vogel*, JZ 1997, 161 (162). Der genaue und prägnante Wortlaut lautet an angegebener Stelle: „*Aus dem Satz „alle Vögel fliegen" folgt bekanntlich nicht, dass nur Vögel fliegen.*"

534   Vgl. dazu auch *Nettesheim*, in Maunz/Dürig, Grundgesetz (2015), Art. 59 Rz. 184.

535   Vgl. dazu *Herdegen*, in Maunz/Dürig, Grundgesetz (2015), Art. 25 Rz. 2.

Völkergemeinschaft dynamisch einzubinden.[536] Dementsprechend sah auch das Bundesverfassungsgericht den Sinn der Norm lediglich darin, für die unmittelbare Geltung der besagten Regeln zu sorgen und *„kollidierendes innerstaatliches Recht zu verdrängen oder seine völkerrechtskonforme Anwendung zu bewirken."*[537] Eine Verbindung zu Art. 59 Abs. 2 GG wurde an keiner Stelle gezogen. Letztlich ist also festzuhalten, dass weder Art. 59 Abs. 2 GG selbst noch dessen Verhältnis zu Art. 25 GG eine Aussage zur Rangfrage zu entnehmen ist.[538]

Dass dem völkerrechtlichen Vertrag aber kein höherer Rang als dem Umsetzungsakt zugeschrieben werden kann, ist dennoch richtig.[539] Entscheidend für die Richtigkeit dieses Ergebnisses sind demokratietheoretische Überlegungen.[540] Aus dem Demokratieprinzip[541] folgt nämlich, dass im Bereich der Gesetzgebung die wahlberechtigte Bevölkerung der Bundesrepublik Deutschland in die Lage versetzt werden muss, auf die Gesetzgebung Einfluss zu nehmen, was aber durch eine Höherrangigkeit von völkerrechtlichen Verträgen für die Zukunft in deren Regelungsbereich ausgeschlossen bzw. erschwert wäre.[542] Diese Selbstbindung des Gesetzgebers auf Grund der durch die Höherrangigkeit eingebüßten Revidierbarkeit der einmal getroffenen Entscheidung ist nicht mit der vom Demokratieprinzip geforderten Freiheit des zukünftigen Gesetzgebers zu vereinbaren.[543] Die einseitigen Lösungsmöglichkeiten des Völkerrechts (insbesondere Art. 60 WÜRV)[544] genügen den Anforderungen des Demokratieprinzips nicht.[545] Auch die in den DBA regelmäßig vereinbarte Kündigungsmöglichkeit nach einer regelmäßigen Stillhaltezeit

---

536 Siehe zur „dynamischen" Verweisung auf den Stand der allgemeinen Regeln des Völkerrechts *Heintschel von Heinegg,* in Epping/Hillgruber, Beck'scher Onlinekommentar GG (2015), Art. 25 Rz. 15; *Herdegen,* in Maunz/Dürig, Grundgesetz (2015), Art. 25 Rz. 12; vgl. auch BVerfGE 23, 288 (316 f.).

537 BVerfGE 23, 288 (316); 46, 342 (363); zitiert bei *Herdegen,* in Maunz/Dürig, Grundgesetz (2015), Art. 25 Rz. 1.

538 So richtigerweise auch *Nettesheim,* in Maunz/Dürig, Grundgesetz (2015), Art. 59 Rz. 183 f.

539 *Rauschnig,* in Kahl/Waldhoff/Walter, Bonner Kommentar (2015), Art. 59 Rz. 107 hält die Rangfrage hingegen mit Verweis auf die nunmehr herrschende Vollzugslehre und der daraus folgenden Tatsache, dass völkerrechtliche Verträge Rechtsnormen des Völkerrechts bleiben, für nicht mehr relevant. Das Rangproblem stelle sich nur bei der Anwendung der (allerdings überkommenen) Transformationstheorie.

540 Ähnlich *Nettesheim,* in Maunz/Dürig, Grundgesetz (2015), Art. 59 Rz. 184.

541 *Nettesheim,* in Maunz/Dürig, Grundgesetz (2015), Art. 59 Rz. 184 spricht neben Überlegungen zum Demokratieprinzip auch von „funktionalen und staatstheorietischen (...) Erwägungen".

542 So auch *Rust/Reimer,* IStR 2005, 843 (848) für DBA; allgemein zu völkerrechtlichen Verträgen *Nettesheim,* in Maunz/Dürig, Grundgesetz (2015), Art. 59 Rz. 184.

543 *Nettesheim,* in Maunz/Dürig, Grundgesetz (2015), Art. 59 Rz. 184.

544 Siehe zu den Anforderungen Punkt E.II.

545 *Rust/Reimer,* IStR 2005, 843 (848).

bzw. Mindestlaufzeit von drei bis fünf Jahren[546] nach ihrem Inkrafttreten[547] ändert daran nichts.[548]

Zusätzlich stützt die folgende Überlegung das gefundene Ergebnis. Im Gegensatz zu dem europäischen Unionsrecht, dem ein Anwendungsvorrang zukommt, zu dessen Einräumung der Gesetzgeber ausdrücklich durch Art. 23 Abs. 1 und Art. 24 Abs. 1 GG ermächtigt ist,[549] fehlt eine solche gesetzliche Anordnung für sonstige völkerrechtliche Verträge. Dies legt ebenfalls den Schluss nahe, dass völkerrechtlichen Verträgen auf Grund einer entsprechenden gesetzlichen Festlegung jedenfalls kein solcher Anwendungsvorrang seitens des Grundgesetzes zukommen soll. Folglich stehen DBA im Rang einfachen Bundesrechts.

bbb) Art. 25 GG

Art. 25 GG[550] lautet:

> *„Die allgemeinen Regeln des Völkerrechtes sind Bestandteil des Bundesrechtes. Sie gehen den Gesetzen vor und erzeugen Rechte und Pflichten unmittelbar für die Bewohner des Bundesgebietes."*

Damit erklärt das Grundgesetz die „allgemeinen Regeln des Völkerrechts" für vorrangig vor Bundesrecht und öffnet so den von ihm verfassungsrechtlich definierten Rechtsraum für die Grundlagen des Völkerrechts.[551] Durch den erhöhten Rang und durch die ohne weiteren gesetzgeberischen Zwischenakt erfolgende Umsetzung der allgemeinen Regeln des Völkerrechts in den innerstaatlichen Rechtsraum[552] erfahren diese eine besondere Absicherung.[553] Hinsichtlich der Frage nach dem konkreten Rang der allgemeinen Regeln lässt sich Art. 25 GG nur entnehmen, dass sie dem

---

546 Vgl. *Nasdala*, in Vogel/Lehner, DBA (2015), Art. 31. Kündigung Rz. 38a.

547 Darauf weisen *Rust/Reimer*, IStR 2005, 843 (848) hin und sprechen dem Demokratieprinzip in der Folge im Bereich der DBA „nur geringes Gewicht zu".

548 Vgl. *Rust/Reimer*, IStR 2005, 843 (848).

549 *Streinz*, in Sachs, GG (2014), Art. 59 Rz. 65; vgl. BVerfGE 73, 339 (383 f.); 75, 223 (240 ff.); den Vorranganspruch des Rechts der Europäischen Union im Unterschied zum Völkerrecht betont auch *Nettesheim*, in Maunz/Dürig, Grundgesetz (2015), Art. 59 Rz. 183.

550 Zur Entstehungsgeschichte siehe ausführlich *Rensmann*, Die Genese des „offenen Verfassungsstaats" 1948/1949, in Giegerich, Der „offene Verfassungsstaat" (2010), S. 44 ff.

551 Vgl. *Herdegen*, in Maunz/Dürig, Grundgesetz (2015), Art. 25 Rz. 1.

552 Vgl. BVerfGE 6, 309 (363). Die Vorläuferregelung des Art. 4 der Weimarer Reichsverfassung wurde noch dahingehend interpretiert, dass eine allgemeine Regel des Völkerrechts nur dann als in die Reichsgesetzgebung einbezogen galt, wenn und soweit sie durch das Reich anerkannt wurde, vgl. dazu *Steinberger*, in Isensee/Kirchhof, Handbuch des Staatsrechts (1992), § 173 Rz. 2 und Rz. 4.

553 Art. 25 GG ist allerdings nicht von der „Ewigkeitsklausel" des Art. 79 Abs. 3 GG umfasst und kann daher mit einer Zweidrittelmehrheit geändert werden, vgl.

Bundesrecht „vorgehen", also jedenfalls einen besonderen Rang über demjenigen von Bundesgesetzen innehaben. Ob sie damit aber im Rang der Normen des Grundgesetzes stehen, überlässt die Norm der Verfassungsinterpretation und damit der Rechtsprechung und Wissenschaft. Vertreten werden auf der einen Seite die Annahme eines Überverfassungs-[554] sowie eines Verfassungsrangs[555]. Die Rechtsprechung des Bundesverfassungsgerichts und das überwiegende Schrifttum hingegen nehmen einen besonderen Rang zwischen dem Grundgesetz und dem Bundesrecht an.[556] Welcher Ansicht zu folgen ist, kann hier offen bleiben. Denn entscheidend ist, dass die allgemeinen Regeln des Völkerrechts nach jeder Ansicht und dem klaren Wortlaut von Art. 25 GG jedenfalls über dem Bundesrecht stehen.

Als allgemeine Regeln des Völkerrechts werden (ergänzt durch allgemeine Rechtsgrundsätze) solche Rechtssätze des geltenden Völkergewohnheitsrechts angesehen, die auf Grund einer allgemeinen Praxis und Rechtsüberzeugung zumindest für die überwiegende Mehrheit von Staaten als verbindlich betrachtet werden, womit eine gewisse Dynamik hinsichtlich der Regeln des Völkerrechts in Kauf genommen wird.[557] Bei DBA handelt es sich jedoch eindeutig um spezifisch ausgehandelte Abkommen, mithin um Völkervertragsrecht. Sie können als solches nicht als Völkergewohnheitsrecht angesehen werden bzw. sonst eine „Allgemeinheit" im Sinne von Art. 25 GG für sich beanspruchen.[558] Auch wenn die DBA durch das OECD-Musterabkommen eine gewisse Standardisierung erfahren haben und sich die Staaten auch tatsächlich beim Vertragsabschluss daran orientieren, können die DBA auf Grund ihrer immer noch mannigfaltigen Ausgestaltung nicht für sich

Heintschel von Heinegg, in Epping/Hillgruber, Beck'scher Onlinekommentar GG (2015), Art. 25 Rz. 27; *Herdegen*, in Maunz/Dürig, Grundgesetz (2015), Art. 25 Rz. 7.

554 Vgl. die Nachweise bei *Rojahn*, in von Münch/Kunig, GG (2012), Art. 25 Rz. 54.

555 Dies befürwortend beispielsweise *Koenig*, in v. Mangoldt/Klein/Starck (2005), GG, Art. 25 Rz. 55; für einen Verfassungsrang bzw. sogar einen *„Überverfassungsrang"* für diejenigen Regeln des allgemeinen Völkerrechts, die als zwingendes Völkerrecht gelten und einem Verfassungsrang der anderen Regeln des allgemeinen Völkerrechts offenbar nicht abgeneigt, *Hobe*, Einführung in das Völkerrecht (2008), S. 238 m. w. N.

556 Aus der Rechtsprechung des Bundesverfassungsgerichts: BVerfGE 6, 309 (363); 37, 271 (278 f.); 111, 307 (318); aus der Literatur: *Stein/von Butlar*, Völkerrecht (2012), Rz. 201; *Heintschel von Heinegg*, in Epping/Hillgruber, Beck'scher Onlinekommentar GG (2015), Art. 25 Rz. 27 und zum Anwendungsvorrang Rz. 28; *Herdegen*, in Maunz/Dürig, Grundgesetz (2015), Art. 25 Rz. 42 m. w. N.; die Rangeinordnung auch von Seiten des Bundesverfassungsgerichts als noch nicht geklärt ansehend *Rojahn*, in von Münch/Kunig, GG (2012), Art. 25 Rz. 54 ff.

557 BVerfGE 118, 124 (137); siehe hierzu auch *Herdegen*, in Maunz/Dürig, Grundgesetz (2015), Art. 25 Rz. 12 zur Dynamik der Verweisung sowie Rz. 19 zu dem Inhalt der allgemeinen Regeln m. w. N. aus der staatsrechtlichen Literatur; aus der völkerrechtlichen Literatur siehe nur *Stein/von Buttlar*, Völkerrecht (2012), Rz. 195 ff.

558 *Jankowiak*, Doppelte Nichtbesteuerung (2009), S. 259 m. w. N.

beanspruchen, „auf Grund einer allgemeinen Praxis und Rechtsüberzeugung zumindest für die überwiegende Mehrheit von Staaten als verbindlich" angesehen zu werden. Dafür sind die Abweichungen vom OECD-Musterabkommen zu weitreichend und die einzelnen DBA zu individuell ausgestaltet. Da es sich bei DBA also nicht um allgemeine Regeln des Völkerrechts handelt, nehmen sie auch nicht an dem durch Art. 25 GG vermittelten Rang der allgemeinen Regeln des Völkerrechts teil.[559]

b) Zwischenergebnis

Als Ergebnis der Untersuchung der Rangfrage ist festzuhalten, dass weder seitens des Grundgesetzes noch seitens des einfachen Rechts den DBA ein Rang oberhalb des einfachen Bundesrechts einzuräumen ist. Vielmehr stehen DBA im Rang des einfachen Bundesrechts und damit im gleichen Rang wie die in dieser Arbeit problematisierten Treaty Overriding-Vorschriften. Zwar lässt es die hier favorisierte Vollzugstheorie grundsätzlich zu, dass völkerrechtliche Normen einen Rang über dem Bundesrecht einnehmen. Gegen einen solchen absoluten Vorrang von DBA vor dem einfachen Bundesrecht streitet aber entscheidend das Demokratieprinzip. Denn dieses gebietet grundsätzlich die Revidierbarkeit und Revozierbarkeit von früheren Gesetzgebungsakten durch einen späteren Gesetzgeber und steht einer mit der Vorrangstellung von DBA verbundenen Selbstbindung des Gesetzgebers entgegen.[560] Auch das Bundesverfassungsgericht hat zuletzt ausdrücklich betont, dass das Grundgesetz keine Vorrangregelung für völkerrechtliche Verträge kennt, allerdings ohne auf das Demokratieprinzip abzustellen.[561]

Als wesentliche Folge resultiert aus der Gleichrangigkeit, dass für den Fall eines (nicht durch Auslegung aufzulösenden) Widerspruchs zwischen einer DBA-Regelung und dem innerstaatlichen Recht nicht auf die Kollisionsregel „lex superior derogat legi inferiori" zurückgegriffen werden kann. Vielmehr ist eine Lösung über die Kollisionsregeln „lex posterior derogat legi priori" (Vorrang durch Posteriorität) und „lex specialis derogat legi generali" (Vorrang durch Spezialität) zu suchen.[562] Diese Kollisionsregeln gilt es daher im Folgenden darzustellen und zu untersuchen, inwieweit sich aus Ihnen eine Lösung des dem Treaty Overriding immanenten Anwendungskonflikts zwischen einer DBA-Regelung und dem innerstaatlichen Recht finden lässt.

---

559 Im Ergebnis ebenso, allerdings mit anderer Begründung *Wassermeyer,* in ders., Doppelbesteuerung (2015), Art. 1 MA Rz. 10; vgl. auch *Jankowiak,* Doppelte Nichtbesteuerung (2009), S. 259 f.

560 *Rust/Reimer,* IStR 2005, 843 (847 f.); vgl. auch *Nettesheim,* in Maunz/Dürig, Grundgesetz (2015), Art. 59 Rz. 184.

561 Vgl. dazu BVerfGK 10, 116 (123).

562 Vgl. *Musil,* in Hübschmann/Hepp/Spitaler, AO FGO (2015), § 2 Rz. 163.

3. Die Grundsätze „lex specialis derogat legi generali" und „lex posterior derogat legi priori" als kollisionsauflösende Rechtsmethoden

Die Kollisionsauflösung im Rahmen des „lex specialis"-Grundsatzes und des „lex posterior"-Grundsatzes vollzieht sich dadurch, dass nur das speziellere bzw. spätere Gesetz zur Anwendung kommt und folglich allein dessen Rechtsfolge maßgeblich ist. Hinsichtlich des erstgenannten Grundsatzes wird zunächst zu klären sein, ob DBA zu innerstaatlichem Recht im Verhältnis der Spezialität stehen. Bejaht man diese Frage, so ist der Grundsatz auf den Treaty Overriding-Sachverhalt anzuwenden, wobei insbesondere fraglich ist, ob die Treaty Overriding-Vorschrift oder die jeweilige DBA-Regelung als spezieller anzusehen ist.

Im Anschluss daran gilt es weiter zu untersuchen, wie sich die beiden Grundsätze im Falle sich widersprechender Anordnungen zueinander verhalten. Zu klären ist also die Frage, ob sich das speziellere Gesetz auch dann durchsetzt, wenn es das frühere der beiden in ihrer Rechtsfolge miteinander kollidierenden Gesetze ist. Es wird sich zeigen, dass die Antwort darauf in der Auslegung bzw. der Identifizierung des gesetzgeberischen Willens zu suchen ist.

a) DBA als „leges speciales" zu nationalen Steuergesetzen

Eine Norm ist immer dann gegenüber einer anderen gleichrangigen Norm als spezieller anzusehen, wenn die speziellere Norm alle Tatbestandsmerkmale der anderen Norm und noch mindestens ein weiteres beinhaltet.[563] Sprechen beide Normen sich widersprechende Rechtsfolgen aus, so kommt nur die speziellere Norm zur Anwendung, während die allgemeinere Norm verdrängt wird.[564] In diesem „an der Logik orientierten Kriterium"[565] kommt zum Ausdruck, dass die Absicht des Gesetzgebers in solchen Fällen auf die Anwendung der spezielleren Norm gerichtet ist.[566] Das folgt schon daraus, dass sie im umgekehrten Falle nie zur Anwendung kommen würde.[567]

Betrachtet man diesbezüglich das Verhältnis von rein nationalen Steuernormen und den DBA-Regelungen, so zeigt sich zunächst, dass die Wirkung von DBA-Regelungen darin besteht, den innerstaatlichen Steueranspruch der Höhe nach zu mindern oder gar entfallen zu lassen. DBA-Regelungen knüpfen insoweit als „Schrankennormen"[568] an einen bestehenden Steueranspruch eines Staates an. Sie erfordern

---

563 *Larenz*, Methodenlehre der Rechtswissenschaft (1991), S. 267; *Bydlinski*, Juristische Methodenlehre (1991), S. 465.

564 *Larenz*, Methodenlehre der Rechtswissenschaft (1991), S. 268; *Bydlinski*, Juristische Methodenlehre (1991), S. 465.

565 *Larenz*, Methodenlehre der Rechtswissenschaft (1991), S. 267.

566 *Bydlinski*, Juristische Methodenlehre (1991), S. 465.

567 *Larenz*, Methodenlehre der Rechtswissenschaft (1991), S. 268; vgl. auch zur Absicht des Gesetzgebers *Bydlinski*, Juristische Methodenlehre (1991), S. 465.

568 Siehe dazu bereits C.II.2.

jedoch als zusätzliches Merkmal einen grenzüberschreitenden Sachverhalt zu einem bestimmten Staat, mit dem auch ein DBA abgeschlossen wurde und wirksam besteht.[569] Ebenso wie innerstaatliche Steuerbefreiungs- bzw. Steuerermäßigungsvorschriften,[570] die zu den steuerbegründenden Vorschriften unzweifelhaft in einem Spezialitätsverhältnis stehen, werden somit auch hier zusätzliche Merkmale verlangt, bei deren Erfüllung die Wirkung der DBA-Regelungen derjenigen der nationalen Steuerbefreiungs- bzw. Steuerermäßigungsvorschriften für den Steuerpflichtigen gleichkommt.[571] Insoweit sind die DBA-Regelungen im Vergleich zu den nationalen Steuernormen in Abkommenssachverhalten grundsätzlich als spezieller anzusehen und bereits aus diesem Grunde vorrangig anzuwenden.[572]

Sieht man den Grund für die vorrangige Anwendbarkeit von DBA grundsätzlich in deren Spezialität gegenüber sonstigem innerstaatlichen Recht, so stellt sich in Bezug auf die Treaty Overriding-Vorschriften die weitere Frage, in welchem Verhältnis

---

569 Vgl. *Rust/Reimer*, IStR 2005, 843 (845) sowie *Lehner*, in Vogel/Lehner, DBA (2015), Grundlagen des Abkommensrechts Rz. 87.

570 Für die Einordnung von DBA-Regelungen in diesem Sinne auch BFH vom 14.3.1989, I R 20/87, BStBl. II 1989, 649 (650); etwas unschärfer BFH vom 17.12.2003, I R 14/02, IStR 2004, 240 (241); grundlegend *Debatin*, DStR 1992, Beihefter zu Heft 23, 1 (2); ebenso *Lampert*, Doppelbesteuerungsrecht und Lastenausgleich (2009), S. 54; vgl. auch *Wassermeyer*, StuW 1990, 404 (411); auch die Vorgängernorm des § 2 AO, § 9 Nr. 2 des Steueranpassungsgesetzes vom 16.10.1934, RStBl. 1934, 1149 ging davon aus, dass es sich bei den DBA-Regelungen um sachliche Steuerbefreiungstatbestände handelt, vgl. dazu *Scherer*, Doppelbesteuerung (1995), S. 31 f.

571 Ob man die DBA-Regelungen dann als „*nur in einem untechnischen Sinne besondere speziellere Normen*" bezeichnen kann, kann offen bleiben, siehe dazu *Mössner*, in ders. u. a., Steuerrecht international tätiger Unternehmen (2012), Rz. 2.453.

572 Dieses Ergebnis bejahend *Lehner*, in Vogel/Lehner, DBA (2015), Grundlagen des Abkommensrechts Rz. 87; *Schaumburg*, Internationales Steuerrecht (2011), Rz. 3.25; *Frotscher*, Zur Zulässigkeit des „Treaty Override", in Spindler/Tipke/Rödder, Festschrift für Harald Schaumburg (2009), S. 687 (701); *Rust/Reimer*, IStR 2005, 843 (845); *Debatin*, DStR 1992, Beihefter zu Heft 23, 1 (2); BFH vom 18.9.1968 I R 56/67, BStBl. II 1968, 797 (800) m. w. N. zur Rechtsprechung des RFH; vgl. aber jüngst BFH vom 23.6.2010, I R 71/09, IStR 2010, 701 (703) unter Bezugnahme auf § 2 AO; das Ergebnis als herrschende Meinung bezeichnend *Lampert*, Doppelbesteuerungsrecht und Lastenausgleich (2009), S. 54; ebenso bereits Mausch, Treaty Overriding (1998), S. 195 m. w. N. zu früherer Literatur – er selbst folgt weitestgehend dem hier gefundenen Ergebnis, siehe dort S. 201 ff.; DBA mit Verweis auf § 2 AO grundsätzlich als speziellere Regelung ansehend *Birk*, Steuerrecht (2014), Rz. 1463; das Spezialitätsverhältnis zwar im Grundsatz, aber nicht ausnahmslos bejahend *Drüen*, in Tipke/Kruse, AO/FGO (2015), § 2 Rz. 2 und 38; ebenso die herrschende Meinung allgemein für völkerrechtliche Verträge *Nettesheim*, in Maunz/Dürig, Grundgesetz (2015), Art. 59 Rz. 187 m. w. N. aus der völkerrechtlichen Literatur. Ob sich das hier gefundene Ergebnis daneben bereits schon aus dem Umsetzungsakt des DBA in innerstaatliches Recht ergibt, diskutiert und bejaht *Scherer*, Doppelbesteuerung (1995), S. 26.

diese zu den von ihnen in ihrer Rechtsfolge modifizierten DBA-Regelungen stehen. Die Besonderheit der Treaty Overriding-Vorschriften liegt im Vergleich zu sonstigen Vorschriften des nationalen Steuerrechts darin, dass sie entweder explizit oder ihrem materiellen Inhalt nach an ganz bestimmte (spezielle) DBA-Regelungen anknüpfen und deren konkrete Rechtsfolge abändern. Dabei wird regelmäßig eine DBA-Vergünstigung von der Erfüllung zusätzlicher Tatbestandsmerkmale abhängig gemacht, um bestimmte „Lücken" in den DBA zu schließen.[573] Dadurch erfüllen sie gegenüber den DBA-Regelungen wiederum das oben definierte Merkmal der Spezialität bei sich widersprechenden Rechtsfolgenanordnungen, so dass auch in diesem Verhältnis der „lex specialis"-Grundsatz zur Anwendung kommt, nur diesmal zu Gunsten der unilateralen Treaty Overriding-Vorschrift.[574]

Dagegen wird als Einwand geltend gemacht, dass eine Treaty Overriding-Vorschrift deshalb nicht als spezieller als eine DBA-Regelung angesehen werden kann oder jedenfalls kein eindeutiges Spezialitätsverhältnis vorliegt, weil sie zwar einen besonderen Sachverhalt regelt, aber für eine Vielzahl von (DBA-)Staaten gilt.[575] Daraus wird abgeleitet, dass es eine Wertungsfrage sei, ob man bei der Einstufung als lex specialis auf dieses Merkmal besonderen Wert legt oder aber hervorvorhebt, dass die Treaty Overriding-Vorschrift *„im Verhältnis zur Gesamtregelung der DBA"* spezieller sei.[576] Teilweise wird aus dieser Erkenntnis auch der Schluss gezogen, dass eine Treaty Overriding-Vorschrift nur dann spezieller sein kann, wenn sie sich auf einen konkreten Vertragsstaat bezieht, was aber in keinem Fall mit Art. 3 Abs. 1 GG zu vereinbaren wäre, so dass letztlich die DBA-Regelung immer als spezieller anzusehen wäre.[577]

---

573 Siehe zu den einzelnen Zweckrichtungen, die durch den Einsatz von Treaty Overriding-Vorschriften verfolgt werden sollen Punkt D.VI.

574 So auch *Frotscher*, Zur Zulässigkeit des „Treaty Override", in Spindler/Tipke/Rödder, Festschrift für Harald Schaumburg (2009), S. 687 (701); vgl. auch *Drüen*, in Tipke/Kruse, AO/FGO (2015), § 2 Rz. 2 a. E.; ebenso zu verstehen *Nettesheim*, in Maunz/Dürig, Grundgesetz (2015), Art. 59 Rz. 187 sowie *Lampert*, Doppelbesteuerungsrecht und Lastenausgleich (2009), S. 54; a. A. mit Verweis auf recchtsstaatliche Gründe etwa *Kerath*, Maßstäbe zur Auslegung (1995), S. 147: „(...) macht es aus rechtsstaatlichen Gründen unmöglich, daß sich nationales Recht im Verhältnis zu Abkommensrecht als ebenso speziell oder gar spezieller erweist."

575 So *Rust/Reimer*, IStR 2005, 843 (845); ähnlich bereits *Kerath*, Maßstäbe zur Auslegung (1995), S. 147 ff. mit Nachweisen zur älteren Literatur zu § 2a EStG; auf diesen Aspekt (bewusst oder unbewusst) nicht eingehend *Frotscher*, Zur Zulässigkeit des „Treaty Override", in Spindler/Tipke/Rödder, Festschrift für Harald Schaumburg (2009), S. 687 (701); der Gedanke findet sich zuletzt auch bei *Gebhardt*, Deutsches Tax Treaty Overriding (2013), S. 23; ebenso FG Hamburg vom 21.8.2013, 1 K 87/12, EFG 2013, 1932.

576 *Rust/Reimer*, IStR 2005, 843 (845 f.); ihnen folgend *Kempf/Bandl*, DB 2007, 1377 (1379).

577 *Kerath*, Maßstäbe zur Auslegung (1995), S. 148 f.

Beiden Ansichten kann bereits in ihrem Ansatz nicht gefolgt werden. Denn von ihrer systematischen Einordnung als nationale Steuernormen ausgehend, die im Gegensatz zu sonstigen nationalen Steuernormen an eine bestimmte DBA-Regelung anknüpfen, die stets gegenüber einem einzigen Vertragsstaat gilt, ergibt sich zwingend, dass sich Treaty Overriding-Vorschriften immer nur auf ein konkretes DBA beziehen können. Nur im konkreten Anwendungsfall stellt sich die Frage der Qualifikation als lex specialis. Die Frage nach dem Spezialitätsverhältnis hat stets nur in Bezug zu einer konkreten Regelung des jeweiligen Abkommensrechts und nicht zum gesamten Abkommen Relevanz.[578] Folglich ist die generelle Wirkung einer Treaty Overriding-Vorschrift für eine Vielzahl von DBA kein Kriterium zur Bestimmung der Spezialität. Diese richtet sich nach dem materiellen Aussagegehalt in einem konkreten Anwendungsfall. Damit ist die „Regelungsspezialität" aber nicht lediglich eine Wertungskomponente, wie *Rust/Reimer* annehmen,[579] sondern das einzige Kriterium zur Bestimmung eines Spezialitätsverhältnisses. Knüpft also eine innerstaatliche Norm an eine konkrete DBA-Regelung an und enthält sie ein zusätzliches Merkmal, so ist diese Norm spezieller. Das ist bei vielen Treaty Overriding-Vorschriften der Fall, so dass sie nach dem „lex specialis"-Grundsatz anzuwenden sind. Ob der Gesetzgeber in diesen seinen Willen zur Abänderung des Abkommensrechts ausdrücklich zum Ausdruck gebracht hat, ist erst relevant, wenn es zu einem Konflikt zwischen der Anordnung des „lex posterior"-Grundsatzes und des „lex specialis"-Grundsatzes kommt, da der so geäußerte Wille des Gesetzgebers dann bei der Frage des Anwendungsvorrangs der sich widersprechenden Normen zu beachten ist.[580]

Im Einzelfall kann es bei der Bestimmung des Spezialitätsverhältnisses durchaus sein, dass eine DBA-Regelung, die eigentlich von einer Treaty Overriding-Vorschrift abgeändert werden soll, letztlich als gegenüber dieser spezieller ausgestaltet ist.[581] Diskutiert wird dieses Verhältnis insbesondere für § 50d Abs. 3 EStG und die amerikanische „Limitation on Benefits"-Klausel[582] des Art. 28 DBA-USA.[583] Daher muss das Spezialitätsverhältnis stets im konkreten Anwendungsfall festgestellt werden und kann nicht allgemeingültig bestimmt werden.

---

578 Vgl. dazu auch die Aussage von *Scherer*, Doppelbesteuerung (1995), S. 26 unter FN 55.

579 *Rust/Reimer*, IStR 2005, 843 (845).

580 Siehe dazu ausführlich unter Punkt F.I.3.d)cc).

581 Vgl. dazu *Kempf/Bandl*, DB 2007, 1377 (1379 f.) unter Bezugnahme auf Art. 28 DBA-USA und § 50d Abs. 3 EStG. Es soll das Kriterium der in sich abgeschlossenen DBA-Regelung ausschlaggebend sein. Siehe dazu auch *Wolff*, in Wassermeyer, Doppelbesteuerung (2015), Art. 28 DBA-USA Rz. 7 m. w. N.

582 Siehe zu diesen Klauseln C.IV.2.e).

583 *Frotscher*, Zur Zulässigkeit des „Treaty Override", in Spindler/Tipke/Rödder, Festschrift für Harald Schaumburg (2009), S. 687 (702); *Wolff*, in Wassermeyer, Doppelbesteuerung (2015), Art. 28 DBA-USA Rz. 7 m. w. N.

Damit ist als Ergebnis Folgendes festzuhalten: Zwar sind die DBA-Regelungen im Verhältnis zu nationalen Steuernormen grundsätzlich als spezieller anzusehen, regelmäßig jedoch nicht gegenüber an DBA-Regelungen anknüpfende Treaty Overriding-Vorschriften. Ob diese die Nichtanwendung der DBA ausdrücklich anordnen, ist für die Bestimmung des Spezialitätsverhältnisses irrelevant.

b) DBA als „leges aliae" zu nationalen Steuergesetzen

Indes wird das Ergebnis, dass DBA als „leges speciales" gegenüber den nationalen Steuergesetzen anzusehen sind, von manchen Autoren bezweifelt. Sie deuten das Verhältnis zwischen nationalen Steuergesetzen und DBA nicht im Sinne einer Spezialität, sondern charakterisieren diese Normen auf Grund eines unterschiedlichen Regelungsgehalts als „leges aliae".[584] Der unterschiedliche Regelungsgehalt der DBA sei darin zu erblicken, dass durch sie im Gegensatz zu den steuerbegründenden nationalen Steuergesetzen Steuersubstrat zwischen den Vertragsstaaten gemäß dem jeweiligen Verhandlungsergebnis verteilt[585] und so den aus den nationalen Steuergesetzen folgenden Steueransprüchen Schranken gesetzt werden.[586] Sie stellten insofern ein eigenes Regelungssystem[587] mit eigenen Begrifflichkeiten dar.[588] Aus der Charakterisierung als „leges aliae" folge, dass DBA zu innerstaatlichem Steuerrecht mit einem anderen Regelungsbereich nebeneinander stünden.[589] Daher könne bei einer Normenkollision ausschließlich der „lex posterior"-Grundsatz und nicht der „lex specialis"-Grundsatz Wirkung entfalten, wobei § 2 AO Abs. 1 AO wiederum auf den erstgenannten Grundsatz einwirke.[590]

Der Einordnung von DBA-Regelungen als „leges aliae" ist nicht zu folgen. Zwar stellen die DBA tatsächlich eine gesetzgeberische Besonderheit dar, zumal sie nicht den sonst für sonstige steuerliche Vorschriften üblichen Gesetzgebungsprozess durchlaufen. Es spricht aber rechtsmethodisch nichts dagegen, diese nach ihrer Umsetzung in innerstaatliches Recht durch einen Akt des Gesetzgebers in Form des Zustimmungsgesetzes den für gleichrangige Normen geltenden innerstaatlichen

---

584 In diesem Sinne *Seer*, IStR 1997, 481 (484) mit Verweis auf die Meinung von *Birk*, weitergeführt von *Musil*, in Hübschmann/Hepp/Spitaler, AO FGO (2015), § 2 Rz. 165; siehe auch *Musil*, Deutsches Treaty Overriding (2000), S. 68 f.; *ders.*, RIW 2006, 287 (290); ebenso *Mössner*, in ders. u. a., Steuerrecht international tätiger Unternehmen (2012), Rz. 2.453.

585 Siehe zu dem grundlegenden Charakter der DBA als Verteilungsnormen *Lehner*, in Vogel/Lehner, DBA (2015), Grundlagen des Abkommensrechts Rz. 67 und 77 ff.

586 Vgl. dazu auch *Lehner*, in Vogel/Lehner, DBA (2015), Grundlagen des Abkommensrechts Rz. 66; *Debatin*, DStR 1992/Beihefter zu Heft 23, 1 (2); *Seer*, IStR 1997, 481 (484).

587 So *Musil*, in Hübschmann/Hepp/Spitaler, AO FGO (2015), § 2 Rz. 165.

588 Siehe dazu *Wassermeyer*, in ders., Doppelbesteuerung (2015), Art. 3 MA Rz. 71a.

589 *Musil*, in Hübschmann/Hepp/Spitaler, AO FGO (2015), § 2 Rz. 165.

590 So dann auch die weitere Prüfung bei *Musil*, in Hübschmann/Hepp/Spitaler, AO FGO (2015), § 2 Rz. 167 ff.

Kollisionsregeln zu unterwerfen.[591] Dass sie insbesondere auf Grund der gewünschten internationalen Verständlichkeit der Regelungen zum Teil veränderte Begrifflichkeiten aufweisen und insoweit eine gewisse innere Systematik aufweisen, ändert daran nichts. Entscheidend ist, dass sie sich wie nationale Steuerbefreiungsvorschriften auf die Steuerschuld des Steuerpflichtigen auswirken.

Doch auch wenn man die DBA als eigenes Regelungssystem betrachten würde, müsste dargelegt werden, warum nicht auch im Rahmen von Kollisionen zweier Normen aus zwei verschiedenen Regelungssystemen auf gleicher Normenebene der „lex specialis"-Grundsatz nicht anzuwenden sein sollte. Denn nach der hier vertretenen Definition des „lex specialis"-Grundsatzes von *Larenz* ist ein gemeinsames „Regelungssystem" für die Frage der Anwendung des „lex specialis"-Grundsatzes keineswegs Bedingung.[592] Wäre dies so, so müsste man weiter konkretisieren, in welchem Maße sich ein „Regelungssystem" von einem anderen unterscheiden müsste, damit deren Einzelnormen nicht in das Verhältnis der Spezialität gesetzt werden dürfen.

Das Kriterium „Regelungssystem" hat folglich mit der Qualifikation von Normen als „leges speciales" nichts zu tun. Vielmehr ist kein Grund ersichtlich, warum nicht auch ein in diesem Sinne verstandenes „Regelungssystem" mit anderen gleichrangigen Normen im Falle sich widersprechender Rechtsfolgenanordnungen konkurrieren kann.

Ebenso verhält es sich mit der Einstufung der DBA als Verteilungsnormen. Auch dieser Einstufung ist keine Aussage zur Frage der Spezialität zu entnehmen. Die Frage der Spezialität ist stets eine Frage des Regelungsinhalts und nicht der Charakterisierung der Wirkung von Normen. Zum anderen handelt es sich um eine generelle Feststellung, die Frage nach der Spezialität einer Regelung ist aber stets einzelfallbezogen.[593]

Folglich können die Fragen, die der „lex specialis"-Grundsatz im Bereich des Treaty Overriding insbesondere im Zusammenspiel mit dem „lex posterior"-Grundsatz aufwirft, nicht durch eine Klassifikation der DBA-Regelungen als „leges aliae" umgangen werden. Treffend spricht auch der Bundesfinanzhof insoweit in einer Entscheidung zum innerstaatlichen und abkommensrechtlichen Schachtelprivileg von einer „*Tatbestands- und Rechtsfolgenkonkurrenz*".[594]

c) DBA und Treaty Overriding im Rahmen des „lex posterior"-Grundsatzes

Der Grundsatz „lex posterior derogat legi priori" verkörpert kein generell rechtslogisches Prinzip, sondern stellt eine logisch zwingende Schlussfolgerung aus der Rechtsetzungsbefugnis im demokratischen Rechtsstaat dar.[595] Der aktuell gewählte

---

591 Ähnlich schon *Mausch*, Treaty Overriding (1998), S. 201 f.
592 Siehe Punkt F.I.3.a).
593 Vgl. insoweit treffend schon *Mausch*, Treaty Overriding (1998), S. 202.
594 BFH vom 23.6.2010, I R 71/09, IStR 2010, 701 (703).
595 Vgl. dazu *Heckmann*, Geltungskraft und Geltungsverlust (1997), S. 161; siehe zu diesem Grundsatz auch *Schilling*, Rang und Geltung (1994), S. 449 f.; zu weiteren rechtstheoretischen Ansätzen *Kerath*, Maßstäbe zur Auslegung (1995), S. 145.

Gesetzgeber soll die volle Entscheidungskraft besitzen. In Deutschland ist die verfassungsrechtliche Verankerung[596] des Grundsatzes folglich im Demokratieprinzip zu sehen.[597] In dem „lex posterior"-Grundsatz kommt die Absicht des Gesetzgebers zum Ausdruck, dass er mit dem später gesetzten Recht das frühere Recht außer Kraft setzen will.[598] Daher setzt sich die jüngere Norm bei Anwendung auf den gleichen Lebenssachverhalt und widersprechender Rechtsfolge gegenüber der älteren Norm durch.[599] Die Erleichterung, die dem aktuellen Gesetzgeber durch die Anwendung dieses Grundsatzes widerfährt, besteht darin, dass er nicht stets ausdrücklich frühere, inhaltlich der späteren Norm widersprechende Regelungen explizit aufheben muss, sondern dass eine Vermutung besteht, dass diese nicht (mehr) anzuwenden sind.[600] In Bezug auf Treaty Overriding-Vorschriften und DBA ergibt sich daraus, dass je nach dem Zeitpunkt des Erlasses des Zustimmungsgesetzes und des abändernden Steuergesetzes entweder die DBA-Regelung oder das nationale Steuergesetz anzuwenden wären.[601] Insoweit ist der „lex posterior"-Grundsatz völkerrechtsneutral.[602]

Für die konkrete Bestimmung der lex posterior ist der Zeitpunkt des Erlasses des Zustimmungsgesetzes zu einem DBA[603] und des Treaty Overriding-Gesetzes

---

596 Völkerrechtlich ist dieser Grundsatz in Art. 30 Abs. 3 WÜRV kodifiziert. Dieser spielt hier aber keine Rolle, da es nicht um das Verhältnis von durch zwei oder mehr Staaten gesetztem Völkerrecht geht, sondern um das Verhältnis eines in den innerstaatlichen Rechtskreis einbezogenen völkerrechtlichen Vertrags zu sonstigem nationalen Recht.

597 Vgl. *Becker*, NVwZ 2005, 289 (291); eingehend zum Verhältnis des Demokratieprinzips zum „lex posterior"-Grundsatz *Heckmann*, Geltungskraft und Geltungsverlust (1997), S. 205 ff.; ähnlich auch *Bydlinski*, Juristische Methodenlehre (1991), S. 574: „*Man müßte die Derogationsregel* (gemeint ist der „lex posterior"-Grundsatz, Anm. des Verfassers) *nämlich in allen Rechtsordnungen, die auf der Voraussetzung beruhen, daß Rechtsnormen in weitem Umfang von dazu ermächtigten Menschen gemacht werden, als allgemein anerkannte und mit Selbstverständlichkeit geübte Norm, somit als universalen Gewohnheitsrechtssatz, anerkennen.*" Siehe dazu auch *Nettesheim*, in Maunz/Dürig, Grundgesetz (2015), Art. 59 Rz. 186 f. mit Überlegungen zur Abmilderung der regiden Folgen des „lex posterior"-Grundsatzes.

598 Vgl. *Bydlinski*, Juristische Methodenlehre (1991), S. 572.

599 Vgl. *Wernsmann*, in Hübschmann/Hepp/Spitaler, AO FGO (2015), § 4 Rz. 365.

600 Vgl. zu Letzterem auch *Musil*, in Hübschmann/Hepp/Spitaler, AO FGO (2015), § 2 Rz. 172.

601 Vgl. *Mausch*, Treaty Overriding (1998), S. 214 f.

602 *Rust/Reimer*, IStR 2005, 843 (845); vgl. auch *Kluge*, Das Internationale Steuerrecht (2000), S. 650.

603 Mit „Erlass" ist die Ausfertigung durch den Bundespräsidenten und die Verkündung des Zustimmungsgesetzes im Bundesgesetzblatt gemeint, siehe dazu Punkt B.III.

entscheidend.[604] Soweit Gesetzesänderungen und Neubekanntmachungen von DBA jedoch keinen Einfluss auf den Inhalt einer konkreten Treaty Overriding-Vorschrift haben, können sie nicht maßgeblich sein.[605] Verhält sich der Gesetzgeber mit einer Gesetzesänderung oder einer Neubekanntmachung nämlich nicht zum Inhalt einer Norm, kann ausgeschlossen werden, dass ein für den „lex posterior"-Grundsatz vermuteter Wille des Gesetzgebers zur Anwendung der späteren statt der früheren Norm überhaupt gebildet wurde.[606]

Soweit *Becker* zu dem Ergebnis kommt, dass der „lex posterior"-Grundsatz in dem hier behandelten Kontext aus verfassungsrechtlichen Gründen nicht zur Anwendung kommt,[607] ist dem zu widersprechen. Denn *Becker* leitet dieses Ergebnis daraus ab, dass dem völkerrechtlichen Vertrag nach seiner Einbeziehung in innerstaatliches Recht ein höherer Rang zukommt als dem sonstigen nationalen Steuernormen.[608] Die Nichtanwendung des „lex posterior"-Grundsatzes bei Rangungleichheit ist zwar richtig, jedoch ist nach hier vertretener und bereits ausführlich dargestellter Ansicht von einer Ranggleichheit der fraglichen Normen auszugehen.[609]

d) Kollision des „lex posterior"-Grundsatzes und des „lex specialis"-Grundsatzes

Wie den vorstehenden Ausführungen zu den allgemeinen Kollisionsregeln zu entnehmen ist, kommt es regelmäßig jedenfalls dann zur Anwendung der Treaty Overriding-Vorschrift auf Grund ihrer Spezialität gegenüber den allgemeineren Abkommensregelungen,[610] wenn sie im Vergleich zugleich die jüngere Vorschrift ist. Nicht so klar zu beantworten ist hingegen die Frage nach dem Anwendungsvorrang, wenn das speziellere Gesetz das frühere Gesetz ist. In dieser Konstellation spricht der „lex specialis"-Grundsatz für die Anwendung des früheren, der „lex posterior" -Grundsatz aber für die Anwendung des späteren Gesetzes. Diese Konfliktsituation gilt es aufzulösen.

---

604 So richtig *Rust/Reimer*, IStR 2005, 843 (846 f.); a. A. *Kerath*, Maßstäbe zur Auslegung (1995), S. 146 f. und S. 154, der auf den Austausch der Ratifikationsurkunden abstellt.
605 So richtig *Rust/Reimer*, IStR 2005, 843 (846 f).
606 Vgl. dazu ebenfalls *Rust/Reimer*, IStR 2005, 843 (846 f.), die allerdings nicht auf den Willen des Gesetzgebers abstellen bzw. keine Verbindung zum „lex posterior"-Grundsatz herstellen.
607 *Becker*, NVwZ 2005, 289 (291).
608 *Becker*, NVwZ 2005, 289 (291).
609 Punkt F.I.2.a).
610 Die Feststellung dieses Verhältnisses kann nur im Einzelfall erfolgen. Siehe dazu Punkt F.I.3.a).

aa) Auflösung des Konflikts zu Gunsten der „lex posterior"

Abzulehnen ist diesbezüglich die Ansicht von *Mausch*, der im Konfliktfalle den „lex posterior"-Grundsatz gegenüber dem „lex specialis"-Grundsatz zur Anwendung kommen lassen will, da dieser eine *„Gültigkeitsnorm"* sei, wohingegen der „lex specialis"-Grundsatz eine *„bloße Rechtsanwendungsnorm"* darstelle.[611] Diese Einschätzung lässt sich nicht begründen, da es schlicht an einem Grund für diese abweichende Einordnung des „lex posterior"-Grundsatzes fehlt. Auch bei der von *Mausch* zitierten Fundstelle in einem Aufsatz von *Schröcker*[612] findet sich eine solche nicht. Vielmehr handelt es sich bei beiden Rechtssätzen gleichermaßen um Rechtsanwendungsregeln.[613] Ein Rangverhältnis in dem von *Mausch* befürworteten Sinne besteht nicht.

bb) Auflösung des Konflikts durch den Satz „lex generalis posterior non derogat legi speciali (priori)"

Im Gegensatz zur Ansicht von *Mausch* trifft der im Schrifttum verbreitet zu findende Satz „lex generalis posterior non derogat legi speciali (priori)" eine Lösung zu Gunsten der spezielleren Norm.[614] Gemäß diesem Satz wäre die Treaty Overriding-Vorschrift immer dann anzuwenden, wenn sich im DBA keine zur Treaty Overriding-Vorschrift speziellere Regelung findet, was auf Grund des in dieser Arbeit vertretenen Verständnisses der Treaty Overriding-Vorschrift als lex specialis regelmäßig nicht der Fall sein wird.[615]

Doch gilt dieser Satz nicht uneingeschränkt. Ist das spätere Gesetz eine in sich abgeschlossene Kodifikation im Sinne einer auf eine gewisse Vollständigkeit angelegten Regelung, kommt diese Art der Kollisionslösung nach allgemeiner Ansicht nicht zum Tragen.[616] Vielmehr soll in einem solchen Fall eine Vermutung zu Gunsten

---

611 *Mausch*, Treaty Overriding (1998), S. 212 ff. mit Verweis auf *Schröcker*, DVBl. 1958, 369 (376); vgl. auch *Heckmann*, Geltungskraft und Geltungsverlust (1997), S. 166 ff.; dagegen bereits *Kerath*, Maßstäbe zur Auslegung (1995), S. 149: *„völlig abwegige Äußerungen (...)."*

612 *Schröcker*, DVBl. 1958, 369 (376).

613 So auch *Heckmann*, Geltungskraft und Geltungsverlust (1997), S. 171 f.; *Schilling*, Rang und Geltung (1994), S. 548 ff.

614 Zuletzt diesen Satz im Verhältnis von nationalen Steuernormen zu DBA-Regelungen anwendend *Gebhardt*, Deutsches Tax Treaty Overriding (2013), S. 24; *Lampert*, Doppelbesteuerungsrecht und Lastenausgleich (2009), S. 54; beide mit Verweis auf *Rust/Reimer*, IStR 2005, 843 (845); vorher bereits *Kerath*, Maßstäbe zur Auslegung (1995), S. 149; vgl. auch *Schaumburg*, Internationales Steuerrecht (2011), Rz. 3.25; allgemein *Drüen*, in Tipke/Kruse, AO/FGO (2015), § 4 Rz. 270; zu Normen des innerstaatlichen Steuerrechts BFH vom 29.9.1992, VII R 56/91, BFHE 169, 564 (570).

615 Zu einem solchen Fall im DBA-USA Punkt F.I.3.a).

616 *Bydlinski*, Juristische Methodenlehre (1991), S. 573; *Wernsmann*, in Hübschmann/Hepp/Spitaler, AO FGO (2015), § 4 Rz. 365.

der Anwendung des späteren und allgemeineren Rechts bestehen.[617] Als Beispiel aus dem Steuerrecht kann die Neufassung des Körperschaftssteuergesetzes aus dem Jahre 1977 genannt werden, mit der eine „*völlige Neuorientierung des Körperschaftssteuergesetzes*" begründet wurde.[618] Insbesondere vor dem Hintergrund, dass DBA von Stimmen in der Literatur als eigenständiges Regelungssystem mit eigenen Begrifflichkeiten verstanden werden,[619] stellt sich durchaus die Frage, ob nicht jedes DBA eine solche Kodifikation darstellt und bereits aus diesem Grunde im Falle der Kollision des „lex posterior"– mit dem „lex specialis"-Grundsatz anzuwenden ist. Diese Frage wurde im deutschen Schrifttum bisher nicht behandelt.[620] Daher fehlen bisher konkrete Kriterien, die für eine Einordnung als „Kodifikation" heranzuziehen sind. Für eine solche Charakterisierung könnte angeführt werden, dass jedes DBA das Ergebnis von Verhandlungen zwischen zwei Staaten ist und die Verteilung des Besteuerungssubstrats im Anwendungsbereich des DBA zwischen diesen Staaten abschließend geregelt werden soll. Dagegen spricht jedoch, dass DBA gerade nicht in sich abgeschlossen sind, sondern hinsichtlich der inhaltlichen Bestimmung gewisser Abkommensbegriffe (vgl. Art. 3 Abs. 2 OECD-MA) oder der Methode zur Vermeidung der Doppelbesteuerung regelmäßig ins innerstaatliche Recht verweisen. Doch selbst wenn man DBA als in sich abgeschlossene Kodifikationen betrachtet, so lässt sich die allein aus der Abgeschlossenheit der Regelung folgende Vermutung, dass der Gesetzgeber die Kodifikation angewendet wissen will, jedenfalls nicht für die DBA aufrechterhalten. Denn dagegen spricht entscheidend, dass der deutsche Gesetzgeber schon vielfach von einer Treaty Overriding-Gesetzgebung Gebrauch gemacht hat und dadurch die „in sich geschlossene Kodifikation" von DBA selbst vielfach modifiziert hat. Mit dieser Gesetzgebungsrealität verträgt sich die Vermutung nicht, der Gesetzgeber würde stets das DBA angewendet wissen wollen.

Aus der Einordnung der Treaty Overriding-Vorschrift als im Vergleich zur DBA-Regelung speziellere Vorschrift folgt also gemäß dem Satz „lex generalis posterior non derogat legi speciali (priori)", dass sie sich auch gegenüber jüngeren DBA durchsetzt. Doch kann dieser Satz nicht durchweg Geltung für sich beanspruchen. Bereits die oben diskutierte Ausnahme für Kodifikationen lässt den Eindruck entstehen, dass es sich nur um eine schwache Rechtsregel hält. Sie ist daher nur als eine Vermutungsregel anzusehen. Als solche kann sie jedoch wiederlegt werden, was nicht zuletzt die im Schrifttum verbreitete Ausgrenzung der „Kodifikations-Fälle" zeigt. Daher ist mit dem Satz „lex generalis posterior non derogat legi speciali (priori)" nicht viel gewonnen. Die Lösung des Konfliktfalles zwischen dem „lex posterior"-Grundsatz und dem „lex specialis"-Grundsatz ist somit im Ergebnis in

---

617   *Wernsmann*, in Hübschmann/Hepp/Spitaler, AO FGO (2015), § 4 Rz. 365.
618   *Kerath*, Maßstäbe zur Auslegung (1995), S. 152.
619   Siehe dazu *Musil*, in Hübschmann/Hepp/Spitaler, AO FGO (2015), § 2 Rz. 165; vgl. auch *Wassermeyer*, in ders., Doppelbesteuerung (2015), Art. 3 MA Rz. 71a.
620   Anders wohl im österreichischen Schrifttum bei der Kodifikation des ABGB, vgl. *Bydlinski*, Juristische Methodenlehre (1991), S. 573 m. w. N.

der Bestimmung des Willens des Gesetzgebers anhand der zur Verfügung stehenden Auslegungsmittel zu suchen.

cc) Auflösung des Konflikts durch Auslegung

Sowohl der „lex posterior"-Grundsatz wie auch der „lex specialis"-Grundsatz pauschalieren in ihrer Anwendung den Willen des Gesetzgebers[621] und führen in der Regel zu Ergebnissen, die den Willen des Gesetzgebers korrekt wiedergeben. Dies führt regelmäßig zu einer unkomplizierten Gesetzesanwendung. Wie gezeigt, können sie diese (Vereinfachungs-)Funktion aber dann nicht erfüllen, wenn ihre Anwendung zu sich widersprechenden Ergebnissen führt. In diesem Fall ist auf den Willen des Gesetzgebers abzustellen, der durch die allgemeinen Auslegungsmethoden eruiert werden muss.[622] Damit ist die Frage des Anwendungsvorrangs in diesen Fällen eine Frage des jeweiligen Einzelfalls.[623] Auslegungsbedürftig sind dabei sowohl die speziellere als auch die jüngere Norm.[624] Hinsichtlich der jüngeren Norm stellt sich die Frage, ob sie die ältere, aber speziellere Norm verdrängen soll. Bezüglich der spezielleren, aber älteren Norm stellt sich die Frage, ob ein ihr innewohnender oder ausdrücklich angeordneter Anwendungsvorrang auch die Anwendung zukünftiger, ihrer Rechtsfolge widersprechender Normen (DBA) sperren soll.

Hinsichtlich der spezielleren, aber früheren Treaty Overriding-Vorschrift ist danach zu unterscheiden, ob der Gesetzgeber seinen Willen zur Anwendung der Vorschrift statt einer widersprechenden Vorschrift im entsprechenden DBA in der Norm ausdrücklich kenntlich gemacht hat oder ob er dies (bewusst oder unbewusst) unterlassen hat.

Zunächst soll die Konstellation untersucht werden, in welcher die Kenntlichmachung in der Treaty Overriding-Vorschrift erfolgt. Die Kenntlichmachung geschieht durch Zusätze wie „ungeachtet des Abkommens" oder Ähnliches.[625] Damit bringt der Gesetzgeber zum Ausdruck, dass er die Treaty Overriding-Vorschrift und nicht die entsprechende DBA-Regelung angewendet wissen will. Dies wird für den hier untersuchten Fall, dass das DBA erst später erlassen wird, für die vorrangige Anwendung der Treaty Overriding-Vorschrift zum Teil als ausreichend betrachtet.[626]

---

621 *Bydlinski,* Juristische Methodenlehre (1991), S. 573.

622 So im Ergebnis auch *Bydlinski,* Juristische Methodenlehre (1991), S. 573: „(...) unter Heranziehung allen auch sonst relevanten Auslegungsmaterials (...)"; *Frotscher,* Zur Zulässigkeit des „Treaty Override", in Spindler/Tipke/Rödder, Festschrift für Harald Schaumburg (2009), S. 687 (701 f.); *Wernsmann,* in Hübschmann/Hepp/Spitaler, AO FGO (2015), § 4 Rz. 365.

623 Vgl. dazu auch *Rust/Reimer,* IStR 2005, 843 (846 ff.).

624 Vgl. *Bydlinski,* Juristische Methodenlehre (1991), S. 572.

625 Siehe dazu ob die Übersicht über die einzelnen Formulierungen in den entsprechenden Steuervorschriften bei *Gebhardt,* Deutsches Tax Treaty Overriding (2013), S. 10 f.

626 So explizit etwa *Frotscher,* Zur Zulässigkeit des „Treaty Override", in Spindler/Tipke/Rödder, Festschrift für Harald Schaumburg (2009), S. 687 (702); dies allgemein

Andere wie insbesondere *Rust/Reimer* bezweifeln die Wirkung solcher Formulierungen für den Erlass zukünftiger DBA.[627] Bei Neuverträgen sei es zweifelhaft, ob der früher geäußerte Wille des Gesetzgebers noch Bestand haben soll. Die Anforderungen an die Kenntlichmachung des gesetzgeberischen Willens seien jedenfalls im Hinblick auf Neuverträge erhöht. Denn es könne sein, dass der Gesetzgeber bei Erlass des Zustimmungsgesetzes seinen Willen geändert hat. Lediglich wenn ein klarstellender Vorbehalt zu Gunsten der Treaty Overriding-Vorschriften in den (neuen) DBA eingefügt würde, wäre ein klarer Vorrang der Treaty Overriding-Vorschrift gegeben.[628] Geschieht dies nicht, so sei ein Auslegungsspielraum eröffnet. Dieser sei auf Grund der vom Bundesverfassungsgericht befürworteten auslegungsleitenden Maxime der Völkerrechtsfreundlichkeit des Grundgesetzes[629] auszufüllen und gebiete eine völkerrechtskonforme Auslegung des innerstaatlichen Rechts in dem Sinne, dass die Deutungsvariante der Vorzug zu geben ist, die nicht zu einem Konflikt mit den völkerrechtlichen Verpflichtungen führe.[630] Diese bestehe in diesem Zusammenhang darin, in den Treaty Overriding-Vorschriften zu findende Anordnungen wie „ungeachtet des Abkommens" nicht auf später erlassene Zustimmungsgesetze zu DBA zu beziehen und somit die späteren DBA trotz der so formulierten Treaty Overriding-Vorschriften zur Anwendung kommen zu lassen. Daher sei der Gesetzgeber gehalten, in neuen DBA einen Vorbehalt zu Gunsten der Treaty Overriding-Vorschriften zu vereinbaren, da nur damit deren Anwendung gewährleistet werden könne.[631] Dieser Sichtweise hat sich jüngst auch das Finanzgericht Hamburg angeschlossen, gegen dessen Entscheidung Revision einglegt wurde, so dass hier eine Stellungnahme des Bundesfinanzhofs zu erwarten ist.[632]

Doch ist *Rust/Reimer* schon in ihrem Ansatzpunkt entgegenzutreten. Soweit sie nämlich bezweifeln, dass sich Ausdrücke wie „ungeachtet des Abkommens" nicht zwingend auf zukünftige DBA beziehen,[633] kann dem nicht gefolgt werden. Zum einen ergibt sich die Eindeutigkeit des diesbezüglichen Willens des Gesetzgebers

---

zu völkerrechtlichen Verträgen implizierend *Nettesheim*, in Maunz/Dürig, Grundgesetz (2015), Art. 59 Rz. 187.

627 Dazu und zum Folgenden *Rust/Reimer*, IStR 2005, 843 (845 f.); ihnen folgend FG Hamburg vom 21.8.2013, 1 K 87/12, EFG 2013, 1932, Revision eingelegt unter Az. des BFH: I R 64/13.

628 A.A. *Frotscher*, Zur Zulässigkeit des „Treaty Override", in Spindler/Tipke/Rödder, Festschrift für Harald Schaumburg (2009), S. 687 (702).

629 Vgl. nur BVerfGE 112, 1 (26); dazu später ausführlich Punkt F.III.4.

630 Es ist darauf hinzuweisen, dass es sich in der von *Rust/Reimer*, IStR 2005, 843 (845), dargestellten Deutungsvariante der „völkerrechtskonformen Auslegung" durch das Bundesverfassungsgericht mit Bezug auf das Völkervertragsrecht um eine Erscheinung neueren Datums handelt.

631 Zu der gesamten Argumentation *Rust/Reimer*, IStR 2005, 843 (845 ff.).

632 FG Hamburg vom 21.8.2013, 1 K 87/12, EFG 2013, 1932, Revision eingelegt unter Az. des BFH: I R 64/13.

633 *Rust/Reimer*, IStR 2005, 843 (846).

aus der generellen Zielrichtung, die er mit der Einführung von Treaty Overriding-Vorschriften verfolgt. Zweck ist vornehmlich die Schließung von vermuteten oder tatsächlichen Besteuerungslücken.[634] Es ist anzunehmen, dass der Gesetzgeber diesen fiskalischen Zweck mit den genannten Formulierungen auf möglichst lückenlose, umfassende Weise verfolgen will und daher nicht einzelne neue DBA davon ausgenommen wissen will.[635] Zum anderen spricht jedoch entscheidend gegen die Auffassung von *Rust/Reimer*, dass die Treaty Overriding-Vorschriften auf das jeweils anzuwendende Abkommen in Bezug zu setzen sind. Das bedeutet, dass ein Ausdruck wie „ungeachtet des Abkommens" stets zu lesen ist wie „ungeachtet des *jeweils anzuwendenden* Abkommens". Nach diesem Verständnis kommt dem so geäußerten Willen des Gesetzgebers auch Wirkung für die Anwendung zukünftiger DBA zu. Ansonsten wäre ein ausdrücklicher Zukunftsbezug in den einschlägigen Gesetzesformulierungen nötig. Das wäre umständlich und mutet für die Gesetzgebungspraxis außergewöhnlich an, auch wenn eine ausdrückliche Anordnung des Gesetzgebers zu Gunsten der Anwendung der lex specialis prior keinerlei Bedenken ausgesetzt und daher als Mittel der Gesetzgebung möglich ist.[636]

Auch das Bundesverfassungsgericht gesteht dem Gesetzgeber durchaus zu, sich auch für einen völkerrechtswidrigen Gesetzgebungsakt zu entscheiden. Zwar ist es nach der Rechtsprechung des Bundesverfassungsgerichts geboten, das

Grundgesetz „nach Möglichkeit so auszulegen (...), dass ein Konflikt mit völkerrechtlichen Verpflichtungen der Bundesrepublik Deutschland nicht entsteht".[637]

Hinsichtlich der Anwendung und Auslegung von nationalem *Bundesrecht* hingegen formuliert das Bundesverfassungsgericht vorsichtiger. Zwar ist auch dies

„unabhängig von dem Zeitpunkt seines Inkrafttretens nach Möglichkeit im Einklang mit dem Völkerrecht auszulegen (...)."[638]

---

634 Siehe zu den einzelnen Zweckrichtungen, die unterschieden werden können, Punkt D.VI.

635 Dagegen wird teilweise eingewendet, dass dies zu einer Ungleichheit in der Besteuerung führen würde, die allein in dem Zeitpunkt des Erlasses des Zustimmungsgesetzes zu einem neuen DBA abhinge und daher vom Gesetzgeber nicht gewollt sein könne, so *Frotscher*, Zur Zulässigkeit des „Treaty Override", in Spindler/Tipke/Rödder, Festschrift für Harald Schaumburg (2009), S. 687 (702). Doch nimmt der Gesetzgeber regelmäßig Ungleichbehandlungen in Kauf, die sich beispielsweise auf Grund unterschiedlicher Ausgestaltungen der DBA ergeben. Allein aus einer Ungleichbehandlung auf den fehlenden Willen des Gesetzgebers zur Anwendung einer diese Ungleichbehandlung bewirkenden Norm zu schließen, erscheint daher zweifelhaft. Im Übrigen kann die Ungleichbehandlung ohnehin verfassungsrechtlich gerechtfertigt sein. Damit verträgt sich die Annahme eines per se entgegenstehenden Willens des Gesetzgebers nicht.

636 Vgl. auch *Vranes*, ZaöRV 65 (2005), 391 (402).

637 BVerfGE 111, 307 (318).

638 BVerfGE 111, 307 (324).

Jedoch macht das Bundesverfassungsgericht in der im Zitat erwähnten Entscheidung den dafür nötigen Auslegungsspielraum davon abhängig, ob der Gesetzgeber seinen Willen, Völkerrecht zu brechen, klar kenntlich macht, wenn es dort heißt:

> „(...) es ist nicht anzunehmen, daß der Gesetzgeber, sofern er dies nicht klar bekundet hat, von völkerrechtlichen Verpflichtungen der Bundesrepublik Deutschland abweichen oder die Verletzung solcher Verpflichtungen ermöglichen will."[639]

Jedenfalls bei einer „klaren Bekundung" ist folglich nach der Rechtsprechung des Bundesverfassungsgerichts keine völkerrechtskonforme Auslegung möglich. Einer solchen Bekundung bedient sich jedoch der Gesetzgeber, wenn er in vielen Treaty Overriding-Vorschriften durch Ausdrücke wie „ungeachtet des Abkommens" die Anwendung der Vorschrift anordnet und damit nach hier vertretener Lesart auch den Fall regelt, dass das DBA zeitlich dem Erlass der Treaty Overriding-Vorschrift nachfolgt.[640] Ob dem Gesetzgeber durch das Grundgesetz materielle Schranken gesetzt werden, wenn er sich völkerrechtswidrig verhält, ist damit nicht beantwortet.

Anders kann der Fall liegen, wenn der Wille des Gesetzgebers zum Anwendungsvorrang des widersprechenden Steuergesetzes nicht ausdrücklich im Gesetzestext kenntlich gemacht wird. Hier kommen einige Autoren zu dem Schluss, dass ohne eine solche Kenntlichmachung auf Grund des Grundsatzes der Völkerrechtsfreundlichkeit des Grundgesetzes und der deshalb gebotenen völkerrechtsfreundlichen bzw. völkerrechtskonformen Auslegung stets der DBA-Regelung der Vorrang einzuräumen sei.[641] Doch auch hier bleibt Raum für eine Auslegung zu Gunsten der Anwendung der Treaty Overriding-Norm. Denn ein an Hand der allgemein zur Verfügung stehenden Auslegungsmethoden festgestellter gesetzgeberischer Wille steht demjenigen, der im Gesetzestext ausdrücklich seinen Niederschlag gefunden hat, qualitativ in nichts nach.[642] Ist danach der Wille des Gesetzgebers festzustellen, dass er die Treaty Overriding-Norm etwa auf Grund der Schließung von Besteuerungslücken auch für zukünftige DBA angewendet wissen haben will, so ist für eine völkerrechtsfreundliche Auslegung kein Raum. Diese Sichtweise steht auch im Einklang mit der Rechtsprechung des Bundesverfassungsgerichts. Denn die oben zitierten Aussagen des Bundesverfassungsgerichts sind nach überzeugender Sichtweise als „widerlegliche Vermutung" anzusehen.[643] Dafür spricht schon der

---

639 In diesem Sinne BVerfGE 74, 358 (370) zum Verhältnis von StPO zur EMRK.

640 So im Ergebnis auch *Frotscher*, Zur Zulässigkeit des „Treaty Override", in Spindler/ Tipke/Rödder, Festschrift für Harald Schaumburg (2009), S. 687 (701 f.).

641 So explizit *Rust/Reimer*, IStR 2005, 843 (846); im Ergebnis wohl ebenso *Gebhardt*, Deutsches Tax Treaty Overriding (2013), S. 29; vgl. dazu auch *Viellechner*, Berücksichtigungspflicht als Kollisionsregel, in Matz-Lück/Hong, Grundrechte und Grundfreiheiten im Mehrebenensystem (2012), S. 109 (137 f.) mit Verweis auf BVerfGE 74, 358 (370).

642 A.A. wohl *Musil*, Deutsches Treaty Overriding (2000), S. 71.

643 So auch *Viellechner*, Berücksichtigungspflicht als Kollisionsregel, in Matz-Lück/ Hong, Grundrechte und Grundfreiheiten im Mehrebenensystem (2012), S. 109 (123).

einleitende Ausdruck, es sei „*nicht anzunehmen, daß (...)*".[644] Eine starre Regel zur ausdrücklichen Kenntlichmachung von Abweichungen von Völkerrecht hätte einer weitergehenden Begründung und insbesondere ein Eingehen auf die Folgen einer Nichtkenntlichmachung bedurft. Da dies nicht geschehen ist (und ein solcher Fall dem Bundesverfassungsgericht auch nicht vorlag), spricht auch dieser Umstand für die Deutung als widerlegliche Vermutung. Zur Widerlegung dieser Vermutung (soweit man sie überhaupt annimmt) sind insbesondere die Gesetzesmaterialien im Rahmen der historischen Auslegung heranzuziehen und dahingehend zu untersuchen, ob der Gesetzgeber bei der jeweiligen Norm mit Treaty Overriding-Wirkung die Schließung von Besteuerungslücken im Sinn hatte, die sich aus der Anwendung von DBA-Regelungen ergeben und ob er diese auch für zukünftige DBA angewendet wissen haben will. Es wird allerdings zu fordern sein, dass es Anhaltspunkte für diesen Willen gibt. Diesbezüglich sollte es genügen, dass der Gesetzgeber in der Gesetzesbegründung beispielsweise zum Ausdruck bringt, dass die Treaty Overriding-Vorschrift der Eindämmung von aus DBA-Regelungen resultierenden „Missbrauchsfällen" dient. Hier kann davon ausgegangen werden, dass damit auch solche „Missbrauchsfälle" erfasst sein sollen, die erst durch spätere DBA ermöglicht werden. Aber auch aus anderen Gründen kann sich die Annahme ergeben, dass eine Regelung für alle DBA gelten soll. So handelt es sich etwa bei § 50d Abs. 10 EStG um eine Klarstellung des Inhalts von abkommensrechtlichen Begriffen.[645] Diesbezüglich kann davon ausgegangen werden, dass diese Klarstellung für alle DBA gelten soll, da es schon im Wesen einer Definition liegt, dass sie unabhängig vom Zeitpunkt der Verwendung des definierten Begriffs Geltung beanspruchen soll.

Fehlen allerdings entgegenstehende Ansatzpunkte, so ist tatsächlich der völkerrechtsfreundlichen bzw. völkerrechtskonformen Auslegung der Vorzug zu geben.[646] Damit kann in den Fällen ohne ausdrückliche Kenntlichmachung des Willens des Gesetzgebers in dem hier zu untersuchenden Konfliktfall keine allgemein gültige Antwort auf die Anwendungsfrage gefunden werden. Vielmehr ist in diesen Konstellationen eine Entscheidung im Einzelfall geboten. Regelmäßig wird diese jedoch auf Grund der völkerrechtsfreundlichen Auslegung zu Gunsten der Anwendung des DBA ausfallen.

Für die Auslegung der lex posterior gilt sinngemäß das Gleiche. Denn wenn der abkommensverdrängende, auch auf zukünftige DBA bezogene Wille des Gesetzgebers bei Erlass einer früheren Treaty Overriding-Vorschrift feststeht, so ist davon auszugehen, dass der spätere Gesetzgeber diesen Willen und das Treaty Overriding mit den entsprechenden Wirkungen auf ein späteres DBA kennt.[647] Es kann dann vorbehaltlich entgegenstehender Anhaltspunkte im Einzelfall nicht davon

---

644   BVerfGE 74, 358 (370).
645   So die Gesetzesbegründung BT-Drs. 16/11108, S. 23.
646   So auch *Rust/Reimer*, IStR 2005, 843 (846).
647   So auch *Frotscher*, Zur Zulässigkeit des „Treaty Override", in Spindler/Tipke/ Rödder, Festschrift für Harald Schaumburg (2009), S. 687 (702 f.).

ausgegangen werden, dass er die mit dem Treaty Overriding getroffene frühere Entscheidung in Bezug auf das neue DBA revidieren will,[648] auch wenn er ohne weiteres die entsprechende Rechtsmacht hätte. Anders ist dies jedoch dann zu beurteilen, wenn der abkommensverdrängende Wille des Gesetzgebers in der früheren Treaty Overriding-Vorschrift nicht enthalten ist bzw. auf Grund einer völkerrechtsfreundlichen Auslegung nicht angenommen werden kann. Dann ist das spätere DBA anzuwenden.[649]

e) Zwischenergebnis

Als Ergebnis aus der Untersuchung der im Rahmen der Treaty Overriding-Gesetzgebung zu beachtenden allgemeinen Kollisionsnormen kann Folgendes festgehalten werden:

Der „lex superior"-Grundsatz kommt im Verhältnis der Treaty Overriding-Vorschriften zu den DBA auf Grund der Gleichrangigkeit der Normen nicht zur Anwendung und kann daher für eine Auflösung der Konfliktsituation bei Anordnung sich widersprechender Rechtsfolgen nicht fruchtbar gemacht werden.

Weiter gilt, dass die DBA im Verhältnis zu nationalen Steuervorschriften auf Grund ihres Regelungsgehalts als die spezielleren Normen vorrangig anzuwenden sind. Sie lassen sich als Steuerbefreiungsnormen charakterisieren. Knüpft die nationale Steuernorm (wie regelmäßig die Treaty Overriding-Vorschriften) an eine besondere DBA-Regelung inhaltlich an, so ist jedoch die nationale Steuernorm als speziellere Norm anzuwenden. Dieses Verhältnis von Treaty Overriding-Vorschrift und DBA führt dazu, dass die Treaty Overriding-Vorschrift mit und ohne Kenntlichmachung eines Anwendungsvorrangs jedenfalls gegenüber jedem DBA zur Anwendung kommt, das älter als die Treaty Overriding-Vorschrift ist.[650]

Zudem kommt der „lex posterior"-Grundsatz zur Anwendung. Auswirkungen hat dieser jedoch nur dann, wenn er eine andere Rechtsfolge anordnet als die ebenfalls gebotene Anwendung des „lex specialis"-Grundsatzes. In diesem Falle ist die Auslegung der sich widersprechenden Normen geboten. Bei ausdrücklicher Anordnung der Außerachtlassung einer DBA-Regelung im Gesetzestext ist dabei der entsprechenden nationalen Norm der Vorrang gegenüber älteren wie auch jüngeren DBA einzuräumen.[651] Ist im Falle eines Konflikts einer jüngeren DBA-Regelung

---

648 *Frotscher*, Zur Zulässigkeit des „Treaty Override", in Spindler/Tipke/Rödder, Festschrift für Harald Schaumburg (2009), S. 687 (7082 f.).

649 Insoweit übereinstimmend *Rust/Reimer*, IStR 2005, 843 (846).

650 *Rust/Reimer*, IStR 2005, 843 (847) kommen für den Fall der Nichtkenntlichmachung offenbar zu einem anderen Ergebnis, betrachten den Fall der Kenntlichmachung aber wie hier.

651 A. A. FG Hamburg vom 21.8.2013, 1 K 87/12, EFG 2013, 1932, Revision eingelegt unter Az. des BFH: I R 64/13; *Rust/Reimer*, IStR 2005, 843 (846) sehen hier dennoch einen Auslegungsspielraum, räumen aber ein, dass damit nicht geklärt sei, ob *„diese These jeden Einzelfall erfasst".*

und einer Treaty Overriding-Norm der modifizierende Charakter der nationalen Steuernorm nicht im Gesetzestext kenntlich gemacht, so ist zur Entscheidung der Anwendungsfrage der Wille des Gesetzgebers zur Schließung von Besteuerungslücken durch den Einsatz von Treaty Overriding-Vorschriften und die auf Grund der Völkerrechtsfreundlichkeit des Grundgesetzes gebotene völkerrechtsfreundliche Auslegung miteinander abzuwägen. Dabei können auch weitere Gesichtspunkte eine Rolle spielen (z. B. der definitorische Charakter der nationalen Steuernorm). Die gebotene völkerrechtsfreundliche Auslegung wird hier jedoch in vielen Fällen zur Anwendung der jüngeren DBA-Regelung führen. Dieses Ergebnis ist aber keineswegs zwingend.

Um die aus der beschriebenen Abwägung entstehende Rechtsunsicherheit hinsichtlich der Anwendung von Treaty Overriding-Normen zu vermeiden, ist dem Gesetzgeber zu raten, in neuen DBA einen Vorbehalt zu Gunsten der Anwendung der nationalen Steuernormen aufzunehmen[652] und gegebenenfalls neuere DBA, bei denen sich die Konfliktsituation zwischen dem „lex posterior"-Grundsatz und dem „lex specialis"-Grundsatz stellt, nachzuverhandeln.[653] Dem Gesetzgeber kann nicht daran gelegen sein, es auf eine Feststellung des Willens des Gesetzgebers im Einzelfall ankommen zu lassen. Es würde sich daher auch eine Aufnahme solcher Vorbehalte in die neue deutsche Verhandlungsgrundlage empfehlen, da sich die Problematik bei jedem neuen DBA stellt. Geschehen ist dies bisher nur für Missbrauchsabwehrregelungen.[654] Im Übrigen wären solche bilateralen „Öffnungsklauseln" auf Grund der ihnen innewohnenden Publizität hinsichtlich des vielfachen, unilateralen Vorgehens ein Akt der Fairness gegenüber jedem Vertragspartnerstaat, da der jeweilige Vertragsstaat auf die abweichenden innerstaatlichen Regeln aufmerksam gemacht wird.[655]

Ein Hinweis darauf, dass dieser Vorbehalt auch zu Gunsten späterer Treaty Overriding-Vorschriften gelten solle, ist nicht erforderlich, da sich dies aus den üblichen Formulierungen solcher Vorbehalte im Rahmen der Auslegung ergibt.[656] Im Übrigen ist in diesen Fällen stets zu prüfen, ob auf Grund des Regelungsvorbehalts überhaupt ein Treaty Overriding-Tatbestand vorliegt, da es dann bereits an dem konstituierenden Merkmal des Normwiderspruchs fehlen kann. Der in der Literatur

---

652 So auch die Empfehlung von *Rust/Reimer*, IStR 2005, 843 (846); von der Sinnhaftigkeit einer Klarstellung zeugt auch der vom FG Hamburg dem Bundesfinanzhof vorgelegte Fall, siehe FG Hamburg vom 21.8.2013, 1 K 87/12, EFG 2013, 1932, Revision eingelegt unter Az. des BFH: I R 64/13.

653 Die Anwendung der lex specialis prior gesetzlich anzuordnen, begegnet keinen Bedenken, siehe *Vranes*, ZaöRV 65 (2005), 391 (402).

654 Vgl. Art. 28 der deutschen Verhandlungsgrundlage; kritsch dazu *Roderburg/Rode*, ISR 2013, 149 (150 ff.).

655 In der Regel liegt in diesen Fällen kein Treaty Overriding (mehr) vor, siehe Punkt D.V.2.

656 Siehe Punkt D.V.II.c).

geäußerte Ruf nach den beschriebenen Regelungsvorbehalten ist nach dem Ergebnis der Untersuchung der Anwendungsfragen zum Treaty Overriding zu begrüßen.[657]

II. Ausgewählte verfassungsrechtliche Implikationen von Treaty Overriding im Allgemeinen

Die verfassungsrechtliche Würdigung von Treaty Overriding hat insbesondere seit *Vogels* Plädoyer für eine Verfassungswidrigkeit[658] in der steuerwissenschaftlichen Literatur eine facettenreiche Entwicklung genommen. Das Spektrum reicht von der Annahme einer fehlenden Gesetzgebungskompetenz des Gesetzgebers im Regelungsbereich von DBA[659] bis hin zur Feststellung, dass der Gesetzgeber von Verfassungs wegen weitgehend frei darin ist, Treaty Overriding-Vorschriften zu erlassen, sofern er sie nur als solche ausdrücklich kenntlich macht.[660] Eine vordringende Meinung in der steuerrechtlichen Literatur ist zwischenzeitlich im Bereich der „Schattierungen" dieser Meinungen verankert, wobei auch dabei eine ständige Entwicklung im Diskurs festzustellen ist.[661] Nicht nur diese ungewöhnliche Bandbreite an Meinungen zur Verfassungsmäßigkeit von Treaty Overriding, sondern auch die ganz unterschiedlichen Begründungsansätze und -muster zeigen, dass der verfassungsrechtliche Diskurs noch lange nicht abgeschlossen ist. Hintergrund für diese Entwicklung ist nicht zuletzt, dass diese Thematik eine Grundaussage zum Verhältnis zwischen innerstaatlichem Recht und Völkerrecht verlangt. Der Kern der verfassungsrechtlichen Problematik ist daher in dieser Grundfrage zu suchen, die wiederum durch die Charakterisierung des Grundgesetzes als „völkerrechtsfreundlich" eine neue Dynamik erfahren hat. Aus ihr heraus lässt sich eine Harmonisierung des Völkerrechts mit dem innerstaatlichen Recht erreichen und ein verfassungsrechtlicher Maßstab für das im Fall von Treaty Overriding völkerrechtswidrige

---

657 So auch mit anderer Begründung *Rust/Reimer*, IStR 2005, 843 (846); a. A. *Frotscher*, Zur Zulässigkeit des „Treaty Override", in Spindler/Tipke/Rödder, Festschrift für Harald Schaumburg (2009), S. 687 (702).

658 Siehe insbesondere *Vogel*, JZ 1997, 161 (165 ff.).

659 *Becker*, NVwZ 2005, 289 (291).

660 Siehe etwa *Musil*, in Hübschmann/Hepp/Spitaler, AO FGO (2015), § 2 Rz. 175 ff.; *Hahn*, IStR 2011, 863 (866 ff.); keine Verfassungswidrigkeit, aber ein Verstoß gegen die „Gültigkeitsbedingungen" des Abkommens annehmend *Lehner*, in Vogel/Lehner, DBA (2015), Grundlagen des Abkommensrechts Rz. 201; siehe auch *ders.*, IStR 2012, 389 (400 f.) sowie IStR 2014, 189 (191 f.).

661 So insbesondere *Jansen/Weidmann*, IStR 2010, 596 (598 ff.) sowie *Frotscher*, Zur Zulässigkeit des „Treaty Override", in Spindler/Tipke/Rödder, Festschrift für Harald Schaumburg (2009), S. 687 (705 ff.) mit Blick auf die Grundrechte als Schranken der gesetzgeberischen Freiheit. Den Schwerpunkt auf eine Abwägung von Demokratie- und Rechtsstaatsprinzip legend *Rust/Reimer*, IStR 2005, 843 (847 ff.); zuletzt *Gebhardt*, Deutsches Tax Treaty Overriding (2013), S. 36 ff. (*„vermittelnder Ansatz"*).

Handeln des deutschen Gesetzgebers ableiten bzw. weiterentwickeln, wie diese Arbeit an späterer Stelle zeigen wird.[662] Das Internationale Steuerrecht ist insofern Anlass, dieser Harmonisierung abseits etwa eines europäischen Menschenrechtsschutzes einen verfassungsrechtlichen Rahmen zu geben. Bevor jedoch die Völkerrechtsfreundlichkeit des Grundgesetzes einer genaueren Analyse zugeführt wird, sollen im Folgenden ausgewählte Ansätze für die verfassungsrechtliche Würdigung von Treaty Overriding dargestellt und diskutiert werden.

1. Kompetenzielle Selbstbindung des Gesetzgebers infolge des Abschlusses von DBA

Verschiedene Stimmen in der Literatur sprechen sich für eine kompetenzielle Selbstbindung des Gesetzgebers aus.[663] Damit ist gemeint, dass sich der Gesetzgeber durch den Abschluss eines völkerrechtlichen Vertrages soweit bindet, dass er im Regelungsbereich des Vertrages seine Gesetzgebungskompetenz verliert, solange der Vertrag Bestand hat. Diese sehr weitreichende Folge würde für das hier zu untersuchende Phänomen des Treaty Overriding die Konsequenz mit sich bringen, dass jede als Treaty Overriding-Vorschrift identifizierte deutsche Steuerrechtsnorm auf Grund der fehlenden Verfügungsmacht des Gesetzgebers über den Regelungsbereich eines DBA nichtig wäre. Im Folgenden sollen unterschiedliche Begründungsmuster zur kompetenziellen Selbstbindung des Gesetzgebers dargestellt werden und untersucht werden, ob die ihnen innewohnende Konsequenz der Nichtigkeit „kompetenzlos" erlassener Gesetze im Regelungsbereich von DBA für die Treaty Overriding-Vorschriften tatsächlich zu ziehen ist.

a) Der Grundsatz „pacta sunt servanda" als Vehikel zur Begründung einer kompetenziellen Selbstbindung des Gesetzgebers

In der Literatur wird insbesondere der aus dem Privatrecht bekannte Grundsatz „pacta sunt servanda" fruchtbar gemacht, um dem Gesetzgeber im Regelungsbereich eines völkerrechtlichen Vertrags die gesetzgeberische Verfügungsgewalt abzusprechen.[664]

---

662 Siehe dazu Punkt F.III.2.b)aa).

663 *Becker*, NVwZ 2005, 289 (291); auch die Meinung von *Stein*, IStR 2006, 505 (508 f.) läuft letztlich darauf hinaus, wobei er allerdings vornehmlich auf den Grundsatz „pacta sunt servanda" abstellt; deutlich *Rauschnig*, in Kahl/Waldhoff/Walter, Bonner Kommentar (2015), Art. 59 Rz. 141 sowie in Rz. 107 zu dem vorgenannten Grundsatz.

664 Zuletzt hat diese Sichtweise konkret bezogen auf deutsche Doppelbesteuerungsabkommen *Stein* vertreten in *ders.*, IStR 2006, 505 (508). Dort konstatiert er in Bezug auf den Satz „pacta sunt servanda", dass *„dieser Satz den Erlass, jedenfalls aber die Anwendung vertragswidrigen innerstaatlichen Rechts ausschließen (muss)".* Die Frage nach einem „partiellen Souveränitätsverzicht" wirft bereits *Mausch*, in *ders.*, Treaty Overriding (1998), S. 216 ff. auf, dort allerdings ohne Bezug auf Art. 25

Dies käme einem Souveränitätsverzicht gleich.[665] Theoretisch ist es denkbar, wie Beispiele in Europa zeigen, dass eine Verfassung die Gesetzgebungskompetenz dort enden lässt, wo der Regelungsbereich völkerrechtlicher Verträge beginnt.[666] In den jeweiligen Begründungen wird der Grundsatz mit und ohne Referenz auf Art. 25 GG als argumentatives Vehikel verwendet.[667] Art. 25 GG nimmt insoweit auf den Grundsatz Bezug als dieser als allgemeine Regel des Völkerrechts angesehen wird.[668]

Nach hier vertretener Ansicht ist dieser Ansatz nicht überzeugend.[669] Soweit die kompetenzielle Selbstbindung mit Bezug auf Art. 25 GG begründet wird, verfängt diese Begründung nicht, weil sich mit dieser Interpretation des Grundgesetzes das darin angelegte Spezialitätsverhältnis zwischen Art. 59 Abs. 2 GG und Art. 25 GG nicht verträgt.[670] Das Verhältnis der Spezialität folgt schon daraus, dass beide

---

GG. Eine weitere Auseinandersetzung mit der Thematik der kompetenziellen Selbstbindung durch Völkervertragsrecht im Zusammenhang mit dem Grundsatz „pacta sunt servanda" als allgemeine Regel des Völkerrechts findet sich bei *Pfeffer*, Das Verhältnis von Völkerrecht und Landesrecht (2009), S. 170 f. m. w. N. Aus der staatsrechtlichen Kommentarliteratur sind die Aussagen von *Rauschnig* hervorzuheben, wobei allerdings nicht ganz klar ist, ob er tatsächlich ebenfalls von einer uneingeschränkten Selbstbindung des Gesetzgebers ausgeht, vgl. dazu *ders.*, in Kahl/Waldhoff/Walter, Bonner Kommentar (2015), Art. 59 Rz. 107 ff. und insbesondere Rz. 113.

665 *Mausch.*, Treaty Overriding (1998), S. 216.

666 Siehe dazu eingehend *Pfeffer*, Das Verhältnis von Völkerrecht und Landesrecht (2009), S. 131 und S. 142 f.; zur grundsätzlichen Möglichkeit eines solchen Souveränitätsverständnisses mit Bezug auf Frankreich und die Niederlande siehe *Richter*, Völkerrechtsfreundlichkeit und Völkerrechtsskepsis, in Giegerich, Der „offene Verfassungsstaat" (2010), S. 159 (164 f.) sowie eingehend zur Rechtslage in Frankreich S. 167 f.; siehe zur früheren Vorrangstellung völkerrechtlicher Verträge vor nationalem Gesetzesrecht in der Russischen Föderation siehe *Seibert-Fohr*, ZaöRV 2002, 391 (408 f.) sowie zu aktuellen Entwicklungen in Richtung Vorrang der Verfassung vor internationalen Verträgen nach einer Entscheidung des russischen Verfassungsgerichts vom 14.7.2015 *von Gall*, Russland-Analysen Nr. 304 (6.11.2015), 2.

667 Siehe zu diesem Argumentationsmuster bereits *Eckert*, RIW 1992, 386; eine Auseinandersetzung damit findet sich bei *Musil*, Treaty Overriding (2000), S. 35 f.

668 *Herdegen*, in Maunz/Dürig, Grundgesetz (2015), Art. 25 Rz. 9.

669 Dagegen im Ergebnis auch *Vogel*, JZ 1997, 161 (165); ebenso wohl *Mitschke*, DStR 2011, 2221 (2224), der aus Art. 25 GG und dem Grundsatz „pacta sunt servanda" keine Vorrangstellung völkerrechtlicher Verträge ableiten kann.

670 Sich für ein solches Spezialitätsverhältnis aussprechend *Kerath*, Maßstäbe zur Auslegung (1995), S. 119; *Steinberger*, in Isensee/Kirchhof, Handbuch des Staatsrechts (1992), § 173 Rz. 53; *Kluge*, Das Internationale Steuerrecht (2000), S. 649; *Frotscher*, Zur Zulässigkeit des „Treaty Override", in Spindler/Tipke/Rödder, Festschrift für Harald Schaumburg (2009), S. 687 (698); wohl auch in diesem Sinne zu interpretieren der Beschluss des FG Hamburg vom 15.1.1987, V 124/86, EFG 1987, S. 161 (162) sowie die Entscheidung des BFH vom 1.2.1989, I R 74/86, BStBl. II 1990,

Normen die innerstaatliche Anwendung (und nach hier vertretener Ansicht auch die innerstaatliche Geltung)[671] von Völkerrecht betreffen, aber für spezielle Rechtsquellen des Völkerrechts unterschiedliche Arten ihrer Einbeziehung in den innerstaatlichen Rechtskreis festlegen. Art. 59 Abs. 2 GG bezieht sich ausdrücklich auf die Völkerrechtsquelle „Völkervertragsrecht" und macht die Einbeziehung in den innerstaatlichen Rechtskreis von der parlamentarischen Zustimmung abhängig (dies ist als das zusätzliche Merkmal der lex specialis anzusehen). Art. 25 GG enthält hingegen selbst schon für die allgemeinen Regeln des Völkerrechts den entsprechenden „Rechtsanwendungsbefehl" und zwar ohne Parlamentsbeteiligung.[672] Aus diesem Kontext heraus erscheint es widersinnig, dass es für die Einbeziehung von Völkerrecht zwei Normen gibt, die Rechtsfolge der einen Norm in Form des Überrangs der allgemeinen Regeln des Völkerrechts aber über den Grundsatz „pacta sunt servanda" auf die andere Norm übertragen wird. Wäre eine solche Einbeziehung ohne Parlamentsbeteiligung und mit einer Höherrangigkeit des Völkerrechts gewollt gewesen, hätte das Grundgesetz für das Völkervertragsrecht ebenfalls den besonderen Rang des Art. 25 GG angeordnet. Oder anders ausgedrückt: Art. 59 Abs. 2 GG wäre gegenstandslos, würde jeder völkerrechtliche Vertrag bereits über Art. 25 GG und den Grundsatz „pacta sunt servanda" ins innerstaatliche Recht überführt werden.[673] Dies kann nicht die intendierte Wirkungsweise der beiden Grundrechtsartikel sein. Diese Annahme wird dadurch gestützt, dass Art. 25 GG nur unter anderem auf den Grundsatz „pacta sunt servanda" verweist,[674] Art. 59 Abs. 2 GG aber ausdrücklich die Anwendung des Völkervertragsrechts regelt und selbst keine Rangeinordnung trifft. Dies legt nahe, für beide Normen unabhängig voneinander zu klären, welchen Rang die allgemeinen Regeln des Völkerrechts und das Völkervertragsrecht haben.

Aus dem konstatierten Spezialitätsverhältnis ergibt sich letztlich, dass ein Einfluss von Art. 25 GG auf die Wirkungsweise des Völkervertragsrechts im innerstaatlichen Rechtskreis gänzlich zu unterbleiben hat.[675]

---

4 (6); sich auch für ein Spezialitätsverhältnis aussprechend *Pfeffer*, Das Verhältnis von Völkerrecht und Landesrecht (2009), S. 171 mit weiteren Nachweisen aus der staats- und völkerrechtlichen (Kommentar-) Literatur.

671   Vgl. dazu auch BVerfGE 112, 1 (24 f.): *„Die deutschen Staatsorgane sind gemäß Art. 20 Abs. 3 GG an das Völkerrecht gebunden, das als Völkervertragsrecht nach Art. 59 Abs. 2 Satz 1 GG und mit seinen allgemeinen Regeln insbesondere als Völkergewohnheitsrecht nach Art. 25 Satz 1 GG innerstaatlich Geltung beansprucht."*

672   Siehe dazu Punkt B.III. Vgl. auch zu Art. 25 GG *Steinberger*, in Isensee/Kirchhof, Handbuch des Staatsrechts (1992), § 173 Rz. 28 ff.

673   Vgl. auch *Frotscher*, Zur Zulässigkeit des „Treaty Override", in Spindler/Tipke/Rödder, Festschrift für Harald Schaumburg (2009), S. 687 (697 f.); ähnlich auch *Mitschke*, DStR 2011, 2221 (2224).

674   So auch *Pfeffer*, Das Verhältnis von Völkerrecht und Landesrecht (2009), S. 171.

675   Vgl. dazu *Kerath*, Maßstäbe zur Auslegung (1995), S. 119; vgl. dazu auch die Aussage des BFH in seiner Entscheidung vom 1.2.1989, I R 74/86, BStBl. II 1990, 4 (6): *„Art.25 GG bezieht sich nicht unmittelbar auf völkerrechtliche Verträge; diese werden*

Weiterhin ist den Befürwortern einer kompetenziellen Selbstbindung des Gesetzgebers auf Grund des Grundsatzes „pacta sunt servanda" entgegenzuhalten, dass Sie diesem Grundsatz einen materiellen Aussagegehalt zubilligen, den er tatsächlich nicht hat. Als Begründung taugt auch nicht der Hinweis darauf, dass er einen solchen Aussagegehalt haben müsse, damit er überhaupt einen Sinn habe.[676] Dieser Grundsatz besagt lediglich, dass einem Vertrag eine Bindungswirkung innewohnt und zwar mit dem Inhalt, dass sich der einzelne Staat nicht einseitig von einem Vertrag lossagen kann, sondern auch bei Nichterfüllung an den Vertrag gebunden bleibt.[677] Es handelt sich also um einen rein deskriptiven Grundsatz der Wirkungen eines Vertrags. Er sagt aber nichts darüber aus, ob der jeweilige Vertragsstaat durch innerstaatliches Recht vertragsbrüchig werden kann und welche Folgen sich daraus ergeben. Auch im Privatrecht schließt etwa der Verkauf eines bestimmten Gegenstands grundsätzlich nicht die Wirksamkeit eines Vertrags aus, der ebenfalls den Verkauf dieses Gegenstands zum Inhalt hat. Aus dem Grundsatz „pacta sunt servanda" folgen für den Vertragspartner lediglich durch den Gesetzgeber festgelegte Schadensersatzansprüche bzw. Ansprüche wegen ungerechtfertigter Bereicherung. Dies verdeutlicht, dass dem Grundsatz kein materieller Gehalt im Sinne einer Sperrwirkung für den Gesetzgeber beim Erlass von völkerrechtswidrigen Normen oder dem Erfordernis einer besonderen Rechtfertigung bei einer gesetzgeberischen Abweichung von einem Vertrag innewohnt. Ein solcher müsste normiert sein, was aber nicht der Fall ist. Nur der Grundsatz „pacta sunt servanda" selbst nimmt somit an dem durch Art. 25 GG vermittelten Rang teil.[678] Gegen die insoweit verfassungsrechtlich abgesicherte allgemeine Regel „pacta sunt servanda" würde also nur eine Norm verstoßen mit dem Inhalt, dass völkerrechtlichen Verträgen keine Bindungswirkung im zwischenstaatlichen Bereich zukomme, was schwer vorstellbar wäre. In Betracht käme eine Sperrwirkung von Art. 25 GG für den Erlass von den DBA widersprechenden innerstaatlichen Normen damit allenfalls, wenn regelmäßig völkerrechtliche Verträge durch vorrangige innerstaatliche Normen konterkariert

---

nur auf der Grundlage eines Zustimmungsgesetzes Bestandteil der innerstaatlichen Rechtsordnung (vgl. Art. 59 Abs. 2 Satz 1 GG)."

676 So muss wohl *Stein* verstanden werden, wenn er schreibt: *„Wenn also „pacta sunt servanda" einen inhaltlichen Sinn haben soll (...) dann muss dieser Satz den Erlass, jedenfalls aber die Anwendung vertragswidrigen innerstaatlichen Rechts ausschließen (...)."* Siehe *ders.*, IStR 2006, 505 (508).

677 So zutreffend *Pfeffer*, Das Verhältnis von Völkerrecht und Landesrecht (2009), S. 171 mit Hinweis auf *Herzog*, DÖV 1959, 44 (45): *„(...) nur eine Definition des Vertragsbegriffs"* m. w. N.; ähnlich auch *Richter*, Völkerrechtsfreundlichkeit und Völkerrechtsskepsis, in Giegerich, Der „offene Verfassungsstaat" (2010), S. 159 (171).

678 *Richter*, Völkerrechtsfreundlichkeit und Völkerrechtsskepsis, in Giegerich, Der „offene Verfassungsstaat" (2010), S. 159 (171).

und inhaltlich ausgehöhlt würden.[679] Allein darin könnte ein „Verbotsgehalt" des Grundsatzes „pacta sunt servanda" als allgemeine Regel des Völkerrechts im Sinne von Art. 25 GG liegen. Dieses Szenario ist jedoch eher theoretischer Natur.

Jedenfalls in seiner Absolutheit ist jedoch das Argument abzulehnen, der Grundsatz „pacta sunt servanda" würde sich nur auf den Vertragspartner beziehen, nicht aber auf die von dem Vertrag Betroffenen (im Falle von DBA ist dies der Steuerpflichtige) und könnte daher in seiner hier diskutierten Reichweite keine Bindungswirkung entfalten.[680] Richtig ist zwar, dass es bei der Frage der kompetenziellen Selbstbindung des Gesetzgebers an sich allein um die Bindung der Vertragspartner zueinander geht. Doch ist diese Bindung untrennbar mit der reflektorischen Wirkung verbunden, dass dadurch jedes Gesetz auf diesem Gebiet „kompetenzlos" erlassen würde. Dies kann der Steuerpflichtige rügen. Insoweit ist die Argumentation der Befürworter einer kompetenziellen Bindung des Gesetzgebers durch den Abschluss völkerrechtlicher Verträge schlüssig, jedoch im Ergebnis aus den genannten Gründen abzulehnen.

Das Bundesverfassungsgericht hat bereits im Jahr 1957 im sog. „Konkordatsurteil"[681] unter Bezugnahme auf Art. 25 GG zur Verfügungsgewalt des Gesetzgebers im Regelungsbereich einer völkervertraglichen Bindung Stellung genommen. Darin heißt es:

> *„Art. 25 GG räumt nur den „allgemeinen Regeln des Völkerrechts" (...) den Vorrang vor den Gesetzen ein. (...) Besondere vertragliche Vereinbarungen (...) genießen diese Vorrangstellung nicht. Der Gesetzgeber hat also die Verfügungsmacht über den Rechtsbestand auch dort, wo eine vertragliche Bindung besteht, sofern sie nicht allgemeine Völkerrechtssätze zum Gegenstand hat."*[682]

In einer späteren Entscheidung interpretiert das Bundesverfassungsgericht diese Aussage mit Bezug auf den Grundsatz „pacta sunt servanda" so:

> *„Der allgemeine Rechtsgrundsatz „pacta sunt servanda" (...) verwandelt die einzelnen Normen völkerrechtlicher Verträge nicht ihrerseits ebenfalls in allgemeine Regeln des Völkerrechts mit Vorrang vor innerstaatlichem Recht."*[683]

Insbesondere diese Aussage könnte als eindeutiges Verdikt interpretiert werden, dass der Grundsatz im Bereich völkerrechtlicher Verträge auch nach Auffassung des Bundesverfassungsgerichts keine Bindung des Gesetzgebers auszulösen vermag. Zu Recht ist diesbezüglich jedoch kritisiert worden, dass es um eine vom

---

679   Ähnlich auch *Richter,* Völkerrechtsfreundlichkeit und Völkerrechtsskepsis, in Giegerich, Der „offene Verfassungsstaat" (2010), S. 159 (171 f.).

680   Ähnlich zuletzt *Musil,* in Hübschmann/Hepp/Spitaler, AO FGO (2015), § 2 Rz. 3 m. w. N.

681   BVerfGE 6, 309.

682   BVerfGE 6, 309 (363).

683   BVerfGE 31, 145 (178) mit Bezug auf das „Konkordatsurteil", BVerfGE 6, 309 (363).

Bundesverfassungsgericht angesprochene „Verwandlung" bei der Frage nach einer Bindung des Gesetzgebers auf Grund dieses Grundsatzes nicht ging.[684] Trotzdem ist der Aussage des Bundesverfassungsgerichts aus seinem Urteil zum Reichskonkordat aus den oben genannten Gründen zuzustimmen.[685] Das Bundesverfassungsgericht scheint hinsichtlich des Verhältnisses von Art. 25 GG zu Art. 59 Abs. 2 GG auch von einem Spezialitätsverhältnis auszugehen oder jedenfalls von zwei unabhängig voneinander bestehenden Regelungssystematiken zur Einbeziehung von Völkerrecht in den innerstaatlichen Rechtskreis, die sich nicht gegenseitig beeinflussen. Insbesondere aus seiner Aussage zu dem Grundsatz „pacta sunt servanda" lässt sich zudem ableiten, dass ein nach Art. 59 Abs. 2 GG in den innerstaatlichen Rechtskreis einbezogener völkerrechtlicher Vertrag auch nicht über diesen Grundsatz an der Rangfestlegung von Art. 25 GG teilhaben soll[686] oder gar dem Gesetzgeber seine Normsetzungskompetenz in seinem Regelungsbereich nimmt.[687] Somit steht die hier vertretene Auffassung zu der Frage der kompetenziellen Selbstbindung im Einklang mit der Rechtsprechung des Bundesverfassungsgerichts.

An der dargelegten Auffassung des Bundesverfassungsgerichts hat sich in seiner neueren Rechtsprechung nichts geändert, auch wenn dies der Bundesfinanzhof in seinem Vorlagebeschluss vom 10. 1. 2012 nahelegt.[688] Dabei nimmt der Bundesfinanzhof ausdrücklich Bezug auf das oben zitierte „Reichskonkordats"-Urteil und folgert aus der Analyse der „Görgülü"-Entscheidung, dass das Bundesverfassungsgericht von seiner Einstellung zur Einbuße der gesetzgeberischen Verfügungsmacht über

---

684 So ausdrücklich *Stein*, IStR 2006, 505 (508).

685 Daher geht letztlich die Kritik von *Stein* am Konkordatsurteil fehl, dem er fälschlicherweise das Zitat von der „Verwandlung" zuordnet und dabei verkennt, dass dies erst eine spätere Interpretation durch eine weitere Entscheidung des Bundesverfassungsgerichts darstellt. Liest man die entscheidenden Stellen im Konkordatsurteil, so müsste man eher davon sprechen, dass damit die Ansicht des Bundesverfassungsgerichts ausgedrückt wird, dass die besonderen völkerrechtlichen Vereinbarungen nicht am Rang der „allgemeinen Regeln des Völkerrechts" nach Art. 25 GG „teilnehmen". Das Verb „verwandeln" passt nach hier vertretener Ansicht nicht als Interpretation des Konkordatsurteils.

686 So auch explizit *Zuleeg*, in Denninger/Hoffmann-Riem/Schneider/Stein, AK GG (2002), Art. 24 Abs 3/Art. 25 Rz. 25.

687 Dies unterscheidet die hier dargestellte Meinung zur Wirkung des Grundsatzes „pacta sunt servanda" in Verbindung mit Art. 25 GG von derjenigen *Lehners*, der aus daraus lediglich ableitet, dass ein völkerrechtswidriges Gesetz einer besonderen Rechtfertigung bedarf; vgl. dazu *ders.*, IStR 2012, 389 (399).

688 BFH vom 10.1.2012, I R 66/09, DStR 2012, 949 (951), anhängig beim Bundesverfassungsgericht unter Az.: 2 BvL 1/12, dort allerdings unter Hinweis auf die Völkerrechtsfreundlichkeit des Grundgesetzes; siehe auch die Folgeentscheidungen zum Treaty Overriding BFH vom 11.12.2013, I R 4/13, BStBl. II 2014, 791, anhängig beim Bundesverfassungsgericht unter Az.: 2 BvL 15/14, sowie BFH vom 20.8.2014, I R 86/13, BStBl. II 2015, 18, anhängig beim Bundesverfassungsgericht unter Az.: 2 BvL 21/14.

einen Regelungsbereich, in dem er sich völkervertraglich gebunden hat, abgerückt sei.[689] Dem ist indes nicht so. Zum einen hätte das Bundesverfassungsgericht mit hoher Wahrscheinlichkeit darauf hingewiesen, wenn es mit dem „Görgülü"-Beschluss seine Auffassung im „Reichskonkordats"-Urteil hätte aufgeben wollen. Zum anderen stellt das Bundesverfassungsgericht im „Görgülü"-Beschluss ausdrücklich Folgendes fest:

> *„Das Grundgesetz erstrebt die Einfügung Deutschlands in die Rechtsgemeinschaft friedlicher und freiheitlicher Staaten, verzichtet aber nicht auf die in dem letzten Wort der deutschen Verfassung liegende Souveränität."*[690]

Liegt „das letzte Wort" aber in der deutschen Verfassung, so kann das nichts anderes bedeuten, als dass der Gesetzgeber nicht uneingeschränkt seine Normsetzungskompetenz einbüßt. Vielmehr kann es nach der Sichtweise des Bundesverfassungsgerichts durchaus Gründe geben, dass der Gesetzgeber von Verfassung wegen nicht an Völkervertragsrecht gebunden ist bzw. davon abweicht.[691] In einer anderen Entscheidung legt das Bundesverfassungsgericht im Übrigen ausdrücklich dar, welche Art von Völkerrecht es als der Verfügungsmacht der einzelnen Staaten entzogen ansieht. Dort heißt es dazu:

> *„Über Art. 1 Abs. 2 und Art. 25 Satz 1 GG rezipiert das Grundgesetz auch die graduelle Anerkennung der Existenz zwingender, also der Disposition der Staaten im Einzelfall entzogener Normen (ius cogens). Dabei handelt es sich um die in der Rechtsüberzeugung der Staatengemeinschaft fest verwurzelten Rechtssätze, die für den Bestand des Völkerrechts unerlässlich sind und deren Beachtung alle Mitglieder der Staatengemeinschaft verlangen können (vgl. BVerfGE 18, 441 <448 f.>). (...) Solches Völkerrecht kann von den Staaten weder einseitig noch vertraglich abbedungen (...) werden (...)."*[692]

Von dem Völkervertragsrecht, welches durch das Zustimmungsgesetz nach Art 59 Abs. 2 GG Teil der deutschen Rechtsordnung geworden ist, ist nicht die Rede.

Damit verbleibt die Normsetzungsgewalt nach hiesiger Interpretation der bisherigen Rechtsprechung des Bundesverfassungsgerichts beim Gesetzgeber und zwar auch in denjenigen Regelungsbereichen, die von einem völkerrechtlichen Vertrag umfasst sind.

---

689   BFH vom 10.1.2012, I R 66/09, DStR 2012, 949 (951), anhängig beim Bundesverfassungsgericht unter Az.: 2 BvL 1/12.
690   BVerfGE 111, 307 (319).
691   So auch *Richter*, Völkerrechtsfreundlichkeit und Völkerrechtsskepsis, in Giegerich, Der „offene Verfassungsstaat" (2010), S. 159 (163 ff.).
692   BVerfGE 112, 1 (27 f.).

b) Kompetenzielle Selbstbindung als Folge des „Alles oder nichts"-Prinzips beim Erlass des Zustimmungsgesetzes nach Art. 59 Abs. 2 GG

Auch als „kompetenzielle Selbstbindung" kann die Ansicht von *Daragan* (vormals *Wohlschlegel*) verstanden werden, dass aus dem Umstand, dass ein DBA lediglich en bloc vom Bundestag angenommen oder abgelehnt werden kann („Alles-oder-nichts-Prinzip"),[693] folge, dass eine Zustimmung unter Vorbehalt als Ablehnung zu werten sei.[694] Die Änderung eines DBA durch eine Treaty Overriding-Vorschrift sei nichts anderes als ein nachträglicher Vorbehalt, der dementsprechend als Ablehnung des Zustimmungsgesetzes zu werten sei.[695] Dies führe letztlich während des Bestehens eines DBA zu einer Selbstbindung des Gesetzgebers insoweit, als partielle Änderungen am DBA nach Erlass des Zustimmungsgesetzes unilateral nicht mehr möglich seien.[696] Gegen diese auf den ersten Blick durchaus schlüssige Argumentation *Daragans* ist in den bisherigen Untersuchungen mal ausführlicher, mal weniger ausführlich mit Widerspruch reagiert worden.[697] Auch der Bundesfinanzhof stellt dazu lediglich fest:

---

693   Vgl. dazu Punkt B.III.

694   *Wohlschlegel* (später *Daragan*), FR 1993, 48 (48 f.).

695   So explizit *Daragan* (vormals *Wohlschlegel*), IStR 1998, 225 (225 f.) mit ausführlicher Begründung; vgl. dazu auch *Wohlschlegel* (später *Daragan*), FR 1993, 48 (48 f.); vgl. auch *Mössner*, in ders. u. a., Steuerrecht international tätiger Unternehmen (2012), Rz. 2.456.

696   *Jankowiak*, Doppelte Nichtbesteuerung (2009), S. 261, spricht hier untechnisch von einer „Änderungssperre", welche durch Art. 59 Abs. 2 GG allerding nicht bezweckt sei; auch *Wohlschlegel* (später *Daragan*), FR 1993, 48 (49 f.) verwendete bereits diesen Begriff in Bezug auf Art. 59 Abs. 2 GG; vgl. auch *Daragan* (vormals *Wohlschlegel*), IStR 1998, 225 (226): „*Es* (gemeint ist das DBA, Anm. des Verfassers) *steht nicht zur Disposition des Gesetzgebers.*"

697   Teilen von *Musils* Argumentation folgend *Jankowiak*, Doppelte Nichtbesteuerung (2009), S. 261 f; auch u. a. auf *Musil* verweisend zuletzt *Gebhardt*, Deutsches Tax Treaty Overriding (2013), S. 26, der allein aus der Tatsache, dass das Zustimmungsgesetz einfaches Bundesrecht darstellt, ableitet, dass eine Änderung dieses Gesetzes durch nachfolgende Bundesgesetze möglich sei. Dies ist zwar im Ergebnis richtig, allerdings wird damit in keiner Weise auf die Argumentation von *Daragan* eingegangen, die darauf aufbaut, dass das nachfolgende Bundesgesetz einen seiner Meinung nach „verbotenen" Vorbehalt darstellt. Ob dies tatsächlich so ist oder ob dies auf einer Fehlinterpretation seitens *Daragans* beruht, wird nicht untersucht. Zweifelhaft überdies die Literaturangaben hinsichtlich *Birk*, Doppelbesteuerungsabkommen im Rechtssystem der Bundesrepublik Deutschland, in Tipke/Seer/Hey/ Englisch, Festschrift für Joachim Lang (2010), S. 1131 (1133).

„Schließlich gilt im Bereich des Art. 59 Abs. 2 GG kein „Alles-oder-nichts-Prinzip". Der innerstaatliche Gesetzgeber ist frei, im Zustimmungsgesetz Vorbehalte gegenüber der Anwendung bestimmter Abkommensvorschriften zu verankern."[698]

Soweit schon das Vorhandensein eines „Alles-oder-nichts-Prinzips" im Regelungsbereich des Art. 59 Abs. 2 GG bestritten wird, ist zu unterscheiden. Wenn damit in Frage gestellt werden soll, dass dieses Prinzip in Bezug auf die Zustimmung des Bundestags zu einem völkerrechtlichen Vertrag wegen der Möglichkeit der Vereinbarung eines Vorbehalts gelte, so ist dem zu widersprechen.[699] Die Zustimmung en bloc bedeutet nämlich, dass der Bundestag auf den Inhalt des DBA keinen Einfluss nehmen kann. Dies macht der Gesetzgeber aber bei seinem Vorgehen im Wege des Treaty Overriding nicht. Er modifiziert vielmehr den durch den Bundestag angeordneten Rechtsanwendungsbefehl. Das Recht der Gubernative, den Vertragstext mit einem oder mehreren Vorbehalten zu versehen, wird dadurch nicht berührt. Im Falle eines von der Gubernative vereinbarten Vorbehalts steht nämlich wiederum allein der völkerrechtliche Vertrag inklusive der vereinbarten Vorbehalte en bloc zur Abstimmung des Bundestags, sofern die Zustimmung des Bundestags in diesem Falle überhaupt für notwendig erachtet wird.[700] Der Erlass von Treaty Overriding-Vorschriften hat also nichts mit der en bloc-Zustimmung des Bundestags nach Art. 59 Abs. 2 GG zu tun.

Gegen die Ansicht von *Daragan* kann weiterhin nicht eingewendet werden, dass die *„inhaltliche Sperre des Art. 59 Abs. 2 GG"* auf Grund der Gleichrangigkeit von Zustimmungsgesetz und Treaty Overriding-Vorschrift keine Auswirkungen auf die spätere Abänderbarkeit des Zustimmungsgesetzes haben könne.[701] Eine Abänderung würde sich daher nach den allgemeinen Kollisionsregeln richten.[702] Denn damit wird die Argumentation von *Daragan* nicht vollständig erfasst. So hat schon der Kritisierte selbst darauf hingewiesen, dass die normenhierarchische Einordnung des Zustimmungsgesetzes als einfaches Bundesgesetz in diesem Zusammenhang keine Rolle spielt, da das Zustimmungsgesetz nach seiner Auffassung durch die Grundgesetznorm des Art. 59 Abs. 2 GG selbst gegen dessen Abänderung geschützt wird.[703] Es muss sich also argumentativ damit auseinandergesetzt werden, ob Art. 59 Abs. 2 GG diesen Schutz tatsächlich entfaltet. Insofern sind die

---

698   BFH vom 13.7.1994, I R 120/93, BStBl. II 1995, 129 (130) und fast (lediglich die Worte *„im Prinzip"* wurden eingefügt) wortgleich im Vorlagebeschluss des BFH vom 10.1.2012, I R 66/09, DStR 2012, 949 (951), anhängig beim Bundesverfassungsgericht unter Az.: 2 BvL 1/12.

699   So aber für den Fall eines DBA *Musil*, Treaty Overriding (2000), S. 37.

700   Siehe dazu und insbesondere zur strittigen Einbeziehung des Gesetzgebers bei der Vereinbarung von Vorbehalten *Nettesheim*, in Maunz/Dürig, Grundgesetz (2015), Art. 59 Rz. 119 ff.

701   Dazu *Musil*, Treaty Overriding (2000), S. 37.

702   Dazu *Musil*, Treaty Overriding (2000), S. 37.

703   *Wohlschlegel* (später *Daragan*), FR 1993, 48 (49). Dort heißt es explizit: *„Dass das Zustimmungsgesetz in der Normenhierarchie nur einfaches Bundesrecht ist, ist hier*

Ausführungen von *Musil* im Ergebnis zwar für sich genommen zutreffend, taugen aber nicht zur Widerlegung der Meinung von *Daragan*.

Gegen die Ansicht von *Daragan* kann ebenso nicht eingewendet werden, dass es nicht Zweck des Art. 59 Abs. 2 GG ist, den Gesetzgeber in seiner Normsetzungsgewalt einzuschränken.[704] Das ist insoweit richtig, als Art. 59 Abs. 2 GG tatsächlich dazu dient, dass es nicht zu einer Aushöhlung des Gesetzesvorbehalts durch zwischenstaatliche Absprachen kommt.[705] Diese dem Art. 59 Abs. 2 GG innewohnende Kontrollfunktion besteht aber lediglich gegenüber den gubernativ handelnden Staatsorganen, die völkerrechtliche Verträge mit Partnerstaaten der Bundesrepublik abschließen und gegenüber diesen das Parlament die Normsetzungsgewalt behalten bzw. ausüben soll.[706] Doch ist damit nichts darüber ausgesagt, inwieweit dieser Umstand eine Bindung des Gesetzgebers gegenüber sich selbst durch ein Handeln nach Art. 59 Abs. 2 GG herbeiführt.[707] Art. 59 Abs. 2 GG entwickelt also lediglich in Richtung der Gubernative einen aus demokratischen Überlegungen zu rechtfertigenden Schutz des Parlaments in dem Sinne, dass eine Beteiligung des parlamentarischen Gesetzgebers bei wesentlichen Entscheidungen wie dem Abschluss eines völkerrechtlichen Vertrags angeordnet wird.[708] Die pauschale Aussage, dass eine kompetenzielle Bindung auch gegenüber dem Gesetzgeber nicht der Zweck von Art. 59 Abs. 2 GG sein kann, findet in der Norm selbst und ihrer Wirkungsweise keinen Ausdruck. In Art. 59 Abs. 2 GG wird lediglich funktionell die Überführung von völkerrechtlichen Verträgen in den innerstaatlichen Rechtsbereich geregelt und die dafür notwendigen Anordnungen getroffen.[709] Tatsächlich ist der Annahme eines „Alles-oder-nichts-Prinzips" aber aus anderen Gründen zu widersprechen.

Das entscheidende Argument gegen die Ansicht von *Daragan* ergibt sich auf Grundlage der hier vertretenen Ansicht zur innerstaatlichen Geltung eines DBA als völkerrechtlicher Vertrag.[710] Wie bereits ausgeführt wurde, führt das

---

nicht von Belang. Es ist durch Art. 59 Abs. 2 GG gegen inhaltliche Änderungen geschützt."

704 So aber *Musil*, Treaty Overriding (2000), S. 65 ff. mit weiteren Argumenten, auf die aber hier nicht im Einzelnen eingegangen werden kann; ihm im Ergebnis und teilweise auch in der Argumentation folgend *Jankowiak*, Doppelte Nichtbesteuerung (2009), S. 261 f.

705 *Bernhardt*, in Isensee/Kirchhof, Handbuch des Staatsrechts (1992), § 174 Rz. 14.

706 Vgl. zu dieser *„präventiven"* Kontrollfunktion von Art. 59 Abs. 2 GG die Ausführungen bei *Nettesheim*, in Maunz/Dürig, Grundgesetz (2015), Art. 59 Rz. 94.

707 *Stein* meint sogar ausdrücklich: „ (...) wenn der Gesetzgeber dem Vertrag zustimmt, ist er hinterher nicht mehr so frei in seiner Gesetzgebung wie vorher (...)". Siehe dazu ders., IStR 2006, 505 (506).

708 So auch *Nettesheim*, in Maunz/Dürig, Grundgesetz (2015), Art. 59 Rz. 91.

709 Laut *Nettesheim* kommen Art. 59 Abs. 2 GG vier Funktionen in diesem Bereich zu; siehe mit ausführlicher Darstellung der einzelnen Funktionen ders., in Maunz/Dürig, Grundgesetz (2015), Art. 59 Rz. 93 ff.

710 Siehe dazu und zum Folgenden Punkt D.III.2.a).

Zustimmungsgesetz zur innerstaatlichen Geltung des DBA.[711] Diese ist tatsächlich unteilbar in dem Sinne, dass sie nicht partiell durch ein formelles Gesetz geändert werden kann. Die Abänderung des im Zustimmungsgesetz enthaltenen Rechtsanwendungsbefehls durch eine innerstaatliche Norm ist aus rechtsdogmatischer Sicht allerdings durchaus möglich und zwar auch hinsichtlich der Anwendbarkeit partieller Regelungen des DBA. Dadurch bleibt der innerstaatliche Geltungsgrund eines DBA, der dem DBA durch die Zustimmung des Bundestags nach Art. 59 Abs. 2 GG gegeben wird, durch eine Treaty Overriding-Vorschrift unangetastet, nicht aber die innerstaatliche Anwendbarkeit der DBA-Regelung.[712] Allein daran knüpft ein Treaty Overriding an. Hier gibt es aber kein „Alles-oder-nichts-Prinzip". Diese Unterscheidung beachtet *Daragan* nicht, wenn er pauschal die Treaty Overriding-Vorschriften als Vorbehalte zum Zustimmungsgesetz qualifiziert und daraus den Schluss zieht, dass das Zustimmungsgesetz wegen der nur ganzheitlich zu treffenden Zustimmung zu einem DBA einer „Änderungssperre" unterliegt.[713] Die Unterscheidung ist aber auf Grund der völkerrechtlichen und staatsrechtlichen Kategorie der innerstaatlichen Geltung geboten[714] und führt zur Ablehnung der Sichtweise *Daragans* aus dem genannten Grund.

c) Zwischenergebnis

Eine kompetenzielle Selbstbindung des Gesetzgebers in dem Sinne, dass er sich im Regelungsbereich eines völkerrechtlichen Vertrages und insbesondere eines DBA uneingeschränkt seiner Normsetzungsgewalt beraubt, lässt sich dem Grundgesetz nicht entnehmen. Der Gesetzgeber kann sich also durchaus im Regelungsbereich von DBA einseitig gesetzgeberisch betätigen und zwar auch außerhalb seiner völkerrechtlichen Möglichkeiten in Form von Kündigung bzw. durch Zustimmung zu einem gegebenenfalls nachverhandelten DBA.

2. Das Erfordernis einer besonderen verfassungsrechtlichen Rechtfertigung von Treaty Overriding auf Grund von Art. 25 GG in Verbindung mit dem Grundsatz „pacta sunt servanda"

Insbesondere *Lehner* hat die Ansicht geprägt, auf Grund von Art. 25 GG in Verbindung mit dem Grundsatz „pacta sunt servanda" eine besondere Rechtfertigungsbedürftigkeit von Völkerrechtsverstößen des Gesetzgebers per Treaty Overriding

---

711   Vgl. *Bleckmann,* Begriff und Kriterien (1970), S. 65.
712   Siehe Punkt D.III.2.a).
713   *Wohlschlegel* (später *Daragan*), FR 1993, 48 (49 f.).
714   Vgl. Punkt D.III.2.a).

anzunehmen.[715] Jedenfalls im Ergebnis sind ihm andere Autoren in dieser Ansicht gefolgt.[716]

a) Die Ansicht von Lehner

Lehner sieht ausweislich einer Überschrift in einem seiner Aufsätze zur Treaty Over-riding-Problematik in diesem einen „*Verstoß gegen pacta sunt servanda, aber kein(en) Verfassungsverstoß*".[717] Prämissen dieses Ansatzes sind, dass der zentrale völkerrecht-liche Grundsatz „pacta sunt servanda" durch Art. 25 GG in das innerstaatliche Recht aufgenommen worden ist sowie die Einordnung der allgemeinen völkerrechtlichen Regeln, zu denen vorstehender Grundsatz gehört, als über einfachem Bundesrecht, jedoch unterhalb des Verfassungsrechts stehend vorgenommen wird.[718] Daraus und aus der Völkerrechtsfreundlichkeit des Grundgesetzes resultiere ein geschütztes Vertrauen der Vertragsparteien in die Gültigkeitsbedingungen des Vertrags.[719] Auf Grund der auf diese Weise im Grundgesetz verankerten Pflicht des Gesetzgebers zur Wahrung der Gültigkeitsbedingungen völkerrechtlicher Verträge hält *Lehner* die Fälle von Treaty Overriding für verfassungsrechtlich rechtfertigungsbedürftig.[720] Dabei sollen die Anforderungen an diese Rechtfertigung „*sehr hoch*" sein.[721] Konkret heißt es hierzu in einem der beiden maßgeblichen Aufsätze von *Lehner*:

---

715 *Lehner*, IStR 2012, 389; *ders.*, IStR 2014, 189; *ders.*, in Vogel/Lehner, DBA (2015), Grundlagen des Abkommensrechts Rz. 198 ff.; in eine vergleichbare Richtung, jedoch weitergehend argumentierend bereits *Stein*, IStR 2006, 505.

716 *Wassermeyer/Schönfeld*, in Flick/Wassermeyer/Baumhoff/Schönfeld, Außensteuer-recht (2015), § 20 AStG Rz. 48, allerdings ohne Bezug auf die Meinung von *Lehner*; in diesem Sinne auch *Schönfeld/Häck*, in Schönfeld/Ditz, DBA (2013), Systematik Rz. 155.

717 *Lehner*, IStR 2014, 189 (191).

718 *Lehner*, IStR 2014, 189 (191).

719 *Lehner*, IStR 2014, 189 (191); in einem früheren Aufsatz stützt *Lehner* das schutz-würdige Vertrauen der Vertragspartner in die Gültigkeitsbedingungen auch auf die Völkerrechtsfreundlichkeit des Grundgesetzes, s. *ders.*, IStR 2012, 389 (400, 403 f.). Nunmehr konstatiert er, dass das „(...) *Ergebnis (...) im Einklang mit dem Verständnis des Gebots der Völkerrechtsfreundlichkeit des Grundgesetzes (steht), (...)*."

720 *Lehner*, IStR 2012, 389 (400, 403 f.); *ders.*, in Vogel/Lehner, DBA (2015), Grund-lagen des Abkommensrechts Rz. 198 ff.; ebenso *Wassermeyer/Schönfeld*, in Flick/ Wassermeyer/Baumhoff/Schönfeld, Außensteuerrecht (2015), § 20 AStG Rz. 48 mit weniger ausführlicher Begründung sowie *Schönfeld/Häck*, in Schönfeld/Ditz, DBA (2013), Systematik Rz. 155 mit Verweis auf *Stein*, IStR 2006, 505 (508), der kon-statiert, dass Art. 25 GG in Verbindung mit dem Grundsatz „pacta sunt servanda" „(...) *den Erlass, jedenfalls aber die Anwendung vertragswidrigen innerstaatlichen Rechts ausschließen (...)*" würde.

721 *Lehner*, IStR 2012, 389 (400, 403 f.); *ders.*, in Vogel/Lehner, DBA (2015), Grundlagen des Abkommensrechts Rz. 202: „(...) *Treaty Override als ultima ratio (...)*".

„Aus dem Grundsatz (gemeint ist der Grundsatz „pacta sunt servanda", Anm. des Verfassers) *folgt zwar keine zusätzliche völkerrechtliche Bindung an den konkreten Inhalt einzelner Vertragsbestimmungen, wohl aber das Bemühen der Vertragsparteien, den Bestand des völkerrechtlichen Vertrages aufrecht zu erhalten. Das bedeutet, dass jede Vertragspartei zur Vermeidung einer etwaigen Kündigung des Abkommens, rechtzeitig bilaterale Problemlösungen im Kontext des Vertrages suchen muss. Vorbehaltlich einer Rechtfertigung von Ausnahmen erfasst diese Verpflichtung aber auch den Verzicht auf vertragswidrige Maßnahmen. Dies schließt einen Verzicht auf den Erlass innerstaatlicher Normen ein, die den Vertrag i. S. eines Treaty Override brechen".*[722]

Weiter führt *Lehner* aus, dass es diesbezüglich ein gemeinsames *„Grundverständnis der Wirkung des pacta sunt servanda Gebots"* mit dem Vorlagebeschluss des Bundesfinanzhofs vom 10. 1 2012 gebe, in welchem der Bundesfinanzhof einen *„Völkerrechtsverstoß gegen „pacta sunt servanda" als materielle Sperre"* ansehe.[723] Damit sei allerdings wegen der Stellung der Abkommensregelung in der Gesetzeshierarchie entgegen der Auffassung des Bundesfinanzhofs[724] kein Verfassungsverstoß anzunehmen.[725]

Ähnlich wie *Lehner* äußern sich *Wassermeyer/Schönfeld* und sprechen sich weitergehend grundsätzlich für die Verfassungswidrigkeit von Treaty Overriding *„auf der Grundlage von Art. 25 GG"* aus, wobei sie ebenfalls eine *„besondere Rechtfertigung"* für möglich halten.[726] Gemeinsam haben diese Meinungen, dass sie dem Grundsatz „pacta sunt servanda" über Art. 25 GG einen materiellen Regelungsgehalt dergestalt beizumessen, dass der Gesetzgeber nur unter der Prämisse einer besonderen Rechtfertigung ein völkerrechtswidriges Gesetz erlassen darf.[727]

---

722 *Lehner*, IStR 2012, 389 (399 f.).
723 BFH vom 10.1.2012, I R 66/09, DStR 2012, 949 (952), anhängig beim Bundesverfassungsgericht unter Az.: 2 BvL 1/12.
724 BFH vom 10.1.2012, I R 66/09, DStR 2012, 949 (952); ausführlich *Lehner*, IStR 2012, 389 (402 f.).
725 *Lehner*, IStR 2014, 189 (192); vorher bereits *ders.*, IStR 2012, 389 (403).
726 *Wassermeyer/Schönfeld*, in Flick/Wassermeyer/Baumhoff/Schönfeld, Außensteuerrecht (2015), § 20 AStG Rz. 48.
727 Kritisch zu sehen ist in diesem Zusammenhang die Aussage von *Lehner*, dass im Vorlagebeschluss des BFH vom 10.1.2012, I R 66/09, DStR 2012, 949, anhängig beim Bundesverfassungsgericht unter Az.: 2 BvL 1/12, ein gemeinsames *„Grundverständnis der Wirkung des pacta sunt servanda Gebots"* zu sehen sei, so *Lehner*, IStR 2012, 389 (401 f.). Denn der angesprochene materielle Gehalt dieses Gebots ergibt sich aus der von *Lehner* zitierten Stelle (Rz. 14 des Vorlagebeschlusses, DStR 2012, 426 (427)) nicht. Auch fehlt dort jeglicher Bezug zu Art. 25 GG. Zwar schreibt der BFH an anderer Stelle des Vorlagebeschlusses von einem *„Völkerrechtsverstoß gegen „pacta sunt servanda" als materielle Sperre"*, begründet diese Sperre allerdings in der Folge unter Bezugnahme auf die „Görgülü"-Entscheidung des Bundesverfassungsgerichts, vgl. BFH vom 10.1.2012, I R 66/09, IStR 2012, 426 (428 f.), anhängig beim Bundesverfassungsgericht unter Az.: 2 BvL 1/12. Dort

b) Stellungnahme

Wie bereits erwähnt, wird der völkerrechtliche Grundsatz „pacta sunt servanda" in der verfassungsrechtlichen Literatur als eine allgemeine Regel des Völkerrechts im Sinne von Art. 25 GG angesehen.[728] Die allgemeinen Regeln des Völkerrechts wiederum und damit auch der Grundsatz „pacta sunt servanda" nehmen dadurch einen Zwischenrang ein.[729] Sie stehen also unterhalb der Artikel des Grundgesetzes, aber über einfachem Bundesrecht. Soweit ist den Ausführungen von *Lehner* zuzustimmen.

Doch besteht ein grundlegender dogmatischer Einwand gegen die Auffassung *Lehners*, dass die Gültigkeitsbedingungen der DBA-Regelungen durch eine Treaty Overriding-Vorschrift berührt seien. In dieser Untersuchung wurde bereits herausgearbeitet, dass das Zustimmungsgesetz zwar Geltungsgrund der völkervertraglichen Norm ist.[730] Doch bewirkt eine Treaty Overriding-Vorschrift stets nur eine partielle Änderung bzw. Aufhebung des im Zustimmungsgesetz liegenden Rechtsanwendungsbefehls. Eine solche kann aber nichts an der durch das Zustimmungsgesetz angeordneten innerstaatlichen Geltung der DBA ändern.[731] Vielmehr wird durch eine Treaty Overriding-Norm lediglich der bisherige Anwendungsbefehl eingeschränkt bzw. abgeändert. Insofern ist *Lehner* bereits im Ansatz nicht zu folgen, dass die „*Gültigkeitsbedingungen des Vertrages*"[732] verstanden als Geltung von DBA-Regelungen durch eine Treaty Overriding-Vorschrift aufgehoben werden. Vielmehr bleibt die Geltung bzw. bleiben die Gültigkeitsbedingungen des völkerrechtlichen

---

  wie auch im Vorlagebeschluss des BFH wird das Rechtfertigungserfordernis für eine unilaterale Abweichung von Völkerrecht nach hier vertretener Sichtweise im „Grundsatz der Völkerrechtsfreundlichkeit des Grundgesetzes" verortet und nicht in dem Grundsatz „pacta sunt servanda" in Verbindung mit Art. 25 GG.

728 Siehe nur *Rauschnig*, in Kahl/Waldhoff/Walter, Bonner Kommentar (2015), Art. 59 Rz. 107 m. w. N.; seitens des Bundesverfassungsgerichts anerkannt in BVerfGE 31, 145 (178); vgl. aus der steuerrechtlichen Literatur *Frotscher*, Zur Zulässigkeit des „Treaty Override", in Spindler/Tipke/Rödder, Festschrift für Harald Schaumburg (2009), S. 687 (697); *Lehner*, IStR 2012, 389 (400); a. A. *Rudolf*, Völkerrecht und deutsches Recht (1967), S. 259 ff., „*intransformabel*", m. w. N.; wiederum aus der staatsrechtlichen Literatur kritisch und ausführlich mit Hinweis u. a. auf Art. 59 Abs. 2 GG als „lex specialis" bereits *Doehring*, Die allgemeinen Regeln (1963), S. 133 ff.

729 *Herdegen*, in Maunz/Dürig, Grundgesetz (2015), Art. 25 Rz. 9 zu der Zuordnung des Grundsatzes zu den allgemeinen Regeln des Völkerrechts; *Heintschel von Heinegg*, in Epping/Hillgruber, Beck´scher Onlinekommentar GG (2015), Art. 25 Rz. 27 sowie *Herdegen*, in Maunz/Dürig, Grundgesetz (2015), Art. 25 Rz. 42 zum Zwischenrang der allgemeinen Regeln des Völkerrechts.

730 Punkt D.III.2.a).

731 Punkt D.III.2.a).

732 So die Bezeichnung von *Lehner*, IStR 2014, 189 (191); vgl. auch *ders.*, IStR 2012, 389 (400, 403).

Vertrags bestehen. Lediglich der innerstaatliche Rechtsanwendungsbefehl wird im Sinne der Rechtsfolge einer Treaty Overriding-Vorschrift modifiziert. Im Übrigen hat sich der Gesetzgeber mit Art. 59 Abs. 2 GG dafür entschieden, den völkervertraglichen Verpflichtungen Deutschlands nur unter Zustimmung des Bundestags innerstaatliche Geltung zu verschaffen. Diese Wertung würde ausgehöhlt, wollte man über Art. 25 GG nun die Gültigkeitsbedingungen eines völkerrechtlichen Vertrags ohne jede Beteiligung des Bundestags geschützt wissen. So hat auch das Bundesverfassungsgericht bereits in seinem „Reichskonkordats"-Urteil festgestellt, dass die völkervertraglichen Bindungen Deutschlands nicht am Rang der „allgemeinen Regeln des Völkerrechts" nach Art. 25 GG teilnehmen.[733] Auf nichts anderes läuft jedoch die Ansicht *Lehners* in ihrer jedenfalls „faktischen" Wirkung hinaus. Denn dadurch würde das Spezialitätsverhältnis der beiden Normen in Bezug auf die innerstaatliche Geltungsanordnung von Völkerrecht missachtet, welches darin liegt, dass über Art. 25 GG die allgemeinen Regeln des Völkerrechts ohne weiteren Gesetzgebungskat ihre innerstaatliche Geltung innehaben, für Völkervertragsrecht jedoch nach Art. 59 Abs. 2 GG ein Akt des Bundestags notwendig ist.[734]

Doch selbst wenn man *Lehner* darin folgen will, dass die Gültigkeitsbedingungen der DBA durch Art. 25 GG einen grundgesetzlichen Schutz erfahren, stellt sich die Frage, ob dies über die Zuordnung des Grundsatzes „pacta sunt servanda" geschehen kann. Nach hier vertretener Auffassung hat dieser Grundsatz im Rahmen von Art. 25 GG keinen nennenswerten praktischen Bedeutungsgehalt. Dieser Grundsatz besagt nichts anderes, als dass Parteien eines Vertrages sich nicht einseitig von einer vertraglichen Abrede lösen können und dementsprechend auch bei Nichterfüllung ihrer vertraglichen Verpflichtung an den Vertrag gebunden bleiben.[735] Dieser grundlegende Gedanke des Privatrechts findet in seiner völkervertraglichen Geltungsanordnung durch Art. 25 GG Eingang in das Verhältnis von Staaten als Vertragspartner. Nur der Grundsatz „pacta sunt servanda" als allgemeine völkerrechtliche Regel selbst nimmt an dem durch Art. 25 GG vermittelten Rang teil.[736] Der Grundsatz „pacta sunt servanda" wird aber durch die Treaty Overriding-Gesetzgebung weder seitens Deutschlands in Frage gestellt noch wesentlich in seiner Bedeutung ausgehöhlt.

Letztlich entfaltet der Grundsatz lediglich Wirkung zwischen den beiden Vertragsstaaten. Ersteres sieht zwar auch *Lehner* so,[737] indem er den Umstand verneint, dass der Grundsatz „pacta sunt servanda" als primär objektivrechtlich wirkender Grundsatz keine Individualrechte begründen kann. Ausgehend von dieser Prämisse ist es dann aber unverständlich, wenn *Lehner* dem Grundsatz über Art. 25 GG letztlich doch verfassungsrechtliche Wirkungen beimisst.

---

733 BVerfGE 6, 309 (363).
734 Vgl. dazu auch *Steinberger*, in Isensee/Kirchhof, Handbuch des Staatsrechts (1992), § 173 Rz. 12.
735 Siehe dazu Punkt F.II.1.a) m. w. N.
736 Siehe Punkt F.II.1.a).
737 *Lehner*, IStR 2012, 389 (403) m. w. N. aus der staatsrechtlichen Literatur.

c) Zwischenergebnis

Die Kritik an der Auffassung *Lehners* und der damit verwandten Auffassungen anderer Autoren bedeutet nicht, dass DBA-Regelungen ohne jede verfassungsrechtliche Rechtfertigung in ihrer Wirkung eingeschränkt werden können. Der „Schlüssel" zur Bestimmung des Verhältnisses von Völkervertragsrecht und diesem widersprechenden innerstaatlichen Recht ist jedoch aus den genannten Gründen nicht in Art. 25 GG und dem Grundsatz „pacta sunt servanda" zu finden.

3. Ergebnis

Die in der neueren Rechtsprechung des Bundesfinanzhofs jedenfalls ansatzweise zum Ausdruck kommende und in der Literatur immer wieder aufgegriffene Forderung nach einer uneingeschränkten Bindung des Gesetzgebers an seine völkervertraglichen Bindungen lässt sich dem Grundgesetz nicht entnehmen. Weder Art. 25 GG noch dem Grundsatz „pacta sunt servanda" ist diese Bindungswirkung zu attestieren. Hinsichtlich des durch die Treaty Overriding-Vorschriften allein berührten Rechtsanwendungsbefehls in Form des Zustimmungsgesetzes existiert auch kein „Alles-Oder-Nichts"-Prinzip, welches eine partielle Änderung von DBA unmöglich machen und insofern mittelbar zu einer Selbstbindung des Gesetzgebers durch den Abschluss von DBA führen würde. Mithin verbleibt die Normsetzungsgewalt in denjenigen Regelungsbereichen, die von einem völkerrechtlichen Vertrag umfasst sind, nach hier vertretener Auffassung und der geschilderten Gründe beim Gesetzgeber. Dieses Ergebnis deckt sich mit der Interpretation der bisherigen Rechtsprechung des Bundesverfassungsgerichts zu dieser Thematik.

Auch ein erhöhter verfassungsrechtlicher Rechtfertigungsbedarf für einen gesetzgeberischen Völkervertragsbruch in Form des Treaty Overriding auf Grund von Art. 25 GG und dem Grundsatz „pacta sunt servanda" lässt sich nicht überzeugend begründen. Damit ist allerdings noch nichts darüber ausgesagt, inwieweit dem Gesetzgeber bei einem derartigen unilateralen Tätigwerden aus anderen Gründen durch das Grundgesetz Schranken gesetzt werden, die es zu beachten gilt.

III. Treaty Overriding und die Völkerrechtsfreundlichkeit des Grundgesetzes im Besonderen

Wie sich schon aus der Begriffsbestimmung von Treaty Overriding ergibt, setzt sich der Gesetzgeber mit dieser Art der Steuergesetzgebung in Widerspruch zu seinen völkerrechtlichen Verpflichtungen.[738] Damit verhält sich der Gesetzgeber objektiv und in vielen Fällen auch wissentlich völkerrechtswidrig.[739] So bringt er in vielen Treaty Overriding-Vorschriften zum Ausdruck, dass er sich nicht an

---

738   Siehe dazu Punkt D.III.3.
739   Siehe Punkt E.I.

die völkerrechtlichen Vereinbarungen in DBA halten *will*. Diese Gesetzgebung steht in Kontrast zu der Feststellung, dass sich in der staats- und völker- sowie der steuerrechtlichen Literatur größtenteils unwidersprochen die Annahme eines völkerrechtsfreundlichen Charakters des Grundgesetzes herausgebildet hat.[740] Das Spannungsverhältnis zwischen dieser Charakterisierung des Grundgesetzes und dem gesetzgeberischen Vorgehen im Wege des Treaty Overriding liegt auf der Hand.

Daher sollen im Folgenden die verschiedenen Facetten, die der Völkerrechts-freundlichkeit des Grundgesetzes zugeschrieben werden, spezifisch für die Steuerge-setzgebung in Form des Treaty Overriding untersucht werden.[741] Es wird sich zeigen, dass die Annahme einer Völkerrechtsfreundlichkeit des Grundgesetzes in vielfacher Weise für das Phänomen des Treaty Overriding fruchtbar gemacht werden kann und dass dieser Völkerrechtsfreundlichkeit neben seiner auslegungsleitenden Funktion auch eine materielle Verbindlichkeit beigemessen werden muss.[742] Auf Grund der herausragenden Bedeutung der Völkerrechtsfreundlichkeit des Grundgesetzes in der Diskussion um die innerstaatliche Dimension des Treaty Overriding, welche nicht zuletzt durch den „*Görgülü*"-Beschluss des Bundesverfassungsgerichts aus dem Jahre 2004 einen (entscheidenden) Impuls erfahren hat,[743] ist diese hier aus-führlich zu untersuchen.[744]

Begonnen werden soll dabei mit der Untersuchung der Funktion der Völker-rechtsfreundlichkeit des Grundgesetzes „*als dogmatisches Argument*"[745]. Dabei ist

---

740 Siehe nur *Bleckmann*, DÖV 1979, 309 (309 ff.): „*kaum Gegner*"; *ders.*, DÖV 1996, 137 (137 ff.); aktuell *Payandeh*, Völkerrechtsfreundlichkeit als Verfassungsprinzip, in Häberle, Jahrbuch des öffentlichen Rechts 57 (2009), S. 465: „*(...) oft beschworen und kaum bestritten.*" Grundlegend zu dieser „Charakterisierung" *Vogel*, Die Ver-fassungsentscheidung (1964), inbesondere S. 41 ff.

741 Zu Recht auf die (immer noch) seltenen wissenschaftlichen Auseinandersetzungen mit dem Bedeutungsgehalt der Völkerrechtsfreundlichkeit des Grundgesetzes hin-weisend *Payandeh*, Völkerrechtsfreundlichkeit als Verfassungsprinzip, in Häberle, Jahrbuch des öffentlichen Rechts 57 (2009), S. 465.

742 Teilweise wird aber auch auf einen „inflationären Umgang" mit dem Begriff der Völkerrechtsfreundlichkeit hingewiesen, siehe *Herdegen*, in Maunz/Dürig, Grund-gesetz (2015), Art. 25 Rz. 7.

743 BVerfGE 111, 307; siehe dazu insbesondere die Folgerungen aus der Entscheidung für das Treaty Overriding von *Vogel*, IStR 2005, 29 (30); deutlich auch *ders.*, IStR 2007, 225; mit Verweis auf die „*jüngere Rechtsprechung des BVerfG*" (gemeint ist u. a. der „Görgülü"-Beschluss) sehen auch *Rust/Reimer* eine „*auf breiter Front in Bewegung geraten(e) (Diskussion)*", siehe *dies.*, IStR 2005 843.

744 Zu Recht auf die (immer noch) seltenen wissenschaftlichen Auseinandersetzungen mit dem Bedeutungsgehalt der Völkerrechtsfreundlichkeit des Grundgesetzes hin-weisend *Payandeh*, Völkerrechtsfreundlichkeit als Verfassungsprinzip, in Häberle, Jahrbuch des öffentlichen Rechts 57 (2009), S. 465.

745 *Schorkopf*, Völkerrechtsfreundlichkeit und Völkerrechtsskepsis, in Giegerich, Der „offene Verfassungsstaat" (2010), S. 131 (133).

insbesondere danach zu fragen, inwieweit diesbezüglich von einem ungeschriebenen, verfassungsrechtlichen „*Grundsatz*"[746] bzw. einem „verfassungsrechtlichen Prinzip" gesprochen werden kann. Konkret sind etwa die Präambel, Art. 23, Art. 24 und Art. 25 GG Ausdruck einer völkerrechtsfreundlichen Grundhaltung des Grundgesetzes. Im Anschluss soll die sich daraus abzuleitende Bindungswirkung des Grundsatzes der Völkerrechtsfreundlichkeit des Grundgesetzes und deren Grenzen dargestellt werden. Dabei soll der Fokus zunächst auf der Untersuchung der vorhandenen (vor allem staats- und völkerrechtlichen) Literatur gerichtet werden und darauf aufbauend entsprechende Schlussfolgerungen für das steuerrechtliche Phänomen des Treaty Overriding abgeleitet werden.

Im Anschluss daran soll auf die diesbezügliche Rechtsprechungsentwicklung beim Bundesverfassungsgericht eingegangen werden und eine Einschätzung vorgenommen werden, inwieweit sich die Rechtsprechungslinien des Bundesverfassungsgerichts zu dieser Thematik mit der hier gefundenen Bindungswirkung in Übereinstimmung bringen lassen. Die Rechtsprechung des Bundesverfassungsgerichts hat hierfür nicht nur für die Praxis eine ganz besondere Bedeutung, da ohne Billigung durch das Bundesverfassungsgericht ungeschriebenes Verfassungsrecht[747] etwa in Form eines Verfassungsgrundsatzes kaum herausgebildet werden kann.[748] Die Rechtsprechung des Bundesverfassungsgerichts wird daher insbesondere dahingehend zu untersuchen sein, inwieweit die Völkerrechtsfreundlichkeit des Grundgesetzes in dessen Rechtsprechung als Verfassungsgrundsatz anerkannt wird und in welchem Maße er einen materiellen Gehalt erhält, der in Bezug auf das Phänomen Treaty Overriding in seinem hier favorisierten Bedeutungsgehalt konkretisiert werden kann.

Am Ende dieses Gliederungspunktes wird gezeigt, dass der Völkerrechtsfreundlichkeit des Grundgesetzes für die Ausdifferenzierung des Verhältnisses zwischen DBA-Regelungen und Treaty Overriding die Schlüsselrolle für die Setzung eines verfassungsrechtlichen Rahmens von Treaty Overriding zukommt und diese Rolle durchaus im Einklang mit der bisherigen Rechtsprechung des Bundesverfassungsgerichts steht.

---

746 So beispielsweise deutlich BVerfGK 9, 174 (191); siehe auch den Kammerbeschluss aus dem Jahre 2010, BVerfGK 17, 390 (397): „*Eine (...) Berücksichtigungspflicht (...) ergibt sich aus dem Grundsatz der Völkerrechtsfreundlichkeit des Grundgesetzes in Verbindung mit der Bindung der Rechtsprechung an Gesetz und Recht (...)*".

747 Darum handelt es sich dogmatisch bei der Völkerrechtsfreundlichkeit des Grundgesetzes. Siehe dazu die Ausführungen unter dem nächsten Gliederungspunkt.

748 Vgl. dazu *Stern*, Das Staatsrecht der Bundesrepublik Deutschland (1984), S. 112.

1. Die Völkerrechtsfreundlichkeit des Grundgesetzes als Auslegungsprinzip

Nimmt man einen völkerrechtsfreundlichen Charakter des Grundgesetzes an, so sind Normen, welche hierarchisch unterhalb des Grundgesetzes stehen, in Übereinstimmung mit dem Völkerrecht auszulegen.[749] Ein völkerrechtsfreundlicher Charakter des Grundgesetzes kann somit nur verwirklicht werden, wenn unter der Verfassung stehendes Recht im Einklang mit den völkerrechtlichen Verpflichtungen und damit völkerrechts*konform* im Rahmen der Grenzen der Auslegung interpretiert wird.[750] Denn „völkerrechts*unfreundlich*" ist jedenfalls alles, was den völkerrechtlichen Verpflichtungen der Bundesrepublik Deutschland entgegenläuft. So kann nur der jeweilige völkerrechtliche Vertrag konkret festlegen, was im Einzelfall als völkerrechtsfreundlich anzusehen ist. Folglich ist der in der Jurisprudenz wenig gebräuchliche Ausdruck der „Freundlichkeit" in diesem Falle mit dem Begriff der „Konformität" gleichzusetzen. In diesem Sinne gilt es, Konflikte zwischen beiden Rechtsordnungen zu vermeiden, so dass die „völkerrechtsfreundliche Auslegung" als Konfliktvermeidungsregel anzusehen ist, soweit dies innerhalb der Grenzen der Gesetzesauslegung möglich ist.[751] In dieser Dimension war die Völkerrechtsfreundlichkeit des Grundgesetzes schon früh im staats- und völkerrechtlichen Schrifttum weitgehend anerkannt.[752]

---

749   Dies ist im Schrifttum allgemein anerkannt, siehe *Payandeh*, Völkerrechtsfreundlichkeit als Verfassungsprinzip, in Häberle, Jahrbuch des öffentlichen Rechts 57 (2009), S. 465 (485 f.) m. w. N. Vereinzelt wird diese Schlussfolgerung kritisch gesehen, siehe dazu zuletzt *Pfeffer*, Das Verhältnis von Völkerrecht und Landesrecht (2009), S. 183 ff. (insbesondere S. 185 f.); vgl. allgemein zu Auslegungsprinzipien *Reimer*, Verfassungsprinzipien (2001), S. 283.

750   Vgl. dazu *Payandeh*, Völkerrechtsfreundlichkeit als Verfassungsprinzip, in Häberle, Jahrbuch des öffentlichen Rechts 57 (2009), S. 465 (485); kritisch *Proelß*, Der Grundsatz der völkerrechtsfreundlichen Auslegung, in Rensen/Brink, Linien der Rechtsprechung des Bundesverfassungsgerichts (2009), S. 553 (559), der den neutraleren Terminus „völkerrechtsfreundliche Auslegung" bevorzugt, da eine konforme Auslegung eine Höherrangigkeit der Norm voraussetzt, in deren Lichte eine andere Norm auszulegen ist.

751   Im Sinne der Erreichung des Ziels eines *„harmonischen Rechtsordnungsverbundes"* *Schorkopf*, Völkerrechtsfreundlichkeit und Völkerrechtsskepsis, in Giegerich, Der „offene Verfassungsstaat" (2010), S. 131 (152); zur Charakterisierung der völkerrechtsfreundlichen Auslegung als „Konfliktvermeidungsregel" siehe *Proelß*, Der Grundsatz der völkerrechtsfreundlichen Auslegung, in Rensen/Brink, Linien der Rechtsprechung des Bundesverfassungsgerichts (2009), S. 553 (556) m. w. N. sowie *Sauer*, ZaöRV 65 (2005), 35 (48); vgl. auch aus der staatsrechtlichen Kommentarliteratur *Nettesheim*, in Maunz/Dürig, Grundgesetz (2015), Art. 59 Rz. 187; *Rauschnig*, in Kahl/Waldhoff/Walter, Bonner Kommentar (2015), Art. 59 Rz. 138.

752   Siehe dazu *Viellechner*, Berücksichtigungspflicht als Kollisionsregel, in Matz-Lück/Hong, Grundrechte und Grundfreiheiten im Mehrebenensystem (2012), S. 109

Damit wird nicht der Rang einer in einem Vertrag festgelegten völkerrechtlichen Verpflichtung erhöht, sondern diesem lediglich eine auslegungsleitende Funktion zugestanden.[753] Denn bereits aus der Einordnung als Konfliktvermeidungsregel folgt, dass diese Art der Auslegung dann ihre Grenze findet, wenn es keinen Auslegungsspielraum im Sinne einer völkerrechts*konformen* Auslegung der einschlägigen Norm gibt und keine unterschiedlichen Deutungen möglich sind.[754] Daher bedeutet „völkerrechts*konforme* Auslegung" keine „faktische" Höherrangigkeit des Völkerrechts gegenüber dem einfachen Recht, da eine solche „faktische" Höherrangigkeit einen generellen Vorrang voraussetzen würde.[755] Bezogen auf Treaty Overriding-Vorschriften folgt daraus, dass die durch die Völkerrechtsfreundlichkeit des Grundgesetzes verfassungsrechtlich gebotene völkerrechtskonforme Auslegung dann nicht zu einer Harmonisierung von Völkerrecht und innerstaatlichem Recht führen kann, wenn der Wille des Gesetzgebers zum Bruch des Völkervertragsrechts in Form eines DBA im Gesetzestext selbst oder durch Auslegung des nationalen Steuergesetzes feststeht. Dieser Grenzziehung entsprechen im Wesentlichen die Grenzen der „verfassungskonformen Auslegung", wie sie zuletzt durch eine Entscheidung des Bundesverfassungsgerichts folgendermaßen konkretisiert worden sind:

> *„Die Grenzen verfassungskonformer Auslegung ergeben sich grundsätzlich aus dem ordnungsgemäßen Gebrauch der anerkannten Auslegungsmethoden. (...) Die Möglichkeit einer verfassungskonformen Auslegung endet allerdings dort, wo sie mit dem Wortlaut und dem klar erkennbaren Willen des Gesetzgebers in Widerspruch träte (vgl. BVerfGE 95, 64 <93>; 99, 341 <358>; 101, 312 <329> m.w.N.; stRspr). Anderenfalls könnten die Gerichte der rechtspolitischen Entscheidung des demokratisch legitimierten Gesetzgebers vorgreifen oder diese unterlaufen (vgl. BVerfGE 8, 71 <78 f.>; 112, 164 <183>). Das Ergebnis einer verfassungskonformen Auslegung muss demnach nicht nur vom Wortlaut des Gesetzes gedeckt sein, sondern auch die prinzipielle Zielsetzung des Gesetzgebers wahren (vgl. BVerfGE 86, 288 <320>; 119, 247 <274>). Das gesetzgeberische Ziel darf nicht in einem wesentlichen Punkt verfehlt oder verfälscht werden (vgl. BVerfGE 119, 247 <274> m.w.N.)."*[756]

(122 f.) m. w. N. auch aus der völkerrechtlichen Literatur; grundlegend *Bleckmann*, DÖV 1979, 309 (312 f.) sowie *ders.*, DÖV 1996, 137 (137 ff.); vgl. auch *Stern*, Das Staatsrecht der Bundesrepublik Deutschland (1984), S. 476; *Sauer*, ZaöRV 65 (2005), 35 (48) m. w. N.

753   Insoweit ist die Kritik von *Proelß*, Der Grundsatz der völkerrechtsfreundlichen Auslegung, in Rensen/Brink, Linien der Rechtsprechung des Bundesverfassungsgerichts (2009), S. 553 (559) nicht zutreffend.

754   Vgl. *Proelß*, Der Grundsatz der völkerrechtsfreundlichen Auslegung, in Rensen/Brink, Linien der Rechtsprechung des Bundesverfassungsgerichts (2009), S. 553 (559).

755   So aber *Sauer*, ZaöRV 65 (2005), 35 (48); *Payandeh*, Völkerrechtsfreundlichkeit als Verfassungsprinzip, in Häberle, Jahrbuch des öffentlichen Rechts 57 (2009), S. 465 (484).

756   BVerfGE 138, 64 (93 f.).

Diese Ausführungen können auf die hier zu beurteilende völkerrechtskonforme Auslegung von Gesetzen hinsichtlich der Methodik der Ermittlung der Grenzen der Auslegung übertragen werden. Im Ergebnis entsprechen sich die Grenzen der Auslegung in beiden Fällen.

2. Die Völkerrechtsfreundlichkeit des Grundgesetzes als Verfassungsgrundsatz

Von besonderer Relevanz für die verfassungsrechtliche Prüfung von Treaty Overriding ist die Frage, ob die Völkerrechtsfreundlichkeit des Grundgesetzes als verfassungsrechtlicher Grundsatz anzusehen ist. Als solcher käme ihm weitergehend als die vorstehend untersuchte, auslegungsleitende Funktion auch dann eine Bedeutung zu, wenn die dargestellten Grenzen der völkerrechtsfreundlichen Auslegung erreicht sind. Einem verfassungsrechtlichen Grundsatz ist über die Funktion einer Auslegungsmethode hinaus eine breite „Ausstrahlungswirkung" auf den gesamten Bereich des Grundgesetzes immanent, der bei der verfassungsrechtlichen Prüfung (etwa der im Rahmen der Rechtfertigung von Eingriffen in den Schutzbereich von Grundrechten) Berücksichtigung finden muss.[757] Er ist „*positiv und konstruktiv zu verstehen*" und daher mehr „*als ein bloß negatives Prinzip der Kollisions- und Konfliktvermeidung.*"[758]

a) Ableitung eines Verfassungsgrundsatzes der Völkerrechtsfreundlichkeit des Grundgesetzes aus dem Grundgesetz

Zur Bestimmung der Funktion der „Völkerrechtsfreundlichkeit" im Rahmen der deutschen Rechtsordnung und zur Einordnung als Verfassungsgrundsatz[759] ist zunächst deren verfassungsrechtliche Herleitung entscheidend, da diese Auswirkungen auf den materiellen Gehalt und die verfassungsrechtliche Verbindlichkeit hat.[760]

Diesbezüglich ist festzustellen, dass sich im Grundgesetz keine ausdrückliche Erwähnung einer Völkerrechtsfreundlichkeit finden lässt.[761] Allerdings ist eine solche

---

757 Eingehend *Schorkopf*, Völkerrechtsfreundlichkeit und Völkerrechtsskepsis, in: Giegerich, Der „offene Verfassungsstaat" (2010), S. 131 (151 f.).

758 *Michael*, NJW 2010, 3537 (3540).

759 Der Begriff „Verfassungsgrundsatz" ist gleichbedeutend mit dem Begriff „Verfassungsprinzip", vgl. *Reimer*, Verfassungsprinzipien (2001), S. 59 sowie S. 271.

760 Vgl. dazu nur *Stern*, Das Staatsrecht der Bundesrepublik Deutschland (1984), S. 111 f.

761 Vgl. auch *Schorkopf*, Völkerrechtsfreundlichkeit und Völkerrechtsskepsis, in: Giegerich, Der „offene Verfassungsstaat" (2010), S. 131 (148); *Payandeh*, Völkerrechtsfreundlichkeit als Verfassungsprinzip, in: Häberle, Jahrbuch des öffentlichen Rechts 57 (2009), S. 465 (467); *Proelß*, Der Grundsatz der völkerrechtsfreundlichen Auslegung, in: Rensen/Brink, Linien der Rechtsprechung des Bundesverfassungsgerichts (2009), S. 553 (554).

auch nicht unbedingt erforderlich, um von dessen Existenz ausgehen zu können. So besteht grundsätzlich die Möglichkeit, die Völkerrechtsfreundlichkeit als dem Grundgesetz immanent anzusehen oder sie als verfassungsgewohnheitsrechtlich entwickelt anzusehen.[762]

Beides ist jedoch abzulehnen. Zu Recht kritisiert *Payandeh* an der erstgenannten Ansicht, dass die Annahme, dem Grundgesetz sei eine Völkerrechtsfreundlichkeit immanent, die Gefahr in sich berge, dass sich ungeschriebenes Verfassungsrecht in Widerspruch zu geschriebenem Verfassungsrecht setzen könnte.[763] Allein wegen dieser Möglichkeit des Widerspruchs kann die Völkerrechtsfreundlichkeit nicht ohne weiteres als dem Grundgesetz immanent angesehen werden. Die Völkerrechtsfreundlichkeit als Rechtssatz des Verfassungsgewohnheitsrechts anzusehen, kann wiederum auf Grund der bisher wenig geklärten Rechtsfolgen der Völkerrechtsfreundlichkeit und der diesbezüglich (noch) nicht gefestigten Rechtsprechung nicht angenommen werden.[764]

Richtig ist, dass die Völkerrechtsfreundlichkeit aus konkreten Artikeln des Grundgesetzes zu entwickeln ist. Denn es wird allgemein für möglich gehalten, dass sich aus dem Grundgesetz auch ungeschriebenes Verfassungsrecht ableiten lässt.[765] So ist anerkannt, dass neben den in Art. 20 Abs. 1 bis 3 GG genannten „Staatsstrukturprinzipien"[766] auch die im Grundgesetz zwar entstehungsgeschichtlich geplante, aber lediglich in Art. 28 Abs. 1 GG ausdrücklich erwähnte Rechtsstaatlichkeit als dem Grundgesetz und insbesondere dem Art. 20 Abs. 1 GG immanent angesehen wird und die deutsche Rechtsordnung prägt.[767] Ähnlich verhält es sich mit der Völkerrechtsfreundlichkeit des Grundgesetzes. Genannt werden dabei in

---

762 Diese Möglichkeiten nennt *Payandeh*, Völkerrechtsfreundlichkeit als Verfassungsprinzip, in Häberle, Jahrbuch des öffentlichen Rechts 57 (2009), S. 465 (467 f.), wobei er die erstgenannte Möglichkeit bei *Bleckmann*, DÖV 1979, 309, verortet wissen will.

763 *Payandeh*, Völkerrechtsfreundlichkeit als Verfassungsprinzip, in Häberle, Jahrbuch des öffentlichen Rechts 57 (2009), S. 465 (467) m. w. N.

764 Vgl. hierzu erneut *Payandeh*, Völkerrechtsfreundlichkeit als Verfassungsprinzip, in Häberle, Jahrbuch des öffentlichen Rechts 57 (2009), S. 465 (468).

765 Siehe dazu *Stern*, Das Staatsrecht der Bundesrepublik Deutschland (1984), S. 106.

766 Siehe zur Terminologie ausführlich *Dreier*, in ders., GG (2015), Art. 20 (Einführung) Rz. 8 ff.

767 Vgl. dazu nur *Schulze-Fielitz*, in Dreier, GG (2015), Art. 20 (Rechtsstaat) Rz. 19 zur Entstehungsgeschichte von Art. 20 GG m. w. N. sowie Rz. 40 zur Einordnung des Rechtsstaatsprinzips mit weiteren Nachweisen auch aus der Rechtsprechung des Bundesverfassungsgerichts und zu anderen Ansichten der dogmatischen Verortung dieses Prinzips; vgl. auch zum Rechtsstaatsprinzip als ungeschriebenes Verfassungsprinzip *Reimer*, Verfassungsprinzipien (2001), S. 59 sowie S. 381 ff.

der Literatur[768] sowie der Rechtsprechung des Bundesverfassungsgerichts[769] insbesondere die Präambel, Art. 1 Abs. 2, 9 Abs. 2, 16 Abs. 2, 23, 24 bis 26, 59 Abs. 2 sowie Art. 100 Abs. 2 GG, ohne dass jedoch immer alle diese Artikel zusammen angeführt werden. Insbesondere die Präambel bringt den Willen zur internationalen Einbindung der Bundesrepublik Deutschland anschaulich zum Ausdruck, wenn darin darauf hingewiesen wird, dass das deutsche Volk *„von dem Willen beseelt (sei), als gleichberechtigtes Mitglied in einem vereinten Europa dem Frieden der Welt zu dienen"*. Aber auch alle anderen aufgezählten Artikel zeigen in besonderem Maße die Hinwendung bzw. „Öffnung" des Grundgesetzes zur internationalen Staatengemeinschaft. So kommt insbesondere in der Rangzuweisung des Art. 25 GG für die allgemeinen Regeln des Völkerrechts ein hervorgehobenes Vertrauen in das Völkerrecht zum Ausdruck.[770] Zusätzlich ist prozessual ein besonderer Rechtsbehelf in Art. 100 Abs. 2 GG vorgesehen. Art. 24 GG und (für die europäische Integration) Art. 23 GG ermöglichen eine Einbindung der Bundesrepublik Deutschland in die institutionalisierte internationale Zusammenarbeit. Die bereits zitierte Präambel sowie Art. 26 GG stellen das Grundgesetz in einen internationalen Friedensdienst.[771] Schließlich soll nach verbreiteter Ansicht Art. 1 Abs. 2 GG mit seinem Bekenntnis zu *„unverletzlichen und unveräußerlichen Menschenrechten als Grundlage (...) der Gerechtigkeit in der Welt"* ein Bezug zum Völkerrecht innewohnen.[772]

Auf Grund dieser Gesamtschau von Artikeln des Grundgesetzes erscheint es gerechtfertigt, von einem Verfassungsgrundsatz der Völkerrechtsfreundlichkeit des Grundgesetzes zu sprechen.[773] Ob dieser als Subprinzip zum Rechtsstaatsprinzip

---

768 Vgl. statt vieler *Payandeh*, Völkerrechtsfreundlichkeit als Verfassungsprinzip, in Häberle, Jahrbuch des öffentlichen Rechts 57 (2009), S. 465 (470 ff.); vgl. auch *Herdegen*, in Maunz/Dürig, Grundgesetz (2015), Art. 25 Rz. 6.

769 Vgl. dazu *Schorkopf*, Völkerrechtsfreundlichkeit und Völkerrechtsskepsis, in Giegerich, Der „offene Verfassungsstaat" (2010), S. 131 (148 f.) mit Zuordnung der einzelnen Normen zu Entscheidungen des Bundesverfassungsgerichts, in denen diese erstmalig zur Begründung der Völkerrechtsfreundlichkeit des Grundgesetzes herangezogen wurden; siehe dazu auch im Folgenden Punkt F.III.4.c).

770 Statt vieler *Herdegen*, in Maunz/Dürig, Grundgesetz (2015), Art. 25 Rz. 6.

771 Ausführlich dazu *Kunig*, in Graf Vitzthum/Proelß, Völkerrecht (2013), S. 69 ff.; *Doehring*, in Isensee/Kirchhof, Handbuch des Staatsrechts (1992), § 178.

772 *Stern*, Das Staatsrecht der Bundesrepublik Deutschland (1984), S. 474 f.; *Rensmann*, Die Genese des „offenen Verfassungsstaats" 1948/1949, in Giegerich, Der „offene Verfassungsstaat" (2010), S. 37 (55 ff.); kritsch *Pfeffer*, Das Verhältnis von Völkerrecht und Landesrecht (2009), S. 188 ff.

773 So bereits *Bleckmann*, DÖV 1979, 309 (314 f.); *ders.*, DÖV 1996, 137 (140 f.); aktuell siehe *Payandeh*, Völkerrechtsfreundlichkeit als Verfassungsprinzip, in Häberle, Jahrbuch des öffentlichen Rechts 57 (2009), S. 465 (468 ff.); *Viellechner*, Berücksichtigungspflicht als Kollisionsregel, in Matz-Lück/Hong, Grundrechte und Grundfreiheiten im Mehrebenensystem (2012), S. 109 (145); *Schorkopf*, Völkerrechtsfreundlichkeit und Völkerrechtsskepsis, in Giegerich, Der „offene Verfassungsstaat" (2010), S. 131 (151 ff.); *Rauschnig*, in Kahl/Waldhoff/Walter, Bonner

angesehen wird, spielt auf Grund des fehlenden Unterschieds in der materiellen Wirkung keine Rolle.[774] In beiden Fällen handelt es sich bei dem Verfassungsgrundsatz der Völkerrechtsfreundlichkeit des Grundgesetzes um ein Beispiel von „*nicht-geschriebenem Verfassungsrecht intra constitutionem*"[775] bzw. um ein „*implizites Verfassungsprinzip*"[776]. Stern hat allgemein in Bezug auf nicht-geschriebenes Verfassungsrecht prägnant formuliert, es ginge dabei um „*(...) die „Fixierung des Verfassungsinhalts" innerhalb der Verfassung.*"[777] Bezogen auf das Treaty Overriding bedeutet dies jedenfalls, dass der darin enthaltene Bruch von Völkerrecht am Maßstab des Grundsatzes der Völkerrechtsfreundlichkeit des Grundgesetzes als Verfassungsinhalt grundsätzlich (gegebenenfalls in Abwägung mit anderen Verfassungsbelangen) zu messen ist.

Für die Einordnung der Völkerrechtsfreundlichkeit des Grundgesetzes als Verfassungsgrundsatz spricht nicht zuletzt auch ihre allgemein anerkannte auslegungsleitende Funktion.[778] Denn bei genauer Betrachtung ist diese ohne die Akzeptanz eines derartigen Verfassungsgrundsatzes nicht denkbar. Denn lässt sich auch die „völkerrechts*konforme* Auslegung" letztlich aus der beschriebenen Gesamtschau von Artikeln des Grundgesetzes ableiten, so handelt es sich dabei in Wahrheit um eine „verfassungskonforme Auslegung" einfachen Bundesrechts.[779] Als solche

---

Kommentar (2015), Art. 59 Rz. 110; *Sauer*, ZaöRV 65 (2005), 35 (46 f.); vgl. auch die Aussage des Bundesverfassungsgerichts in BVerfGE 128, 326 (371 f.): „*(...) „Heranziehung als Auslegungshilfe" kann (...) bedeuten, die vom Europäischen Gerichtshof für Menschenrechte in seiner Abwägung zu berücksichtigenden Aspekte in die verfassungsrechtliche Verhältnismäßigkeitsprüfung miteinzubeziehen [BVerfGE 111, 324; BVerfGK 3, 8 ff.].*" A. A. *Kunig*, in Graf Vitzthum/Proeß, Völkerrecht (2013), S. 72, der von einem lediglich charakterisierenden Befund ausgeht; *Stern*, Das Staatsrecht der Bundesrepublik Deutschland (1984), S. 476; *ders.* spricht hinsichtlich der Einordnung der Völkerrechtsfreundlichkeit als Verfassungsgrundsatz von einer „Hochstilisierung", die sich auf Grund „unterschiedlicher Völkerrechtsauffassungen" der einzelnen Staaten verbiete; *Proeß*, Der Grundsatz der völkerrechtsfreundlichen Auslegung, in Rensen/Brink, Linien der Rechtsprechung des Bundesverfassungsgerichts (2009), S. 553 (556 ff.) erkennt den Verfassungsgrundsatz wohl nur insoweit an, als er bei der Auslegung von innerstaatlichen Normen zu berücksichtigen ist; ablehnend wohl auch *Pfeffer*, Das Verhältnis von Völkerrecht und Landesrecht (2009), S. 184.

774 So *Vogel*, JZ 1997, 161 (165); ihm insoweit folgend *Becker*, NVwZ 2005, 289 (291).
775 *Stern*, Das Staatsrecht der Bundesrepublik Deutschland (1984), S. 112.
776 Vgl. zu diesem Begriff und der Begründung eines solchen Verfassungsprinzips ausführlich *Reimer*, Verfassungsprinzipien (2001), S. 384 ff.
777 *Stern*, Das Staatsrecht der Bundesrepublik Deutschland (1984), S. 112 mit Verweis auf BVerfGE 11, 77 (87) hinsichtlich der Formulierung „*Fixierung des Verfassungsinhalts*".
778 Vgl. nur BVerfGE 111, 307 (324) m. w. N.
779 Wie hier *Payandeh*, Völkerrechtsfreundlichkeit als Verfassungsprinzip, in Häberle, Jahrbuch des öffentlichen Rechts 57 (2009), S. 465 (485); ähnlich *Sauer*, ZaöRV 65

impliziert sie die Anerkennung eines Verfassungsprinzips der Völkerrechtsfreundlichkeit des Grundgesetzes.[780]

Grundsätzliche Kritik an dem Verfassungsgrundsatz der Völkerrechtsfreundlichkeit des Grundgesetzes äußert *Kunig*,[781] der feststellt, dass einem solchen Prinzip lediglich die Aussage entnommen werden kann, dass nach dem Grundgesetz nicht ausschließlich einzelstaatliche Rechtsakte maßgeblich sein können, jedoch im Übrigen diesem Prinzip auf Grund seiner hohen Abstraktionsebene über seine Verankerung in den Einzelnormen des Grundgesetzes hinaus keine Tauglichkeit für die Lösung von konkreten Sachverhalten zukommen könne.[782] Diese Kritik kann jedoch nicht auf den Bereich der DBA zutreffen. Denn in diesem Zusammenhang lässt sich die Völkerrechtsfreundlichkeit ohne weiteres konkretisieren. Völkerrechtsfreundlich ist das, was in den DBA vereinbart wurde und durch das entsprechende Zustimmungsgesetz innerstaatliche Verbindlichkeit erlangte.[783] Ändert der Gesetzgeber sein innerstaatliches Recht entgegen dem durch das Zustimmungsgesetz einbezogenen Völkerrecht, so verhält er sich konträr zu dem Verfassungsgrundsatz der Völkerrechtsfreundlichkeit des Grundgesetzes. Diese Schlussfolgerung ist keineswegs „abstrakt". Dass sich dieser Verfassungsgrundsatz in der Folge mit anderen Verfassungsgrundsätzen messen lassen muss, kann schwerlich als fehlende Anwendungstauglichkeit angesehen werden. Vielmehr ist diese Art von „Abstraktionsebene" jedem Verfassungsgrundsatz immanent.

Eine andere Frage ist, ob das Völkerrecht dieses Vertrauen verdient. Diese Frage wirft explizit *Pfeffer* auf und verneint dies unter Hinweis darauf, dass das Völkerrecht auch „*böse*" sein kann.[784] Die Frage erscheint auf den ersten Blick berechtigt,

---

(2005), 35 (48); anders aber *Proelß*, Der Grundsatz der völkerrechtsfreundlichen Auslegung, in Rensen/Brink, Linien der Rechtsprechung des Bundesverfassungsgerichts (2009), S. 553 (559).

780 So richtigerweise auch *Payandeh*, Völkerrechtsfreundlichkeit als Verfassungsprinzip, in Häberle, Jahrbuch des öffentlichen Rechts 57 (2009), S. 465 (485); zumindest ein Nebeneinander der Einordnung als Verfassungsgrundsatz und der Kategorisierung als Auslegungsprinzip für möglich haltend *Schorkopf,* Völkerrechtsfreundlichkeit und Völkerrechtsskepsis, in Giegerich, Der „offene Verfassungsstaat" (2010), S. 131 (152 f.).

781 Siehe *Kunig*, in Graf Vitzthum/Proelß, Völkerrecht (2013), S. 72 f. *Ders.* spricht an der zitierten Stelle diesbezüglich u. a. von dem „*Prinzip internationaler Offenheit*", womit der Verfassungsgrundsatz der Völkerrechtsfreundlichkeit des Grundgesetzes gemeint ist; siehe dazu auch *Rauschnig*, in Kahl/Waldhoff/Walter, Bonner Kommentar (2015), Art. 59 Rz. 111.

782 Für eine nur auf die Einzelnormen beschränkte Reichweite auch *Pfeffer*, Das Verhältnis von Völkerrecht und Landesrecht (2009), S. 184.

783 Vgl. auch die Aussage von *Doehring*, in Isensee/Kirchhof, Handbuch des Staatsrechts (1992), § 178 Rz. 14: „*Die jeweils völkerrechtsfreundlichste Verhaltensweise ist diejenige, die von den internationalen Rechtsregeln vorgeschrieben wird.*"

784 *Pfeffer*, Das Verhältnis von Völkerrecht und Landesrecht (2009), S. 183 ff. m. w. N. zu ebenfalls kritischen Meinungen.

vergegenwärtigt man sich manch historische Ereignisse, die vom Völkerrecht zumindest toleriert wurden.[785] Doch muss *Pfeffer* zur Verdeutlichung seiner Einschätzung für die heutige Zeit einen, wie er selbst einräumt, hypothetischen Fall eines „Menschenrechtsabkommens", welches den Menschrechten widerspricht, bilden. Zudem verkennt *Pfeffer*, dass die Anerkennung der Völkerrechtsfreundlichkeit des Grundgesetzes als Verfassungsgrundsatz gerade keine absolute Geltung des Völkerrechts zur Folge hat, sondern der Abwägung zugänglich ist bzw. diese verlangt. *Pfeffers* äußerst hypothetischer Fall würde also auch bei Anerkennung des Verfassungsgrundsatzes nicht möglich sein. Deshalb kann ein solcher Fall auch nicht als theoretisches Argument gegen die Anerkennung verwendet werden. Zudem unterschlägt *Pfeffer* in diesem Kontext, dass der Gesetzgeber in den Fällen des Art. 59 Abs. 2 GG, zu denen auch der in dieser Arbeit relevante Bereich der DBA zählt, selbst an dem „Verbindlichwerden" von Völkerrecht in Form des Völkervertragsrechts mitgewirkt hat. Insofern sind die Gefahren, aus denen *Pfeffer* das fehlende Vertrauen in das Völkerrecht ableitet, Gefahren, die in der Demokratie selbst angelegt sind. Einen Grund, nicht von einem Verfassungsgrundsatz der Völkerrechtsfreundlichkeit des Grundgesetzes auszugehen, stellen sie nicht dar.

b) Bindungswirkung des Verfassungsgrundsatzes der Völkerrechtsfreundlichkeit des Grundgesetzes

Mit der Anerkennung der Völkerrechtsfreundlichkeit des Grundgesetzes als Verfassungsgrundsatz ist insbesondere die Konsequenz verbunden, dass dieser Grundsatz eine Bindungswirkung gegenüber dem Gesetzgeber entfaltet.[786] Für die allgemeinen Regeln des Völkerrechts ergibt sich dies schon aus Art. 25 GG. Über den Verfassungsgrundsatz der Völkerrechtsfreundlichkeit des Grundgesetzes entwickeln auch einzelne völkerrechtlich bindende Verträge eine Bindungswirkung gegenüber dem Gesetzgeber. Diese Konsequenz ist besonders hervorzuheben, hat sie doch Bedeutung für die Frage, inwieweit der Gesetzgeber beim Bruch völkerrechtlicher Verträge wie den DBA einer verfassungsrechtlich gebotenen Pflicht zur Berücksichtigung seiner völkerrechtlichen Verpflichtungen nachkommen muss.

---

785 Siehe dazu die Fälle bei *Pfeffer*, Das Verhältnis von Völkerrecht und Landesrecht (2009), S. 190.

786 So auch *Rauschnig*, in Kahl/Waldhoff/Walter, Bonner Kommentar (2015), Art. 59 Rz. 113; *Payandeh*, Völkerrechtsfreundlichkeit als Verfassungsprinzip, in Häberle, Jahrbuch des öffentlichen Rechts 57 (2009), S. 465 (486 ff.); eine Bindungswirkung grundsätzlich anerkennend, aber kritsch hinsichtlich seiner materiellen Reichweite *Viellechner*, Berücksichtigungspflicht als Kollisionsregel, in Matz-Lück/Hong, Grundrechte und Grundfreiheiten im Mehrebenensystem (2012), S. 109 (147 ff.); im Ergebnis eine Bindungswirkung für den Gesetzgeber bejahend schon *Vogel*, JZ 1997, 161 (165 ff.); *Bleckmann*, DÖV 1979, 309 (312 f.) sowie *ders.*, DÖV 1996, 137 (141 ff.); zu weitgehend *Becker*, NVwZ 2005, 289 (291).

aa) Harmonisierungsfunktion

Eine uneingeschränkte Bindung an den Verfassungsgrundsatz der Völkerrechtsfreundlichkeit des Grundgesetzes würde bereits der Art. 59 Abs. 2 GG und Art. 25 GG immanenten Systematik widersprechen.[787] Der Verfassungsgrundsatz ermöglicht jedoch eine über die grundgesetzlich festgeschriebene oder ihr entnehmbare Rangordnung hinausgehende differenzierte Lösung von Normkonflikten zwischen innerstaatlichem und völkerrechtlich verbindlichem Recht.[788] *Schorkopf* formuliert treffend:

> *„Aus diesem Blickwinkel ist die Völkerrechtsfreundlichkeit der untechnische Begriff für die Koordination der staatlichen Rechtsordnung mit dem Völkerrecht."*[789]

Somit ist als Gebot des Verfassungsgrundsatzes festzuhalten, dass das Grundgesetz jedenfalls keine „freie Hand" des Gesetzgebers zum Bruch von Völkerrecht vorgesehen hat, sondern vielmehr eine (wie auch immer im konkreten Fall geartete) Harmonisierung von Völkerrecht und innerstaatlichem Recht anstrebt. In Bezug auf das Treaty Overriding bedeutet dies, dass aus dem Gleichrang von über Art. 59 Abs. 2 GG einbezogenem Völkerrecht in Form der DBA und diesem widersprechenden innerstaatlichen Recht auf Grund dieser Harmonisierungsfunktion nicht geschlossen werden kann, dass der Gesetzgeber darin frei ist, seine völkerrechtlichen Verpflichtungen zu brechen.[790] Einen solchen Automatismus in der Argumentation verhindert die Anerkennung der Völkerrechtsfreundlichkeit des Grundgesetzes als Verfassungsgrundsatz. Als solcher ist er als Optimierungsgebot für den Ausgleich zwischen innerstaatlichem Recht und Völkerrecht anzusehen und dabei selbst einer Abwägung zugänglich, wobei Kollisionen mit anderen Verfassungsgrundsätzen im Wege der praktischen Konkordanz aufzulösen sind.[791] Dies ist eine erste Konsequenz bzw. Folgerung aus der Einordnung der Völkerrechtsfreundlichkeit des Grundgesetzes und von grundlegender Bedeutung für die Findung eines verfassungsrechtlichen Rahmens von Treaty Overriding.

---

787 Siehe dazu u.a. *Payandeh*, Völkerrechtsfreundlichkeit als Verfassungsprinzip, in Häberle, Jahrbuch des öffentlichen Rechts 57 (2009), S. 465 (487).

788 Vgl. *Payandeh*, Völkerrechtsfreundlichkeit als Verfassungsprinzip, in Häberle, Jahrbuch des öffentlichen Rechts 57 (2009), S. 465 (487).

789 *Schorkopf*, Völkerrechtsfreundlichkeit und Völkerrechtsskepsis, in Giegerich, Der „offene Verfassungsstaat" (2010), S. 131 (154).

790 In diese Richtung jedoch u.a. *Hahn*, IStR 2011, 863 (870).

791 Siehe dazu *Viellechner*, Berücksichtigungspflicht als Kollisionsregel, in Matz-Lück/Hong, Grundrechte und Grundfreiheiten im Mehrebenensystem (2012), S. 109 (145) m.w.N.

bb) Abgestufte Bindungsintensität

Hinsichtlich der durch den Verfassungsgrundsatz der Völkerrechtsfreundlichkeit des Grundgesetzes vermittelten Durchsetzungskraft des Völkerrechts gegenüber dem innerstaatlichen Recht ist eine Abstufung vorzunehmen.[792] Diese findet ihre dogmatische Begründung darin, dass es sich dabei um einen nicht ausdrücklich normierten Grundsatz handelt, der als nicht-geschriebener Verfassungsgrundsatz aus einer Vielzahl von Grundgesetznormen abgeleitet wird. Dabei ist die Grundannahme, dass die Pflicht des Gesetzgebers zur Berücksichtigung des Verfassungsgrundsatzes umso weitergehend einzustufen ist, je näher der zu entscheidende Sachverhalt einem oder mehreren Artikeln des Grundgesetzes steht, denen der Verfassungsgrundsatz in einer Gesamtschau zu entnehmen ist.[793]

Eine starke Bindungswirkung muss demnach völkerrechtlichen Verträgen wie etwa der EMRK zukommen.[794] Denn diese findet ihren Anklang bereits in Art. 1 Abs. 2 GG.[795] Es zeigt sich schon in der Formulierung von Art. 1 GG eine deutliche Anlehnung an die Menschenwürde- und Menschenrechtsbekenntnisse aus der Präambel der Allgemeinen Erklärungen der Menschenrechte der Vereinten Nationen, die ein halbes Jahr älter ist als das Grundgesetz.[796] Auf diese Weise nehmen die zwingenden Menschenrechtsstandards (mittelbar) teil an der Ewigkeitsgarantie des Art. 79 Abs. 3 GG.[797] Aus dieser Verknüpfung ergibt sich, dass insbesondere in diesem Bereich eine enge Bindung an die EMRK zu gewährleisten

---

792 Dieser Gedanke findet sich auch bei *Weigell*, „Treaty Override" durch § 20 Abs. 2 AStG, in Wachter, Festschrift für Sebastian Spielberger (2009), S. 575 (582).

793 Zur besonderen Begründungslast für ein nicht-geschriebenes Verfassungsprinzip *Reimer*, Verfassungsprinzipien (2001), S. 398 FN 102.

794 Vgl. *Weigell*, „Treaty Override" durch § 20 Abs. 2 AStG, in Wachter, Festschrift für Sebastian Spielberger (2009), S. 575 (582).

795 Siehe zu dieser Verankerung *Herdegen*, in Maunz/Dürig, Grundgesetz (2015), Art.1 Abs. 2 Rz. 36 ff. m. w. N.; *Stern*, Das Staatsrecht der Bundesrepublik Deutschland (1984), S. 474 f.; *Sauer*, ZaöRV 65 (2005), 35 (47) spricht von einem *„klaren Bezug zum Völkerrecht";* siehe nunmehr auch BVerfGE 111, 307 (329); *Rensmann*, Die Genese des „offenen Verfassungsstaats" 1948/1949, in Giegerich, Der „offene Verfassungsstaat" (2010), S. 55 ff. sieht gar *die Verfassungsentscheidung für eine „offene Staatlichkeit" (...) in Art. 1 GG getroffen";* kritisch *Pfeffer*, Das Verhältnis von Völkerrecht und Landesrecht (2009), S. 187 ff. m. w. N. zur Auffassung, dass Art. 1 Abs. 2 GG nicht auf internationale Menschenrechtsverbürgungen, sondern auf das Naturrecht verweist.

796 Vgl. *Rensmann*, Die Genese des „offenen Verfassungsstaats" 1948/1949, in Giegerich, Der „offene Verfassungsstaat" (2010), S. 43 sowie S. 56; *Pfeffer*, Das Verhältnis von Völkerrecht und Landesrecht (2009), S. 187 f.

797 *Herdegen*, in Maunz/Dürig, Grundgesetz (2015), Art.1 Abs. 2 Rz. 43; *Rensmann*, Die Genese des „offenen Verfassungsstaats" 1948/1949, in Giegerich, Der „offene Verfassungsstaat" (2010), S. 56 *„conditio sine qua non".*

ist.[798] Gleiches muss für Bereiche wie das Gebot der Friedenssicherung in der Präambel bzw. Art. 26 GG gelten. Denn hier hat das Grundgesetz ausdrücklich eine Öffnung erfahren.

Eine besondere Stellung nehmen dabei Art. 24 GG und Art. 23 GG ein. Diese „Öffnungen" des Grundgesetzes für eine überstaatliche, institutionalisierte europäische Integration zeigen in ihrer tatsächlichen Ausprägung auf prägnante Weise, in welcher Tiefe das Grundgesetz eine Bindung an völkerrechtliche Normen zulässt. Gleichzeitig wird diese weitgehende Öffnung für die aus einer Gesamtschau abgeleitete Völkerrechtsfreundlichkeit des Grundgesetzes die äußere Grenze bilden. Denn es wäre wertungswidersprüchlich, wenn die ungeschriebene Öffnung des Grundgesetzes weiter reiche als die ausdrücklich ins Grundgesetz aufgenommene Öffnung. Dies wird unter anderem verkannt, wenn dem Gesetzgeber im Rahmen der Regelungsbereiche von völkerrechtlichen Verträgen eine kompetenzielle Selbstbindung zugeschrieben wird.[799] Tatsächlich kann dem Völkervertragsrecht auch aus diesem Grunde kein Verfassungsrang eingeräumt werden. Dazu bedürfte es einer gesetzlichen Bestimmung, wie sie etwa in Form von Art. 24 GG hinsichtlich der Öffnung des Grundgesetzes für die europäische Integration vorliegt.[800]

Ein weiter gesetzgeberischer Spielraum ist dem Gesetzgeber hingegen einzuräumen, wenn er Sachverhalte regelt, die nur einen rudimentären oder gar keinen Bezug zu den einzelnen Artikeln des Grundgesetzes haben, aus denen sich der völkerrechtsfreundliche Charakter des Grundgesetzes ergibt. Hier ist der Gesetzgeber freier, da die Öffnung des Grundgesetzes für das Völkerrecht nicht in einer konkretisierten Form in Gestalt einer Einzelnorm zum Ausdruck kommt, sondern lediglich in diesem angelegt ist. Aus dem Verfassungsgrundsatz folgt aber auch für diese Fälle, dass der Gesetzgeber in diesen Bereichen insoweit nicht frei ist, als er sich eben doch völkerrechtsfreundlich verhalten muss. Auch in diesem Bereich ist damit ein verfassungsrechtlicher Rahmen gegeben, nur ist dieser nicht so streng wie beispielsweise beim Menschenrechtsschutz.

Wendet man diese Erkenntnisse auf die Regelung von Steuersachverhalten an, so ist festzustellen, dass sich für derlei Sachverhalte kein Anknüpfungspunkt in den Einzelnormen des Grundgesetzes findet, auf denen der Verfassungsgrundsatz der Völkerrechtsfreundlichkeit des Grundgesetzes basiert. Nichts anderes folgt aus der Tatsache, dass die Steuern im Zusatzprotokoll I zur EMRK[801] genannt sind. Denn diese haben grundsätzlich nichts mit dem Ziel des Menschenrechtsschutzes zu tun.[802]

---

798 Ähnlich *Sauer*, ZaöRV 65 (2005), 35 (47).
799 Siehe dazu ausführlich Punkt F.II.1.
800 So richtigerweise *Viellechner*, Berücksichtigungspflicht als Kollisionsregel, in Matz-Lück/Hong, Grundrechte und Grundfreiheiten im Mehrebenensystem (2012), S. 109 (148).
801 BGBl. II 1956, 1880.
802 Das Gebiet der Steuern ist der EMRK gemäß Art. 1 Abs. 2 ihres Zusatzprotokolls (abgedruckt in BGBl. II 1956, 1880) dem „harten Kern" der staatlichen Hoheitsrechte zuzuordnen und dem Regelungsbereich der EMRK grundsätzlich entzogen.

Daraus ergibt sich jedenfalls, dass in diesem Bereich der Verfassungsgrundsatz der Völkerrechtsfreundlichkeit des Grundgesetzes dem Gesetzgeber sicherlich nicht die engen Grenzen des völkerrechtlichen Menschenrechtsschutzes gesetzt sind. Vielmehr verbleibt dem Gesetzgeber im Bereich der Steuergesetzgebung, die internationale Sachverhalte betrifft, grundsätzlich ein weiter gesetzgeberischer Spielraum.[803] Die Harmonisierungsfunktion und das Optimierungsgebot, welche in dem Verfassungsgrundsatz der Völkerrechtsfreundlichkeit des Grundgesetzes enthalten sind, verlangen jedoch einen diesen Grundsatz berücksichtigenden verfassungsrechtlichen Rahmen für die Treaty Overriding-Gesetzgebung. Ein „Abstandsgebot" zu Art. 24 GG, welches darauf hinausläuft, dem Gesetzgeber hinsichtlich des Bruches von Völkervertragsrecht vollständig freie Hand zu lassen, kann allein schon deshalb keinen Bestand haben, weil auch für das Europarecht *„inhaltlich und funktional vergleichbar"* das Prinzip der Europarechtsfreundlichkeit des Grundgesetzes existiert.[804] Ein „Abstandsgebot" verträgt sich mit dieser Vergleichbarkeit nicht.

aaa) Ableitung der Bindungsintensität aus dem Internationalen Privatrecht

Viellechner weist zutreffend darauf hin, dass mit dem Internationalen Privatrecht bereits ein „Rechtsanwendungsrecht" bzw. „Kollisionsrecht" besteht, welches Regeln bezüglich der Anwendbarkeit zweier Rechtsordnungen im innerstaatlichen Recht bietet.[805] Wie im Falle eines DBA kommt ein ausländischer Rechtssatz des Privatrechts im Wege eines Anwendungsbefehls im innerstaatlichen Recht zur Anwendung, den das ihn auswählende innerstaatliche Kollisionsrecht beinhaltet.[806] Das ausländische Recht ist dann als solches im innerstaatlichen Rechtskreis anzuwenden.[807] Die Parallele zur Anwendung völkerrechtlicher Verträge über Art. 59 Abs. 2 GG liegt auf der Hand.[808] Zudem erstreckt sich das Internationale Privatrecht wie auch die DBA auf Sachbereiche, in denen unmittelbare Rechtswirkungen gegenüber dem

---

Der Gerichtshof vollzieht lediglich eine Verhältnismäßigkeitsprüfung. Vgl. dazu *Meyer-Ladewig*, in ders./Nettesheim/Raumer, EMRK Europäische Menschenrechtskonvention (2015), Artikel 1 Rz. 54 sowie zur Formulierung „harter Kern" EGMR vom 17.7.2006, 38033/02 Nr. 29, NVwZ 2007, 1035 (1036).

803 Vgl. *Weigell*, „Treaty Override" durch § 20 Abs. 2 AStG, in Wachter, Festschrift für Sebastian Spielberger (2009), S. 575 (582).

804 Siehe dazu *Voßkuhle*, „Staatlichkeit im Wandel", Sonderforschungsbereich 597, Der europäische Verfassungsgerichtsverbund (2009), S. 12 f.

805 Siehe dazu und zum Folgenden *Viellechner*, Berücksichtigungspflicht als Kollisionsregel, in Matz-Lück/Hong, Grundrechte und Grundfreiheiten im Mehrebenensystem (2012), S. 109 (145).

806 *Viellechner*, Berücksichtigungspflicht als Kollisionsregel, in Matz-Lück/Hong, Grundrechte und Grundfreiheiten im Mehrebenensystem (2012), S. 109 (151).

807 *Viellechner*, Berücksichtigungspflicht als Kollisionsregel, in Matz-Lück/Hong, Grundrechte und Grundfreiheiten im Mehrebenensystem (2012), S. 109 (151).

808 Vgl. *Viellechner*, Berücksichtigungspflicht als Kollisionsregel, in Matz-Lück/Hong, Grundrechte und Grundfreiheiten im Mehrebenensystem (2012), S. 109 (151).

Bürger erzeugt werden. Es soll daher im Folgenden versucht werden, die lange aus-gereiften Regeln des Internationalen Privatrechts für das Internationale Steuerrecht fruchtbar zu machen.

Im Internationalen Privatrecht steht die Anwendung fremden Rechts unter dem Vorbehalt des „ordre public".[809] Dieser besagt, dass ein Kernbereich der innerstaat-lichen Rechtsordnung bestehen bleibt, d. h. dass die Anwendung fremden Rechts dort ihre Grenze findet, wo dies zu einem Ergebnis führt, welches „mit wesentlichen Grundsätzen des deutschen Rechts offensichtlich unvereinbar ist" (Art. 6 EGBGB). Eine solche Unvereinbarkeit kann entweder dann vorliegen, wenn in Grundrechte ohne hinreichende verfassungsrechtliche Rechtfertigung eingegriffen wird oder aber wesentliche Rechtsgrundsätze des einfachen Rechts durch die Anwendung des ausländischen Rechts verletzt werden.[810]

Füllt man den Verfassungsgrundsatz der Völkerrechtsfreundlichkeit des Grund-gesetzes mit diesem Inhalt, so ergibt sich für den Bereich der DBA Folgendes:

Grundsätzlich sind die Regelungen der DBA nach ihrer Einbeziehung wie die Anwendung fremden Rechts im Internationalen Privatrecht innerstaatlich (auch für den Gesetzgeber) bindend. Jedoch können im Einzelfall in einem Teilbereich des innerstaatlichen Rechts bestehende verfassungsrechtliche Wertungen, aber auch einfaches Gesetzesrecht, in dem *„unaufgebbare"*[811] Rechtsgrundsätze zum Ausdruck kommen, die Außerkraftsetzung der DBA-Regelungen rechtfertigen.[812] Als verfas-sungsrechtliche Wertungen kommen für den Bereich des Internationalen Steuer-rechts insbesondere das Leistungsfähigkeitsprinzip als Grundprinzip des deutschen Einkommensteuerrechts,[813] aber auch das Demokratieprinzip, welchem im Bereich des Treaty Overriding eine besondere Bedeutung beigemessen wird, in Betracht.[814] Ist also die Anwendung einer DBA-Regelung mit dem Leistungsfähigkeitsprinzip nicht vereinbar, was insbesondere in Fällen des Abkommensmissbrauchs der Fall sein kann,[815] so ist die Anordnung der Unanwendbarkeit der DBA-Regelung auf Grund einer Treaty Overriding-Vorschrift parallel zu der Wertung des Internationalen

---

809 *Viellechner*, Berücksichtigungspflicht als Kollisionsregel, in Matz-Lück/Hong, Grund-rechte und Grundfreiheiten im Mehrebenensystem (2012), S. 109 (151) m. w. N.

810 Siehe *Viellechner*, Berücksichtigungspflicht als Kollisionsregel, in Matz-Lück/ Hong, Grundrechte und Grundfreiheiten im Mehrebenensystem (2012), S. 109 (151 f.).

811 So *Viellechner*, Berücksichtigungspflicht als Kollisionsregel, in Matz-Lück/Hong, Grundrechte und Grundfreiheiten im Mehrebenensystem (2012), S. 109 (155).

812 Vgl. zur Einordnung des Prinzips der Besteuerung nach der Leistungsfähigkeit als „tragender Grundsatz der Verfassung" *Jansen/Weidmann*, IStR 2010, 596 (601) m. w. N.

813 Siehe zur Bedeutung und Verankerung des Leistungsfähigkeitsprinzips im Ein-kommensteuerrecht *Lampert*, NVwZ 2013, 195 (197 f.).

814 Zu Letzterem *Rust/Reimer*, IStR 2005, 843.

815 Siehe zum Verhältnis des Leistungsfähigkeitsprinzips zur Missbrauchsabwehr im Bereich des Steuerrechts Hey, StuW 2008, 167.

Privatrechts zur Anwendbarkeit von fremdem Privatrecht verfassungsrechtlich gerechtfertigt. Der Gesetzgeber ist auch unter dem Gesichtspunkt der Völkerrechtsfreundlichkeit des Grundgesetzes nicht gehalten, sich von verfassungsrechtlich verankerten Grundentscheidungen zu Gunsten seiner völkervertragsrechtlichen Bindungen zu verabschieden.[816] Folgt er jedoch im Bereich des Abkommensrechts dem Prinzip der Verhinderung der „virtuellen Doppelbesteuerung" und drückt er damit aus, dass das Leistungsfähigkeitsprinzip insoweit suspendiert werden soll,[817] so können Treaty Overriding-Vorschriften, welche Nichtbesteuerungen „korrigieren", die in diesem Prinzip angelegt sind, verfassungsrechtlich nicht gerechtfertigt werden. Denn dann kann allein in der Nichtbesteuerung kein „Missbrauch" gesehen werden (wohl aber in weiteren Aspekten wie etwa dem Einsatz funktionsloser „Briefkastengesellschaften" zur Erlangung von Abkommensvorteilen) und auch das Leistungsfähigkeitsprinzip kann dann nicht für die Anwendung der Treaty Overriding-Vorschrift streiten, denn dieses hat der Gesetzgeber für den zwischenstaatlichen Bereich durch das Prinzip der Verhinderung der virtuellen Doppelbesteuerung suspendiert. Anders kann die Beurteilung erst dann ausfallen, wenn der Gesetzgeber von diesem Grundsatz seiner Abkommenspolitik abweicht. Dies ist jedoch bis zum jetzigen Zeitpunkt nicht der Fall.

Damit ist ein Weg aufgezeigt, wie in Anlehnung an das bestehende Kollisionsrecht des Internationalen Privatrechts das Internationale Steuerrecht für den Kollisionsfall von innerstaatlichem Recht und DBA-Regelungen verfassungsrechtlich fortentwickelt werden kann.[818] Die für die Treaty Overriding-Gesetzgebung maßgebliche Bindungswirkung des Verfassungsgrundsatzes der Völkerrechtsfreundlichkeit des Grundgesetzes lässt sich demnach unter nur geringfügiger Abwandlung des Ergebnisses von *Viellechner* wie folgt in Worte fassen:

Der Verfassungsgrundsatz der Völkerrechtsfreundlichkeit des Grundgesetzes gebietet, dass der Gesetzgeber sich nicht in Widerspruch zu den unmittelbar anwendbaren Bestimmungen der von Deutschland ratifizierten DBA setzen darf, wenn aus deren Anwendung nicht ein Ergebnis folgt, das mit wesentlichen Grundsätzen des deutschen Rechts unvereinbar ist.[819]

---

816   Ähnlich *Viellechner*, Berücksichtigungspflicht als Kollisionsregel, in Matz-Lück/Hong, Grundrechte und Grundfreiheiten im Mehrebenensystem (2012), S. 109 (151): „(...) *keine Rechtsordnung zur völligen Selbstaufgabe bereit* (...)"

817   Siehe zu dem Suspendierungseffekt BFH, Vorlagebeschluss vom 10. 1. 2012, I R 66/09, Punkt B.II.3.b)aa).

818   *Viellechner* nennt seinen Gedankengang treffend „*einen innovativen Mechanismus zur Handhabung der Rechtsordnungs- und Rechtsprechungskonkurrenz in einem sich entwickelnden transnationalen Rechtsraum"*, Viellechner, Berücksichtigungspflicht als Kollisionsregel, in Matz-Lück/Hong, Grundrechte und Grundfreiheiten im Mehrebenensystem (2012), S. 109 (156).

819   Dieser Kernsatz der vorliegenden Arbeit ist abgeleitet von *Viellechner*, Berücksichtigungspflicht als Kollisionsregel, in Matz-Lück/Hong, Grundrechte und Grundfreiheiten im Mehrebenensystem (2012), S. 109 (152 f.).

Wie erwähnt, bilden im Bereich des Internationalen Steuerrechts das Leistungsfähigkeitsprinzip und das Demokratieprinzip, welches für die stetige Revidierbarkeit von Gesetzen wie auch dem Zustimmungsgesetz zu einem DBA streitet, die maßgeblichen wesentlichen Grundsätze. Daher ist eine innerstaatliche Abweichung von ratifiziertem Völkervertragsrecht wie im Falle des Treaty Overriding nur gerechtfertigt, wenn dies wesentliche Grundsätze des deutschen (Steuer-)Rechts erfordern.[820]

bbb) Grenzen der Bindung des Gesetzgebers

Insbesondere *Vogel* hat für den Bereich des Internationalen Steuerrechts in der Vergangenheit versucht, aus dem Grundsatz der Völkerrechtsfreundlichkeit des Grundgesetzes die Folgerung zu ziehen, dass der Gesetzgeber durch die Zustimmung zu einem völkerrechtlichen Vertrag (und insbesondere einem DBA) insoweit gebunden ist,[821] als eine spätere einseitige Änderung desselben als „Wortbruch"[822] verfassungswidrig wäre.[823] Diese Ansicht hat er hinsichtlich der Verfassungsmäßigkeit eines Treaty Overriding-Gesetzes zwar nicht im Ergebnis, so aber doch in der dogmatischen Herangehensweise im Laufe der Zeit verändert. Gab es für ihn ehemals

> *„für den Bruch eines Vertrags (...) keine* Rechtfertigung", was „(...) *bei Verträgen, die nach Art. 59 Abs. 2 GG der Zustimmung des Bundesgesetzgebers bedürfen (...) auch für den Bundestag"*

gelten sollte,[824] machte er sich später den „Görgülü"-Beschluss des Bundesverfassungsgerichts zu eigen und gestand dem Gesetzgeber letztlich zu, ein völkerrechtswidriges Gesetz erlassen zu dürfen, wenn auf diese Weise ein „Verstoß gegen tragende Grundsätze der Verfassung" verhindert werden könnte, nur sah er diese gesetzgeberische Vorgehensweise im Falle eines DBA als so gut wie niemals

---

820   Vgl. allgemein für das Internationale Privatrecht *Viellechner*, Berücksichtigungspflicht als Kollisionsregel, in Matz-Lück/Hong, Grundrechte und Grundfreiheiten im Mehrebenensystem (2012), S. 109 (155).

821   Zur Selbstbindung des Gesetzgebers auf Grund der Völkerrechtsfreundlichkeit früh bereits *Bleckmann*, DÖV 1979, 309 (314); a. A. *Pfeffer*, Das Verhältnis von Völkerrecht und Landesrecht (2009), S. 184 f.

822   *Vogel*, JZ 1997, 161.

823   *Vogel*, JZ 1997, 161 (165); diese Auffassung von *Vogel* ebenfalls als „Selbstbindung des Gesetzgebers" deutend *Birk*, Doppelbesteuerungsabkommen im Rechtssystem der Bundesrepublik Deutschland, in Tipke/Seer/Hey/Englisch, Festschrift für Joachim Lang (2010), S. 1131 (1137); *Pfeffer*, Das Verhältnis von Völkerrecht und Landesrecht (2009), S. 171 f.; an anderer Stelle stützt *Vogel* seine Auffassung zusätzlich auch auf Art. 38 Abs. 1 Satz 2 GG und begründet sie mit der Gewissensbindung des Abgeordneten, siehe *ders.*, JZ 1997, 161 (166 f.); da er diesen Ansatz in der Folge selbst nicht mehr weiterverfolgt hat, wird diesem auch hier nicht weiter nachgegangen.

824   *Vogel*, JZ 1997, 161 (165).

gerechtfertigt an.[825] *Becker* hält den Gesetzgeber unter Verweis auf die Völkerrechtsfreundlichkeit für nicht befugt, innerhalb seiner völkerrechtlichen Verpflichtungen einseitig gesetzgeberisch tätig zu werden.[826] Auch der Bundesfinanzhof formulierte bereits:

> *„Die prinzipielle Völkerrechtsfreundlichkeit des Grundgesetzes ist vorrangig. Sie nimmt dem Gesetzgeber (...) die Verfügungsmacht über den Rechtsbestand (...) und wirkt für den Gesetzgeber unbeschadet dessen demokratisch-legitimierten Rechtssetzungsbefugnissen als unmittelbar bindendes Gebot wie als materiell-rechtliche 'Sperre'."*[827]

Schließlich wird in dem vorstehenden Beschluss die Rechtsfolge der absoluten kompetenziellen Selbstbindung des Gesetzgebers aber nicht gezogen, sondern vielmehr konstatiert: *„Ausnahmen bedürfen einer besonderen Rechtfertigung."*[828]

Diese Fundstellen sind Grund genug, der Frage nach einer Selbstbindung des Gesetzgebers auf Grund des Grundsatzes der Völkerrechtsfreundlichkeit des Grundgesetzes nachzugehen.[829]

Gegen eine solch weitreichende Folge spricht entscheidend das Demokratieprinzip. Richtigerweise deuten *Rust/Reimer* das Demokratieprinzip dahingehend, dass aus diesem folge,

> *„dass das jeweilige vom Volk gewählte Parlament in den Grenzen des Art. 79 Abs. 3 GG grundsätzlich in der Lage sein muss, die gesamte Rechtsordnung zu ändern. Das Demokratieprinzip verlangt nicht nur eine historisch-anfängliche Legitimation allen staatlichen Handelns (Art. 20 Abs. 2 GG), sondern – jedenfalls für den Bereich der Gesetzgebung – prinzipiell auch eine aktuelle Revidierbarkeit und Revozierbarkeit alter Rechtssetzungsakte."*[830]

Diesem Verständnis des Demokratieprinzips wird hier ausdrücklich gefolgt. Ohnehin ist der Bundestag in dem Bereich der DBA im Gegensatz zum gewöhnlichen parlamentarischen Verfahren beim Erlass von Steuernormen darauf beschränkt,

---

825 Vgl. dazu *Vogel*, IStR 2005, 29 (30): *„Dass diese* (gemeint ist die Verletzung eines DBA, Anm. des Verfassers) *zur Abwendung eines 'Verstoßes gegen tragende Grundsätze der Verfassung' unvermeidbar sei, wird sich schwerlich begründen lassen, zumal stets die Möglichkeit besteht, Abkommen, sogar ohne besondere Begründung, zu kündigen."*

826 *Becker*, NVwZ 2005, 289 (291).

827 BFH vom 10.1.2012, I R 66/09, DStR 2012, 949 (951).

828 BFH vom 10.1.2012, I R 66/09, DStR 2012, 949 (951).

829 Die Frage der Selbstbindung wurde in Punkt F.II.1 bereits behandelt, dort aber lediglich unter dem Aspekt des Grundsatzes „pacta sunt servanda" und dem „Alles-oder-Nichts"-Prinzip beim Erlass des Zustimmungsgesetzes nach Art. 59 Abs. 2 GG. Nunmehr geht es jedoch um die Bestimmung der inhaltlichen Reichweite der Völkerrechtsfreundlichkeit des Grundgesetzes. Auch in diesem Zusammenhang wird die Frage der Selbstbindung diskutiert.

830 *Rust/Reimer*, IStR 2005, 843 (847).

das DBA nur im Ganzen anzunehmen oder abzulehnen.[831] Dies allein stellt im Vergleich zum gewöhnlichen parlamentarischen Verfahren eine Schwächung des demokratisch legitimierten Gesetzgebers dar.[832] Eine absolute Bindung des Gesetzgebers an das vornehmlich von der Gubernative (inklusive der Kündigungsmöglichkeiten) ausgehandelte DBA würde das Demokratieprinzip weiter schwächen und im Übrigen auch eine faktische Kompetenzverschiebung in Richtung Gubernative bedeuten, die so nicht in dem Zustimmungserfordernis seitens des Bundestags gemäß Art. 59 Abs. 2 GG angelegt ist.[833]

Eine Selbstbindung des Gesetzgebers[834] auf Grund des Grundsatzes der Völkerrechtsfreundlichkeit des Grundgesetzes ist also wegen des darin liegenden Absolutheitsanspruchs der völkervertraglichen Bindung und der damit verbundenen materiellen Einschränkung des Demokratieprinzips abzulehnen.[835]

c) Prozessuale Folgen

Als Verfassungsprinzip ist die Völkerrechtsfreundlichkeit des Grundgesetzes tauglicher Prüfungsmaßstab im Verfassungsgerichtsprozess.[836] Insbesondere im Bereich des Treaty Overriding spielt dabei das Verfahren der konkreten Normenkontrolle nach Art. 100 Abs. 1 GG eine herausragende Rolle. In diesem kann festgestellt werden, dass ein Bruch völkervertraglicher Pflichten auf Grund der darin liegenden Verletzung des Verfassungsgrundsatzes der Völkerrechtsfreundlichkeit zur Nichtigkeit des Treaty Overriding-Gesetzes führt. Aber auch eine Verfassungsbeschwerde erscheint grundsätzlich möglich, da der betroffene Steuerpflichtige durch eine Treaty Overriding-Gesetzgebung definitionsgemäß belastet wird (etwa

---

831 Siehe oben Punkt B.III.; darauf ebenfalls hinweisend *Birk*, Doppelbesteuerungsabkommen im Rechtssystem der Bundesrepublik Deutschland, in Tipke/Seer/Hey/Englisch, Festschrift für Joachim Lang (2010), S. 1131 (1137).

832 Ähnlich *Birk*, Doppelbesteuerungsabkommen im Rechtssystem der Bundesrepublik Deutschland, in Tipke/Seer/Hey/Englisch, Festschrift für Joachim Lang (2010), S. 1131 (1137); vgl. dazu auch *Nettesheim,* in Maunz/Dürig, Grundgesetz (2015), Art. 59 Rz. 94, der diesbezüglich von *„Grenzen"* für die Kontrollrechte der Legislative spricht.

833 Auf die Funktion des Art. 59 Abs. 2 GG als Norm zur Einordnung in das System der Gewaltenteilung auch BVerfGE 111, 307 (318); vgl. auch *Nettesheim,* in Maunz/Dürig, Grundgesetz (2015), Art. 59 Rz. 94 (Kontrollfunktion).

834 Siehe zu einem vergleichbaren Fall von kompetenzieller Selbstbindung im innerstaatlichen Recht *Pfeffer,* Das Verhältnis von Völkerrecht und Landesrecht (2009), S. 174 FN 67 m. w. N.

835 So im Ergebnis auch *Frotscher,* Zur Zulässigkeit des „Treaty Override", in Spindler/Tipke/Rödder, Festschrift für Harald Schaumburg (2009), S. 687 (699) mit Verweis auf *Rust/Reimer,* IStR 2005, 843 (847); ebenso für völkerrechtliche Verträge im Allgemeinen *Pfeffer,* Das Verhältnis von Völkerrecht und Landesrecht (2009), S. 174.

836 *Payandeh,* Völkerrechtsfreundlichkeit als Verfassungsprinzip, in Häberle, Jahrbuch des öffentlichen Rechts 57 (2009), S. 465 (495).

durch eine höhere Steuerbelastung oder erhöhte Mitwirkungspflichten) und damit etwa gestützt auf die allgemeine Handlungsfreiheit gemäß Art. 2 Abs. 1 GG bzw. die durch Art. 2 Abs. 1 GG i. V. m. Art. 20 Abs. 3 GG geschützte Einhaltung der verfassungsmäßigen Ordnung die Verletzung des (objektiven) Verfassungsgrundsatzes der Völkerrechtsfreundlichkeit des Grundgesetzes rügen kann.[837] Ob tatsächlich eine Verletzung eines Grundrechts in Verbindung mit dem Verfassungsgrundsatz der Völkerrechtsfreundlichkeit des Grundgesetzes angenommen werden kann, ist im Einzelfall zu entscheiden. Eine solche Prüfung wird in dieser Arbeit an späterer Stelle vorgenommen werden.

3. Zwischenergebnis

Es hat sich gezeigt, dass der Völkerrechtsfreundlichkeit des Grundgesetzes ein doppelter Bedeutungsgehalt zuzumessen ist. In dem ihr innewohnenden Grundziel der Harmonisierung von Völkerrecht und innerstaatlichem Recht fungiert sie dogmatisch gesehen sowohl als Auslegungsprinzip bzw. Auslegungsregel als auch als Verfassungsgrundsatz, aus dem in einem Abwägungsprozess konkrete Rechtsfolgen abgeleitet werden können. Als Auslegungsregel strebt sie nach Übereinstimmung des innerstaatlichen Rechts mit den völkerrechtlichen Verpflichtungen des Staates. In dieser Dimension kann sie als „Konfliktvermeidungsregel" charakterisiert werden. Als Verfassungsgrundsatz ist sie darüber hinaus von Bedeutung und gegebenenfalls in den Abwägungsprozess mit anderen Verfassungsgrundsätzen bzw. sonstigen Belangen mit Verfassungsrang einzubeziehen, wenn es zu einem durch Auslegung nicht lösbaren Konflikt kommt, etwa weil das innerstaatliche Recht ausdrücklich dem Völkervertragsrecht entgegensteht.

In solchen Fällen ist die Völkerrechtsfreundlichkeit des Grundgesetzes als Verfassungsgrundsatz zu berücksichtigen. In dieser Dimension ist sie auch vom Gesetzgeber zu beachten. Damit vollzieht sich in Konfliktfällen über den Grundsatz der Völkerrechtsfreundlichkeit des Grundgesetzes die Koordination des innerstaatlichen Rechts mit den völkerrechtlichen Verpflichtungen Deutschlands.[838] Im Ergebnis führt der Grundsatz in dieser Dimension also nicht zu einer Übereinstimmung, wie dies stets Folge der Auslegungsregel ist, jedoch wird sich in dessen Wirkungsweise stets das Ziel einer Harmonisierung der beiden Rechtsordnungen wiederspiegeln.[839]

Hinsichtlich der normativen Bindungskraft bzw. der „Harmonisierungskraft" des Verfassungsgrundsatzes der Völkerrechtsfreundlichkeit des Grundgesetzes ist

---

837 Vgl. auch *Voßkuhle*, „Staatlichkeit im Wandel", Sonderforschungsbereich 597, Der europäische Verfassungsgerichtsverbund (2009), S. 12 f.; so für Verletzungen der EMRK bereits *Sauer*, ZaöRV 65 (2005), 35 (50); ihm folgend *Payandeh*, Völkerrechtsfreundlichkeit als Verfassungsprinzip, in Häberle, Jahrbuch des öffentlichen Rechts 57 (2009), S. 465 (496).

838 *Schorkopf*, Völkerrechtsfreundlichkeit und Völkerrechtsskepsis, in Giegerich, Der „offene Verfassungsstaat" (2010), S. 131 (154).

839 Ähnlich auch *Sauer*, ZaöRV 65 (2005), 35 (47).

zunächst die Feststellung von Bedeutung, dass sich der Verfassungsgrundsatz zwar aus bestimmten Artikeln des Grundgesetzes ableitet, aber dieser dem Wesen eines Verfassungsgrundsatzes entsprechend nicht nur für die von den einzelnen Artikeln umfassten Lebensbereiche gilt, sondern die gesamte innerstaatliche Rechtsordnung als Leitgedanke prägt. Dies schließt nicht aus, dass eine abgestufte Orientierung des innerstaatlichen Rechts am Völkerrecht in dem Sinne vollzogen wird, dass die Bindung an das Völkerrecht höher ist, je mehr der zu entscheidende Fall an die von den einzelnen Artikeln umfassten Lebensbereiche angenähert ist. So hat auf Grund der Verankerung des völkerrechtlichen Menschenrechtsschutzes in Art. 1 Abs. 1 und 2 GG vor allem in diesem Bereich eine Harmonisierung stattzufinden.[840] Eine Harmonisierung in anderen Bereichen wie dem Internationalen Steuerrecht ist damit nicht ausgeschlossen, sondern ebenfalls geboten.

Als inhaltliche Orientierung ist nach hier vertretener Ansicht auf die Grundsätze des Internationalen Privatrechts zurückzugreifen. Daraus lässt sich als Maßstab für die Abweichungsbefugnis des deutschen Gesetzgebers von seinen völkerrechtlichen Verpflichtungen aus den DBA ableiten, dass eine Abweichung nur dann gerechtfertigt ist, wenn die Abweichung auf Grund wesentlicher Grundsätze des deutschen (Steuer-)Rechts geboten ist.[841]

Ein so verstandener Verfassungsgrundsatz der Völkerrechtsfreundlichkeit des Grundgesetzes kann einen pragmatischen „Mittelweg" zwischen der Begrenzung der gesetzgeberischen Freiheit im Bereich der DBA und auf Grund wesentlicher Grundsätze des deutschen (Steuer-)rechts gerechtfertigter Brüche von einzelnen DBA-Regelungen darstellen.[842]

Prozessual stehen für die Rüge der Verletzung des Verfassungsgrundsatzes die konkrete Normenkontrolle sowie die Verfassungsbeschwerde unter Berufung auf den Verfassungsgrundsatz in Verbindung mit dem jeweiligen Grundrecht zur Verfügung.[843]

Als Grenze der Wirkkraft des Verfassungsgrundsatzes ist die absolute Selbstbindung des Gesetzgebers durch den Abschluss von DBA anzusehen. Dies ist insbesondere mit dem Demokratieprinzip nicht vereinbar.

Welchen Weg die Rechtsprechung des Bundesverfassungsgerichts bisher in dieser Beziehung eingeschlagen hat und ob bzw. inwieweit diese mit dem hier entworfenen Modell der Ableitung der Bindungswirkung des Verfassungsgrundsatzes der Völkerrechtsfreundlichkeit des Grundgesetzes aus dem Grundgesetz und den

---

840 Ausführlich *Rensmann*, Die Genese des „offenen Verfassungsstaats" 1948/1949, in Giegerich, Der „offene Verfassungsstaat" (2010), S. 55 ff.

841 Vgl. *Viellechner*, Berücksichtigungspflicht als Kollisionsregel, in Matz-Lück/Hong, Grundrechte und Grundfreiheiten im Mehrebenensystem (2012), S. 109 (155).

842 Vgl. allgemein zum Völkerrecht: *Viellechner*, Berücksichtigungspflicht als Kollisionsregel, in Matz-Lück/Hong, Grundrechte und Grundfreiheiten im Mehrebenensystem (2012), S. 109 (156).

843 Vgl zu Letzterem wiederum *Voßkuhle*, „Staatlichkeit im Wandel", Sonderforschungsbereich 597, Der europäische Verfassungsgerichtsverbund (2009), S. 12.

Grundsätzen des Internationalen Privatrechts in Übereinstimmung gebracht werden kann, soll im Folgenden näher erörtert werden. Dabei wird in Abgrenzung zu weiteren Deutungen eine Bewertung der Rechtsprechung des Bundesverfassungsgerichts vorgenommen und diese in den Kontext zu dem in dieser Arbeit befürworteten Verständnis der Völkerrechtsfreundlichkeit des Grundgesetzes gestellt.

4. Die Rechtsprechung des Bundesverfassungsgerichts zur Völkerrechtsfreundlichkeit des Grundgesetzes

Bei der inhaltlichen Ausgestaltung der Völkerrechtsfreundlichkeit des Grundgesetzes handelt es sich um eine in weitem Maße von der Rechtsprechung des Bundesverfassungsgerichts beeinflusste Materie. Dieser besonders bedeutsame Einfluss ist darauf zurückzuführen, dass sich diese Charakterisierung aus einer Gesamtschau von Normen des Grundgesetzes ergibt und ihr daher als ungeschriebenes Verfassungsrecht eine gewisse inhaltliche Unschärfe immanent ist, die der höchstrichterlichen Konkretisierung und Fortentwicklung bedarf.[844]

Der nach dem Grundgesetz mögliche Rahmen bewegt sich dabei von einer lediglich auslegungsleitenden Funktion, der Einstufung als Verfassungsgrundsatz bis hin zu einer rangerhöhenden Wirkungsweise.

Dies ist Grund genug, die Entscheidungspraxis des Bundesverfassungsgerichts näher zu untersuchen und darauf aufbauend Ableitungen dahingehend zu treffen, welcher verfassungsgerichtliche Bedeutungsgehalt der Völkerrechtsfreundlichkeit als verfassungsrechtliches Argument bzw. als Leitgedanke aus der Rechtsprechungsentwicklung (aktuell) zu entnehmen ist. Als Fixpunkt soll dabei auf Grund seines wegweisenden Charakters der „Görgülü"-Beschluss des Bundesverfassungsgerichts aus dem Jahre 2004 fungieren.[845] Doch beginnt die „Rechtsprechungslinie" des Bundesverfassungsgerichts in diesem Bereich bereits früher.

a) Die Rechtsprechung des Bundesverfassungsgerichts bis zum „Görgülü"-Beschluss

Soweit ersichtlich spricht das Bundesverfassungsgericht erstmals in seiner Entscheidung zum sog. „Reichskonkordat" aus dem Jahre 1957 von der Völkerrechtsfreundlichkeit des Grundgesetzes.[846] Dabei stellte das Gericht auf die *„in Art. 25 GG zum Ausdruck gebrachte Völkerrechtsfreundlichkeit"*[847] ab. Es zeigte aber

---

844 Vgl. dazu *Stern*, Das Staatsrecht der Bundesrepublik Deutschland (1984), S. 112.
845 *Voßkuhle* schreibt ebenfalls von einer „*grundlegenden Entscheidung*" des Bundesverfassungsgerichts zur Völkerrechtsoffenheit der deutschen Rechtsordnung, siehe *ders.*, „Staatlichkeit im Wandel", Sonderforschungsbereich 597, Der europäische Verfassungsgerichtsverbund (2009), S. 11.
846 BVerfGE 6, 309.
847 BVerfGE 6, 309 (362).

sogleich eine mit der Verortung in Art. 25 GG zusammenhängende Grenze dieser Völkerrechtsfreundlichkeit auf, indem es feststellte:

> *„Der Gesetzgeber hat also die Verfügungsmacht über den Rechtsbestand auch dort, wo eine vertragliche Bindung besteht, sofern sie nicht allgemeine Völkerrechtssätze zum Gegenstand hat."*

In Abgrenzung zu den allgemeinen Regeln des Völkerrechts käme den *„besondere(n) vertragliche(n) Vereinbarungen"* kein Absolutheitsanspruch im Sinne einer *„Vorrangstellung"* zu.[848] Nach Auffassung des Bundesverfassungsgerichts hatte der Gesetzgeber also trotz der Völkerrechtsfreundlichkeit des Grundgesetzes die Kompetenz zum Erlass völkerrechtswidriger Gesetzgebungsakte.

Bisweilen wird die Entscheidung dahingehend interpretiert, dass sich darin die Ansicht wiederfinde, dass die vom Gesetzgeber vorgenommene Verletzung von Völkervertragsrecht durch einfaches Bundesrecht verfassungsrechtlich unbedenklich sei.[849] Dem ist indes nicht so. Vielmehr hat das Bundesverfassungsgericht in einer vorhergehenden, bisher in der Diskussion um Treaty Overriding unbeachtet gebliebenen Entscheidung zum Saar-Statut zwischen Frankreich und Deutschland einem *„verfassungsrechtlichen Rigorismus"*[850] im Verhältnis zum Völkervertragsrecht ausdrücklich eine Absage erteilt und zugestanden, dass dieses nicht dem Grundgesetz entsprechen müsse.[851] Die Verfassung selbst sei nämlich auf Grund der (außen-) politischen Erfordernisse dem Einfluss des Völkerrechts insoweit ausgesetzt, als sie nicht dauerhaft kontrafaktisch sein kann.[852] Die entscheidende Passage in der Entscheidung lautet:

> *„Wollte man nur eine dem Grundgesetz voll entsprechende vertragliche Regelung als verfassungsgemäß gelten lassen, so hieße das, einen verfassungsrechtlichen Rigorismus (zu) vertreten (...). Das kann vom Grundgesetz nicht gewollt sein."*[853]

Damit ist zwar ebenso nicht gesagt, dass sich das Völkervertragsrecht etwa auf Grund der Völkerrechtsfreundlichkeit des Grundgesetzes stets gegen entgegenstehendes innerstaatliches Recht durchsetzt. Doch scheint der Schluss, dass sich bei Zugrundelegung der damaligen Sicht des Bundesverfassungsgerichts Völkervertragsrecht nicht nur gegenüber dem Verfassungsrecht, sondern erst recht gegen einfaches Bundesrecht (DBA) durchsetzen *kann*, nicht allzu fernliegend.

---

848 BVerfGE 6, 309 (362).
849 So etwa *Krumm*, AöR 2013, 363 (374): „(...) *Ihre bundesverfassungsrechtliche Absicherung fand diese Auffassung bereits im Reichskonkordats-Beschluss (...)".*
850 Treffend *Schorkopf,* Völkerrechtsfreundlichkeit und Völkerrechtsskepsis, in Giegerich, Der „offene Verfassungsstaat" (2010), S. 131 (135).
851 BVerfGE 4, 157 (170); siehe dazu *Schorkopf,* Völkerrechtsfreundlichkeit und Völkerrechtsskepsis, in Giegerich, Der „offene Verfassungsstaat" (2010), S. 131 (135).
852 *Schorkopf,* Völkerrechtsfreundlichkeit und Völkerrechtsskepsis, in Giegerich, Der „offene Verfassungsstaat" (2010), S. 131 (136).
853 BVerfGE 4, 157 (170).

In einer Entscheidung aus dem Jahr 1964 bestätigte das Bundesverfassungs-gericht seine Sichtweise zum Saar-Statut im Jahr 1955 und stellte weiterführend fest, dass das Grundgesetz keine „*absolute Geltung*" im Bereich des Völkerrechts haben kann auf Grund der im Grundgesetz zum Ausdruck kommenden „*völker-rechtsfreundliche(n) Grundhaltung*".[854] Es erkannte in einer späteren Entscheidung das durch die Eingliederung Deutschlands geschaffene Spannungsverhältnis zum Demokratieprinzip, welches allerdings „*im Lichte dieser Einordnung zu sehen*" sei.[855] Die Eingliederung sei in der ihr innewohnenden Achtung fremder Rechtsordnungen so weit vorzunehmen, als nicht zwingende verfassungsrechtliche Grundsätze ent-gegenstünden.[856] Dies ist eine Formulierung, die in der „Görgülü"-Entscheidung in ähnlicher Weise zu finden ist, allerdings dort in Bezug auf die Berücksichtigungs-pflicht deutscher Gerichte hinsichtlich von Entscheidungen des EGMR.[857] Diese Formulierungen lassen darauf schließen, dass der Völkerrechtsfreundlichkeit des Grundgesetzes vom Bundesverfassungsgericht schon früh ein nicht nur deskriptiver Charakter zugeschrieben wurde.

Schon früh schrieb das Bundesverfassungsgericht der Völkerrechtsfreundlich-keit des Grundgesetzes eine auslegungsleitende Funktion zu. Dies zeigte sich ins-besondere in einer Entscheidung, in welcher das Bundesverfassungsgericht den völkerrechtlichen Verpflichtungen insgesamt und der EMRK im Besonderen bei der Anwendung der deutschen Strafprozessordnung ausdrücklich eine solche zubilligte, wenn es konstatierte:

> „*Auch Gesetze (...) sind im Einklang mit den völkerrechtlichen Verpflichtungen der Bun-desrepublik Deutschland auszulegen und anzuwenden, selbst wenn sie zeitlich später erlassen worden sind als ein geltender völkerrechtlicher Vertrag; denn es ist nicht an-zunehmen, daß der Gesetzgeber, sofern er dies nicht klar bekundet hat, von völkerrecht-lichen Verpflichtungen der Bundesrepublik Deutschland abweichen oder die Verletzung solcher Verpflichtungen ermöglichen will.*"[858]

---

854 BVerfGE 18, 112 (120 f.).
855 BVerfGE 63, 343 (370).
856 Vgl. BVerfGE 75, 1 (17).
857 BVerfGE 111, 307 (323 ff.).
858 BVerfGE 74, 358 (370); vgl. auch BVerfGE 82, 106 (120); *Mückl* weist darauf hin, dass sich dieser Gedanke schon bei *Triepel* findet, siehe *Mückl*, Der Staat (2005), S. 403 (409). So heißt es bei *Triepel*, Völkerrecht und Landesrecht (1899), S. 398 f.: „*Vor allem aber rechtfertigt unser Grundsatz eine einschränkende Auslegung solcher Staatsgesetze, deren Wortlaut auf einen völkerrechtswidrigen Inhalt schließen lassen könnte. Denn nach einem richtigen und durchaus gesunden Prinzip ist die Annah-me, es wolle sich der Gesetzgeber mit der Satzung seiner völkerrechtlichen Pflichten entschlagen, er wolle völkerrechtlich gebotenes Landesrecht beseitigen, er wolle na-mentlich über bestehende Staatsverträge hinwegschreiten, so lange von der Hand zu weisen, als nicht der Sinn des Gesetzes gebieterisch solche Auffassung verlangt.*"

Dies entspricht einem Gebot einer völkerrechts*konformen* Auslegung von einfachem Bundesrecht bis zur Wortlautgrenze.[859] Es hatte davor allerdings schon mehrmals entschieden, dass

> *„Verletzungen des Völkerrechts, die in der fehlerhaften Anwendung oder Nichtbeachtung völkerrechtlicher Normen durch deutsche Gerichte liegen und eine völkerrechtliche Verantwortlichkeit der Bundesrepublik Deutschland begründen könnten, nach Möglichkeit verhindert oder beseitigt werden."* [860]

Es ist also nicht richtig, wenn behauptet wird, dass diese auslegungsleitende Funktion der Völkerrechtsfreundlichkeit des Grundgesetzes vom Bundesverfassungsgericht nur Bestimmungen der EMRK vorbehalten ist.[861] Vielmehr bleibt festzuhalten, dass das Bundesverfassungsgericht bereits zu diesem Zeitpunkt das Gebot einer völkerrechtsfreundlichen Auslegung nationalen Rechts mehrmals bestätigt hat und diese in ihrer konkreten Anwendung auf eine Norm des Bundesrechts im Sinne einer völkerrechts*konformen* Interpretation ausgestaltet hat.[862]

---

859 So auch *Richter*, Völkerrechtsfreundlichkeit und Völkerrechtsskepsis, in Giegerich, Der „offene Verfassungsstaat" (2010), S. 159 (163); vgl. zur Grenze der völkerrechtsfreundlichen Auslegung auch *Proelß*, Der Grundsatz der völkerrechtsfreundlichen Auslegung, in Rensen/Brink, Linien der Rechtsprechung des Bundesverfassungsgerichts (2009), S. 553 (559 f.) der allerdings auch Folgendes feststellt: *„Überdies erscheint es undenkbar, dass ein völkerrechtswidriges Verhalten der Bundesrepublik gesetzlich festgeschrieben wird, (...).*" Die vielen Treaty Overriding-Vorschriften wiederlegen diese Annahme.

860 BVerfGE 58, 1 (34) – *Eurocontrol*; BVerfGE 59, 63 (89).

861 So aber wohl *Viellechner*, Berücksichtigungspflicht als Kollisionsregel, in Matz-Lück/Hong, Grundrechte und Grundfreiheiten im Mehrebenensystem (2012), S. 109 (124); diese Einschränkung wie hier ebenfalls nicht vornehmend *Proelß*, Der Grundsatz der völkerrechtsfreundlichen Auslegung, in Rensen/Brink, Linien der Rechtsprechung des Bundesverfassungsgerichts (2009), S. 553 (556 f. und 560 f.) m. w. N. sowie ausdrücklich S. 570: *„Eine Pflicht zur völkerrechtsfreundlichen Auslegung (...) besteht insofern nicht nur mit Blick auf den internationalen Menschenrechtsschutz (...), sondern (...) für jeden völkerrechtlichen Vertrag."* In diesem Sinne auch *Mückl*, Der Staat (2005), S. 403 (409).

862 In diesem Sinne auch *Mückl*, der einen Unterschied hinsichtlich des Grades der auslegungsleitenden Funktion bei der Auslegung von Verfassungsrecht („völkerrechtsfreundlich") und nationalem Recht („völkerrechtskonform") feststellt. Vgl. *ders.*, Der Staat (2005), S. 403 (409 f.). der allerdings auch darauf hinweist, dass das Bundesverfassungsgericht die Auslegung des Grundgesetzes bisher immer an die Rechtsprechung des EGMR anpasste. Ebenfalls in diesem Sinne *Proelß*, Der Grundsatz der völkerrechtsfreundlichen Auslegung, in Rensen/Brink, Linien der Rechtsprechung des Bundesverfassungsgerichts (2009), S. 553 (557).

Das Bundesverfassungsgericht stellte sich damit selbst

„mittelbar in den Dienst der Durchsetzung des Völkerrechts und vermindert dadurch das Risiko der Nichtbefolgung internationalen Rechts."[863]

Damit stand bereits zu dieser Zeit fest, dass es nach Ansicht des Bundesverfassungsgerichts eine von ihm überprüfbare verfassungsrechtliche Pflicht gibt, Völkerrechtsverstöße zu unterlassen.[864] Erstmalig im Jahre 2001 spricht die 2. Kammer des Ersten Senats des Bundesverfassungsgerichts von einem *„Grundsatz der Völkerrechtsfreundlichkeit des Grundgesetzes".*[865] Ob es sich bei dieser Qualifikation der Völkerrechtsfreundlichkeit lediglich um eine besondere Formulierung handelte oder damit eine materiell-verfassungsrechtliche Aufwertung der Völkerrechtsfreundlichkeit erfolgen sollte, lässt sich nicht aufklären. Allein die Tatsache, dass sich die 2. Kammer nicht mit der dogmatischen Herleitung eines solchen Grundsatzes befasste, deutet jedoch darauf hin, dass die Kammer keinen besonderen materiellen Gehalt für die Völkerrechtsfreundlichkeit im Sinn hatte.

Zusammenfassend lässt sich damit konstatieren, dass in der Phase der Rechtsprechung des Bundesverfassungsgerichts bis zum „Görgülü"-Beschluss der Völkerrechtsfreundlichkeit des Grundgesetzes bezogen auf das in dieser Untersuchung in Rede stehende Völkervertragsrecht seitens des Bundesverfassungsgerichts folgende normative Inhalte zugeschrieben wurden:

Erstens geht sie nicht so weit, dass ein völkerrechtlicher Vertrag dem Gesetzgeber auf dem Gebiet eines völkerrechtlichen Vertrags die Gesetzgebungskompetenz nimmt. Zweitens gilt im Verhältnis von Völkerrecht und Grundgesetz kein uneingeschränkter Vorrang des Grundgesetzes. Ob dies auch für ein einfaches Gesetz gilt, das im Gesetzesrang unter dem Grundgesetz steht, hat das Bundesverfassungsgericht nicht explizit entschieden. Drittens kommt einem völkerrechtlichen Vertrag im Hinblick auf einfaches Gesetzesrecht jedenfalls eine auslegungsleitende Funktion zu. Daher ist bei einem Auslegungsspielraum diejenige Auslegung zu wählen, die zu einer Völkerrechtskonformität führt. Viertens kann diese Auslegung durch das Bundesverfassungsgericht überprüft werden. Fünftens ist in einem Kammerbeschluss aus dem Jahr 2001 erstmals die Rede von einem *„Grundsatz der Völkerrechtsfreundlichkeit des Grundgesetzes".*[866] Festzuhalten ist außerdem, dass die vorstehende Rechtsprechungslinie mit der in dieser Arbeit vorgenommenen

---

863 BVerfGE 109, 13 (24); 109, 38 (50). Vgl. auch schon BVerfGE 59, 63 (89): *„Dies kann im Einzelfall eine insoweit umfassende Nachprüfung gebieten (...)."*

864 Vgl. auch *Rauschnig*, in Kahl/Waldhoff/Walter, Bonner Kommentar (2015), Art. 59 Rz. 108.

865 So *Schorkopf*, Völkerrechtsfreundlichkeit und Völkerrechtsskepsis, in Giegerich, Der „offene Verfassungsstaat" (2010), S. 131, S. 141 und S. 149 mit dem entsprechenden Nachweis.

866 Dies konstatierend *Schorkopf*, Völkerrechtsfreundlichkeit und Völkerrechtsskepsis, in Giegerich, Der „offene Verfassungsstaat" (2010), S. 131, S. 141 und S. 149 mit dem entsprechenden Nachweis.

Einordnung und inhaltlichen Reichweite der Völkerrechtsfreundlichkeit in Einklang steht. Allein die Einordnung als Verfassungsgrundsatz und die Ausgestaltung seiner inhaltlichen Reichweite wurden in dieser Phase der Rechtsprechung seitens des Bundesverfassungsgerichts nicht vorgenommen.

b) Der „Görgülü"-Beschluss des Bundesverfassungsgerichts

Wegweisend war dann zweifelsohne der „Görgülü"-Beschluss des Bundesverfassungsgerichts aus dem Jahre 2004.[867] In diesem nahm das Bundesverfassungsgericht die geschilderten Entwicklungen zu einem großen Teil auf und verdichtete sie in einer Entscheidung. Dies gebietet eine eingehende Analyse des Inhalts der Entscheidung.

Zunächst ist die Grundkonstellation zu klären. In dem „Görgülü"-Beschluss ging es um das Umgangs- und Sorgerecht eines Vaters für seinen Sohn, welches der EGMR entgegen der Entscheidung der deutschen Gerichte zu Gunsten des Vaters eingeräumt hatte.[868] Der Zweite Senat des Bundesverfassungsgerichts prüfte aus diesem Anlass nicht nur die Berücksichtigungspflicht von Judikaten des EGMR für alle staatlichen Behörden und Gerichte.[869] Er äußerte sich zudem allgemein zum Verhältnis des Grundgesetzes zur EMRK als völkerrechtlichen Vertrag und zum materiellen Gehalt der Völkerrechtsfreundlichkeit des Grundgesetzes im Hinblick auf seine Bindungswirkung für den Gesetzgeber.[870]

Im Einzelnen trifft das Bundesverfassungsgericht folgende für die Treaty Overriding-Problematik relevante Feststellungen:

Hinsichtlich der Prüfung des normenhierarchischen Verhältnisses des Grundgesetzes weist der Zweite Senat zunächst der EMRK als völkerrechtlichem Vertrag den Rang eines Bundesgesetzes zu, betrachtet sie aber unter Verweis auf frühere Entscheidungen als Auslegungshilfe für die Bestimmung von Inhalt und Reichweite des deutschen Verfassungsrechts.[871] Durch diese Art der Beeinflussung des Grundgesetzes durch einen im Rang unterhalb des Grundgesetzes stehenden völkerrechtlichen Vertrag vollzieht das Bundesverfassungsgericht zwar eine faktische

---

867 BVerfGE 111, 307; vgl. auch die Aussage von *Schorkopf,* Völkerrechtsfreundlichkeit und Völkerrechtsskepsis, in Giegerich, Der „offene Verfassungsstaat" (2010), S. 131 (142): *„Der neue Eichpunkt für die Bedeutung des Völkerrechts in der Rechtsprechung des Bundesverfassungsgerichts ist der im Jahre 2004 ergangene Görgülü-Beschluss."*

868 Vgl. *Schorkopf,* Völkerrechtsfreundlichkeit und Völkerrechtsskepsis, in Giegerich, Der „offene Verfassungsstaat" (2010), S. 131 (142).

869 Ausführlich *Viellechner,* Berücksichtigungspflicht als Kollisionsregel, in Matz-Lück/ Hong, Grundrechte und Grundfreiheiten im Mehrebenensystem (2012), S. 109 (116 ff.).

870 Vgl. *Schorkopf,* Völkerrechtsfreundlichkeit und Völkerrechtsskepsis, in Giegerich, Der „offene Verfassungsstaat" (2010), S. 131 (142).

871 BVerfGE 111, 307 (316 f.); so schon *Bleckmann,* DÖV 1979, 309 (314) für den Grundsatz der Völkerrechtsfreundlichkeit des Grundgesetzes als Auslegungshilfe.

Aufwertung dessen Inhalts, aber ausdrücklich keine „Rangerhöhung" des Vertrags.[872] Dass eine Rangerhöhung nicht im Sinne des Bundesverfassungsgerichts ist, wird an folgender Stelle der Entscheidung klar:

> *„Auch auf der Ebene des Bundesrechts genießt die Konvention nicht automatisch Vorrang vor anderem Bundesrecht (...)."*[873]

Die auslegungsleitende Funktion des völkerrechtlichen Vertrags bezieht das Bundesverfassungsgericht zum einen auf das Grundgesetz, welches

> *„(...) nach Möglichkeit so auszulegen ist, dass ein Konflikt mit völkerrechtlichen Verpflichtungen der Bundesrepublik Deutschland nicht entsteht."*[874]

Zum anderen ist aber auch das

> *„nationale Recht (insgesamt) unabhängig von dem Zeitpunkt seines Inkrafttretens nach Möglichkeit im Einklang mit dem Völkerrecht auszulegen (vgl. BVerfGE 74, 358 (370))."*[875]

Danach erfasst das Gebot einer schon oben in früheren Entscheidungen festgestellten völkerrechtsfreundlichen Auslegung nach Auffassung des Bundesverfassungsgerichts die gesamte deutsche Rechtsordnung und ist von allen staatlichen Behörden und Gerichten zu beachten. Insoweit bekräftigte der Zweite Senat die Spruchpraxis. Der Zweite Senat lässt es aber nicht dabei bewenden. Vielmehr wendet er sich ausdrücklich mit folgendem obiter dictum[876] an den Gesetzgeber:

> *„Die Völkerrechtsfreundlichkeit entfaltet Wirkung nur im Rahmen des demokratischen und rechtsstaatlichen Systems des Grundgesetzes. Das Grundgesetz erstrebt die Einfügung Deutschlands in die Rechtsgemeinschaft friedlicher und freiheitlicher Staaten, verzichtet aber nicht auf die in dem letzten Wort der deutschen Verfassung liegende Souveränität. Insofern widerspricht es nicht dem Ziel der Völkerrechtsfreundlichkeit, wenn der Gesetzgeber ausnahmsweise Völkervertragsrecht nicht beachtet, sofern nur auf diese Weise ein Verstoß gegen tragende Grundsätze der Verfassung abzuwenden ist."*[877]

---

872   Anders aber *Sauer*, der von einer *„faktische(n) Höherrangigkeit des Völkerrechts vor dem einfachen Recht"* spricht, siehe *ders.*, ZaöRV 65 (2005), 35 (48).

873   BVerfGE 111, 307 (329).

874   BVerfGE 111, 307 (317 f.).

875   BVerfGE 111, 307 (324); für die Heranziehung von Entscheidungen des Europäischen Gerichtshofs für Menschenrechte als „Auslegungshilfe" siehe bereits BVerfGE 74, 358 (370): „ *(...) Deshalb dient insoweit auch die Rechtsprechung des Europäischen Gerichtshofs für Menschenrechte als Auslegungshilfe für die Bestimmung von Inhalt und Reichweite von Grundrechten und rechtsstaatlichen Grundsätzen des Grundgesetzes."*

876   Vgl. *Thiemann*, JZ 2012, 908 (911).

877   BVerfGE 111, 307 (318 f.).

Ob diese Passage als „Völkerrechtsskepsis"[878] oder als weitgehende Öffnung der deutschen Rechtsordnung zu Gunsten des Völkerrechts angesehen wird, soll an dieser Stelle noch offen bleiben. Jedenfalls rückt das Bundesverfassungsgericht den darin zum Ausdruck kommenden Souveränitätsvorbehalt in die Nähe desjenigen der europäischen Integration,[879] betont aber auch, dass diese inhaltlich weiter reiche:

> *„Selbst die (...) europäische Integration (...) steht unter einem, allerdings weit zurückgenommenen Souveränitätsvorbehalt (vgl. Art. 23 Abs. 1 GG)."*[880]

Die kategorisierende Einordnung der Völkerrechtsfreundlichkeit des Grundgesetzes als „Grundsatz" findet sich anders als in dieser Arbeit im „Görgülü"-Beschluss nicht. Zudem wird in dieser Untersuchung die Eingrenzung der gesetzgeberischen Freiheit im Bereich des Völkervertragsrechts auf Gesetze, die auf Grund tragender Grundsätze der Verfassung geboten sind, nicht geteilt. Die sonstigen Aussagen des Bundesverfassungsgerichts zur Völkerrechtsfreundlichkeit stehen hingegen im Einklang mit den in dieser Arbeit gefundenen Ergebnissen.

c) Die Rechtsprechung des Bundesverfassungsgerichts nach dem „Görgülü"-Beschluss

Schon kurze Zeit nach dem „Görgülü"-Beschluss hatte der Zweite Senat des Bundesverfassungsgerichts erneut die Gelegenheit, sich zur Völkerrechtsoffenheit der deutschen Rechtsordnung zu äußern. Dies geschah im sog. „Alteigentümer"-Beschluss vom 26. 10. 2004[881]. In diesem Beschluss prüft das Bundesverfassungsgericht unter anderem einen Verstoß gegen die durch Art. 20 Abs. 3 GG vermittelte Bindung der deutschen Staatsorgane an das Völkerrecht.[882] Es nimmt dies zum Anlass, die Völkerrechtsfreundlichkeit des Grundgesetzes in Fortführung seiner Rechtsprechung zu systematisieren.[883] Dabei stellt es in bereits bekannter Formulierung fest, dass

> *„die deutschen Staatsorgane verpflichtet (seien), die die Bundesrepublik Deutschland bindenden Völkerrechtsnormen zu befolgen und Verletzungen nach Möglichkeit zu unterlassen".*[884]

---

878 Vgl. dazu insbesondere *Schorkopf,* Völkerrechtsfreundlichkeit und Völkerrechtsskepsis, in Giegerich, Der „offene Verfassungsstaat" (2010), S. 131 (143) und die dortigen Nachweise unter FN 46.

879 Diesen Vergleich ebenfalls ziehend *Rauschnig,* in Kahl/Waldhoff/Walter, Bonner Kommentar (2015), Art. 59 Rz. 110.

880 BVerfGE 111, 307 (319).

881 BVerfGE 112, 1.

882 Vgl. BVerfGE 112, 1 (24 f.); daher ist die Behauptung nicht richtig, dass es in diesem Beschluss ausschließlich um Art. 25 GG ginge, so aber *Hahn,* IStR 2011, 863 (867).

883 So auch *Schorkopf,* Völkerrechtsfreundlichkeit und Völkerrechtsskepsis, in Giegerich, Der „offene Verfassungsstaat" (2010), S. 131 (144); siehe zu den drei Elementen auch BVerfGE 112, 1 (26).

884 BVerfGE 112, 1 (26).

Damit wird eine Bindung aller Staatsorgane angenommen. Angesichts der voran-gegangenen „Görgülü"-Entscheidung ist der Ausdruck „nach Möglichkeit" nur so zu verstehen, dass damit gemeint sei, dass gegen bindende Völkerrechtsnormen nur dann verstoßen werden darf, wenn dies tragende Grundsätze der Verfassung ge-bieten.[885] Insofern ist der „Alteigentümer"-Beschluss als Bestätigung der „Görgülü"-Entscheidung anzusehen.

Darüber hinaus erfolgt in diesem Beschluss eine weitere neue Nuancierung bezüglich des Wirkungsbereichs des Grundsatzes der Völkerrechtsfreundlichkeit des Grundgesetzes. Nachdem das Gericht zunächst unter Verweis auf frühere Ent-scheidungen betont, dass das Grundgesetz alle Staatsorgane *„mittelbar in den Dienst der Durchsetzung des Völkerrechts"* stellt, verengt es die Reichweite dieser Pflicht sogleich, indem es betont, dass diese Pflicht

> *„nicht unbesehen für jede beliebige Bestimmung des Völkerrechts anzunehmen (ist), son-dern nur, soweit es dem in den Art. 23 bis 26 GG sowie in den Art. 1 Abs. 2 , Art. 16 Abs. 2 Satz 2 GG niedergelegten Konzept des Grundgesetzes entspricht."*[886]

Dass das Bundesverfassungsgericht dieses Postulat ernst meinte, zeigte es beispiel-haft in einem darauf folgenden Kammerbeschluss, in dem es diese Bereichseingren-zung als eigenen Prüfungsmaßstab übernahm und in der Folge ausführte, inwiefern Art. 16 Abs. 2 Satz 2 GG als Grundlage für die Berücksichtigungspflicht interna-tionaler Judikate dient und damit die geforderte Verbindung zu dem „Konzept" des Grundgesetzes in dem konkreten Fall hergestellt war.[887] In diesem Beschluss ging es um die verfassungsrechtliche Pflicht zur Berücksichtigung bestimmter Entschei-dungen des Internationalen Gerichtshofs, für die in diesem Beschluss durch eine umfangreiche Begründung und Bezugnahme auf die Völkerrechtsfreundlichkeit des Grundgesetzes ein Maßstab entwickelt worden ist.[888] In einem Nichtannahme-beschluss aus dem Jahre 2006 übernimmt die 1. Kammer wiederum die zitierte Formulierung, sieht aber in dem entschiedenen Falle keinen Bezug zu den dort ge-nannten Bereichen, wobei sie es grundsätzlich für möglich hält, dass es eine Erwei-terung der Bereiche geben könnte, wenn ein besonderer völkerrechtlicher Vertrag vorliegt (was nicht der Fall war).[889] Im „Görgülü"-Beschluss fehlte eine solche Ein-grenzung des Wirkungsbereichs der Völkerrechtsfreundlichkeit des Grundgesetzes noch. Dies mochte daran liegen, dass es darin ohnehin um eine sehr grundrechts-sensible Thematik ging und daher kein Grund dafür gesehen wurde, konkrete Ver-ankerungen dieser Thematik im Grundgesetz zu bemühen. Davon konnte schlicht

---

885 So auch *Rauschnig*, in Kahl/Waldhoff/Walter, Bonner Kommentar (2015), Art. 59 Rz. 110 mit Verweis auf BVerfGE 111, 307 (319).
886 BVerfGE 112, 1 (25).
887 Vgl. BVerfGK 9, 174 (191).
888 BVerfGK 9, 174 (187 ff.); siehe hierzu auch BVerfGK 10, 116 (124).
889 BVerfGK 10, 116 (124).

ausgegangen werden. Mit den vorstehend zitierten Entscheidungen wurde diese Eingrenzung jedoch deutlich vollzogen.

In einem weiteren, von der Fachliteratur weitgehend unbeachtet gebliebenen Nichtannahmebeschluss macht die 2. Kammer des Zweiten Senats des Bundesverfassungsgerichts eine weitere Feststellung, die bis dahin vom Bundesverfassungsgericht in dieser Deutlichkeit noch nicht ausgesprochen wurde. Sie spricht ausdrücklich im Hinblick auf die Völkerrechtsfreundlichkeit des Grundgesetzes von einem Verfassungsgrundsatz.[890] Konkret heißt es in diesem Beschluss:

> *„Ein klares völkerrechtliches Verbot könnte über den Verfassungsgrundsatz der Völkerrechtsfreundlichkeit mittelbar auch verfassungsrechtlich relevant werden".*[891]

Mit der verfassungsrechtlichen „Relevanz" kann dabei nur ein Abwägungsgebot gemeint sein. Anzumerken ist allerdings, dass es ein solches völkerrechtliches Verbot nicht gab und es daher auf diese Ausführungen in dem zu entscheidenden Fall nicht ankam. Die Deutlichkeit dieser materiell-normativen Komponente der Völkerrechtsfreundlichkeit des Grundgesetzes verdient dennoch Erwähnung.

In den Entscheidungen des Bundesverfassungsgerichts zur Sicherungsverwahrung[892] kam es vorerst zum Abschluss der Rechtsprechungsentwicklung zur Einordnung der Völkerrechtsfreundlichkeit des Grundgesetzes. Darin wird der Grundsatz der Völkerrechtsfreundlichkeit des Grundgesetzes erstmalig in der verfassungsrechtlichen Verhältnismäßigkeitsprüfung angewendet. Anders kann es nicht zu verstehen sein, wenn das Bundesverfassungsgericht dort konstatiert, dass bei der vorzunehmenden, strikten Verhältnismäßigkeitsprüfung die *„Wertungen des Art. 7 Abs. 1 EMRK zu berücksichtigen (sind)."*[893] Bestätigt wird damit zugleich die im „Görgülü"-Beschluss ausführlich begründete „Berücksichtigungspflicht" nicht nur von Judikaten des EGMR, sondern auch der EMRK selbst. Auch diese Berücksichtigungspflicht fußt im Verfassungsgrundsatz der Völkerrechtsfreundlichkeit des Grundgesetzes. Damit hat das Bundesverfassungsgericht nach hier vertretener Lesart jedenfalls die Beeinflussung der verfassungsrechtlichen Prüfung nationaler Normen durch das Völkervertragsrecht (auf Ebene der Verhältnismäßigkeit) bekräftigt, wenngleich es einer strikten (absoluten) Bindung des Gesetzgebers an die Judikate des EGMR oder an die EMRK eine Absage erteilt hat.[894]

---

890   BVerfG, 2 BvR 1492/98 vom 14.1.2009, Absatz-Nr. (1–38), abrufbar unter http://www.bverfg.de/entscheidungen/rk20090114_2bvr149208.html; ebenso schon in BVerfGK 9, 174 (186).

891   BVerfG, 2 BvR 1492/98 vom 14.1.2009, Absatz-Nr. (1–38), abrufbar unter http://www.bverfg.de/entscheidungen/rk20090114_2bvr149208.html.

892   BVerfGE 128, 326.

893   BVerfGE 128, 326, Leitsatz 3.a).

894   Allein die Ablehnung einer strikten Bindung in den Entscheidungen erblickend *Thiemann*, JZ 2012, 908 (911).

d) *Zwischenergebnis*

Die Entwicklung der Rechtsprechung des Bundesverfassungsgerichts zur Frage des materiellen Aussagegehalts der Völkerrechtsfreundlichkeit des Grundgesetzes lässt sich wie folgt zusammenfassen:

Grundlage der Annahme der Völkerrechtsfreundlichkeit des Grundgesetzes ist nach der aktuellen Rechtsprechung eine Gesamtschau einzelner Vorschriften des Grundgesetzes, aus denen diese Charakterisierung geschlossen wird. Daraus folgt für das Bundesverfassungsgericht jedoch nicht, dass völkerrechtliche Verträge im Rang über sonstigem einfachen Recht stehen. Der Völkerrechtsfreundlichkeit kommt aber eine besondere materielle Bedeutung zu, indem sie die einzelnen Staatsorgane anhält, bei gegebenem Auslegungsspielraum diejenige Auslegung zu wählen, die im Einklang mit den völkerrechtlichen Bindungen Deutschlands steht. Sie ist somit Auslegungshilfe bei der Auslegung einfachen Bundesrechts, aber auch von Normen des Grundgesetzes. Eine Bindung des Gesetzgebers in dem Sinne, dass er sich selbst durch den Abschluss völkerrechtlicher Verträge seiner Rechtsetzungsbefugnis in diesem Bereich begibt, besteht nach der explizit geäußerten Auffassung des Bundesverfassungsgerichts hingegen nicht. Die Völkerrechtsfreundlichkeit des Grundgesetzes ist jedoch nach seiner neueren Lesart Verfassungsgrundsatz. Als solcher gebietet sie, bei Widersprüchen zwischen den völkervertraglichen Verpflichtungen Deutschlands und seiner innerstaatlichen Rechtsetzung, dass sie in einen Abwägungsprozess im Rahmen einer Verhältnismäßigkeitsprüfung einzubeziehen ist. In diesem Sinne spricht sich das Bundesverfassungsgericht bisher gegen eine strikte Bindung des Gesetzgebers an Völkervertragsrecht aus, wohl aber für eine Pflicht zur Berücksichtigung des Völkervertragsrecht bei der Frage, ob den völkervertragsrechtlichen Bindungen Deutschlands etwa in Gerichtsurteilen Genüge getan ist. Bisher hat es sich in keinem Fall für eine Verfassungswidrigkeit ausgesprochen. Allgemeingültige Aussagen zur verfahrensrechtlichen Handhabe des Verfassungsgrundsatzes und seiner Verortung im Bereich der Abwehrgrundrechte finden sich nicht. IIn einem „obiter dictum" des „Görgülü"-Beschlusses legt das Bundesverfassungsgericht nahe, die Pflicht zur Berücksichtigung von Völkervertragsrecht auf Grund der Völkerrechtsfreundlichkeit des Grundgesetzes auch auf den Gesetzgeber zu beziehen.

5. Bewertung der Rechtsprechungslinie des Bundesverfassungsgerichts

Die vorstehend skizzierte Rechtsprechung des Bundesverfassungsgerichts, insbesondere die „Görgülü"-Entscheidung, gab Anlass zu ganz unterschiedlichen Deutungen in der Fachliteratur. Dabei geht es in erster Linie um die Aussagen des Bundesverfassungsgerichts zu der Bindungswirkung von Völkervertragsrecht gegenüber dem Gesetzgeber. Dabei spielte insbesondere die Völkerrechtsfreundlichkeit des Grundgesetzes eine Rolle, die auf Grund ihrer hier befürworteten

Harmonisierungsfunktion[895] für die Frage der Verfassungsmäßigkeit eines Treaty Overriding-Gesetzes von entscheidender Bedeutung ist.

Die vielen Schattierungen innerhalb der Interpretation der Entscheidungen in Bezug auf vorstehend genannte Thematik mag zum einen daran liegen, dass sich das Bundesverfassungsgericht (wie es die Aufgabe eines Gerichts mit sich bringt) stets nur punktuell zur Frage des Verhältnisses von Völkerrecht zum nationalen Recht äußerte.[896] Zum anderen existiert zwar nach hier vertretener Sichtweise eine Rechtsprechungslinie zu dieser Frage, doch befindet sich diese in einer Entwicklung und ist daher teilweise nur schwer in ihrem konkreten Aussagegehalt zu erfassen. In der Auseinandersetzung mit Deutungen, die sich in der Fachliteratur finden, soll dies jedoch im Folgenden versucht werden.

a) Literaturstimmen

In der Rechtsprechung des Bundesverfassungsgerichts erblicken in jüngerer Zeit neben anderen[897] *Ismer/Baur*[898] sowie *Thiemann*[899] und zum wiederholten Male *Musil*[900] keine vom Bundesverfassungsgericht intendierte Bindung des Gesetzgebers an das Völkervertragsrecht und zwar auch nicht auf Grund der Völkerrechtsfreundlichkeit des Grundgesetzes. Dabei wird in erster Linie auf die „Görgülü"-Entscheidung Bezug genommen. Die beiden Kernsätze dieser Entscheidung, um deren Deutung gestritten wird, lauten folgendermaßen:

> *„Das Grundgesetz erstrebt die Einfügung Deutschlands in die Rechtsgemeinschaft friedlicher und freiheitlicher Staaten, verzichtet aber nicht auf die in dem letzten Wort der deutschen Verfassung liegende Souveränität. Insofern widerspricht es nicht dem Ziel der Völkerrechtsfreundlichkeit, wenn der Gesetzgeber ausnahmsweise Völkervertragsrecht nicht beachtet, sofern nur auf diese Weise ein Verstoß gegen tragende Grundsätze der Verfassung abzuwenden ist."*[901]

Der von den genannten Autoren kritisierte Umkehrschluss zu diesen Ausführungen lautet, dass der Gesetzgeber auf Grund der Völkerrechtsfreundlichkeit des Grundgesetzes gehalten ist, Völkervertragsrecht zu beachten, solange diesem nicht tragende Grundsätze der Verfassung entgegenstehen.[902] Daraus ist in der steuerrechtlichen Literatur bereits die Folgerung gezogen worden, dass Treaty Overriding-

---

895 Siehe dazu ausführlich Punkt F.III.2.b)aa).
896 Auf den „Einzelfall" hinweisend *Schwenke*, FR 2012, 443 (447).
897 Ebenso *Hahn*, IStR 2011, 863 (867) mit Nachweisen aus der finanzgerichtlichen Rechtsprechung.
898 *Ismer/Baur*, IStR 2014, 421 (425).
899 *Thiemann*, JZ 2012, 908 (911).
900 *Musil*, IStR 2014, 189 (194).
901 BVerfGE 111, 307 (318 f.).
902 S. zum Umkehrschluss *Vogel*, IStR 2005, 29 (29f.); *Gosch*, IStR 2008, 413 (418 f.); *Thiemann*, JZ 2012, 908 (911) m. w. N., der diesen jedoch kritisiert.

Vorschriften nach dieser Rechtsprechung des Bundesverfassungsgerichts generell verfassungswidrig seien, da ein Verstoß gegen tragende Grundsätze der Verfassung im Bereich des Internationalen Steuerrechts kaum denkbar sei.[903] Andere halten einschränkend im Bereich des Steuerrechts das Prinzip der Besteuerung nach der Leistungsfähigkeit, welches in Art. 3 Abs. 1 GG verankert ist, für einen solchen „tragenden Grundsatz der Verfassung", so dass etwa zur Missbrauchsbekämpfung und der damit verbundenen Herstellung von Besteuerungsgleichheit erlassene unilaterale Steuervorschriften gerechtfertigt sein können.[904]

Insbesondere *Ismer/Bauer* stellen den Umkehrschluss bereits in Frage.[905] Aus dieser Entscheidung sei lediglich ableitbar, dass die Gerichte eine Verpflichtung zur völkerrechtsfreundlichen Auslegung hätten, soweit diese methodisch vertretbar wäre, so dass bei explizit entgegenstehendem innerstaatlichen Recht wie im Falle des Treaty Overriding der „Görgülü"-Beschluss nicht herangezogen werden könne.[906] Des Weiteren begegnet die oben geschilderte weitergehende Deutung dem Einwand, es habe sich bei dem „Görgülü"-Beschluss des Bundesverfassungsgerichts um eine Entscheidung zur Berücksichtigungspflicht deutscher Gerichte in Bezug auf Entscheidungen des EGMR und die Bindung des Gesetzgebers an die EMRK gehandelt, in der jedoch keine Aussagen zum allgemeinen Verhältnis von Völkervertragsrecht zu diesem widersprechenden innerstaatlichen Recht getroffen worden seien.[907] Der „Görgülü"-Beschluss sei daher in Bezug auf das Treaty Overriding *„ein untaugliches Präjudiz."*[908]

Zudem findet sich der Hinweis, dass es sich im „Görgülü"-Beschluss um die Auslegung eines Grundrechts (Art. 6 GG) handelte[909] und dieser insbesondere im Kontext der Schaffung einer europäischen Grundrechtsentwicklung zu sehen sei.[910] Für andere Bereiche, die völkervertraglich geregelt sind, aber keinen grundrechtlichen

---

903 Vgl. nur *Stein*, IStR 2006, 505 (509); *Weigell*, IStR 2009, 636 (639 f.); *Vogel*, IStR 2005, 29 (30).

904 So *Jansen/Weidmann*, IStR 2010, 596 (601 f.); *Elicker*, Die Zukunft des deutschen internationalen Steuerrechts, IFSt-Schrift Nr. 438 (2006), S. 24 f.; *Mitschke*, DStR 2011, 2221 (2225); a. A. wohl *Frotscher*, Zur Zulässigkeit des „Treaty Override", in Spindler/Tipke/Rödder, Festschrift für Harald Schaumburg (2009), S. 687 (712).

905 *Ismer/Baur*, IStR 2014, 421 (425), die explizit eine nähere Begründung des Umkehrschlusses fordern, m. N. aus der Rechtsprechung; ähnlich *Lehner*, IStR 2014, 189 (194): *„Es sollten* (im „Görgülü"-Beschluss, Anm. des Verfassers) *nicht alle Fälle aufgezählt und behandelt werden, in denen die innerstaatliche Nichtbeachtung verfassungsrechtlich hinnehmbar sind."*

906 *Bron*, IStR 2007, 431 (434); zuletzt *Ismer/Baur*, IStR 2014, 421 (425 f.); wohl auch *Lehner*, IStR 2014, 189 (194).

907 *Hahn*, IStR 2011, 863 (867); ebenso darauf hinweisend *Thiemann*, JZ 2012, 908 (911); *Sauer*, ZaöRV 65 (2005), S. 35 (51 f.); zuletzt *Lehner*, IStR 2014, 189 (194); kritisch auch vgl. auch *Musil*, RIW 2006, 287 (289).

908 So *Hahn*, IStR 2011, 863 (867).

909 Siehe dazu wiederum *Hahn*, IStR 2011, 863 (867).

910 Auf Letzteres hinweisend *Thiemann*, JZ 2012, 908 (911).

Gehalt aufweisen, wie es bei der Treaty Overriding-Gesetzgebung der Fall sein soll, könne die Entscheidung nicht herangezogen, mithin ein verfassungsrechtlicher Einfluss der völkervertraglichen Abreden nicht angenommen werden.[911] Ähnlich argumentiert auch *Krumm*, wenn er darauf hinweist, dass die nationalen Grundrechte mit dem Inhalt der EMRK in ihrer Konkretisierung durch die Judikate des EGMR „aufgeladen" seien.[912] Dies führe dazu, dass „(...) *der konventionswidrige nationale Rechtsakt nicht an der EMRK, sondern formal an den nationalen Grundrechten (scheitere)".*[913] Mit den Verfassungsfragen zum Treaty Overriding hat diese Konstellation bei dieser Interpretation offensichtlich nichts zu tun.

Im Kern wenden die Kritiker zur Verwendung insbesondere der „Görgülü"-Rechtsprechung für die Frage der Verfassungsmäßigkeit von Treaty Overriding also ein, dass der genannte Umkehrschluss nicht zu ziehen sei, jedenfalls aber die Wertungen nicht auf das Internationale Steuerrecht übertragbar seien, es im „Görgülü"-Beschluss um die Bindung der Judikative und nicht (wie beim Treaty Overriding) des Gesetzgebers ginge und nicht zuletzt der wesentliche Inhalt der Entscheidung in der speziellen Bedeutung der EMRK im Rahmen des Grundgesetzes begründet läge.[914]

b) Stellungnahme

Zunächst ist festzuhalten, dass der „Umkehrschluss" zu den zitierten Sätzen aus der „Görgülü"-Entscheidung rein logisch nicht angreifbar ist. Ein anderer Inhalt kann den Ausführungen schlicht nicht beigemessen werden.

Fraglich kann allein sein, ob diese Ausführungen, die zum Verhältnis des innerstaatlichen Rechts zur EMRK ergangen sind, auf das Verhältnis von Treaty Overriding-Vorschriften zu DBA übertragen werden können. Dies ist zu bejahen. Denn im einen wie im anderen Fall handelt es sich um einen völkerrechtlichen Vertrag, der im Rang eines einfachen Bundesgesetzes unterhalb des Grundgesetzes steht. Allein diese Vergleichbarkeit ist hinsichtlich der Heranziehung der „Görgülü"-Entscheidung für die Frage der Verfassungsmäßigkeit der Treaty Overriding-Gesetzgebung entscheidend.[915] Der Inhalt des völkerrechtlichen Vertrags (Menschenrechtsschutz bzw. Internationales Steuerrecht) ist irrelevant. Er kann lediglich Bedeutung für die hinter der Entscheidung stehenden Wertungen haben, aber nichts an der beschriebenen grundsätzlichen Vergleichbarkeit ändern.

Der Einwand, es handele sich bei der Entscheidung um eine solche, die sich an die Gerichte wendet und nicht an den Gesetzgeber, ist zwar insoweit richtig, als der „Görgülü"-Beschluss tatsächlich in erster Linie die Frage der Berücksichtigungspflicht

---

911 So wiederum *Thiemann,* JZ 2012, 908 (911 f.); ähnlich auch *Hahn,* IStR 2011, 863 (867).

912 *Krumm,* AöR 2013, 363 (382).

913 *Krumm,* AöR 2013, 363 (382).

914 Vgl. auch *Jansen/Weidmann,* IStR 2010, 596, (600); zwei der Kritikpunkte finden sich beispielsweise auch bei *Schwenke,* FR 2012, 443 (447).

915 So auch *Jansen/Weidmann,* IStR 2010, 596, (600).

hinsichtlich der EMRK von Behörden und Gerichten zum Inhalt hatte. Jedoch wendet sich das Bundesverfassungsgericht in den hauptsächlich zur Diskussion stehenden Passagen des „Görgülü"-Beschlusses[916] eben auch an den Gesetzgeber.[917] Dass diese Aussage als obiter dictum erfolgte,[918] ändert nichts daran, dass darin die Sichtweise des Bundesverfassungsgerichts zum Einfluss des Völkervertragsrechts auf das nationale Recht und dessen Bindungswirkung für den Gesetzgeber beschrieben wird.[919] Ob dies „beiläufig"[920] geschah oder das Bundesverfassungsgericht an dieser Stelle die Gelegenheit nutzen wollte, sich grundsätzlich über den zu entscheidenden Fall hinaus zu dieser Thematik zu äußern (eben „obiter dictum"), kann allein aus dieser Entscheidung heraus nicht beurteilt werden. Jedoch lässt sich dieser Satz ohne Brüche in die Rechtsprechungsentwicklung des Bundesverfassungsgerichts eingliedern, wie gezeigt worden ist.[921] Dies legt nahe, dass die Ausführungen nicht „beiläufig" gemacht wurden. In diesem Sinne lassen sich die darin getätigten Aussagen fruchtbar machen für die Beurteilung der Verfassungsmäßigkeit einer Treaty Overriding-Gesetzgebung.

Dabei kommt dem „Görgülü"-Beschluss tatsächlich eine besondere Bedeutung zu, die über die Bedeutung der Entscheidung für den europäischen Menschenrechtsschutz hinausgeht.[922] Bei richtiger Interpretation lässt es das Bundesverfassungsgericht nämlich (entgegen der oben geschilderten Deutung von *Ismer/Bauer*) nicht bei der auslegungsleitenden Funktion der Völkerrechtsfreundlichkeit des Grundgesetzes bewenden, sondern attestiert dieser eine Wirkungsweise, die nur mit der dogmatischen Einordnung als verfassungsrechtliches Prinzip oder als verfassungsrechtlicher Grundsatz zu erklären ist.[923] Denn nur so kann es gedeutet werden, dass das Bundesverfassungsgericht aus der Völkerrechtsfreundlichkeit des Grundgesetzes eine Berücksichtigungspflicht der EMRK für deutsche Gerichte herleitet und diese als einklagbare Rechtsposition ausgestaltet.[924] Als Verfassungsgrundsatz wendet sich aber die Völkerrechtsfreundlichkeit des Grundgesetzes auch als Gebot an den Gesetzgeber.[925] In späteren Entscheidungen hat das Bundesverfassungsgericht dies

---

916   BVerfGE 111, 307 (318 f.).
917   So auch *Payandeh*, Völkerrechtsfreundlichkeit als Verfassungsprinzip, in Häberle, Jahrbuch des öffentlichen Rechts 57 (2009), S. 465 (488).
918   Darauf hinweisend *Thiemann*, JZ 2012, 908 (911).
919   Statt vieler *Hahn*, IStR 2011, 863 (866).
920   *Thiemann*, JZ 2012, 908 (911).
921   Anders *Thiemann*, JZ 2012, 908 (911).
922   Dies erstmals erkennend Vogel, IStR 2005, 29 (29 f.); s. auch *Jankowiak*, Doppelte Nichtbesteuerung (2009), S. 265.
923   So auch in der Analyse *Sauer*, ZaöRV 65 (2005), S. 35 (51).
924   So *Viellechner*, Berücksichtigungspflicht als Kollisionsregel, in Matz-Lück/Hong, Grundrechte und Grundfreiheiten im Mehrebenensystem (2012), S. 109 (147 f.).
925   *Payandeh*, Völkerrechtsfreundlichkeit als Verfassungsprinzip, in Häberle, Jahrbuch des öffentlichen Rechts 57 (2009), S. 465 (487 f.).

denn auch explizit ausgesprochen.[926] Wenn es einen Verstoß gegen Völkervertragsrecht nur unter der Prämisse für verfassungsmäßig hält, dass „(...)nur auf diese Weise ein Verstoß gegen tragende Grundsätze der Verfassung abzuwenden ist"[927], so weist das Bundesverfassungsgericht hinsichtlich der Bindungswirkung der Völkerrechtsfreundlichkeit gegenüber dem Gesetzgeber den Weg in eine Erforderlichkeitsprüfung.[928] Auf diese Weise gestaltet das Bundesverfassungsgericht nach der hier befürworteten Lesart den Grundsatz der Völkerrechtsfreundlichkeit des Grundgesetzes als Bindeglied zwischen der innerstaatlichen Rechtsordnung und dem Völkerrecht aus und setzt dabei eine gegenseitige Beeinflussung der beiden Rechtsräume voraus, wobei das Bundesverfassungsgericht im „Görgülü"-Beschluss bereits die verfassungsrechtliche Grenze und ihre Kontrolle durch das Gericht aufzeigt.[929] Die diesen Sätzen innewohnende Charakterisierung der Völkerrechtsfreundlichkeit des Grundgesetzes kann dabei nur so verstanden werden, dass dessen Realisierung stets auf „auf Kosten anderer Verfassungsprinzipien" von statten geht.[930] Dies kann etwa das Demokratieprinzip sein.[931]

Auch im „Alteigentümer"-Beschluss, der den im vorhergehenden „Görgülü"-Beschluss festgelegten Maßstab hinsichtlich der Bindung des Gesetzgebers an Völkervertragsrecht übernimmt,[932] wendet sich das Bundesverfassungsgericht wieder an alle Staatsorgane, mithin auch an den deutschen Gesetzgeber.[933] Dass das Bundesverfassungsgericht in dem darauf folgenden Satz die Rechtsfolgen eines Verstoßes von der „Art der betroffenen Völkerrechtsnorm" abhängig macht,[934] ändert nichts an

---

926 Siehe Punkt F.III.4.c).

927 BVerfGE 111, 307 (318 f.).

928 In diesem Sinne auch *Rust/Reimer*, IStR 2005, 843 (848); *Gosch*, IStR 2008, 413 (419); vgl. auch BFH vom 10.1.2012, I R 66/09, IStR 2012, 426.

929 Vgl. insbesondere gegenüber Letzterem kritisch *Mückl*, Der Staat (2005), S. 403 (427); vgl. auch *Richter*, Völkerrechtsfreundlichkeit und Völkerrechtsskepsis, in Giegerich, Der „offene Verfassungsstaat" (2010), S. 159 (163 f.).

930 Vgl. *Sauer*, ZaöRV 65 (2005), 35 (51).

931 So ist denn auch *Sauer*, ZaöRV 65 (2005), 35 (51 f.) zu interpretieren, der eine Bindung des Gesetzgebers aus Gründen grundsätzlich ablehnt, die im Demokratieprinzip angelegt sind, jedoch einschränkend formuliert dass sich ein Gericht einem völkerrechtswidrigem Gesetz „nicht ohne weiteres unter Rekurs auf die Völkerrechtsfreundlichkeit widersetzen kann". Im Umkehrschluss bedeutet dies wohl, dass das Gericht (unter dem Verdikt der Verfassungswidrigkeit?) ein völkerrechtswidriges Gesetz nicht in jedem Fall anwenden muss, der Verfassungsgrundsatz der Völkerrechtsfreundlichkeit aber leicht zu überwinden ist.

932 Wie hier *Rauschnig*, in Kahl/Waldhoff/Walter, Bonner Kommentar (2015), Art. 59 Rz. 106.

933 BVerfGE 112, 1 (26): „(...) sind die deutschen Staatsorgane verpflichtet, die die Bundesrepublik Deutschland bindenden Völkerrechtsnormen zu befolgen und Verletzungen nach Möglichkeit zu unterlassen."

934 BVerfGE 112, 1 (26); darauf hinweisend *Krumm*, AöR 2013, 363 (384).

der grundsätzlichen Verpflichtung der Staatsorgane zur Unterlassung von Verletzungen des Völkervertragsrechts.

Mit der in diesen Entscheidungen zum Ausdruck kommenden grundsätzlichen Pflicht Völkervertragsrecht zu beachten und der in späteren Entscheidungen[935] nochmals ausdrücklich als Verfassungsgrundsatz benannten Völkerrechtsfreundlichkeit des Grundgesetzes geht das Bundesverfassungsgericht nach hier vertretener Deutung seiner Entscheidungen implizit von einer Bindung des deutschen Gesetzgebers an das Völkervertragsrecht aus. Denn die Annahme einer solchen Bindung ist Voraussetzung dafür, dass Überlegungen zu einer Bindungswirkung je nach Sachbereich angestellt werden, wie es das Bundesverfassungsgericht im „Alteigentümer"-Beschluss macht.[936] In diesem weist das Bundesverfassungsgericht darauf hin, dass die vom Grundgesetz in seiner Völkerrechtsfreundlichkeit statuierten Pflicht zur Beachtung des Völkerrechts

„nicht unbesehen für jede beliebige Bestimmung des Völkerrechts anzunehmen (ist), sondern nur, soweit es dem in den Art. 23 bis 26 GG sowie in den Art. 1 Abs. 2 , Art. 16 Abs. 2 Satz 2 GG niedergelegten Konzept des Grundgesetzes entspricht".[937]

Diese Eingrenzung des Wirkbereichs wurde zudem in einem späteren Kammerbeschluss erwähnt.[938] In einem Nichtannahmebeschluss aus dem Jahre 2006 hält die 1. Kammer des Bundesverfassungsgerichts obiter dictum eine Erweiterung der aufgezählten Bereiche im Falle eines „besonderen" völkerrechtlichen Vertrags für möglich.[939]

Damit erkennt das Bundesverfassungsgericht eine grundsätzliche, nach bestimmten Lebensbereichen abgestufte Bindungswirkung von Völkervertragsrecht an. In diesem Sinne sind die Grundsätze im „Görgülü"-Beschluss für das Internationale Steuerrecht und die verfassungsrechtliche Beurteilung des völkerrechtswidrigen gesetzgeberischen Vorgehens im Wege des Treaty Overriding entgegen der Ansicht der in diesem Zusammenhang genannten Literaturstimmen fruchtbar zu machen.

Geht es beispielsweise um den durch die EMRK vermittelten europäischen Menschenrechtsschutz, so ist eine weitgehende Harmonisierung des innerstaatlichen und des internationalen Rechts geboten, da der internationale Menschenrechtsschutz seine Verankerung bereits in Art. 1 Abs. 1 und 2 GG gefunden hat.[940] Dies schließt aber gerade nicht aus, dass eine Bindung des Gesetzgebers durch Völkervertragsrecht dort nicht existiert, wo weniger grundrechtssensible Bereiche in Rede

---

935 BVerfG, 2 BvR 1492/98 vom 14.1.2009, Absatz-Nr. (1–38), abrufbar unter http://www.bverfg.de/entscheidungen/rk20090114_2bvr149208.html.

936 BVerfGE 112, 1 (25).

937 BVerfGE 112, 1 (25).

938 Vgl. BVerfGK 9, 174 (191).

939 BVerfGK 10, 116 (124).

940 Ausführlich *Rensmann*, Die Genese des „offenen Verfassungsstaats" 1948/1949, in Giegerich, Der „offene Verfassungsstaat" (2010), S. 55 ff.

stehen.[941] Vielmehr gebietet der vom Bundesverfassungsgericht inzwischen als solcher bezeichnete Verfassungsgrundsatz der Völkerrechtsfreundlichkeit des Grundgesetzes auch hier ein Abwägungsgebot. Wie diese Abwägung aussehen kann, hat das Bundesverfassungsgericht in seinen Entscheidungen zur Sicherungsverwahrung vorgeführt, wo es den Verfassungsgrundsatz als Abwägungsbelang im Bereich des Vertrauensschutzes sowie in der Verhältnismäßigkeitsprüfung einfließen ließ.[942]

Somit wäre es nach der bisherigen Rechtsprechung des Bundesverfassungsgerichts naheliegend, auch im Bereich des Treaty Overriding den Verfassungsgrundsatz für die Verfassungswidrigkeit des Treaty Overriding-Gesetzes streiten zu lassen.[943]

Den Kritikern ist jedoch insoweit zuzustimmen, als ein legislativer Verstoß gegen Völkervertragsrecht nicht nur im Falle eines *„Verstoß(es) gegen tragende Grundsätze der Verfassung"*[944] verfassungsgemäß sein soll.[945] Denn diese Grenzziehung scheint tatsächlich auf den Bereich des europäischen Menschenrechtsschutzes zugeschnitten, dem eine Nähe zu Art. 1 Abs. 2 GG innewohnt und der es daher erlaubt wegen des damit verbundenen, grundsätzlichen Gleichlaufs des europäischen Mensschenrechtsschutzes und des Menschenrechtsschutzes des Grundgesetzes der EMRK und den Entscheidungen des EGMR einen weiten Wirkungsbereich einzuräumen. Insofern ist der „Görgülü"-Beschluss wegen seines eindeutigen Bezugs zum Menschenrechtsschutz als äußere Grenze der Berücksichtigungspflicht des Gesetzgebers anzusehen.

Für andere Bereiche gilt es, den verfassungsrechtlichen Rahmen für völkerrechtswidrige Gesetzgebungsakte anhand des Verfassungsgrundsatzes der Völkerrechtsfreundlichkeit des Grundgesetzes noch zu entwickeln. Die Rechtsprechung des Bundesverfassungsgerichts ist jedenfalls dahingehend zu interpretieren.[946] Ein solcher Rahmen ist in dieser Arbeit herausgearbeitet worden. Dabei ist festzuhalten, dass sich die bisherige Rechtsprechung des Bundesverfassungsgerichts in weitem Umfang mit den Überlegungen zur Wirkungsweise und dogmatischen Einordnung der Völkerrechtsfreundlichkeit des Grundgesetzes in dieser Untersuchung deckt. Allein der materielle Bedeutungsgehalt ist für den Bereich des Internationalen Steuerrechts und hier insbesondere in Bezug auf die Treaty Overriding-Problematik zu konkretisieren bzw. zu entwickeln.[947]

---

941 Dies wohl ablehnend *Thiemann*, JZ 2012, 908 (911 f.); ähnlich auch *Hahn*, IStR 2011, 863 (867).

942 BVerfGE 128, 326 (371 ff.).

943 Vgl. *Weigell*, „Treaty Override" durch § 20 Abs. 2 AStG, in Wachter, Festschrift für Sebastian Spielberger (2009), S. 575 (582).

944 BVerfGE 111, 307 (319).

945 Siehe dazu *Thiemann*, JZ 2012, 908 (911 f.).

946 So auch *Weigell*, „Treaty Override" durch § 20 Abs. 2 AStG, in Wachter, Festschrift für Sebastian Spielberger (2009), S. 575 (582) für die „Görgülü"-Entscheidung.

947 Dazu bereits statt vieler *Jansen/Weidmann*, IStR 2010, 596, (599 ff.); *Frotscher*, Zur Zulässigkeit des „Treaty Override", in Spindler/Tipke/Rödder, Festschrift für

Es bleibt abzuwarten, wie sich das Bundesverfassungsgericht vor diesem Hintergrund zu den bei ihm anhängigen Verfahren zur Verfassungsmäßigkeit von Treaty Overriding-Normen äußern wird und ob es im Sinne der Ergebnisse in dieser Arbeit eine Harmonisierung des innerstaatlichen Rechts und des Völkervertragsrechts nicht nur im Bereich des (europäischen) Menschenrechtsschutzes anstrebt.

IV. Ausgewählte Treaty Overriding-Vorschriften und Verfassungsrecht

Im Folgenden sollen die beiden Treaty Overriding-Vorschriften § 50d Abs. 8 Satz 1 EStG und § 50d Abs. 10 EStG an den Maßgaben des Grundgesetzes gemessen werden, die in dieser Untersuchung im Hinblick auf den allgemeinen verfassungsrechtlichen Rahmen des Treaty Overriding herausgearbeitet worden sind. Hierbei steht der exemplarische Charakter der Prüfung einer konkreten Treaty Overriding-Vorschrift im Vordergrund. Dabei sollen nur diejenigen verfassungsrechtlichen Fragestellungen behandelt werden, die einen konkreten Bezug zu den spezifischen verfassungsrechtlichen Problemen haben, die das gesetzgeberische Vorgehen im Wege des Treaty Overriding mit sich bringt. Aus diesem Grunde sind etwa Fragen der Verfassungsmäßigkeit der (echten oder unechten) Rückwirkung, wie sie beispielsweise im Rahmen von § 50d Abs. 10 EStG diskutiert werden, nicht in dieser Untersuchung zu beantworten.[948]

1. § 50d Abs. 8 Satz 1 EStG

Die Frage der Verfassungsmäßigkeit des § 50d Abs. 8 Satz 1 EStG liegt dem Bundesverfassungsgericht im Zeitpunkt der Verfassung dieser Untersuchung auf Grund eines Normenkontrollantrags des Bundesfinanzhofs zur Entscheidung vor.[949] Aus diesem Grunde hat die Frage eine besondere Aktualität. Von der Entscheidung des Bundesverfassungsgerichts ist zu erwarten, dass sie Aufschluss über die verfassungsrechtliche Behandlung weiterer Treaty Overriding-Normen gibt. Ein obiter dictum in Bezug auf andere Fälle wäre für die Praxis wünschenswert.

Harald Schaumburg (2009), S. 687 (710 f.); *ders.* IStR 2009, 593 (598 ff.); *Payandeh*, Völkerrechtsfreundlichkeit als Verfassungsprinzip, in Häberle, Jahrbuch des öffentlichen Rechts 57 (2009), S. 465 (487 f.).

948 Vgl. dazu *Lehner*, IStR 2014, 189 (191), der mit Verweis auf den Vorlagebeschluss des BFH vom 11.12.2013, I R 4/13, BStBl. II 2014, 791, ebenfalls zu Recht zwischen den beiden verfassungsrechtlichen Problemkreisen unterscheidet.

949 BFH vom 10.1.2012, I R 66/09, IStR 2012, 426, anhängig beim BVerfG unter Az.: 2 BvL 1/12.

a) Inhalt der Norm

§ 50d Abs. 8 Satz 1 EStG ist durch das Steueränderungsgesetz 2003 vom 15.12.2003[950] in das Einkommensteuergesetz aufgenommen worden und erstmals für den Veranlagungszeitraum 2004 anzuwenden.[951]

Die Norm enthält in Satz 1 eine Steuerrückfallklausel (Subject-to-tax-Klausel),[952] die verhindern soll, dass im Ausland erzielte Lohneinkünfte etwa auf Grund eines pflichtwidrigen Nichterklärens seitens des Steuerpflichtigen[953] oder auch infolge eines anderweitigen Abkommensverständnisses des Tätigkeitsstaats nicht besteuert werden.[954] Darüber hinaus soll nach dem Wortlaut der Norm das Besteuerungsrecht an Deutschland zurückfallen, wenn der andere Staat auf sein Besteuerungsrecht verzichtet.

Hintergrund für diese Regelung waren Fallgestaltungen, in denen beispielsweise Piloten,[955] Seefahrer auf Schiffen unter liberianischer Flagge[956] oder Berufskraftfahrer im internationalen Fernverkehr mit Ihren Einkünften aus nichtselbständiger Arbeit weder im Tätigkeitsstaat, dem das Besteuerungsrecht nach dem jeweiligen DBA zugewiesen war, noch im Ansässigkeitsstaat der Besteuerung unterlagen.[957]

Zur Sicherung der Besteuerung (auch) in diesen Fällen ordnet § 50d Abs. 8 Satz 1 EStG an, dass ein in Deutschland unbeschränkt Steuerpflichtiger im Falle der Freistellung der Einkünfte aus nichtselbständiger Arbeit nach einem DBA einen Nachweis über den Verzicht auf die Besteuerung oder die Entrichtung der Steuer im Tätigkeitsstaat zu erbringen hat.[958] Bei fehlendem Nachweis wird das Besteuerungsrecht des Staates des Tätigkeitsorts (Tätigkeitsortprinzip in Art. 15

---

950 BGBl. I 2003, 2645.

951 Vgl. *Gosch,* in Kirchhof, EStG (2015), § 50d Rz. 35.

952 Siehe dazu Punkt C.IV.2.b).

953 So die Gesetzesbegründung, BT-Drs. 15/1562, S. 39 f.

954 *Gosch,* in Kirchhof, EStG (2015), § 50d Rz. 35a; siehe auch FG Düsseldorf vom 11.10.2013, 13 K 4438/12 E, IStR 2014, 602, juris Rz. 34, Revision eingelegt, Az. des BFH: I R 73/13; *Jankowiak,* Doppelte Nichtbesteuerung (2009), S. 224.

955 Siehe dazu *Gosch,* in Kirchhof, EStG (2015), § 50d Rz. 35a; eingehend zu den Auswirkungen der Aufhebung und Änderung des DBA mit den Vereinigten Arabischen Emiraten auf die Besteuerung der Einkünfte aus nichtselbständiger Arbeit *Graf/Bisle,* IStR 2010, 353 (356).

956 Siehe zur Besteuerung deren Einkünfte BMF vom 21.7.2005, IV B 1-S 2411-2/05, BStBl. I 2005, 821, Tz. 3.3.

957 *Hahn-Joecks,* in Kirchhof/Söhn/Mellinghoff, EStG (2015), § 50d J 2.

958 Siehe zu den einzelnen Nachweisanforderungen nach der Finanzverwaltung BMF vom 21.7.2005, IV B 1-S 2411-2/05, BStBl. I 2005, 821. Herausgenommen aus dem Anwendungsbereich sind nach diesem Schreiben u. a. Einkünfte aus Staaten, auf die der Auslandstätigkeitserlass (BMF-Schreiben vom 31.10.1983 – IV B 6 – S 2293 – 50/83, BStBl. I 1983, 470) anzuwenden ist. Die verfahrensrechtlichen Regelungen in Satz 2 und Satz 3 der Norm haben keinen eigenständigen Bezug zur Treaty Overriding-Problematik.

Abs. 1 OECD-MA) wieder „zurückgeholt".[959] Soweit die Norm eine Entrichtung der Steuer im anderen Vertragsstaat voraussetzt, weicht die Norm einseitig von dem im deutschen Abkommensrecht (noch) vorherrschenden „Verbot der virtuellen Doppelbesteuerung" ab.[960] Der Nachweis in Form des Verzichts auf das Besteuerungsrecht seitens des Tätigkeitsstaats wird regelmäßig zu Schwierigkeiten in der praktischen Umsetzung führen.[961] Denn es ist bereits fraglich, ob der Steuerpflichtige auf eine derartige Bestätigung durch das ausländische Finanzamt einen Anspruch hat, welches ausländische Finanzamt dafür zuständig ist und ob im Ausland eine Regelung existiert, die die Kostentragung in diesen Fällen festsetzt.[962] Zu Recht wird zudem auf praktische Schwierigkeiten in Bezug auf die unterschiedlichen Amtssprachen[963] hingewiesen.[964]

b) Treaty Overriding – Charakter

Nach der zu Beginn der Untersuchung herausgearbeiteten Definition[965] liegt ein Treaty Overriding dann vor, wenn die Anwendung einer innerstaatlichen Norm dazu führt, dass eine nach dem anzuwendenden DBA gewährte und den Steuerpflichtigen begünstigende Rechtsfolge im Widerspruch zum DBA mit belastender Wirkung eingeschränkt oder beseitigt wird.

Zu klären ist insoweit zunächst, inwiefern § 50d Abs. 8 Satz 1 EStG in Widerspruch zu einem DBA steht. Maßstab der Beurteilung ist dabei der für Einkünfte aus nichtselbständiger Tätigkeit maßgebliche Art. 15 Abs. 1 OECD-MA.[966] Nach diesem Artikel hat grundsätzlich der Tätigkeitsstaat das uneingeschränkte Besteuerungsrecht an den Einkünften, die durch eine Tätigkeit in diesem Staat erzielt werden. Deutschland hat diese Einkünfte (unter dem Vorbehalt der Berücksichtigung der Einkünfte bei der Progression) freizustellen. Auf eine tatsächliche Besteuerung oder sonstige Nachweise zur Besteuerung oder Nichtbesteuerung im Tätigkeitsstaat kommt es nicht an.[967] Diese Indikation gilt für alle DBA, welche

---

959   Vgl. *Schwenke*, FR 2012, 443 (444); *Hahn-Joecks*, in Kirchhof/Söhn/Mellinghoff, EStG (2015), § 50d J 3.

960   Kritisch dazu jüngst *Hruschka/Schicketanz*, ISR 2015, 164 (165 f.); siehe auch Punkt C.III.2. sowie *Lehner*, in Vogel/Lehner, DBA (2015), Grundlagen des Abkommensrechts Rz. 69 ff.

961   *Jankowiak*, Doppelte Nichtbesteuerung (2009), S. 223 f.

962   Vgl. dazu auch die berechtigte Kritik bei *Jankowiak*, Doppelte Nichtbesteuerung (2009), S. 224 f.

963   Wobei eine Verzichtserklärung des ausländischen Finanzamts in englischer Sprache von der Finanzverwaltung grundsätzlich zu akzeptieren ist, siehe den Zusatz der OFD Magdeburg zum BMF-Schreiben vom 21.7.2005, IV B 1-S 2411-2/05, BStBl. I 2005, 821.

964   *Jankowiak*, Doppelte Nichtbesteuerung (2009), S. 224.

965   Siehe Punkt D.III.3.

966   Zu weiteren Verteilungsnormen siehe *Gosch*, in Kirchhof, EStG (2015), § 50d Rz. 35.

967   *Gosch*, in Kirchhof, EStG (2015), § 50d Rz. 35a.

dem Musterabkommen nachgebildet sind und insbesondere nicht bereits einen abkommensrechtlichen Vorbehalt in dem Sinne enthalten, dass die Steuerfreistellung
in Deutschland von der tatsächlichen Besteuerung im Tätigkeitsstaat abhängig
gemacht wird (so z. B. Art. 22 Abs. 1 a) Satz 1 DBA-Bulgarien; Art. 23 Abs. 1 a)
Satz 1 DBA-Großbritannien). Die bedingungslose Freistellung entspricht dem Ab-
kommensgrundsatz, dass nur die „virtuelle Doppelbesteuerung" durch den Ansässigkeitsstaat zu vermeiden ist.[968] Dementsprechend kann der deutsche Fiskus
etwa durch die Nichtabgabe einer Steuererklärung im anderen Staat und die daraus
folgende Nichtbesteuerung allein nach den DBA, die diesem Grundsatz wie das
Musterabkommen entsprechen, nicht in die Gunst eines „zurückfallenden" Besteuerungsrechts kommen.[969]

§ 50d Abs. 8 Satz 1 EStG macht die Gewährung der Steuerfreistellung hingegen
von der Erfüllung des Nachweises des Besteuerungsverzichts oder der tatsächlichen
Besteuerung im Tätigkeitsstaat abhängig. Damit widerspricht die Norm insoweit
der abkommensrechtlich nach Art. 15 Abs. 1 OECD-MA vorbehaltslos, das heißt
unabhängig von der Besteuerung im anderen Vertragsstaat, gewährten inländischen
Freistellung und im Übrigen allen DBA, die dem OECD-MA und dem darin zum
Ausdruck kommenden Grundsatz der Vermeidung der „virtuellen Doppelbesteuerung" nachgebildet sind.[970] Der für ein Treaty Overriding konstituierende Abkom-
menswiderspruch liegt insoweit vor.

Weiter ist zu fragen, inwiefern der Steuerpflichtige durch § 50d Abs. 8 Satz 1 EStG
einer besonderen Belastungswirkung ausgesetzt ist. Wichtig ist dabei, dass der
Vergleichsmaßstab nicht das Belastungsniveau bezüglich inländischer Einkünfte
aus nichtselbständiger Tätigkeit ist, sondern allein das Belastungsniveau nach
Anwendung des DBA. Entsprechend der Folgen der Belastungswirkungen der
Freistellungs- und der Anrechnungsmethode[971] ist ein Wechsel von der Freistel-
lungs- zur Anrechnungsmethode für den Steuerpflichtigen in den unmittelbaren
wirtschaftlichen Folgen nachteilig oder neutral.[972] Doch nicht erst die Steuerbelastung durch die Freistellungs- und die Anrechnungsmethode sind für die Feststellung
der zusätzlichen Belastung des Steuerpflichtigen durch die innerstaatliche Steuervorschrift relevant, sondern bereits das Erfordernis der Nachweiserbringung, um
die Steuerfreistellung zu erlangen. Denn damit setzt die Vorschrift eine materielle,
zusätzliche Bedingung für die Gewährung der Steuerfreistellung. Daher ist eine
Regelung, die die abkommensrechtliche (begünstigende) Freistellung nur gewährt,
wenn der Nachweis der Besteuerung oder der Nachweis des Besteuerungsverzichts
des Tätigkeitsstaats erbracht wird, als zusätzliche Belastung für den Steuerpflich-

---

968   Siehe dazu in diesem Zusammenhang *Portner,* IStR 2009, 195 (196).
969   Vgl. dazu noch deutlich BFH vom 31.7.1974, I R 27/73, BFHE 113, 437; *Lehner* sieht
       denn auch § 50d Abs. 8 Satz 1 EStG als „*verspätete Reaktion*" des Gesetzgebers auf
       die vorstehend widergegebene Rechtsprechung, *ders.,* IStR 2012, 389 (394).
970   Vgl. auch *Lehner,* IStR 2012, 392 (394).
971   Siehe dazu Punkt C.III.
972   Siehe dazu Punkt C.III.3.

tigen anzusehen. Zudem liegt in dem Risiko, die entsprechenden Nachweise nicht erbringen zu können, im Vergleich zur Abkommenssituation ohne die Treaty Overriding-Norm eine weitere Belastung für den Steuerpflichtigen.[973] Denn der Steuerpflichtige trägt damit einseitig das Risiko der Nichterbringung des Nachweises und er kann sich nicht auf ein fehlendes Vertretenmüssen berufen, da ein solches nach dem Wortlaut der Norm irrelevant ist.[974] Folglich enthält § 50d Abs. 8 Satz 1 EStG die für ein Treaty Overriding erforderliche Belastungswirkung.

Dagegen kann nicht eingewendet werden, dass verfahrensrechtliche Fragen wie die Erbringung des Nachweises des Besteuerungsverzichts oder der tatsächlichen Besteuerung durch den Tätigkeitsstaat den Vertragsstaaten selbst überlassen sind und daher in keinem Zusammenhang mit einem DBA stehen.[975] Um derlei verfahrensrechtliche Fragen geht es vorliegend nicht. Die Einordnung des § 50d Abs. 8 Satz 1 EStG, der eine Subject-to-tax-Klausel enthält, als „nationale Verfahrensvorschrift" wäre insofern widersinnig, als dann Deutschland die vielen bilateralen Subject-to-tax-Klauseln nicht zu vereinbaren bräuchte und stattdessen stets nationale Verfahrensregelungen schaffen könnte.[976] Auch der von *Gebahrdt*[977] in diesem Zusammenhang erwähnte Verweis des Gesetzgebers in der Gesetzesbegründung auf eine Entscheidung des Bundesfinanzhofs, in der dieser angeblich dem Gesetzgeber die Möglichkeit einräumt, Verfahrensvorschriften bezüglich der abkommensrechtlichen Freistellung von Einkünften zu erlassen, geht fehl.[978] Denn in der zitierten Entscheidung stellt der Bundesfinanzhof die Treaty Overriding-Charakteristik des dort streitgegenständlichen § 50d Abs. 1a EStG 1990/1994 gerade heraus, hält allerdings die darin zusätzlich zum DBA aufgestellten Nachweispflichten unter Zitierung der damaligen grundlegenden Entscheidung des Bundesfinanzhofs zur Verfassungsmäßigkeit von Treaty Overriding[979] unter Verwendung der zu dieser Zeit üblichen Rechtfertigung der Rechtsprechung eines solchen gesetzgeberischen Vorgehens für rechtmäßig.[980] Damit stellt der Bundesfinanzhof jedoch nicht fest,

---

973 Richtig insoweit der Hinweis von *Lehner*, IStR 2012, 389 (394), dass die Erfüllung der Bedingungen „*allein in einem Verhalten des Steuerpflichtigen begründet sind.*"
974 Vgl. *Lehner*, IStR 2012, 389 (395).
975 In diese Richtung wohl *Gebhardt*, Deutsches Tax Treaty Overriding (2013), S. 136 f. und S. 141, für den nur Fälle der „objektiven Unmöglichkeit" der Nachweiserbringung als „*materieller Treaty Override*" gelten sollen, s. *ders.*, Deutsches Tax Treaty Overriding (2013), S. 138.
976 Die Einordnung als Subject-to-tax-Klausel vollzieht indes auch *Gebhardt*, s. *ders.*, Deutsches Tax Treaty Overriding (2013), S. 137.
977 *Gebhardt*, Deutsches Tax Treaty Overriding (2013), S. 136 f. und S. 141.
978 BT-Drs. 15/1562, S. 39 f.; dahingehend äußerte sich bereits die damalige Bundesregierung laut Bericht des Finanzausschusses zum entsprechenden Gesetzentwurf, s. BT-Drs. 15/1945, S. 6.
979 Gemeint ist BFH vom 13.7.1994, I R 120/93, BStBl. II 1995, 129.
980 BFH vom 20.3.2002, I R 38/00, BStBl. II 2002, 819 (822 f.).

dass derartige „verfahrensrechtliche Fragen" stets dem nationalen Recht überlassen wären.[981]

Im Übrigen ist kein Treaty Overriding in § 50d Abs. 8 Satz 1 EStG zu erblicken, wenn das jeweils anzuwendende DBA einen entsprechenden, ausreichend konkreten Vorbehalt zu Gunsten des nationalen Rechts enthalten würde, der es erlaubt, die Voraussetzungen des § 50d Abs. 8 Satz 1 EStG einseitig zur Erlangung der Steuerfreistellung festzulegen.[982] Auch wenn das Abkommen selbst eine allgemeine oder eine im Falle nichtselbständiger Einkünfte anzuwendende Subject-to-tax-Klausel oder Remittance-base-Klausel enthalten würde, läge in der unilateralen Subject-to-tax-Klausel des § 50d Abs. 8 Satz 1 EStG jedenfalls insoweit kein Treaty Overriding vor,[983] als § 50d Abs. 8 Satz 1 EStG diesen Klauseln tatsächlich inhaltlich entspricht.[984] Festzuhalten ist aber, dass die Treaty Overriding-Eigenschaft von § 50d Abs. 8 Satz 1 EStG zu bejahen sein wird, wenn das im konkreten Fall anzuwendende DBA dem OECD-MA entspricht.

c) Kategorisierung von § 50d Abs. 8 Satz 1 EStG

Wie bereits zu Beginn der Untersuchung festgestellt, ist die dogmatische Kategorisierung einer Treaty Overriding-Vorschrift an Hand der damit verfolgten Zielsetzung vorzunehmen.[985] Da der Gesetzgeber in der Gesetzesbegründung ausdrücklich die Verhinderung der Nichtbesteuerung wegen pflichtwidriger Nichterklärung im Ausland als Gesetzeszweck benennt,[986] geht er offenbar davon aus, dass die Vorschrift der Missbrauchsverhinderung dienen soll.[987] Richtigerweise weist *Gebhardt* darauf hin, dass die Norm selbst aber keinen Missbrauchsvorwurf enthält.[988] Auch in materieller Hinsicht sind keineswegs nur Fälle missbräuchlichen Verhaltens gegenüber deutschen Steuerbehörden umfasst. So wird der Ausdruck „Verzicht auf das Besteuerungsrecht" seitens des anderen Vertragsstaats weit auszulegen sein, folglich auch der Erlass der ausländischen Steuer, die Steuerbefreiung (auch auf Grund von

---

981 Insoweit geht der Hinweis auf § 50d Abs. 1 Satz 1 EStG bei *Gebhardt*, Deutsches Tax Treaty Overriding (2013), S. 141 m. E. fehl.

982 Siehe dazu in Punkt D.V.2.a) sowie D.V.2.b).

983 So richtigerweise *Hahn-Joecks*, in Kirchhof/Söhn/Mellinghoff, EStG (2015), § 50d J 4 mit Verweis auf das BMF-Merkblatt zur Steuerfreistellung ausländischer Einkünfte gem. § 50d Abs. 8 EStG vom 21.7.2005, IV B 1 – S. 2411 – 2/05, BStBl. I 2005, 821 mit Nennung entsprechender DBA, die solche Klauseln enthalten (Frankreich, Österreich, Schweiz etc) sowie BMF vom 20.7.2013, IV B 2-S 1400/09/10006, BStBl. I 2013, 980.

984 Vgl. dazu auch *Hahn*, BB 2012, 1955 (1960).

985 Siehe dazu Punkt D.VI.

986 BT-Drs. 15/1562, S. 39 f.

987 So auch *Gosch*, in Kirchhof, EStG (2015), § 50d Rz. 35a.

988 *Gebhardt*, Deutsches Tax Treaty Overriding (2013), S. 138.

Freibeträgen) oder eine Nichtbesteuerung wegen eines Verlustausgleichs.[989] Aus Sicht des anderen Vertragsstaats kann eine Nichtbesteuerung aus diesen Gründen kaum als missbräuchlich angesehen werden. Folglich handelt es sich in den genannten Fällen um eine gewollte „Steuerwohltat" des anderen Staates, so dass es keinen Grund für den deutschen Staat gibt, diese durch einen entsprechenden Nachweis zu „überprüfen".[990] Vor diesem Hintergrund sind weniger die Verhinderung der missbräuchlichen Ausnutzung verschiedener Steuerhoheiten und die „Fürsorge" um das ausländische Besteuerungssubstrat, die die Gesetzesbegründung zum Ausdruck bringen, die bestimmenden Elemente in der Zielrichtung der Norm als vielmehr rein fiskalische Interessen.[991] Aber auch die Verhinderung der „Steuerunehrlichkeit" im Ausland ist als Ziel nicht glaubhaft. Dies wäre nur dann der Fall, wenn der deutsche Staat dafür Sorge tragen würde, dass der andere Staat im Falle der Nichterbringung des Nachweises am Steuersubstrat beteiligt würde, was aber nicht der Fall ist.[992] Das Besteuerungsrecht fällt dann nämlich an Deutschland zurück. Eine Beteiligung des anderen Staates am Steuersubstrat ist nicht vorgesehen. Richtigerweise ist § 50d Abs. 8 Satz 1 EStG daher als Vorschrift zur Verhinderung der Nichtbesteuerung in Deutschland zu verstehen und dient als solche fiskalischen Zwecken.[993]

2. Verstoß von § 50d Abs. 8 Satz 1 EStG gegen Verfassungsrecht

Auf Grund der normenhierarchischen Gleichrangigkeit zwischen dem Treaty Overriding-Gesetz und dem Zustimmungsgesetz zum DBA kann sich der Prüfungsmaßstab für die Rechtmäßigkeit des Treaty Overriding nur aus dem Grundgesetz ergeben.[994] Zu untersuchen ist insoweit, ob § 50d Abs. 8 Satz 1 EStG gegen allgemeine Verfassungsgrundsätze oder gegen Grundrechte verstößt.[995]

Insbesondere *Rust/Reimer* plädieren dafür, das Rechtsstaatsprinzip und die darin verortete Völkerrechtsfreundlichkeit des Grundgesetzes bzw. die Verfassungsent-

---

989 *Klein/Hagena*, in Herrmann/Heuer/Raupach, KStG EStG (2015), § 50d EStG Rz. 110; s. auch BMF vom 21.7.2005, IV B 1-S 2411-2/05, BStBl. I 2005, 821, Tz. 2.2.

990 Treffend wiederum BFH vom 10.1.2012, I R 66/09, IStR 2012, 426, Punkt B.II.3.b) bb)bbb).

991 Dahingehend auch Jankowiak, Doppelte Nichtbesteuerung (2009), S. 226 m. w. N.; BFH vom 10.1.2012, I R 66/09, IStR 2012, 426, Punkt B.II.3.b)bb)bbb).

992 Vgl. dazu BFH vom 10.1.2012, I R 66/09, IStR 2012, 426 (429), juris Rz. 27.

993 So auch *Schwenke*, FR 2012, 443 (444); *Gosch*, in Kirchhof, EStG (2015), § 50d Rz. 35a; vgl. auch *Portner*, IStR 2009, 195 (196); siehe bereits die Einordnung in Punkt D.VI.2.

994 *Frotscher*, Zur Zulässigkeit des „Treaty Override", in Spindler/Tipke/Rödder, Festschrift für Harald Schaumburg (2009), S. 687 (705) mit Verweis auf die „Görgülü"-Entscheidung, BVerfGE 111, 307.

995 Eine Prüfung am Maßstab der Grundrechte durchführend etwa *Jansen/Weidmann*, IStR 2010, 596 (598); für das Rechtsstaatsprinzip als eigener verfassungsrechtlicher Prüfungsmaßstab siehe etwa *Rust/Reimer*, IStR 2005, 843 (845); ablehnend gegenüber Letzterem *Krumm*, AöR 2013, 363 (385).

scheidung für eine internationale Zusammenarbeit als eigenständigen Prüfungsmaß-stab anzuwenden.[996] Kritisch äußern sich dazu *Krumm*,[997] aber auch *Jansen/Weidmann*, die sich letztlich gegen die Prüfung der Verfassungswidrigkeit anhand des Rechts-staatsprinzips bzw. des Grundsatzes der Völkerrechtsfreundlichkeit aussprechen.[998] Zum einen handele es sich bei Letzterem lediglich um eine Staatszielbestimmung und zum anderen sei das Rechtsstaatsprinzip selbst zu unbestimmt, um daraus konkrete Schlüsse zur Verfassungsmäßigkeit einer Treaty Overriding-Vorschrift ziehen zu kön-nen.[999] Nach hier vertretener Auffassung handelt es sich jedoch bei dem Grundsatz der Völkerrechtsfreundlichkeit des Grundgesetzes um einen Verfassungsgrundsatz und nicht lediglich um eine Staatszielbestimmung.[1000] Zudem ist herausgearbeitet worden, dass auch das Bundesverfassungsgericht die Völkerrechtsfreundlichkeit des Grund-gesetzes als Verfassungsgrundsatz eingeordnet wissen will.[1001] Auch der Einwand, dass daraus keine konkreten Ableitungen getroffen werden können, verfängt nicht. Denn völkerrechtsfreundlich ist schlicht das, was völkerrechtlich vorgegeben ist und wozu die Bundesrepublik ihre Zustimmung in Form eines formellen, vom Bundestag ver-abschiedeten Gesetzes erteilt hat. Damit wird der Inhalt der jeweils in Rede stehenden DBA-Regelung Maßstab für die Völkerrechtsfreundlichkeit. Daher bestünde grund-sätzlich keine Veranlassung den Verfassungsgrundsatz der Völkerrechtsfreundlichkeit des Grundgesetzes als Prüfungsmaßstab zu verwenden. Tatsächlich ist jedoch zweifel-haft, ob sich diese Sichtweise mit der Rechtsprechung des Bundesverfassungsgerichts in Einklang bringen lässt. Richtigerweise stellt *Krumm* fest, dass das Bundesverfas-sungsgericht im „Görgülü"-Beschluss nicht das Rechtsstaatsprinzip allein zur Be-gründung eines eigenständigen Verfassungsverstoßes heranzieht.[1002] Vielmehr hat das Bundesverfassungsgericht nur in dem jeweiligen, in seinem Schutzbereich berührten Grundrecht i. V. m. dem Rechtsstaatsprinzip ein subjektives Recht des Klägers auf Be-rücksichtigung der Völkerrechtsfreundlichkeit des Grundgesetzes abgeleitet.[1003] Auch die Untersuchung der weiteren Rechtsprechung des Bundesverfassungsgerichts zum Verhältnis des innerstaatlichen Rechts zum Völkerrecht[1004] lässt bisher nicht erkennen, dass das Rechtsstaatsprinzip oder die Völkerrechtsfreundlichkeit des Grundgesetzes alleiniger Prüfungsmaßstab sein sollen. Somit ist anzunehmen, dass das Bundesver-fassungsgericht auch im Falle der verfassungsrechtlichen Beurteilung einer Treaty Overriding-Vorschrift wie § 50d Abs. 8 Satz 1 EStG nicht den Verfassungsgrundsatz der Völkerrechtsfreundlichkeit des Grundgesetzes allein als Prüfungsmaßstab heran-ziehen wird, sondern nur in Verbindung mit einem Grundrecht.

---

996   *Rust/Reimer*, IStR 2005, 843 (847 f.).
997   *Krumm*, AöR 2013, 363 (385).
998   *Jansen/Weidmann*, IStR 2010, 596 (599).
999   *Jansen/Weidmann*, IStR 2010, 596 (599).
1000 Siehe dazu eingehend Punkt F.III.2.
1001 Siehe dazu eingehend Punkt F.III.4.
1002 *Krumm*, AöR 2013, 363 (383).
1003 Siehe BVerfGE 111, 307, Leitsatz 4.c.
1004 Siehe dazu eingehend Punkt F.III.4.c).

Aus diesem Grund soll sich die weitere Untersuchung auf die Prüfung der Verfassungsmäßigkeit eines etwaigen Grundrechtseingriffs durch eine Treaty Overriding-Vorschrift konzentrieren. Konkret soll vor diesem Hintergrund nachfolgend untersucht werden, ob § 50d Abs. 8 Satz 1 EStG als Treaty Overriding-Norm zur Verhinderung einer Nichtbesteuerung in verfassungswidriger Weise in Grundrechte des betroffenen Steuerpflichtigen eingreift. In Frage kommen diesbezüglich die Grundrechte aus den Art. 14 Abs. 1, 3 Abs. 1 und 2 Abs. 1 GG in Verbindung mit dem Verfassungsgrundsatz der Völkerrechtsfreundlichkeit des Grundgesetzes. Verfassungswidrig ist § 50d Abs. 8 Satz 1 EStG dann, wenn der Schutzbereich des jeweiligen Grundrechts eröffnet und der Eingriff in das Grundrecht nicht gerechtfertigt ist.

a) Verstoß gegen Art. 14 Abs. 1 GG

Art. 14 Abs. 1 GG schützt das Eigentum, welches das Bundesverfassungsgericht in ständiger Rechtsprechung definiert als

> *„alle vermögenswerten Rechte, die dem Berechtigten von der Rechtsordnung in der Weise zugeordnet sind, dass er die damit verbundenen Befugnisse nach eigenverantwortlicher Entscheidung zu seinem privaten Nutzen ausüben kann"*.[1005]

Die Definition reicht damit weiter als das zivilrechtliche Eigentum. Doch bleibt der Eigentumsschutz letztlich an das Vorhandensein einer (schützenswerten) Rechtsposition gebunden.[1006]

Um eine solche Rechtsposition handelt es sich bei der völkervertraglich vereinbarten Freistellung bestimmter Einkünfte nach einer in der Literatur vertretenen Ansicht nicht.[1007] Es sei nicht ersichtlich, inwieweit eine Regelung eines DBA in Verbindung mit dem Zustimmungsgesetz als innerstaatlicher Rechtsanwendungsbefehl dem Steuerpflichtigen eine grundrechtlich geschützte Eigentumsposition vermittelt.[1008] § 50d Abs. 8 Satz 1 EStG selbst könne daher auch nicht als Inhalts- und Schrankenbestimmung gemäß Art. 14 Abs. 1 Satz 2 GG anzusehen sein.[1009]

Auch das Bundesverfassungsgericht ist über lange Zeit davon ausgegangen, dass Art. 14 Abs. 1 GG durch die Steuergesetzgebung im Allgemeinen nicht beeinträchtigt

---

1005 BVerfGE 83, 201 (209).
1006 Vgl. BVerfGE 95, 267 (300).
1007 *Jansen/Weidmann*, IStR 2010, 596 (600 f.).
1008 Dazu näher *Jansen/Weidmann*, IStR 2010, 596 (600 f.); vgl. auch *Wernsmann*, in Hübschmann/Hepp/Spitaler, AO FGO (2015), § 4 Rz. 544a m. w. N.
1009 So aber FG Bremen vom 10.2.2011,1 K 20/10 (3), DStRE 2011, 679 (685), Revision entschieden unter Az. I R 27/11, IStR 2012, 313, mit Verweis auf *Frotscher*, Zur Zulässigkeit des „Treaty Override", in Spindler/Tipke/Rödder, Festschrift für Harald Schaumburg (2009), S. 687; vgl. *Wernsmann*, in Hübschmann/Hepp/Spitaler, AO FGO (2015), § 4 Rz. 544a f.

ist, solange der Steuerzugriff keine *„erdrosselnde Wirkung"* hat.[1010] In jüngeren Entscheidungen stellt das Bundesverfassungsgericht jedoch nur noch pauschal auf die Freiheitsgrundrechte ab (zu denen Art. 14 Abs. 1 GG gehört) und konstatiert lediglich *„einen Eingriff in die persönliche Freiheitsentfaltung im vermögensrechtlichen Bereich".*[1011] Damit ist gemeint, dass es keiner Entscheidung bedarf, ob die Belastung an Art. 14 Abs. 1 oder Art. 2 Abs. 1 GG zu messen ist.[1012] Diese Tendenz lässt sich dadurch erklären, dass das Bundesverfassungsgericht die gleichen Anforderungen an die Rechtfertigung eines Eingriffs in Art. 14 Abs. 1 und Art. 2 Abs. 1 GG stellt.[1013] Dem ist für den Fall des Treaty Overriding zuzustimmen. Vor diesem Hintergrund ist ein näheres Eingehen auf die Frage, ob im Falle des Besteuerungszugriffs durch § 50d Abs. 8 Satz 1 EStG als Treaty Overriding-Vorschrift die Eigentumsgarantie als Schutz-Grundrecht heranzuziehen ist, für diese Untersuchung jedenfalls dann entbehrlich, wenn der Schutzbereich von Art. 2 Abs. 1 GG eröffnet ist.[1014]

b) Verstoß gegen Art. 2 Abs. 1 GG

Grundsätzlich kann sich jeder Steuerpflichtige auf die allgemeine Handlungsfreiheit nach Art. 2 Abs. 1 GG berufen.[1015] Im Bereich des Steuerrechts ist dieses Grundrecht dahingehend zu interpretieren, dass der Steuerpflichtige das grundrechtlich geschützte Recht hat, nur durch zur verfassungsmäßigen Ordnung gehörende Rechtsvorschriften zur Zahlung einer Steuer herangezogen zu werden.[1016] So führt Art. 2 Abs. 1 GG über den Schutz der verfassungsmäßigen Ordnung zu einer Subjektivierung objektiver Verfassungsgrundsätze.[1017] Der Steuerpflichtige darf also von staatlicher Seite nicht mit einem Nachteil belastet werden, der nicht in der

---

1010 BVerfGE 95, 267 (300), m. w. N. aus der Rechtsprechung des Bundesverfassungsgerichts.

1011 BVerfGE 137, 1 (17); siehe dazu *Wernsmann*, in Hübschmann/Hepp/Spitaler, AO FGO (2015), § 4 Rz. 533.

1012 So führt es das Bundesverfassungsgericht ausdrücklich weiter aus in BVerfGE, 135, 126 (141).

1013 So *Wernsmann*, in Hübschmann/Hepp/Spitaler, AO FGO (2015), § 4 Rz. 534 mit einem Hinweis zur anderen Ansicht sowie Rz. 565.

1014 Siehe zur Entwicklung des Vermögensschutzes durch Art. 14 Abs. 1 GG ausführlich *Wernsmann*, in Hübschmann/Hepp/Spitaler, AO FGO (2015), § 4 Rz. 535 ff.

1015 Ganz allgemeine Meinung, siehe BVerfGE 87, 153 (169); so auch FG Bremen vom 10.2.2011, 1 K 20/10 (3), DStRE 2011, 679 (685) mit Verweis auf BVerfGE 48, 102; *Wernsmann*, in Hübschmann/Hepp/Spitaler, AO FGO (2015), § 4 Rz. 547 mit weiteren Nachweisen aus der Rechtsprechung des Bundesverfassungsgerichts. Grundlegend zum Schutzbereich von Art. 2 Abs. 1 GG BVerfGE 6, 32 – *Elfes.*

1016 BVerfGE 48, 102 (115 f.) m. w. N.

1017 *Lang*, in Epping/Hillgruber, Beck´scher Onlinekommentar GG (2015), Art. 2 Rz. 10 mit Verweis auf BVerfGE 6, 32 (41).

verfassungsmäßigen Ordnung begründet ist.[1018] Geschützt ist auch die negative Handlungsfreiheit, d. h. die Freiheit etwas nicht tun zu müssen.[1019]

aa) Eingriff

Ein Eingriff liegt in jedem Handeln, das dem Staat zugerechnet werden kann und dem Einzelnen ein Verhalten, das in den Schutzbereich des in Rede stehenden Grundrechts fällt, ganz oder teilweise unmöglich macht.[1020] Durch die Auferlegung steuerlicher Pflichten und die Anordnung der Anwendung der Anrechnungsmethode (= zunächst Besteuerung im Inland) statt der Freistellungsmethode im Falle der fehlenden Nachweiserbringung erfüllt § 50d Abs. 8 Satz 1 EStG die fünf Voraussetzungen eines klassischen Grundrechtseingriffs: die Finalität staatlichen Handelns, die Unmittelbarkeit der Grundrechtsverletzung, die rechtliche und nicht nur tatsächliche Qualität der Beeinträchtigung, die Adressierung der staatlichen Maßnahme an den Grundrechtsträger und die Beeinträchtigung durch Befehl und Zwang.[1021] Gerade im Falle des § 50d Abs. 8 Satz 1 EStG stellen die zusätzlichen Nachweispflichten ohne Weiteres eine Beeinträchtigung der allgemeinen Handlungsfreiheit des Steuerpflichtigen dar, die bei einer Freistellung allein nach den Regelungen eines DBA nach dem OECD-MA nicht vorhanden wären.[1022] Denn Art. 2 Abs. 1 GG schützt insoweit auch die negative Handlungsfreiheit. Dies muss umso mehr gelten, als die Beschaffung der vom Gesetz geforderten Nachweise im Ausland mit großen praktischen Schwierigkeiten verbunden sein kann bis zur Unmöglichkeit der Beschaffung,[1023] was nach dem Wortlaut von § 50d Abs. 8 Satz 1 EStG den Wechsel von der Freistellungsmethode zur Anrechnungsmethode hätte, ohne dass es etwa auf ein Verschulden des Steuerpflichtigen ankäme.[1024] Allein in den Fällen, in denen die Belastung des Steuerpflichtigen durch die Anwendung der unilateralen Anrechnungsmethode im Wesentlichen der Belastung durch Anwendung der abkommensrechtlich vereinbarten Freistellungsmethode entsprechen

---

1018 So BVerfGE 9, 83, juris Rz. 25; *Lang*, in Epping/Hillgruber, Beck'scher Onlinekommentar GG (2015), Art. 2 Rz. 10 m. w. N.

1019 *Lang*, in Epping/Hillgruber, Beck'scher Onlinekommentar GG (2015), Art. 2 Rz. 7 m. w. N.

1020 Siehe allgemein zum Eingriffsbegriff *Pieroth/Schlink*, Grundrechte, Rz. 240 ff.

1021 Siehe dazu *Wernsmann*, in Hübschmann/Hepp/Spitaler, AO FGO (2015), § 4 Rz. 547 m. w. N.; im Ergebnis ebenso zu § 50d Abs. 8 Satz 1 EStG *Jansen/Weidmann*, IStR 2010, 596 (600 f.); zu § 50d Abs. 9 Satz 1 Nr. 2 EStG FG Bremen vom 10.2.2011, 1 K 20/10 (3), DStRE 2011, 679 (685).

1022 A. A. *Frotscher*, IStR 2009, 593 (598), der wegen des Tatbestands von § 50d Abs. 8 Satz 1 EStG und dessen Rechtsfolge (Wechsel von der Freistellungs- zur Anrechnungsmethode) keine Verletzung eines subjektiven öffentlichen Rechts des Steuerpflichtigen annimmt, da der Steuerpflichtige kein Recht darauf hätte, dass die Doppelbesteuerung gerade durch Freistellung verhindert wird.

1023 *Jankowiak*, Doppelte Nichtbesteuerung (2009), S. 223 f.

1024 Vgl. dazu auch *Gebhardt*, Deutsches Tax Treaty Overriding (2013), S. 138.

sollte, könnte man daran denken, bereits einen Eingriff zu verneinen. Dies ist aber nach hier vertretener Ansicht auf Grund der von § 50d Abs. 8 Satz 1 EStG für die Gewährung der abkommensrechtlichen Steuerfreistellung zusätzlich geforderten Nachweispflichten nicht möglich.[1025]

Da die Belastungswirkung beim Steuerpflichtigen zudem durch eine völkerrechtswidrige Gesetzgebung eintritt,[1026] ist der Eingriff in die allgemeine Handlungsfreiheit dahingehend zu konkretisieren, dass dieser durch einen Eingriff in das verfassungsrechtliche Gebot völkerrechtsfreundlichen Verhaltens vollzogen wird.[1027] Somit stellt sich § 50d Abs. 8 Satz 1 EStG als Eingriff in Art. 2 Abs. 1 GG in Verbindung mit dem Gebot völkerrechtsfreundlichen Verhaltens dar.

Abzulehnen ist in diesem Zusammenhang die Meinung von *Frotscher*, der nur im Falle einer Doppelbesteuerung einen Grundrechtseingriff annehmen will.[1028] Denn im Falle von § 50d Abs. 8 Satz 1 EStG, der in seiner Rechtsfolge lediglich den Wechsel von der Anrechnungs- zur Freistellungsmethode anordnet, läge keine eigenständige Belastung, die über diejenige hinausgeht, die nach den allgemeinen Steuergesetzen bestünde.[1029] Das führe dazu, dass in diesem Fall kein Grundrechtseingriff vorläge, der die subjektiven Rechte des Steuerpflichtigen beeinträchtigen würde, da der Steuerpflichtige kein Recht darauf hätte, dass ein Verhalten, das nach anderen Steuergesetzen steuerpflichtig ist, in seinem Fall nicht steuerpflichtig ist.[1030] Da also die ohne DBA-Regelungen bestehende Rechtslage verfassungsgemäß sei, könne das Treaty Overriding für sich keinen Grundrechtseingriff darstellen.[1031] Der Eingriff läge insoweit in den (verfassungsgemäßen) allgemeinen Steuergesetzen, nicht im Treaty Overriding.[1032] Die Schwelle zu einem Eingriff in den verfassungs-

---

1025   Fraglich kann allenfalls sein, ob in diesen Fällen die Frage des Treaty Overriding in den finanzgerichtlichen Rechtsschutzverfahren virulent werden würde.

1026   Zur Völkerrechtswidrigkeit von Treaty Overriding-Vorschriften siehe Punkt E.I.

1027   Siehe zum Gebot bundesfreundlichen Verhaltens im Steuerrecht BVerfGE 31, 314 (354 ff.).

1028   *Frotscher*, Zur Zulässigkeit des „Treaty Override", in Spindler/Tipke/Rödder, Festschrift für Harald Schaumburg (2009), S. 687 (708 ff.).

1029   *Frotscher*, Zur Zulässigkeit des „Treaty Override", in Spindler/Tipke/Rödder, Festschrift für Harald Schaumburg (2009), S. 687 (712 f.).

1030   *Frotscher*, Zur Zulässigkeit des „Treaty Override", in Spindler/Tipke/Rödder, Festschrift für Harald Schaumburg (2009), S. 687 (711).

1031   *Frotscher*, Zur Zulässigkeit des „Treaty Override", in Spindler/Tipke/Rödder, Festschrift für Harald Schaumburg (2009), S. 687 (706).

1032   *Frotscher*, Zur Zulässigkeit des „Treaty Override", in Spindler/Tipke/Rödder, Festschrift für Harald Schaumburg (2009), S. 687 (708). Anders sei das hingegen bei Treaty Overriding-Vorschriften wie § 50d Abs. 10 EStG, deren Anwendung zu einer Doppelbesteuerung führt, s. hierzu *ders.*, IStR 2009, 593 (598 ff.). In diesem Falle läge zum einen ein Eingriff in ein Freiheitsgrundrecht vor und zum anderen würde § 50d Abs. 10 EStG dann nicht zur verfassungsmäßigen Ordnung gehören, so dass der Eingriff nicht gerechtfertigt werden könne, s. *ders.*, IStR 2009, 593 (599 f.).

rechtlich geschützten Grundrechtsbereich sei daher erst dann überschritten, wenn die Treaty Overriding-Regelung zu einer Doppelbesteuerung[1033] führen würde.[1034] Dem ist entgegenzuhalten, dass ein Eingriff nach der allgemeingültigen Eingriffsdefinition auch in sonstigen steuerlichen Pflichten wie etwa erhöhten Nachweispflichten gesehen werden. Auch derlei Pflichten beeinträchtigen im Vergleich zur Rechtslage ohne Treaty Overriding-Vorschrift die Freiheit des Einzelnen, da er zusätzliche „Hürden" überwinden muss, um die abkommensrechtliche Steuerfreistellung ausländischer Einkünfte aus nichtselbständiger Tätigkeit zu erlangen. Es ist kein Grund dafür ersichtlich, das Vorliegen einer Doppelbesteuerung als besondere „Eingriffsschwelle" zu bestimmen. Dies erscheint willkürlich. Vielmehr wird dadurch die Grenze zwischen Eingriff und Rechtfertigung verwischt und ohne Grund von der allgemeinen grundgesetzlichen Eingriffsdefinition abgewichen. Im Übrigen hängt auch die Frage der Rechtfertigung nicht allein vom Vorliegen einer Doppelbesteuerung ab. Vielmehr können etwa auch die Art der Belastung bzw. der (völkerrechtswidrige) Belastungsgrund[1035] dahingehend zu überprüfen sein, ob diese mit der Verfassung in Einklang stehen. In diese Richtung würden sich aber keine Fragen stellen, wenn bereits hinsichtlich des Eingriffs mit *Frotscher* allein auf die Belastungsintensität in Form der Doppelbesteuerung abstellte. Konkret würde im Rahmen des Treaty Overriding die Problematik weitgehend ausgeklammert, ob ein völkerrechtswidriges Steuergesetz überhaupt Pflichten des Steuerpflichtigen auf verfassungsgemäße Art und Weise auslösen kann. Richtigerweise ist der Umstand, dass grundsätzlich durch eine Treaty Overriding-Vorschrift eine Doppelbesteuerung herbeigeführt wird, lediglich ein zusätzlicher Abwägungsbelang bei der Frage, ob der Gesetzgeber von Verfassungs wegen im Wege des Treaty Overriding vorgehen durfte. In diesem Zusammenhang ist zudem darauf hinzuweisen, dass die Doppelbesteuerung im bilateralen Bereich nicht ohne weiteres verfassungswidrig ist.[1036]

1033 Dabei konkretisiert *Frotscher* nicht, ob er eine juristische oder wirtschaftliche Doppelbesteuerung meint. Vermutlich ist „Doppelbesteuerung" aber in einem weiten Sinne zu verstehen.

1034 Konkret führt *Frotscher* aus: „*Andererseits kann die Regelung durch das Gesetz, das das DBA verdrängt, (...) nach seiner Intensität einen Eingriff in Art. 14 bzw. Art. 2 GG darstellen*". *Ders.*, Zur Zulässigkeit des „Treaty Override", in Spindler/Tipke/Rödder, Festschrift für Harald Schaumburg (2009), S. 687 (708). Schuldig bleibt *Frotscher* eine Antwort der logisch darauf folgenden Frage, warum gerade eine Doppelbesteuerung die Eingriffsgrenze darstellen soll und nicht etwa eine bestimmte prozentuale Höhe der Gesamtbelastung.

1035 Zur verfassungsrechtlichen Relevanz des Belastungsgrundes vgl. etwa BVerfGE 137, 350 (366).

1036 Siehe dazu ausführlich *Englisch*, Wettbewerbsgleichheit (2008), S. 806 ff. Lediglich für den innerstaatlichen Bereich wäre wohl von einer Verfassungswidrigkeit einer Doppelbesteuerung auszugehen; vgl. dazu BVerfGE 105, 73 unter C.III.1. sowie D.II. Im Übrigen ist eine Doppelbesteuerung, die aus der Anwendung des Steuerrechts zweier EU-Mitgliedstaaten resultiert, unionsrechtlich unbedenklich, siehe

Als Begründung führt *Frotscher* weiter an, dass sich die Vertragsstaaten auf das Ziel der Verhinderung einer Doppelbesteuerung verständigt haben.[1037] Daraus ergebe sich ein subjektives Recht des Steuerpflichtigen nur auf die Verhinderung der Doppelbesteuerung.[1038] Auch dieser Begründung für die Doppelbesteuerung als Eingriffsschwelle ist zu widersprechen. Denn damit lässt *Frotscher* den Umstand unbeachtet, dass dies zwar das Grundziel von DBA darstellt, sich die Vertragsparteien aber in DBA auf ganz konkrete Regelungen zur Erfüllung dieses Ziels verständigt haben, die unmittelbar die Belastungswirkung für den Steuerpflichtigen in ihrem Regelungsbereich beeinflussen. Das daraus folgende subjektive Recht des Steuerpflichtigen erschöpft sich folglich nicht darin, dass eine Doppelbesteuerung tatsächlich verhindert wird, sondern erstreckt sich ganz konkret auch auf die zwischen den jeweiligen Staaten geschlossene Vereinbarung. Die Rechtslage, auf die eine Treaty Overriding-Vorschrift einwirkt, ist also die, die sich nach Einigung der Vertragsparteien auf eine ganz bestimmte „Methode" zur Verhinderung der Doppelbesteuerung für ganz bestimmte Einkünfte und auf die Erfüllung bestimmter Voraussetzungen ergeben hat. Diese Rechtslage begünstigt den Steuerpflichtigen im Vergleich zur Rechtslage ohne DBA in einem konkreten Fall. Die Suspendierung dieser Begünstigung ist eine Belastung des Steuerpflichtigen. Da es also konkrete Verteilungsregeln zwischen den Vertragsstaaten gibt, ist für die Bestimmung eines Grundrechtseingriffs nicht auf das von den Vertragsstaaten angestrebte, übergeordnete Ziel der Verhinderung einer Doppelbesteuerung abzustellen.

Argumentiert werden kann weiterhin, dass der Gesetzgeber mit der Vereinbarung der Freistellungsmethode ohne weitere Nachweispflichten in einem DBA eine Belastungsgrundentscheidung dahingehend getroffen hat, dass allein das Besteuerungsniveau des ausländischen Staates maßgeblich sein soll und zudem keine weiteren verfahrensrechtlichen Hürden für den inländischen Steuerpflichtigen bestehen sollen.[1039] Auch diese Entscheidung widerruft der deutsche Gesetzgeber mit § 50d Abs. 8 Satz 1 EStG auf belastende und damit freiheitsbeschränkende Art und Weise.

Entgegen der Ansicht von *Frotscher* ist daher ein Treaty Overriding-Gesetz, das eine begünstigende Belastungsentscheidung durch den Abschluss eines DBA zurücknimmt oder beschränkt, wie jedes andere Gesetz, welches steuerliche Pflichten auferlegt, als klassisches Eingriffsgesetz jedenfalls an Art. 2 Abs. 1 GG als allgemeinem Auffanggrundrecht zu messen.[1040] In diesem Rahmen sind zudem die

---

hierzu *Wernsmann*, in Schulze/Zuleeg/Kadelbach, Europarecht – Handbuch für die deutsche Rechtspraxis (2015), § 30 Rz. 95.

1037 *Frotscher*, Zur Zulässigkeit des „Treaty Override", in Spindler/Tipke/Rödder, Festschrift für Harald Schaumburg (2009), S. 687 (708).

1038 *Frotscher*, Zur Zulässigkeit des „Treaty Override", in Spindler/Tipke/Rödder, Festschrift für Harald Schaumburg (2009), S. 687 (708).

1039 Siehe zur „Belastungsgrundentscheidung" auch *Röder*, StuW 2012, 19 (20).

1040 So richtig auch *Jansen/Weidmann*, IStR 2010, 596 (601).

Besonderheiten der Belastung des Steuerpflichtigen durch das Treaty Overriding als völkerrechtswidriger Gesetzgebungsakt zu würdigen.

Der Eingriff ist verfassungsrechtlich gerechtfertigt, wenn er sich im Rahmen der für die allgemeine Handlungsfreiheit nach Art. 2 Abs. 1 GG in Verbindung mit der Völkerrechtsfreundlichkeit des Grundgesetzes geltenden Schrankenregelung hält.

bb) Schranken (Gesetzesvorbehalt)

Gem. Art. 2 Abs. 1 GG ist das Recht auf freie Entfaltung der Persönlichkeit begrenzt durch die Rechte anderer, die verfassungsmäßige Ordnung und das Sittengesetz (sog. Schrankentrias).[1041] Unter der verfassungsmäßigen Ordnung im Sinne des Art. 2 Abs. 1 GG ist jede formell und materiell verfassungsmäßige Rechtsnorm zu verstehen.[1042] Sie stellt damit nichts anderes als einen einfachen Gesetzesvorbehalt dar. Daneben haben die Schranken „Rechte anderer" und „Sittengesetz" keine eigene Bedeutung.[1043] Folglich sind die Anforderungen an das den Schutzbereich des Art. 2 Abs. 1 GG beschränkende Gesetz denkbar gering. § 50d Abs. 8 Satz 1 EStG als Treaty Overriding-Vorschrift genügt den Anforderungen dieses einfachen Gesetzesvorbehalts.

cc) Schranken-Schranken

Vor dem Hintergrund des weiten Schrankenbereichs von Art. 2 Abs. 1 GG hat der Verhältnismäßigkeitsgrundsatz neben sonstigen verfassungsrechtlichen Gewährleistungen als sog. „Schranken-Schranke" eine hervorgehobene Bedeutung.[1044]

Ein Gesetz genügt ganz allgemein dann den Anforderungen der Verhältnismäßigkeit, wenn es zur Erreichung des mit dem Gesetz angestrebten, legitimen Zwecks geeignet und erforderlich ist und bei einer Gesamtabwägung zwischen der Schwere des Eingriffs und dem Gewicht der ihn rechtfertigenden Gründe den Adressaten nicht übermäßig belastet.[1045]

Es ist geeignet, wenn der erstrebte Erfolg durch das belastende Gesetz gefördert werden kann.[1046] Dabei genügt die Möglichkeit der Zweckerreichung.[1047] Es ist erforderlich, wenn der Gesetzgeber nicht ein anderes, gleich wirksames, aber ein das

---

1041 Praktische Bedeutung hat nur die verfassungsmäßige Ordnung. Vgl. dazu statt vieler *Lang,* in Epping/Hillgruber, Beck´scher Onlinekommentar GG (2015), Art. 2 Rz. 24.

1042 BVerfGE 6, 32 (3. Leitsatz); BVerfGE 80, 137. Diese weite Interpretation der verfassungsmäßigen Ordnung ist Folge des weiten Verständnisses des Schutzbereichs von Art. 2 Abs. 1 GG; siehe hierzu *Wernsmann,* in Hübschmann/Hepp/Spitaler, AO FGO (2015), § 4 Rz. 564.

1043 *Lang,* in Epping/Hillgruber, Beck´scher Onlinekommentar GG (2015), Art. 2 Rz. 24.

1044 *Lang,* in Epping/Hillgruber, Beck´scher Onlinekommentar GG (2015), Art. 2 Rz. 25.

1045 Statt vieler BVerfGE 67, 157 (173) m. w. N.

1046 BVerfGE 67, 157 (173) m. w. N.

1047 BVerfGE 120, 224 (240) m. w. N.

spezifische Grundrecht nicht oder weniger fühlbar einschränkendes Mittel hätte wählen können.[1048]

Legitimes Ziel, Geeignetheit, Erforderlichkeit und die Verhältnismäßigkeit im engeren Sinne bilden somit die maßgeblichen verfassungsrechtlichen Anforderungen an eine Treaty Overriding-Vorschrift.

Im Gegensatz zu anderen Bereichen hat der Verhältnismäßigkeitsgrundsatz jedoch für die verfassungsrechtliche Rahmensetzung hinsichtlich der Gesetzgebung zu den direkten Steuern nur eine geringe Bedeutung.[1049] Grund dafür ist, dass allgemein angenommen wird, dass die Deckung des Finanzbedarfs des Staates durch Steuern kaum begrenzbar ist, ohne zumindest mittelbar auch auf die Staatsausgaben sowie die Staatsaufgaben beschränkend zu wirken.[1050] Daher sei kaum eine Verhältnismäßigkeitsprüfung an den Faktoren legitimes Ziel, Geeignetheit der gesetzlichen Maßnahme, Erforderlichkeit und Verhältnismäßigkeit im engeren Sinne sinnvoll durchzuführen.[1051] So kann die Verfolgung eines reinen Fiskalzwecks den Eingriff durch ein Steuergesetz ohne weiteren Begründungsaufwand rechtfertigen. Weder die Geeignetheit eines Steuergesetzes noch die Erforderlichkeit und Angemessenheit des Steuergesetzes können vor dem Finanzbedarf des Staates in Frage gestellt werden, jedenfalls solange das Steuergesetz keine erdrosselnde Wirkung hat und eine wirtschaftliche Betätigung des Steuerpflichtigen unmöglich macht.[1052] Bliebe es bei dieser Prämisse, so würde eine Verhältnismäßigkeitsprüfung von § 50d Abs. 8 Satz 1 EStG schnell ins Leere laufen. Die Norm wäre ohne weiteres im Hinblick auf Art. 2 Abs. 1 GG verfassungsgemäß.

Jansen/Weidmann führen hingegen eine Verhältnismäßigkeitsprüfung durch.[1053] Sie qualifizieren die Treaty Overriding-Vorschriften nicht generell als reine Fiskalnormen, sondern entsprechend ihrer Kategorisierung[1054] teilweise auch als Lenkungsnormen.[1055] Das Verhältnismäßigkeitsprinzip entfalte bei Lenkungsnormen im Gegensatz zu den reinen Fiskalnormen aber seine volle Wirksamkeit als Schranken-Schranke.[1056] Konkret diene § 50d Abs. 8 Satz 1 EStG der Verhinderung von weißen Einkünften, mithin der Besteuerungsgleichheit und zudem der Verhinderung einer Nichtbesteuerung auf Grund pflichtwidriger Unterlassung der Erklärung von

---

1048 Vgl. BVerfGE 67, 157 (176) zu Art. 10 Abs. 1 GG m. w. N.
1049 Vgl. auch *Jansen/Weidmann*, IStR 2010, 596 (601).
1050 So bereits BVerfGE 6, 32 (37 f.); darauf Bezug nehmend *Wernsmann*, in Hübschmann/Hepp/Spitaler, AO FGO (2015), § 4 Rz. 568.
1051 *Wernsmann*, in Hübschmann/Hepp/Spitaler, AO FGO (2015), § 4 Rz. 565 m. w. N.
1052 Vgl. nur *Wernsmann*, in Hübschmann/Hepp/Spitaler, AO FGO (2015), § 4 Rz. 566 ff.
1053 *Jansen/Weidmann*, IStR 2010, 596 (603).
1054 Siehe Punkt D.VI.
1055 § 50d Abs. 3 EStG attestieren *Jansen/Weidmann*, IStR 2010, 596 (601 f.) einen Lenkungscharakter, dem § 50d Abs. 8 Satz 1 EStG liege hingegen zumindest auch ein Lenkungszweck zugrunde, siehe *dies.*, IStR 2010, 596 (603) und in § 50d Abs. 10 EStG erblicken *Jansen/Weidmann*, IStR 2010, 596 (603) lediglich einen Fiskalzweck.
1056 *Jansen/Weidmann*, IStR 2010, 596 (601).

Einkünften im Tätigkeitsstaat und sei daher zumindest auch als Lenkungsnorm einzuordnen, für die der Verhältnismäßigkeitsgrundsatz vollumfängliche Geltung erlange.[1057] *Jansen/Weidmann* ist hinsichtlich der Forderung, im Rahmen der verfassungsrechtlichen Überprüfung von § 50d Abs. 8 Satz 1 EStG zu einer Verhältnismäßigkeitsprüfung zu gelangen, im Ergebnis, nicht jedoch in der Begründung Recht zu geben.

Fraglich ist nämlich, ob der Zweck „Verhinderung einer Nichtbesteuerung" die Einstufung als Lenkungsnorm rechtfertigt. Generell ist eine Steuervorschrift dann als Lenkungsnorm zu qualifizieren und daher uneingeschränkt dem Verhältnismäßigkeitsgrundsatz zu unterwerfen, wenn der Gesetzgeber mit ihrer Hilfe *primär* bestimmte Gestaltungswirkungen erzielen will.[1058] Zur Feststellung eines solchen gesetzgeberischen Willens genügt es, wenn die gesetzgeberischen Entscheidungen anhand der üblichen Auslegungsmethoden festgestellt werden können.[1059] So kann er sich etwa aus den Gesetzesmaterialien ergeben[1060] oder sich auch aus einer Gesamtschau von Steuergesetzen erschließen lassen.[1061] Verbindet der Gesetzgeber mit der Norm hingegen lediglich den Zweck Staatseinnahmen zu erzielen und nicht den Zweck der Verhaltensbeeinflussung, ist sie als Fiskalzwecknorm einzuordnen.[1062] Bedeutung hat diese Unterscheidung unter anderem für die teleologische Auslegung, für den verfassungsrechtlichen Prüfungsmaßstab,[1063] aber vor allem auch für die Anwendung des Verhältnismäßigkeitsgrundsatzes.[1064] Möglich ist auch die Kombination des Ziels der Staatsfinanzierung mit einem Lenkungsschutzzweck.[1065]

Meines Erachtens ist im Rahmen der Treaty Overriding-Vorschriften typisierend folgende Abstufung vorzunehmen: Eine Treaty Overriding-Vorschrift, die etwa steuermissbräuchliche Gestaltungen wie den Einsatz von Basisgesellschaften zur Erlangung von Abkommensbegünstigungen zum Gegenstand hat,[1066] ist grundsätzlich als Lenkungsnorm einzustufen. Denn hier steht die Abwehr steuermissbräuchlicher Gestaltungen (also von Handlungen des Steuerpflichtigen) im Vordergrund. Als (reine) Fiskalnorm ist hingegen eine Treaty Overriding-Vorschrift zu qualifizieren, die

---

1057   *Jansen/Weidmann*, IStR 2010, 596 (603).

1058   *Wernsmann*, in Hübschmann/Hepp/Spitaler, AO FGO (2015), § 3 Rz. 87.

1059   BVerfGE 137, 350 (368): „(...) *kommt es für die Besteuerungsgleichheit auch auf die Eigenart der jeweiligen Steuer an.*"

1060   BVerfGE 116, 164 (191 ff.).

1061   BVerfGE 110, 274 (296 f.).

1062   *Wernsmann*, in Hübschmann/Hepp/Spitaler, AO FGO (2015), § 3 Rz. 87.

1063   Ausführlich *Wernsmann*, Verhaltenslenkung in einem rationalen Steuersystem (2005), S. 72 ff. m. w. N.

1064   Zu Letzterem *Jansen/Weidmann*, IStR 2010, 596 (602) mit Verweis auf *Wernsmann*, NJW 2006, 1169 (1173 f.) mit weiteren Nachweisen u. a. aus der Rechtsprechung des BVerfG.

1065   Vgl. etwa BVerfGE 137, 350 (367 f.).

1066   So etwa § 50d Abs. 3 EStG.

lediglich Steuersubstrat nach Deutschland zurückholen bzw. sicherstellen soll,[1067] da der Gesetzgeber insofern ausschließlich fiskalisch orientiert handelt und jedenfalls nicht in erster Linie eine Verhaltensanpassung des Steuerpflichtigen im Blick hat. Schwierig gestaltet sich die Abgrenzung bei Treaty Overriding-Vorschriften zur Verhinderung der Nichtbesteuerung. Nach hier vertretener Ansicht ist die Verhinderung von weißen Einkünften ebenso wie die Rückholung von Steuersubstrat als Fiskalzweck anzusehen, da dadurch primär der Steuerzugriff des deutschen Staates auf bestimmte Einkünfte im grenzüberschreitenden Bereich sichergestellt werden soll. Eine irgendwie geartete, daneben eigenständig bestehende Verhaltenslenkung ist damit regelmäßig nicht verbunden. Diese Einordnung wird dann erschwert, wenn weitere Zwecksetzungen hinzutreten. Ein Beispiel hierfür ist der hier verfassungsrechtlich zu untersuchende § 50d Abs. 8 Satz 1 EStG. Dieser soll den Steuerpflichtigen auch anhalten, seine im Tätigkeitsstaat erwirtschafteten Einkünfte anzugeben.[1068] Insbesondere der letztgenannte Zweck dient jedoch nicht den fiskalischen Interessen des deutschen Gesetzgebers. Vielmehr soll dadurch ein bestimmtes Verhalten des Steuerpflichtigen erreicht werden, das im fiskalischen Interesse des Tätigkeitsstaats steht. Insofern attestiert auch der Bundesfinanzhof dieser Norm eine ihr (angeblich) innewohnende „Fürsorge" für den anderen Staat.[1069] Man könnte also argumentieren, die Norm solle den Steuerpflichtigen dazu anhalten, seinen steuerlichen Pflichten im Ausland nachzukommen, mithin zu einem bestimmten Verhalten bewegen und wäre deshalb als Lenkungsnorm anzusehen. Dieser Zweck ist in der Norm allerdings nicht glaubhaft umgesetzt. Glaubhaft wäre dieser Zweck allenfalls dann, wenn die durch die Norm generierten Steuern etwa im Rahmen eines Fiskalausgleichs an den anderen Vertragsstaat gelangten.[1070] Jedoch fällt das Besteuerungsrecht gemäß der Rechtsfolge von § 50d Abs. 8 Satz 1 EStG ohne jede Beteiligung des anderen Staates an Deutschland zurück, so dass davon auszugehen ist, dass der deutsche Gesetzgeber mit Schaffung des § 50d Abs. 8 Satz 1 EStG vornehmlich von fiskalischen Interessen geleitet wurde.[1071]

Als verhaltenslenkend könnte § 50d Abs. 8 Satz 1 EStG auch dann anzusehen sein, wenn er dazu führen würde bzw. sollte, dass Steuerpflichtige wegen dessen Belastungswirkungen nicht im Ausland einer nichtselbständigen Tätigkeit nachgingen, weil sie in der Folge der Anwendung der Anrechnungsmethode in der Konkurrenz mit Nichtselbständigen im anderen Vertragsstaat (ein geringeres dortiges Steuerniveau unterstellt) mit steuerlichen Nachteilen rechnen müssen.[1072] Davon kann jedoch nicht ausgegangen werden. Auch die Rechtsfolge der Norm gibt dieses „Ziel" bei genauerem Hinsehen nicht her, da auch eine im Vergleich zum deutschen

---

1067   So etwa 50d Abs. 10 EStG; ebenso *Jansen/Weidmann*, IStR 2010, 596 (603).
1068   Siehe dazu Punkt F.IV.1.c).
1069   BFH vom 10.1.2012, I R 66/09, IStR 2012, 426, Punkt B.II.3.b)bb)bbb).
1070   BFH vom 10.1.2012, I R 66/09, IStR 2012, 426, Punkt B.II.3.b)bb)bbb).
1071   So auch wiederum BFH vom 10.1.2012, I R 66/09, IStR 2012, 426, Punkt B.II.3.b)bb) bbb) u. a. mit Verweis auf *Jankowiak*, Doppelte Nichtbesteuerung (2009), S. 93 ff.
1072   Siehe zu dieser Wirkung der Anrechnungsmethode Punkt C.III.3.

Steuerniveau geringere ausländische Steuerbelastung bzw. ein Steuerverzicht des anderen Staates zur Steuerfreistellung führt. § 50d Abs. 8 Satz 1 EStG ist folglich nicht als Lenkungsnorm anzusehen. Trotzdem ist in der verfassungsrechtlichen Prüfung dieser Normen eine Verhältnismäßigkeitsprüfung durchzuführen. Die Frage, die in Bezug auf Treaty Overriding-Vorschriften zu stellen ist, ist nämlich nicht in erster Linie eine Frage der Belastungsintensität, auf die *Jansen/Weidmann* im Rahmen der Verhältnismäßigkeitsprüfung sowie *Frotscher* im Rahmen der Feststellung eines Grundrechtseingriffs (Doppelbesteuerung als Eingriffsschwelle) allein abstellen. Die Prüfung der Rechtfertigung eines Grundrechtseingriffs durch einen völkerrechtswidrigen Gesetzgebungsakt ist vielmehr vor dem Hintergrund des Verfassungsgrundsatzes der Völkerrechtsfreundlichkeit des Grundgesetzes auch daran zu messen, „ob" der Gesetzgeber in völkerrechtswidriger Weise dem Steuerpflichtigen (grundfreiheitsbeschränkende) Belastungen abverlangen darf. Dies darf der Gesetzgeber auf Grund des Verfassungsgrundsatzes der Völkerrechtsfreundlichkeit des Grundgesetzes nur dann, wenn das gesetzgeberische Vorgehen mittels eines völkerrechtswidrigen Steuergesetzes (unabhängig von der Intensität der Belastung) verhältnismäßig ist. Bezüglich der Frage des „Ob" muss die Treaty Overriding-Vorschrift also ein legitimes Ziel verfolgen, geeignet, erforderlich und verhältnismäßig sein. Im Rahmen dieser Prüfung ist der Verfassungsgrundsatz der Völkerrechtsfreundlichkeit des Grundgesetzes zu berücksichtigen, d. h. ein dieses Verfassungsprinzip einschränkendes Gesetz muss dies auf verhältnismäßige Art und Weise tun. Ist das nicht der Fall, so gehört es nicht zur verfassungsmäßigen Ordnung und kann daher die durch Art. 2 Abs. 1 GG abgesicherte Handlungsfreiheit des Steuerpflichtigen nicht wirksam einschränken.

Es handelt sich vorliegend also nicht um eine „typische" Prüfung von Art. 2 Abs. 1 GG im Rahmen des Steuerrechts, die nach der Höhe der Belastung fragt, sondern um eine solche, die sich an der Art der Belastung orientiert. Insoweit ist die Prüfung am ehesten noch vergleichbar mit der verfassungsrechtlichen Frage, ob der Gesetzgeber beispielsweise die Luftverkehrssteuer einführen durfte, wobei dort keine völkervertraglichen Bindungen zu berücksichtigen waren.[1073]

aaa) Verhältnismäßigkeit von § 50d Abs. 8 Satz 1 EStG

Nachdem festgestellt wurde, dass § 50d Abs. 8 Satz 1 EStG als freiheitsbeschränkende Norm rechtfertigungsbedürftig ist, soll nun geklärt werden, ob § 50d Abs. 8 Satz 1 EStG tatsächlich eine verhältnismäßige Beschränkung der allgemeinen Handlungsfreiheit des Steuerpflichtigen bewirkt und als solche Teil der verfassungsmäßigen Ordnung ist, in der die Freiheit des Einzelnen aus Art. 2 Abs. 1 GG ihre

---

1073 Siehe dazu BVerfGE 137, 350 (366 ff.); ähnlich *Jansen/Weidmann*, IStR 2010, 596 (603 f.), die in Bezug auf die verfassungsrechtliche Prüfung des § 50d Abs. 10 EStG einen zusätzlichen Anknüpfungspunkt für den Verhältnismäßigkeitsgrundsatz auf der *„Mittelebene"* erblicken.

Grenze findet.[1074] Wie bereits festgestellt wurde, richtet sich die Frage nach der Verhältnismäßigkeit danach, ob die Norm zur Erzielung eines legitimen Zwecks geeignet, erforderlich und angemessen ist.

Indem § 50d Abs. 8 Satz 1 EStG dem betroffenen Steuerpflichtigen die Pflicht auferlegt, die Steuerzahlung für seine entgoltene nichtselbständige Tätigkeit im DBA-Ausland bzw. den Verzicht des DBA-Staates darauf nachzuweisen, scheint unter anderem ein Ziel dieser Norm zu sein, dass der Steuerpflichtige seinen steuerlichen Pflichten im DBA-Ausland nachkommt. Es ist fraglich, ob dies überhaupt ein legitimes Ziel für ein Steuergesetz darstellt. Schließlich würde es dabei um die Staatsfinanzierung eines fremden Staates gehen. Diese Frage kann jedoch dahingestellt bleiben, da nach hier vertretener Ansicht dieses Ziel ohnehin nicht glaubhaft umgesetzt wurde und tatsächlich mit der Norm rein innerstaatliche fiskalische Interessen verfolgt werden. Diese sind wie auch im Falle von sonstigen rein fiskalisch motivierten Steuergesetzen ohne weiteres legitim. Konkret geht es um die Gewährleistung einer Einmalbesteuerung von Einkünften aus nichtselbständiger Tätigkeit, wobei allein ein „Verzicht" des anderen Staates auf die Besteuerung als Ausnahme akzeptiert wird.

§ 50d Abs. 8 Satz 1 EStG ist als unilaterale Subject-to-tax-Vorschrift ausgestaltet und als solche ohne weiteres ein geeignetes Mittel, eine Einmalbesteuerung zu gewährleisten, soweit die Steuerfreistellung von der Zahlung der Steuer im anderen Vertragsstaat abhängig gemacht wird.[1075] Die Rückausnahme in Form des Verzichts des anderen Staates auf sein Besteuerungsrecht, was ebenfalls zu einer Nichtbesteuerung führen würde, ändert an der grundsätzlichen Geeignetheit der Norm nichts.

Die Erforderlichkeit der Norm ist dann gegeben, wenn nicht ein anderes, gleich wirksames, aber Art. 2 Abs. 1 GG nicht oder weniger fühlbar einschränkendes Mittel zur Verfügung stehen würde. Ein solches Mittel wäre ohne Zweifel die Vereinbarung einer Subject-to-tax-Regelung in den jeweiligen DBA statt in einem unilateralen Steuergesetz. Auch eine solche Klausel wäre mit einer Belastung des Steuerpflichtigen verbunden, doch geschähe dies auf bilateralem Wege in Einklang mit dem dadurch geänderten Völkervertragsrecht. Der Steuerpflichtige sähe sich nicht in den durch den Verfassungsgrundsatz der Völkerrechtsfreundlichkeit des Grundgesetzes über Art. 2 Abs. 1 GG geschützten Verbürgungen der Verfassung gegen völkerrechtswidrige Gesetzgebungsakte beeinträchtigt.

Doch bestehen mehrere Faktoren, die die Wirksamkeit dieser bilateralen Lösung schwächen. Zum einen wirkt eine solche Lösung im Gegensatz zur generellen Wirkungsweise von § 50d Abs. 8 Satz 1 EStG stets nur im Verhältnis zum jeweiligen

---

1074 Vgl. auch *Frotscher*, Zur Zulässigkeit des „Treaty Override", in Spindler/Tipke/ Rödder, Festschrift für Harald Schaumburg (2009), S. 687 (710).
1075 Siehe zur Wirkungsweise solcher Klauseln Punkt C.IV.2.b).

Vertragsstaat. Zum anderen muss bei einer ordentlichen Kündigung[1076] eines bestehenden DBA eine bestimmte Kündigungsfrist eingehalten werden.[1077] Gekündigt wird dann auch das gesamte DBA, nicht lediglich einzelne Regelungen. Es ist also schwierig oder sogar unmöglich, im Wege von Einzelverhandlungen den Willen des Gesetzgebers umzusetzen. Vor diesem Hintergrund ist die Frage nach der Erforderlichkeit von § 50d Abs. 8 Satz 1 EStG schwierig zu entscheiden.[1078] Jedoch kann die Frage dahingestellt bleiben, wenn das Vorgehen per Treaty Overriding nicht angemessen ist.

Wie in dieser Arbeit festgestellt wurde, ist bei der Frage der Angemessenheit des Eingriffs per Treaty Overriding zu berücksichtigen, dass der Verfassungsgrundsatz der Völkerrechtsfreundlichkeit des Grundgesetzes gegen die Anwendung der Treaty Overriding-Vorschrift als völkerrechtswidriges Gesetz streitet.[1079]

Für die Verfassungsmäßigkeit einer Treaty Overriding-Vorschrift wird in der Literatur hingegen das Demokratieprinzip[1080] angeführt.[1081] Letztlich kommt es hinsichtlich der Angemessenheit darauf an, wie im Wege der praktischen Konkordanz die genannten Verfassungsprinzipien zu gewichten sind.[1082]

Dabei kommt in den Treaty Overriding-Konstellationen wie derjenigen von § 50d Abs. 8 Satz 1 EStG dem Demokratieprinzip nur eine vergleichsweise geringe Bedeutung zu. Das Demokratieprinzip soll in diesem Zusammenhang insofern für das Treaty Overriding streiten, als es dafür Gewähr leistet, dass Entscheidungen eines Gesetzgebers stets revidierbar bleiben, d.h. dass ein späterer Gesetzgeber einen Gesetzgebungsakt stets aufheben können muss.[1083] Auf Grund der regelmäßig vorgesehenen Kündigungsmöglichkeiten in deutschen DBA besteht die Bindung des neuen Gesetzgebers jedoch in diesen Fällen nur auf Zeit. Die nach einer regelmäßigen Stillhaltezeit von ca. drei bis fünf Jahren bestehende Kündigungsfrist

---

1076 Eine außerordentliche Kündigung nach Art. 60 WÜRV kommt vorliegend nicht in Betracht, da diese eine erhebliche Vertragsverletzung voraussetzt, wovon in den von § 50d Abs. 8 Satz 1 EStG erfassten Fällen nicht ausgegangen werden kann, vgl. dazu Punkt E.I. Auch eine grundlegende Änderung der Umstände im Sinne von Art. 62 WÜRV wird kaum in Frage kommen.

1077 Diese beträgt in der Regel nach einer regelmäßigen Stillhaltezeit von drei bis fünf Jahren zumeist 6 Monate zum Ende des Kalenderjahres; *Nasdala*, in Vogel/Lehner, DBA (2015), Art. 31. Kündigung Rz. 38a.; siehe dazu *Rust/Reimer*, IStR 2005, 843 (848).

1078 Dafür BFH vom 10.1.2012, I R 66/09, IStR 2012, 426, Punkt B.II.3.b)bb)ddd) mit der Kündigung des DBA Türkei 1985 als „*beredter Beleg*"; dagegen beispielsweise *Jansen/Weidmann*, IStR 2010, 596 (603); ähnlich *Rust/Reimer*, IStR 2005, 843 (847): „*Natürlich ist der völkerrechtskonforme Weg der Vertragsänderung (...) der umständlichere (...) Weg.*"

1079 Punkt F.III.3.

1080 Siehe dazu *Rust/Reimer*, IStR 2005, 843 (847 f.).

1081 So *Jansen/Weidmann*, IStR 2010, 596 (603).

1082 Vgl. *Krumm*, AöR 2013, 363 (402); grundlegend *Rust/Reimer*, IStR 2005, 843 (847 f.).

1083 Vgl. *Rust/Reimer*, IStR 2005, 843 (847).

von zumeist sechs Monaten zum Ende des Kalenderjahres[1084] steht insbesondere angesichts der Länge sonstiger Gesetzgebungsprozesse der „Herrschaft auf Zeit" nach hier vertretener Ansicht nicht entscheidend entgegen.[1085] Dass die Kündigung selbst durch den Bundespräsidenten vorzunehmen ist und die Entscheidung darüber der Regierung obliegt, ändert daran nichts.[1086] Auch wenn die Stellung des Bundestags nach der Kompetenzverteilung bei der Kündigung eher schwach ausgestaltet ist,[1087] so entspricht sie doch der vom Grundgesetz vorgesehenen Konstruktion. Insofern müsste die grundgesetzliche Gestaltung der auswärtigen Gewalt im Falle des Abschlusses und der Kündigung von völkerrechtlichen Verträgen an sich in Frage gestellt werden.[1088] Dafür gibt es jedoch keinen stichhaltigen Grund, der im Grundgesetz angelegt wäre. Im Übrigen ist der Bundestag schon bei der Zustimmung zu dem DBA faktisch eher „Kontrollorgan" denn (DBA-)Recht schaffendes Organ.[1089] Der Inhalt des DBA als Ergebnis von zwischenstaatlichen Verhandlungen obliegt als Teil der auswärtigen Gewalt der Gubernative.[1090] Unstreitig wird bei der Zustimmung zu jedem DBA nach Art. 59 Abs. 2 GG jedoch den demokratischen Anforderungen an die Überführung des DBA in innerstaatliches Recht ausreichend Rechnung getragen.[1091] Im Falle der Kündigung eine weiterreichende Einflussnahme zu fordern, würde der dargestellten Rolle des Bundestags bei völkerrechtlichen Verträgen nicht gerecht.

Fraglich ist jedoch, ob nicht spezifisch steuerrechtliche Belange mit Verfassungsrang für die Verhältnismäßigkeit von § 50d Abs. 8 Satz 1 EStG streiten. Welche Belange dies konkret sind, ergibt sich aus dem in dieser Arbeit in der Auseinandersetzung mit dem Verfassungsgrundsatz der Völkerrechtsfreundlichkeit des Grundgesetzes gefundenen Maßstab für die verfassungsrechtliche Beurteilung des Treaty Overriding.[1092] Dieser Maßstab lässt sich wie folgt formulieren:

Gebieten wesentliche Grundsätzen des Einkommensteuerrechts die Anwendung von § 50d Abs. 8 Satz 1 EStG, so ist der Verstoß gegen das durch den Verfassungsgrundsatz der Völkerrechtsfreundlichkeit geschützte DBA gerechtfertigt[1093]. Ein

---

1084 *Nasdala,* in Vogel/Lehner, DBA (2015), Art. 31. Kündigung Rz. 38a.

1085 So im Ergebnis auch *Rust/Reimer,* IStR 2005, 843 (847 f.); dies zugestehend *Krumm,* AöR 2013, 363 (403).

1086 So aber *Krumm,* AöR 2013, 363 (403) mit ausführlicher Begründung.

1087 *Krumm,* AöR 2013, 363 (403).

1088 Siehe dazu ausführlich *Nettesheim,* in Maunz/Dürig, Grundgesetz (2015), Art. 59 Rz. 89 ff. sowie Rz. 139 f.

1089 Vgl. *Nettesheim,* in Maunz/Dürig, Grundgesetz (2015), Art. 59 Rz. 94.

1090 *Nettesheim,* in Maunz/Dürig, Grundgesetz (2015), Art. 59 Rz. 94: *„Eine unmittelbare inhaltliche Einflussnahme auf den Vertragsinhalt ist dem Bundestag (...) versagt."*

1091 Das mag man kritisch sehen, so *Lehner,* IStR 2014, 189 (190 f.) m. w. N.; dies entspricht aber der dem Bundestag beim Zustandekommen von DBA nach dem Grundgesetz zugestandenen Rolle.

1092 Siehe Punkt F.III.2.b)bb)aaa).

1093 Siehe Punkt F.III.2.b)bb)aaa).

solcher wesentlicher Grundsatz ist im Bereich des Einkommensteuerrechts die Besteuerung nach der Leistungsfähigkeit, die dem Art. 3 Abs. 1 GG als grundlegendes Besteuerungsprinzip innewohnt.[1094]

Bezogen auf § 50d Abs. 8 Satz 1 EStG könnte daran gedacht werden, diesen gerade als Schaffung einer Besteuerung nach der Lastengleichheit anzusehen.[1095] Denn durch die Verhinderung der Nichtbesteuerung schafft er Lastengerechtigkeit gegenüber einem Steuerpflichtigen, der im Inland aus einer nichtselbständigen Tätigkeit Einkünfte erzielt. Eine so verstandene Lastengerechtigkeit sollte in dieser Interpretation durch das Treaty Overriding quasi wiederhergestellt werden.[1096] Doch wird bei dieser Annahme außer Acht gelassen, dass das DBA eine derartige Besteuerungsgleichheit gerade suspendiert.[1097] Im grenzüberschreitenden Internationalen Steuerrecht herrscht (immer noch) die grundlegende Vorstellung, dass DBA die virtuelle Doppelbesteuerung verhindern sollen, es folglich nicht auf eine tatsächliche Besteuerung im Ausland ankommt.[1098] Ist ein DBA mit Freistellungsmethode vereinbart, so ist Lastengerechtigkeit nicht (mehr) gegenüber dem Inlandsfall, sondern gegenüber demjenigen herzustellen, der ebenfalls in den Genuss der Anwendung der Freistellungsmethode gelangt.[1099] Daher entspricht es der „Systemgerechtigkeit" im Internationalen Steuerrecht bei Vereinbarung der Freistellungsmethode, dass die Freistellung vorbehaltlos ohne Rücksicht auf die ausländische Besteuerung durchgeführt wird. Der Steuerpflichtige soll im Rahmen der Kapitalimportneutralität steuerlich mit den anderen im Vertragsstaat tätigen Nichtselbständigen gleichgestellt werden, mit denen er im Übrigen auch auf dem fremden Arbeitsmarkt in Konkurrenz steht.[1100] Nur wenn diese grundlegende Wirkungsweise generell für das deutsche Abkommensrecht nicht mehr gelten sollte, müsste die Völkerrechtsfreundlichkeit des Grundgesetzes gegebenenfalls zurücktreten. Denn dann verschiebt sich die „Systemgerechtigkeit" der vorbehaltlosen Freistellung zu einer solchen mit Vorbehalt der Zahlung der Steuer im anderen Vertragsstaat. Doch ist dies bisher nicht der Fall. Auch durch die deutsche Verhandlungsgrundlage für DBA,

---

1094 Auch *Lampert* spricht wie hier in Bezug auf den Gleichheitssatz von einem „systemkonstituierenden Prinzip" im Einkommensteuerrecht, s. *ders.*, NVwZ 2013, 195 (197 f.); vgl. auch *Jansen/Weidmann*, IStR 2010, 596 (601 f.).

1095 So etwa *Jansen/Weidmann*, IStR 2010, 596 (603).

1096 Vgl. *Frotscher*, Zur Zulässigkeit des „Treaty Override", in Spindler/Tipke/Rödder, Festschrift für Harald Schaumburg (2009), S. 687 (706 f.); dazu und für den in dieser Hinsicht vergleichbaren Fall des § 50d Abs. 9 Satz 1 Nr. 2 EStG siehe die Anmerkung von *Mitschke* zu dem Vorlagebeschluss des BFH vom 20.8.2014, I R 86/13, BStBl. II 2015, 18 (19) in *ders.*, FR 2015, 94; vgl. auch *Gosch*, BFH/PR 2015, 36.

1097 So richtig BFH, Vorlagebeschluss vom 10. 1. 2012, I R 66/09, Punkt B.II.3.b)aa).

1098 Siehe Punkt C.III.2.

1099 Ebenso BFH vom 10.1.2012, I R 66/09, IStR 2012, 426, Punkt B.II.3.b)aa)aaa).

1100 Vgl. dazu Punkt C.III.3.

die im April 2013 veröffentlicht wurde, ist ein solches System der Einmalbesteuerung nicht eingeführt worden.[1101]

Im Übrigen stellt § 50d Abs. 8 Satz 1 EStG durch seine konkrete Ausgestaltung dann keine Einmalbesteuerung sicher, wenn der Steuerpflichtige den Verzicht des anderen Vertragsstaates auf die Besteuerung nachweist. Insofern nimmt § 50d Abs. 8 Satz 1 EStG eine Nichtbesteuerung in Kauf. Dieses Erfordernis ist nach jedem Gesichtspunkt systemfremd und daher verfassungsrechtlich nicht zu rechtfertigen.

Rein fiskalische Gründe sind keine wesentlichen Grundsätze des Einkommensteuerrechts und können daher den in § 50d Abs. 8 Satz 1 EStG liegenden Grundrechtseingriff nicht rechtfertigen.

bbb) Zwischenergebnis

§ 50d Abs. 8 Satz 1 EStG ist nicht verhältnismäßig, da mit der Norm der Verfassungsgrundsatz der Völkerrechtsfreundlichkeit des Grundgesetzes nicht angemessen berücksichtigt wird. Insbesondere führt Art. 3 Abs. 1 GG nicht dazu, dass der Völkerrechtsverstoß für die Herstellung einer Besteuerungsgleichheit notwendig wäre.

Ergänzend ist anzuführen, dass die vorstehende Abwägung mit guten Gründen anders ausfallen kann, wenn eine Treaty Overriding-Vorschrift explizit Missbrauchsfälle erfassen soll, wie dies nach gemeiner Lesart bei § 50d Abs. 3 EStG der Fall ist. Denn in diesen Fällen ist nicht ausgeschlossen, dass die Vorschrift hinsichtlich sämtlicher Vergleichsgruppen der Herstellung von Lastengleichheit dient.[1102]

dd) Ergebnis zu Art. 2 Abs. 1 GG

§ 50d Abs. 8 Satz 1 EStG greift auf nicht gerechtfertigte Art und Weise in den von Art. 2 Abs. 1 GG verbürgten Schutzbereich ein und verletzt den betroffenen Steuerpflichtigen in seiner allgemeinen Handlungsfreiheit nach Art. 2 Abs. 1 GG in Verbindung mit dem Verfassungsgrundsatz der Völkerrechtsfreundlichkeit des Grundgesetzes.

c) Verstoß gegen Art. 3 Abs. 1 GG

Wie jedes andere Steuergesetz ist auch § 50d Abs. 8 Satz 1 EStG an Art. 3 Abs. 1 GG zu messen. Maßstab ist das auf Art. 3 Abs. 1 GG fußende Prinzip der Besteuerung nach der Leistungsfähigkeit des Steuerpflichtigen.[1103] Nach der sog. neuen Formel des Bundesverfassungsgerichts ist Art. 3 Abs. 1 GG verletzt, wenn eine Gruppe von Normadressaten im Vergleich zu anderen Normadressaten ungleich behandelt wird,

---

1101 Siehe Punkt C.II.3.
1102 Siehe hierzu *Hey*, StuW 2008, 167.
1103 Siehe nut statt vieler BVerfGE 61, 319 (343 f.).

obwohl zwischen beiden Gruppen keine Unterschiede von solcher Art und solchem Gewicht bestehen, dass sie die ungleiche Behandlung rechtfertigen könnten.[1104] Maßgeblich ist die Frage, ob es beim Vergleich dieser Gruppen auf die (länderübergreifende) Gesamtleistungsfähigkeit jedes Steuerpflichtigen ankommt oder diese sachgerecht in eine inländische und ausländische Teilleistungsfähigkeit einzuteilen ist, mithin derjenige, der lediglich im Inland Einkünfte erzielt mit demjenigen verglichen werden darf, der Einkünfte mit Auslandsbezug erzielt.[1105] Spezifische Fragen des Treaty Overriding werden dadurch jedoch nicht berührt.[1106]

Vielmehr geht es bei der Frage, ob § 50d Abs. 8 Satz 1 EStG gegen Art. 3 Abs. 1 GG verstößt, im Kern um die grundlegende Vereinbarkeit der vorbehaltlos vereinbarten Freistellungsmethode in DBA mit Art. 3 Abs. 1 GG. Wie eingangs der verfassungsrechtlichen Prüfung von § 50d Abs. 8 Satz 1 EStG erwähnt, sollen verfassungsrechtliche Fragestellungen, die die spezifische Treaty Overriding-Problematik nicht berühren, in dieser Arbeit nicht behandelt werden.[1107] Daher soll an dieser Stelle auf die einschlägige Literatur verwiesen werden, insbesondere auf die ausführliche Arbeit von *Lampert* zu dieser Thematik.[1108]

Grundsätzlich diskussionswürdig erscheint lediglich die in der Literatur bisher nicht geäußerte Überlegung, ob nicht der Gesetzgeber bei der Auswahl des Steuergegenstandes nach Art. 3 Abs. 1 GG nur einen solchen wählen darf, der nicht im Widerspruch zu den völkerrechtlichen Bindungen Deutschlands steht. Der Mechanismus für diese Bindung könnte die hier in ihrer Wirkungsweise erörterte Völkerrechtsfreundlichkeit des Grundgesetzes sein. Eine solch weitreichende, absolute Bindung des Gesetzgebers gibt diese jedoch nach den Ergebnissen in dieser Arbeit nicht her.[1109] Auch das Bundesverfassungsgericht verweist regelmäßig auf den weitreichenden Entscheidungsspielraum des Gesetzgebers bei der Auswahl des Steuergegenstands.[1110] Diese Befugnis sei Ausfluss der demokratischen Legitimation für die Steuerpolitik und beruht wesentlich auf politischen Wertungen.[1111] Es bedürfe eines Sachgrundes für die Wahl des Steuergegenstands, sachwidrige und willkürliche Erwägungen müssten ausgeschlossen sein und die konkrete Belastungsentscheidung dürfe nicht mit anderen Verfassungsnormen in Konflikt geraten.[1112] Ein

---

1104 Siehe statt vieler BVerfGE 55, 72 (88); BVerfGE 102, 41 (54).

1105 Siehe dazu ausführlich *Lampert*, Doppelbesteuerungsrecht und Lastenausgleich (2009), S. 244 ff.; *ders.*, NVwZ 2013, 195; vgl. auch BFH vom 10.1.2012, I R 66/09, IStR 2012, 426, Punkt B.II.4.

1106 So auch *Lampert*, NVwZ 2013, 195 (195 f., 199); ähnlich *Rehr*, StBW 2014, 709 (715).

1107 Siehe Punkt F.IV.

1108 *Lampert*, Doppelbesteuerungsrecht und Lastenausgleich (2009); pointiert *ders.*, NVwZ 2013, 195.

1109 Vgl. Punkt F.III.3.

1110 BVerfGE 137, 350 (366) mit Verweis auf BVerfGE 127, 224 (245) und weitere Entscheidungen des Bundesverfassungsgerichts.

1111 BVerfGE 137, 350 (366 f.).

1112 BVerfGE 137, 350 (367).

ausreichender Sachgrund liegt für den Fall des § 50d Abs. 8 Satz 1 EStG aber in dem Bestreben, eine Einmalbesteuerung sicherzustellen.

d) Verfahrensrechtliche Fragen

In verfahrensrechtlicher Hinsicht haben die Verfassungsbeschwerde nach Art. 93 Abs. 1 Nr. 4a GG, § 13 Nr. 8a BVerfGG sowie die konkrete Normenkontrolle auf Grund der Vorlage durch ein Gericht gemäß Art. 100 Abs. 1 GG, § 13 Nr. 11 BVerfGG praktische Relevanz. Bisher wurde die Frage der Verfassungsmäßigkeit einer Treaty Overriding-Norm seitens des Bundesfinanzhofs dem Bundesverfassungsgericht in drei Fällen im Rahmen der konkreten Normenkontrolle zur Entscheidung vorgelegt.[1113] Im Gegensatz zur Verfassungsbeschwerde ist im Verfahren der konkreten Normenkontrolle nicht die Verletzung in eigenen Grundrechten des klagenden Steuerpflichtigen Voraussetzung, sondern vielmehr die Entscheidungserheblichkeit des in Rede stehenden formellen Gesetzes.[1114] Diese liegt vor, wenn im Falle der Gültigkeit der vorgelegten Norm eine andere Entscheidung ergehen müsste als bei ihrer Ungültigkeit. Es ist kein Grund ersichtlich, warum § 50d Abs. 8 Satz 1 EStG nicht im Rahmen der genannten Verfahren zum Gegenstand einer verfassungsrechtlichen Überprüfung durch das Bundesverfassungsgericht gemacht werden könnte.

e) Ergebnis

§ 50d Abs. 8 Satz 1 EStG ist wegen des Verstoßes gegen Art. 2 Abs. 1 GG in Verbindung mit dem Verfassungsgrundsatz der Völkerrechtsfreundlichkeit des Grundgesetzes als verfassungswidrig anzusehen. Der betroffene Steuerpflichtige kann diesen Verstoß im Rahmen einer Verfassungsbeschwerde geltend machen. Daneben besteht die Möglichkeit, dass die Frage der Verfassungsmäßigkeit der Norm durch eine konkrete Normenkontrolle seitens eines Fachgerichts dem Bundesverfassungsgericht vorgelegt wird.

3. Der Vorlagebeschluss des Bundesfinanzhofs zu § 50d Abs. 8 Satz 1 EStG

Der Vorlagebeschluss des Bundesfinanzhofs soll hier eine explizite Würdigung erfahren. Insbesondere sollen die Unterschiede in der hier vorgeschlagenen Dogmatik und der vom Bundesfinanzhof im Vorlagebeschluss vertretenen Sichtweise erläutert

---

1113 BFH vom 10.1.2012, I R 66/09, IStR 2012, 426, anhängig beim Bundesverfassungsgericht unter Az.: 2 BvL 1/12; BFH vom 11.12.2013, I R 4/13, BStBl. II 2014, 791, anhängig beim Bundesverfassungsgericht unter Az.: 2 BvL 15/14; BFH vom 20.8.2014, I R 86/13, BStBl. II 2015, 18, anhängig beim Bundesverfassungsgericht unter Az.: 2 BvL 21/14.

1114 A. A. offenbar *Frotscher*, IStR 2009, 593 (598) mit Hinweis auf die Charakterisierung des finanzgerichtlichen Verfahrens als Rechtsschutzverfahren.

werden. Letztere hat der Bundesfinanzhof zwischenzeitlich in zwei weiteren Vorlagen an das Bundesverfassungsgericht bestätigt.

a) Wesentlicher Inhalt des Vorlagebeschlusses

Mit Beschluss vom 10. 1. 2012 legte der Bundesfinanzhof anders als noch im Jahr 1994[1115] erstmals die Frage der Verfassungsmäßigkeit einer Treaty Overriding-Norm dem Bundesverfassungsgericht gemäß Art. 100 Abs. 1 Satz 1 GG i. V. m. § 80 BVerfGG vor.[1116] Die vom Bundesverfassungsgericht zu klärende Rechtsfrage bezieht sich dabei auf die Konstellation, dass die streitgegenständliche Regelung des DBA[1117] zeitlich vor Erlass und Anwendung der Treaty Overriding-Norm in Form des § 50d Abs. 8 Satz 1 EStG 2002 in Kraft getreten ist.[1118]

Der Bundesfinanzhof greift in seiner Begründung verschiedene Strömungen in der Literatur auf, die dem Vorgehen des Gesetzgebers per Treaty Overriding-Gesetzgebung kritisch bis ablehnend gegenüberstehen.[1119] Im Ergebnis verbindet er diese zu einer eigenständigen Meinung, die in dieser Form in der Literatur bis zum Erscheinen des Vorlagebeschlusses nicht zu finden war. Der Bundesfinanzhof kommt zum Ergebnis, dass § 50d Abs. 8 Satz 1 EStG 2002 verfassungswidrig ist.

Kernpunkt der Einstufung von § 50d Abs. 8 Satz 1 EStG 2002 als verfassungswidrig ist, dass dieser der

> „in Art. 25 GG niedergelegten Wertentscheidung des Grundgesetzes zum Vorrang der allgemeinen Regeln des Völkerrechts (widerspricht), ohne dass dafür ein tragfähiger Rechtfertigungsgrund vorliegt".[1120]

Das Völkervertragsrecht bezeichnet der Bundesfinanzhof dabei als „materielle Gestaltungsschranke".[1121] Die Rechtsverletzung des Klägers erblickt der Bundesfinanzhof in dem subjektiven Grundrecht auf die durch Art. 2 Abs. 1 GG i. V. m. Art. 20 Abs. 3 GG geschützte Einhaltung der verfassungsmäßigen Ordnung und der Be-

---

1115 BFH vom 13.7.1994, I R 120/93, BStBl. II 1995, 129.
1116 BFH vom 10.1.2012, I R 66/09, IStR 2012, 426.
1117 Es handelt sich um Art. 15 Abs. 1 i. V. m. Art. 23 Abs. 1 a) Satz 1 des Abkommens zwischen der Bundesrepublik Deutschland und der Republik Türkei zur Vermeidung der Doppelbesteuerung auf dem Gebiet der Steuern vom Einkommen und vom Vermögen vom 16.4.1985, BGBl. II 1989, 867.
1118 Der BFH wird sich zu der oben bereits diskutierten Problematik eines zeitlich nach der Treaty Overriding-Vorschrift des § 50d Abs. 8 Satz 1 EStG in einem anhängigen Revisionsverfahren (Az. des BFH: I R 64/13) äußern müssen (Entscheidung des FG Hamburg, 1 K 87/12, EFG 2013, 1932).
1119 Siehe hierzu BFH vom 10.1.2012, I R 66/09, IStR 2012, 426, Punkt B. II.3.a); der BFH lässt bei seiner Argumentation jedoch insbesondere von den dort zitierten Veröffentlichungen von Vogel sowie Rust/Reimer leiten.
1120 BFH vom 10.1.2012, I R 66/09, IStR 2012, 426, Punkt B.
1121 BFH vom 10.1.2012, I R 66/09, IStR 2012, 426, Punkt B. sowie B.II.3.a).

achtung des sog. Gesetzesvorbehalts.[1122] Darüber hinaus hält der erkennende Senat § 50d Abs. 8 Satz 1 EStG 2002 wegen eines zweifachen Verstoßes gegen Art. 3 Abs. 1 GG für verfassungswidrig.[1123]

In seiner Begründung stellt der Bundesfinanzhof zunächst die normenhierarchische Einordnung und die Treaty Overriding-Eigenschaft von § 50d Abs. 8 Satz 1 EStG 2002 fest[1124] und geht überblicksmäßig auf die bisherige Auffassung in der Literatur und seiner bisherigen Rechtsprechung zur Verfassungsmäßigkeit eines solchen gesetzgeberischen Vorgehens ein.[1125] Daran anschließend rückt er ausdrücklich von seiner bisherigen Spruchpraxis ab und knüpft an die Rechtsprechung des Bundesverfassungsgerichts im „Görgülü"-Beschluss, im „Alteigentümer"-Beschluss und in Sachen „Sicherungsverwahrung I und II" an.[1126] Aus diesen Entscheidungen ergebe sich, dass die im Falle des Treaty Overriding widerstreitenden Verfassungsprinzipien von Rechtsstaat und Demokratie abzuwägen seien und ein Bruch des Völkervertragsrechts gemäß dem anzuwendenden Erforderlichkeitsgrundsatz nur verfassungsrechtlich gerechtfertigt sei, wenn es kein gleich sicheres, aber milderes Mittel gäbe.[1127] Vorrangig sei *„die prinzipielle Völkerrechtsfreundlichkeit des Grundgesetzes".*[1128]

Gemessen daran sei das Treaty Overriding in Form von 50d Abs. 8 Satz 1 EStG 2002 nicht zu rechtfertigen. Zwar diene es, soweit es der Sicherung einer Einmalbesteuerung dient, der Erreichung einer gleichmäßigen Besteuerung (Art. 3 Abs. 1 GG) mit einem im Inland tätigen Steuerpflichtigen.[1129] Doch habe sich Deutschland (auch) in dem DBA/Türkei bei der Vermeidung der Doppelbesteuerung auf die

„(...) Abwehr der „virtuellen" Doppelbesteuerung" als das „tragende Prinzip der Freistellung" verständigt.[1130]

1122 BFH vom 10.1.2012, I R 66/09, IStR 2012, 426, Punkt B. sowie B.II.

1123 BFH vom 10.1.2012, I R 66/09, IStR 2012, 426, Punkt B.

1124 So ausdrücklich BFH vom 10.1.2012, I R 66/09, IStR 2012, 426, Punkt B. sowie an späterer Stelle unter Punkt B.II.3.b)aa).

1125 BFH vom 10.1.2012, I R 66/09, IStR 2012, 426, Punkt B.II.1. und B.II.2.

1126 BFH vom 10.1.2012, I R 66/09, IStR 2012, 426, Punkt B.II.3.a).

1127 BFH vom 10.1.2012, I R 66/09, IStR 2012, 426, Punkt B. II.3.a). Die vorstehend zusammengefasste Passage in dem Vorlagebeschluss ist offenbar dem Aufsatz von *Rust/Reimer,* IStR 2005, 843 (848) entnommen, in dem es zur Schlussfolgerung aus der „Görgülü"-Entscheidung heißt: *„Damit weist das BVerfG methodisch den Weg zur Anwendung des Erforderlichkeitsgrundsatzes: Für den Ausgleich der widerstreitenden Verfassungsprinzipien von Rechtsstaat und Demokratie kommt es darauf an, ob dem Gesetzgeber ein im Vergleich zum treaty override gleich sicheres, aber milderes Mittel zu Gebote steht."*

1128 BFH vom 10.1.2012, I R 66/09, IStR 2012, 426, Punkt B.II.3.a).

1129 BFH vom 10.1.2012, I R 66/09, IStR 2012, 426, Punkt B. sowie B.II.3.b)bb)aaa).

1130 BFH vom 10.1.2012, I R 66/09, IStR 2012, 426, Punkt B.II.3.b)aa); auf dieses Argument zu Recht hinweisend *Lehner,* IStR 2012, 389 (394 f.).

Soweit mit § 50d Abs. 8 Satz 1 EStG hingegen das Ziel verfolgt würde, dass das Besteuerungsaufkommen des anderen Staates geschützt wird, würde dieses Ziel nicht folgerichtig umgesetzt, da die durch § 50d Abs. 8 Satz 1 EStG generierte Steuer nicht an den anderen Staat weitergereicht werde.[1131] Dies gelte jedenfalls dann, wenn der Informationsaustausch zwischen den Staaten wie in Art. 26 DBA-Türkei 1985 ermöglicht werde.[1132]

Zusätzlich geht der Bundesfinanzhof der ebenfalls in dieser Untersuchung behandelten Frage nach, ob den DBA ein immanenter Zweck der Verhinderung einer Nichtbesteuerung zu entnehmen sei, der den Völkerrechtsverstoß rechtfertigen könnte.[1133] Dies verneint er aber wiederum mit dem Hinweis auf die Systematik der Freistellungsmethode, die darauf abziele, lediglich eine virtuelle Doppelbesteuerung zu verhindern.[1134] Es sei gerade immanente Folge der Vereinbarung der Freistellungsmethode, dass eine Nichtbesteuerung möglich sei und vor diesem Hintergrund systemfremd, in einem solchen Fall dem DBA den Zweck der Verhinderung der Nichtbesteuerung zu unterstellen und daraus die Rechtfertigung für das Treaty Overriding abzuleiten.[1135]

Schließlich wäre Deutschland auch nicht gezwungen, durch eine gesetzgeberische Maßnahme zügig auf etwaige Steuerausfälle oder einen sonstigen „Missstand" zu reagieren.[1136] Vielmehr wäre die Kündigung des DBA/Türkei zweifelsfrei als milderes Mittel zur Verfügung gestanden.[1137]

Aus alledem folge, dass die im „Görgülü"-Beschluss des Bundesverfassungsgerichts enthaltene Ausnahme, das

„Völkervertragsrecht (...) nicht (zu beachten), sofern nur auf diese Weise ein Verstoß gegen tragende Grundsätze der Verfassung abzuwenden ist",

im Falle des § 50d Abs. 8 Satz 1 EStG 2002 nicht vorliege.[1138] In einer Art „obiter dictum" stellt der Bundesfinanzhof außerdem fest, dass diese Ausnahme im Steuerrecht im Allgemeinen nicht vorliege.[1139]

Auf die Argumentation des Bundesfinanzhofs zu Art. 3 Abs. 1 GG soll an dieser Stelle nicht eingegangen werden, da sie keinen eigenständigen Bezug zur Treaty Overriding-Eigenschaft von § 50d Abs. 8 Satz 1 EStG 2002 aufweist.

1131 BFH vom 10.1.2012, I R 66/09, IStR 2012, 426, Punkt B.II.3.b)bb)bbb).
1132 BFH vom 10.1.2012, I R 66/09, IStR 2012, 426, Punkt B.II.3.b)bb)bbb).
1133 BFH vom 10.1.2012, I R 66/09, IStR 2012, 426, Punkt B.II.3.b)bb)ccc).
1134 BFH vom 10.1.2012, I R 66/09, IStR 2012, 426, Punkt B.II.3.b)bb)ccc).
1135 BFH vom 10.1.2012, I R 66/09, IStR 2012, 426, Punkt B.II.3.b)bb)ccc).
1136 BFH vom 10.1.2012, I R 66/09, IStR 2012, 426, Punkt B.II.3.b)bb)ddd).
1137 BFH vom 10.1.2012, I R 66/09, IStR 2012, 426, Punkt B.II.3.b)bb)ddd).
1138 BFH vom 10.1.2012, I R 66/09, IStR 2012, 426, Punkt B.II.3.c) mit Verweis auf BVerfGE 111, 307 (319).
1139 BFH vom 10.1.2012, I R 66/09, IStR 2012, 426, Punkt B.II.3.c) mit Verweis auf BVerfGE 72, 200 (272).

b) Kritische Würdigung des Vorlagebeschlusses

Die Entscheidung des Bundesfinanzhofs deckt sich im Ergebnis mit der in dieser Arbeit vorgenommenen verfassungsrechtlichen Beurteilung von § 50d Abs. 8 Satz 1 EStG. Sie unterscheidet sich jedoch in der dogmatischen Argumentation und ist in diesem Punkt kritikwürdig.

Zunächst geht der Bundesfinanzhof mit dem in erster Instanz zuständigen Finanzgericht zu Recht (jedenfalls implizit) davon aus, dass § 50d Abs. 8 Satz 1 EStG 2002 anzuwenden ist.[1140] Auch nach hier vertretener Ansicht ist die Anwendbarkeit der Treaty Overriding-Vorschrift unproblematisch gegeben – sie ist sowohl die speziellere als auch die spätere Norm.[1141] Auch geht der Bundesfinanzhof in seinem Vorlagebeschluss richtigerweise von der Treaty Overriding-Eigenschaft des § 50d Abs. 8 Satz 1 EStG 2002 aus, ohne jedoch die Norm im Rahmen einer Begriffsdefinition zu subsumieren. Beizupflichten ist dem Bundesfinanzhof auch insoweit, als er offenbar die Treaty Overriding-Eigenschaft von § 50d Abs. 8 Satz 1 EStG 2002 ablehnen würde, wenn das DBA-Türkei einen ausreichend konkreten Nachweisvorbehalt zu Gunsten des nationalen Rechts enthielte, so dass sich Deutschland mit § 50d Abs. 8 Satz 1 EStG nicht in Widerspruch zu der DBA-Regelung setzt.[1142] Gleiches gilt auch für die Feststellung des Bundesfinanzhofs, dass auch im Falle einer Subject-to-tax-Klausel für die Einkünfte aus nichtselbständiger Arbeit im Abkommen in der unilateralen Subject-to-tax-Klausel des § 50d Abs. 8 Satz 1 EStG kein Treaty Overriding läge.[1143] Dies gilt jedenfalls für den Fall, dass § 50d Abs. 8 Satz 1 EStG tatsächlich diesen Klauseln inhaltlich entsprechen würde.[1144]

Der Begründung der Entscheidung ist jedoch zu widersprechen, soweit die Verfassungswidrigkeit des Treaty Overriding mit dem Grundsatz des „pacta sunt servanda" in Verbindung gebracht wird.[1145] Die verfassungsrechtliche Relevanz des Verstoßes des Gesetzgebers gegen Völkervertragsrecht kann sich nach hier vertretener Auffassung allein aus dem auch den Gesetzgeber bindenden Verfassungsgrundsatz der Völkerrechtsfreundlichkeit des Grundgesetzes ergeben. Nur so ist

1140 In anderen Konstellationen kann dies anders sein, siehe dazu zuletzt FG Hamburg vom 21.8.2013, 1 K 87/12, EFG 2013, 1932; eingehend *Rust/Reimer*, IStR 2005, 843 (845 f.).

1141 Vgl. Punkt F.I.3.

1142 BFH vom 10.1.2012, I R 66/09, IStR 2012, 426, Punkt B.II.3.b)aa); vgl. dazu Punkt D.V.2.

1143 So richtigerweise *Hahn-Joecks*, in Kirchhof/Söhn/Mellinghoff, EStG (2015), § 50d J 4 mit Verweis auf das BMF-Merkblatt zur Steuerfreistellung ausländischer Einkünfte gem. § 50d Abs. 8 EStG vom 21.7.2005, IV B 1 – S 2411 – 2/05, BStBl. I 2005, 821 mit Nennung entsprechender DBA, die solche Klauseln enthalten (Frankreich, Österreich, Schweiz etc) sowie BMF vom 20.7.2013, BStBl. I 2013, 980.

1144 Vgl. dazu auch *Hahn,* BB 2012, 1955 (1960).

1145 Vgl. insoweit die Aussagen des BFH vom 10.1.2012, I R 66/09, IStR 2012, 426, Punkt B. sowie B.II.1. zu diesem Grundsatz.

auch das Bundesverfassungsgericht in dem „Görgülü"-Beschluss und den Folgen-entscheidungen zu verstehen.

Der sonstigen verfassungsrechtlichen Argumentation des Bundesfinanzhofs zur Verfassungsmäßigkeit ist (vorbehaltlich der Aussagen zu Art. 3 Abs. 1 GG, die hier nicht behandelt werden) im Ergebnis zu folgen. Erfreulich ist vor allem die deutliche Feststellung des Bundesfinanzhofs, dass der von einer Treaty Overriding-Vorschrift betroffene Steuerpflichtige ein subjektives Recht aus Art. 2 Abs. 1 GG i. V. m. Art. 20 Abs. 3 GG auf Einhaltung der verfassungsmäßigen Ordnung ableiten kann. Zu kritisieren ist jedoch, dass der Bundesfinanzhof weder den Eingriff in Art. 2 Abs. 1 GG durch die Treaty Overriding-Vorschrift des § 50d Abs. 8 Satz 1 EStG darlegt noch eine dogmatische Herleitung des Verfassungsgrundsatzes der Völkerrechts-freundlichkeit des Grundgesetzes aus einer Gesamtschau von Grundgesetzartikeln vornimmt, wie ihn auch das Bundesverfassungsgericht nach hier vertretener An-sicht entwickelt hat.[1146]

In diesem Zusammenhang ist auch die Annahme des Bundesfinanzhofs zu be-grüßen, dass eine Erforderlichkeitsprüfung auf Grund der nach Ansicht des Bundes-finanzhofs offenbar im Rechtsstaatsprinzip verankerten Völkerrechtsfreundlichkeit des Grundgesetzes durchzuführen ist.[1147] Auch wenn die dogmatische Herleitung dieser Prüfung nicht wie hier über die Feststellung eines Grundrechtseingriffs er-folgt, so ist dem Bundesfinanzhof doch zuzustimmen, dass das Bundesverfassungs-gericht insbesondere in der Rechtssache „Görgülü" methodisch den Weg zu einer solche Prüfung (wenn auch untechnisch) gelegt hat.[1148]

In der Prüfung der Erforderlichkeit selbst ist eine weitgehende Überein-stimmung mit den hier gefundenen Ergebnissen festzustellen. Das trifft ins-besondere auf das grundlegende Argument gegen die Verhältnismäßigkeit von § 50d Abs. 8 Satz 1 EStG 2002, das darin liegt, dass die Freistellung von Einkünften im Rahmen von DBA die Beurteilung des zugrundeliegenden Steuersachverhalts nach der Gesamtleistungsfähigkeit suspendiert und damit Art. 3 Abs. 1 GG nicht als Rechtfertigung für das Treaty Overriding herangezogen werden kann.[1149] In diesem Sinne kann im Extremfall eine Nichtbesteuerung gerade das Ergebnis sein, das dem Gebot der Besteuerung nach der Leistungsfähigkeit (im ausländischen Tä-tigkeitsstaat) entspricht.[1150] Weniger klar wird in der Entscheidung jedoch, dass der Grund, der für die Suspendierung des Leistungsfähigkeitsprinzips von Verfassung

---

1146 Siehe dazu ausführlich Punkt F.III.5.

1147 Siehe hierzu die Ausführungen des BFH vom 10.1.2012, I R 66/09, IStR 2012, 426, Punkt B.II.3.a).

1148 Vgl. BFH vom 10.1.2012, I R 66/09, IStR 2012, 426, Punkt B.II.3.a).

1149 Siehe dazu auch *Jankowiak*, Doppelte Nichtbesteuerung (2009), S. 100 ff. (siehe insbesondere S. 105 f.: *„Für die Fälle der doppelten Nichtbesteuerung ist das Leis-tungsfähigkeitsprinzip als Maßstab nur bedingt von Nutzen."* Vgl. auch *Schaumburg*, Das Leistungsfähigkeitsprinzip im internationalen Steuerrecht, in Lang, Festschrift für Klaus Tipke (1995), S. 125 (146).

1150 Vgl. *Jankowiak*, Doppelte Nichtbesteuerung (2009), S. 104.

wegen spricht, nicht allein in der Entscheidung des Gesetzgebers in Form des Zustimmungsgesetzes für die Freistellung zu sehen ist, sondern diese Entscheidung in der Folge durch den Verfassungsgrundsatz der Völkerrechtsfreundlichkeit des Grundgesetzes auf Ebene des Grundgesetzes materiell „verstärkt" wird.

Uneingeschränkte Zustimmung verdienen auch die im Rahmen der Rechtfertigung vom Bundesfinanzhof angeführten Argumente gegen die in der Gesetzesbegründung angeführten Zwecke des § 50d Abs. 8 Satz 1 EStG 2002. Tatsächlich handelt es sich um eine fiskalisch motivierte Steuernorm.

Nicht zuzustimmen ist dem Bundesfinanzhof allerdings hinsichtlich des herangezogenen Prüfungsmaßstabs. Er übernimmt diesbezüglich eine Aussage in der „Görgülü"-Entscheidung des Bundesverfassungsgerichts und fragt, ob „tragende Grundsätze der Verfassung" für die Verfassungsmäßigkeit von § 50d Abs. 8 Satz 1 EStG 2002 ins Feld geführt werden können. Dabei würdigt der Bundesfinanzhof jedoch den Kontext der Entscheidung nicht ausreichend. So erging die „Görgülü"-Entscheidung nicht zu einer steuerrechtlichen Frage. Vielmehr weist sie einen Bezug zum (auch grundrechtlich in Art. 1 GG verankerten) Menschenrechtsschutz auf. Nach hiesiger Interpretation hat dieser Umstand das Bundesverfassungsgericht zu dem vom Bundesfinanzhof zitierten Prüfungsmaßstab veranlasst. Eine Übertragung auf das Steuerrecht „eins-zu-eins" verbietet sich vor diesem Hintergrund.[1151] Es ist daher ein eigener Prüfungsmaßstab für die Prüfung der Verfassungsmäßigkeit von Treaty Overriding-Vorschriften zu entwickeln, wie es in dieser Arbeit getan wurde.

Die von *Lehner*[1152] kritisierte Aussage des Bundesfinanzhofs, dass

> *„der Gesetzgeber mit der Umsetzung über seine Gesetzgebungskompetenz verfügt und dadurch seine ungebundene Normsetzungsautorität in dem Maße, das der völkerrechtliche Vertrag vorgibt, einbüßt"*[1153]

darf nicht überbewertet werden. Zu Recht weist *Lehner* darauf hin, dass eine solche Passage in den vom Bundesfinanzhof zitierten Entscheidungen des Bundesverfassungsgerichts nicht zu finden ist.[1154] Es bleibt tatsächlich schleierhaft, warum der Bundesfinanzhof diese Aussage in Anführungszeichen, jedoch ohne Zitierung angibt und in den Kontext der Entscheidungen des Bundesverfassungsgerichts stellt. Trotz dieses an sich eindeutigen Wortlauts der zitierten Passage in der Entscheidung des Bundesfinanzhofs, ist der Schlussfolgerung, dass der Bundesfinanzhof dem völkerrechtlichen Vertrag einen Vorrang vor der Treaty Overriding-Regelung einräumen will, jedoch nicht zu folgen.[1155] Dass es dem Bundesfinanzhof nicht um eine (absolute) Einbuße an Gesetzgebungskompetenz geht, zeigt sich bereits darin,

---

1151 Siehe dazu Punkt F.III.5.b).
1152 Deutlich *Lehner*, IStR 2012, 389 (402).
1153 BFH vom 10.1.2012, I R 66/09, IStR 2012, 426, Punkt B.II.3.a).
1154 *Lehner*, IStR 2012, 389 (402).
1155 So aber beispielsweise *Lehner*, IStR 2012, 389 (401 f.); *ders.*, IStR 2014, 189, zum Vorlagebeschluss des BFH aus dem Jahr 2013; ihm wohl folgend *Gebhardt*, Deutsches Tax Treaty Overriding (2013), S. 141.

dass der Bundesfinanzhof eine Verhältnismäßigkeitsprüfung durchführt. Würde er tatsächlich eine Einbuße an Gesetzgebungskompetenz annehmen, so wäre jede als solche identifizierte Treaty Overriding-Regelung bereits formell verfassungswidrig. Aus diesem Gesamtkontext der Entscheidung ist daher zu schließen, dass der Bundesfinanzhof der Völkerrechtsfreundlichkeit des Grundgesetzes trotz seiner Wortwahl weniger die Bedeutung einer „*materiell-rechtliche(n) Sperre*"[1156] als vielmehr einer vom Gesetzgeber bei seiner Gesetzgebung zu beachtenden „Hürde" bzw. „Schranke"[1157] für den Erlass von Treaty Overriding-Vorschriften zukommen lassen will.[1158] Insoweit ist dem Bundesfinanzhof zuzustimmen.

c) Ergebnis

Nach dem in dieser Arbeit insbesondere zur verfassungsrechtlichen Problematik gefundenen Ergebnis ist es zu begrüßen, dass der Bundesfinanzhof in seinem Vorlagebeschluss die Bedenken von Teilen der Literatur aufgenommen hat und eine Abkehr von seiner Rechtsprechung zum Treaty Overriding aus dem Jahr 1994 vollzogen hat. In seiner Begründung scheint der Bundesfinanzhof die grundsätzliche Wirkungsweise des Verfassungsgrundsatzes der Völkerrechtsfreundlichkeit des Grundgesetzes anzuerkennen, wie sie in dieser Arbeit dargestellt wurde. Jedoch ist der verfassungsrechtliche Maßstab entgegen der Ansicht des Bundesfinanzhofs dem „Görgülü"-Beschluss nicht unmittelbar zu entnehmen. Vielmehr ist ein eigener Maßstab für das Internationale Steuerrecht zu entwickeln, wie es in dieser Arbeit unternommen wurde. Dies gilt unbeschadet der Tatsache, dass das Ergebnis im Falle von § 50d Abs. 8 Satz 1 EStG 2002 das Gleiche ist. Die Norm ist verfassungswidrig.

4. § 50d Abs. 10 EStG

§ 50d Abs. 10 EStG[1159] ist die zweite von aktuell drei Treaty Overriding-Vorschriften, die seitens des Bundesfinanzhofs dem Bundesverfassungsgericht im Rahmen einer konkreten Normenkontrolle nach Art. 100 Abs. 1 GG zur Entscheidung vorgelegt

---

1156 BFH vom 10.1.2012, I R 66/09, IStR 2012, 426, Punkt B.II.3.a).

1157 So spricht der BFH selbst an anderer Stelle von dem Völkervertragsrecht als „*materielle Gestaltungsschranke*", siehe BFH vom 10.1.2012, I R 66/09, IStR 2012, 426, Punkt B.

1158 Es ist jedoch darauf hinzuweisen, dass der BFH auch in seinem zweiten Vorlagebeschluss aus dem Jahr 2013 an dieser Formulierung festgehalten hat und sich offenbar nicht zu einer Korrektur veranlasst sah, siehe BFH vom 11.12.2013, I R 4/13, BStBl. II 2014, 791, Punkt B.II.3.a).

1159 Konkret hat der Bundesfinanzhof die Norm in der Fassung des Jahressteuergesetzes 2009 vom 8.10.2009 (BGBl. I 2009, 3366, BStBl. I 2009, 1346) sowie in der Fassung des Amtshilferichtlinie-Umsetzungsgesetzes vom 26.6.2013 (BGBl. I 2013, 1809, BStBl. I 2013, 790) dem Bundesverfassungsgericht vorgelegt; an den grundsätzlichen verfassungsrechtlichen Bedenken hat sich durch die Neufassung nichts geändert, siehe *Gosch*, in Kirchhof, EStG (2015), § 50d EStG Rz. 25 sowie Rz. 44c.

worden sind.[1160] In verfassungsrechtlicher Hinsicht geht es dabei jedoch auch um die mit der Norm verbundene sog. echte Rückwirkung.[1161] Angesichts der in diesen Fällen gewichtigen Argumente zur Verfassungswidrigkeit der Anordnung der Rückwirkung, erscheint es fraglich, ob sich die Entscheidung des Bundesverfassungsgerichts mit den verfassungsrechtlichen Fragen des Treaty Overriding beschäftigen wird. Trotzdem sollen diese im Folgenden einer näheren Untersuchung zugeführt werden, da die damit verbundenen verfassungsrechtlichen Fragestellungen in der Zukunft virulent bleiben könnten. Ein obiter dictum hinsichtlich der Sichtweise des Bundesverfassungsgerichts zur Verfassungsmäßigkeit des Treaty Overriding in Form des § 50d Abs. 10 EStG wäre zu begrüßen. Da die grundlegende Rechtsprechung des Bundesfinanzhofs zu den spezifischen Problemen des Treaty Overriding in den Vorlagebeschlüssen bereits im Anschluss an die Prüfung des § 50d Abs. 8 Satz 1 EStG in dieser Arbeit eine kritische Würdigung erfahren hat, soll auf den Vorlagebeschluss zu § 50d Abs. 10 EStG im Folgenden lediglich insoweit eingegangen werden, als dieser Besonderheiten des § 50d Abs. 10 EStG zum Gegenstand hat.

a) Inhalt der Norm

Gesetzestechnisch handelt es sich bei § 50d Abs. 10 EStG um eine Switch-over-Klausel.[1162] Konkret geht es darum, dass ein Qualifikations- bzw. Zurechnungskonflikt im Bereich der Sondervergütungen eines Gesellschafters einer Personengesellschaft in der Weise unilateral aufgelöst wird, dass der deutsche Besteuerungszugriff sichergestellt wird.[1163] Zu diesem Zweck trifft der Gesetzgeber in § 50d Abs. 10 EStG eine für die jeweilige DBA-Anwendung verbindliche Auslegung (bzw. Fiktion)[1164] für den abkommensrechtlichen Ausdruck der Unternehmensgewinne und bewirkt dadurch, dass Sondervergütungen den Unternehmensgewinnen nach Art. 7 Abs. 1 OECD-MA zugeordnet werden und nicht etwa den Art. 11, 12 oder 15 OECD-MA. Mit Sondervergütungen sind dabei solche Vergütungen im Sinne von § 15 Abs. 1 Satz 1 Nr. 2 Satz 1 HS. 2 EStG gemeint, die der Gesellschafter für die Tätigkeit im

---

1160 BFH vom 11.12.2013, I R 4/13, BStBl. II 2014, 791, Az. beim Bundesverfassungsgericht: 2 BvL 15/14. Im Folgenden wird in dieser Arbeit allgemein von „§ 50d Abs. 10 EStG" die Rede sein, obwohl der Vorlagebeschluss des Bundesfinanzhofs auf „§ 50d Abs. 10 Satz 1 EStG" lautet. Hintergrund für die hier verwendete Bezugnahme auf § 50d Abs. 10 EStG ist, dass sich die zu würdigende Rechtsfolge in späteren Sätzen der Norm findet. Im weiteren Verlauf des Vorlagebeschlusses bezieht sich der Bundesfinanzhof selbst allgemein auf § 50d Abs. 10 EStG, siehe BFH vom 11.12.2013, I R 4/13, BStBl. II 2014, 791, Punkt B.I.3.
1161 Siehe dazu BFH vom 11.12.2013, I R 4/13, BStBl. II 2014, 791, Punkt B.II.4.
1162 *Boochs*, in Lademann, EStG (2015), § 50d Rz. 431.
1163 Vgl. *Boochs*, in Lademann, EStG (2015), § 50d Rz. 431.
1164 Vgl. *Jansen/Weidmann*, IStR 2010, 596 (598).

Dienst der Gesellschaft, für die Hingabe von Darlehen (Zinszahlungen) oder für die Überlassung von Wirtschaftsgütern von der Gesellschaft bezogen hat.[1165]

Der Bundesfinanzhof hatte zuvor im Gegensatz zu der nunmehrigen gesetzlichen Festlegung derlei Vergütungen in ständiger Rechtsprechung je nach ihrer Art in autonomer Auslegung des Abkommens entweder der Art. 11, 12 oder 15 OECD-MA zugeordnet, nicht aber Art. 7 OECD-MA.[1166] Daraus folge, dass die Sondervergütungen eines beschränkt steuerpflichtigen Gesellschafters einer inländischen Personengesellschaft im Falle der Zuordnung zu Art. 11 OECD-MA (Zinszahlungen) allein vom ausländischen Ansässigkeitsstaat oder im Falle der Zuordnung zu Art. 12 OECD-MA (Lizenzzahlungen) nur mit einer Quellensteuer vom Ansässigkeitsstaat besteuert werden durften.[1167] § 50d Abs. 10 EStG widerspricht dieser vom Bundesfinanzhof getroffenen Zuordnung. Dabei nimmt der Gesetzgeber für sich ein Besteuerungsrecht in Anspruch, welches er nach den DBA-Regelungen, die dem OECD-MA entsprechen, in ihrer vom BFH zugrundegelegten Bedeutung nicht hat.[1168]

Für den Gesetzgeber ist § 50d Abs. 10 EStG eine unverzichtbare Anwendungsregel zur Erreichung einer gleichmäßigen Besteuerung von Einzelunternehmen und Mitunternehmerschaften.[1169] Ob durch § 50d Abs. 10 EStG dieses Ziel erreicht werden konnte, wurde insbesondere durch den Bundesfinanzhof in einer Entscheidung aus dem Jahr 2010 bezweifelt,[1170] was den Gesetzgeber zur Änderung des § 50d Abs. 10 EStG mit dem Amtshilferichtlinie-Umsetzungsgesetz vom 26. 6. 2013[1171] bewogen hat.[1172]

b) Treaty Overriding – Charakter

Eine innerstaatliche Norm ist nach der hier erarbeiteten Definition dann als Treaty Overriding einzustufen, wenn ihre Anwendung eine nach dem im konkreten Fall anzuwendenden DBA gewährte und in ihrer Belastungswirkung den Steuerpflichtigen begünstigende Rechtsfolge im Widerspruch zu dem DBA einschränkt oder beseitigt.[1173] Bei der Feststellung, ob ein solcher „Widerspruch" vorliegt, sind die Rechtsfolgen der beiden Rechtsnormen gegenüberzustellen, die sich nach ihrer Auslegung ergeben.

1165 Vgl. nur Frotscher, IStR 2009, 593 (598).

1166 BFH vom 17.10.2007, I R 5/06, IStR 2008, 262, sowie vom 9.8.2006, II R 59/05, BStBl. II 2009, 758.

1167 Siehe dazu auch *Frotscher*, Zur Zulässigkeit des „Treaty Override", in Spindler/Tipke/Rödder, Festschrift für Harald Schaumburg (2009), S. 687 (709).

1168 *Frotscher*, Zur Zulässigkeit des „Treaty Override", in Spindler/Tipke/Rödder, Festschrift für Harald Schaumburg (2009), S. 687 (709).

1169 So BT-Drs. 16/11008, S. 29.

1170 BFH vom 8.9.2010, I R 74/09, BFH/NV 2011, 138.

1171 BGBl. I 2013, 1809.

1172 Siehe dazu *Boochs*, in Lademann, EStG (2015), § 50d Rz. 433.

1173 Siehe Punkt D.III.3.

Die Besonderheit im Falle von § 50d Abs. 10 EStG besteht darin, dass mit dieser Norm die Auslegung eines abkommensrechtlichen Begriffs („Unternehmensgewinne") rechtsverbindlich festgelegt wird. Vor dem Hintergrund, dass mit den Art. 3 Abs. 2 OECD-MA nachgebildeten Artikeln in deutschen DBA eine abkommensrechtliche Norm existiert, die zur Definition von im Abkommen verwendeten Begriffen auf das innerstaatliche Recht verweist, erscheint es fraglich, ob sich eine begriffsdefinierende Norm „in Widerspruch" zu dem jeweiligen DBA setzt. Erblickt man nun in § 50d Abs. 10 EStG lediglich eine nach Art. 3 Abs. 2 OECD-MA abkommensrechtlich mögliche innerstaatliche Definition eines abkommensrechtlichen Begriffs bzw. einen entsprechenden innerstaatlichen Handlungsspielraum als eröffnet an, so läge kein inhaltlicher Widerspruch zu einem DBA in Gestalt des OECD-MA vor.[1174] Zwar ist die Definition gesetzlicher Begriffe in erster Linie Sache der Gerichte, doch wird in Art. 3 Abs. 2 OECD-MA nicht unterschieden, ob der Gesetzgeber oder die innerstaatlichen Gerichte einen abkommensrechtlichen Begriff definieren. Geht man hingegen davon aus, dass DBA in erster Linie aus dem Abkommen selbst heraus (abkommensautonom) auszulegen sind,[1175] so sind die jeweiligen Sondervergütungen zunächst den entsprechenden Verteilungsnormen des DBA zuzuordnen. Revidiert das innerstaatliche Recht in Form von § 50d Abs. 10 EStG diese Zuordnung und ordnet die Sondervergütungen den Unternehmensgewinnen zu (statt etwa dem Zinsartikel) und begründet so ein deutsches Besteuerungsrecht, so setzt es sich in Widerspruch zum DBA. Letzteres ist die Auffassung des Bundesfinanzhofs, die er auch in seinem Vorlagebeschluss zu § 50d Abs. 10 EStG vertreten hat.[1176]

Für die Bestimmung des Treaty Overriding-Charakters von § 50d Abs. 10 EStG sind also zwei Besonderheiten zu beachten. Zum einen ist dies die unterschiedliche Bestimmung eines Abkommensbegriffs einmal unter Rückgriff auf das innerstaatliche Recht sowie aus dem Abkommen selbst heraus und zum anderen ist dies der Umstand, dass sich der Gesetzgeber mit einer gesetzlichen Definition gegenüber der vom Bundesfinanzhof (aktuell) zugrunde gelegten Auslegung eines Abkommensbegriffs in Widerspruch setzt. Aus beiden Faktoren könnte sich grundsätzlich die Treaty Overriding-Eigenschaft des § 50d Abs. 10 EStG ergeben.

Lehner weist zudem noch darauf hin, dass sich der Gesetzgeber mit § 50d Abs. 10 EStG auch punktuell in Widerspruch zu Art. 3 Abs. 2 OECD-MA setzt.[1177] Diese DBA-Regelung schreibt ausdrücklich die Vorgehensweise bei der

---

1174 Die Finanzverwaltung hat die Sondervergütungen stets den Unternehmensgewinnen zugeordnet, siehe BMF vom 16.4.2010, BMF IV B 2 – S 1300/09/10003, BStBl. I 2010, 354, Tz. 5.1 und nunmehr BMF vom 26.9.2014, IV B 5 – S 1300/09/10003, BStBl. I 2014, 1258 Tz. 5.1.1 mit Verweis auf Tz. 2.2.1 (dort findet sich der Verweis auf Art. 3 Abs. 2 OECD-MA).
1175 Siehe zur abkommensautonomen Auslegung *Lehner*, in Vogel/Lehner, DBA (2015), Grundlagen des Abkommensrechts Rz. 113c m. w. N.
1176 BFH vom 11.12.2013, I R 4/13, BStBl. II 2014, 791, Punkt B.II.3.b)bb).
1177 *Lehner*, IStR 2012, 389 (396); so auch *Gosch*, in Kirchhof, EStG (2015), § 50d EStG Rz. 44b.

Auslegung eines DBA vor.[1178] Danach ist erst dann auf das innerstaatliche Recht zur Bestimmung abkommensrechtlicher Begriffe zurückzugreifen, *„wenn der Zusammenhang nichts anderes erfordert"*.[1179] Selbst wenn man der von der Finanzverwaltung vor Einführung des § 50d Abs. 10 EStG vertretenen Meinung folgt, so ergibt sich die daraus resultierende Rechtsfolge (Zuordnung der Sondervergütungen zu den Unternehmensgewinnen) unstreitig aus einer Anwendung von Art. 3 Abs. 2 OECD-MA. Nur das Ergebnis unterscheidet sich von dem des Bundesfinanzhofs, der das DBA gemäß der Auslegungsanweisung zunächst aus sich selbst heraus (abkommensautonom) auszulegen pflegt. § 50d Abs. 10 EStG verhindert jedoch von vornherein die von beiden Meinungen nicht in Frage gestellte Anwendung von Art. 3 Abs. 2 OECD-MA. Denn darin findet sich nicht die in dieser Abkommensnorm statuierte Einschränkung, dass das innerstaatliche Recht lediglich dann maßgeblich ist, wenn sich nicht aus dem Abkommen selbst eine Begriffsbestimmung ergibt.[1180] Folglich tritt der Gesetzgeber mit der gesetzlich für Sondervergütungen (partiell) angeordneten Nichtanwendung von Art. 3 Abs. 2 OECD-MA in Widerspruch zu den Auslegungsanweisungen der deutschen DBA. Daraus folgert *Lehner*, dass § 50d Abs. 10 EStG eine Treaty Overriding-Vorschrift ist.[1181]

Nach hier vertretener Ansicht ist eine Einordnung als Treaty Overriding im Falle von § 50d Abs. 10 EStG vorzunehmen, weil sich der Gesetzgeber (wie gezeigt) mit § 50d Abs. 10 EStG in Widerspruch zur Auslegung von DBA durch den Bundesfinanzhof als höchstes finanzgerichtliches Gericht setzt.[1182] Steht die Auslegung eines abkommensrechtlichen Begriffs durch eine solche Rechtsprechung fest, so muss sie auch maßgeblich sein für die Qualifikation als Treaty Overriding-Vorschrift. Denn die hier verwendete Definition von Treaty Overriding ist dahingehend zu verstehen, dass der darin vorausgesetzte „Widerspruch" zu einem DBA (auch) dann besteht, wenn sich die innerstaatliche Norm über eine DBA-Regelung in der Bedeutung, die der Bundesfinanzhof in Auslegung der Regelung gefunden hat, hinwegsetzt.[1183] Denn für den Steuerpflichtigen ist die Sicht des Bundesfinanzhofs maßgeblich.[1184] Wird diese durch eine gesetzgeberische Maßnahme konterkariert, so ergibt sich aus der Perspektive des Steuerpflichtigen faktisch (jedenfalls solange sich die Rechtsprechung vom Bundesfinanzhof nicht ändert) der Treaty Overriding-Charakter von § 50d Abs. 10 EStG. Denn eine andere DBA-Auslegung wäre gerichtlich nicht erzwingbar. Für den Steuerpflichtigen macht es keinen Unterschied, ob eine Rechtsfolge ausdrücklich im DBA angeordnet ist oder ob diese das Ergebnis einer (für den Rechtsanwender faktisch verbindlichen) Auslegung durch den Bundesfinanzhof als

---

1178 Vgl. *Gosch*, in Kirchhof, EStG (2015), § 50d EStG Rz. 44b.
1179 Vgl. *Lehner*, in Vogel/Lehner, DBA (2015), Grundlagen des Abkommensrechts Rz. 113f.; siehe ausdrücklich *Gosch*, in Kirchhof, EStG (2015), § 50d EStG Rz. 44b.
1180 *Lehner*, in Vogel/Lehner, DBA (2015), Grundlagen des Abkommensrechts Rz. 113f.
1181 Zum Ganzen *Lehner*, IStR 2012, 389 (396) m. w. N. in FN 133.
1182 Vgl. dazu die Ausführungen in Punkt D.V.3.
1183 Vgl. dazu das Ergebnis in Punkt D.V.3.
1184 Vgl. Punkt D.V.3.

höchstinstanzliches Gericht der deutschen Finanzgerichtsbarkeit ist. Im Ergebnis hat § 50d Abs. 10 EStG daher Treaty Overriding-Charakter.[1185] Dass dies in § 50d Abs. 10 Satz 1 EStG nicht kenntlich gemacht wurde, ändert nach der hier vertretenen Sichtweise nichts an der Treaty Overriding-Eigenschaft der Norm.[1186]

Anders wäre dies wie bei allen anderen Treaty Overriding-Normen allein dann zu beurteilen, wenn das jeweils anzuwendende DBA einen entsprechenden, ausreichend konkreten Vorbehalt zu Gunsten des nationalen Rechts enthalten würde.[1187] Gleiches würde gelten, wenn das Abkommen selbst die Sondervergütungen ausdrücklich Art. 7 OECD-MA zuordnet, wie dies bei einigen DBA der Fall ist.[1188] Für die folgende Prüfung soll jedoch davon ausgegangen werden, dass derartige Klauseln nicht existieren.

c) Kategorisierung von § 50d Abs. 10 EStG

Auch bei § 50d Abs. 10 EStG hat die Kategorisierung an den mit der Norm verfolgten Zwecken zu erfolgen. Im Falle des § 50d Abs. 10 EStG äußert sich der Finanzausschuss des Bundestags zum Zweck der Norm nur insoweit, als durch die Norm die Einheitlichkeit der Besteuerung inländischer und ausländischer Gesellschafter hergestellt werden soll.[1189] In der Literatur herrscht jedoch weitgehend Einigkeit, dass die Norm der bloßen Sicherstellung von Besteuerungssubstrat dient.[1190] Es soll letztlich verhindert werden, dass dem deutschen Staat über die Einordnung von Sondervergütungen unter die einzelnen Verteilungsnormen Steuersubstrat entgeht. Für die Gleichstellung mit dem inländischen Einzelunternehmer erscheint § 50d Abs. 10 EStG als willkürlich herausgesuchter Ansatz, da es für Einzelunternehmer im Gegensatz zu Gesellschaftern einer Personengesellschaft keine besonderen Einkunftsarten oder Zuweisungsnormen in den DBA gibt und sich die beiden Gruppen daher vornherein in einer unterschiedlichen Lage befinden.[1191] Folglich handelt es sich um eine weitgehend fiskalisch motivierte Norm.

1185 So auch *Gebhardt/Quilitzsch*, BB 2011, 669 (673 f.); anders mit Hinweis auf die fehlende Wirksamkeit der Norm in der Fassung des Jahressteuergesetzes 2009 vom 8.10.2009 (BGBl. I 2009, 3366) *Gebhardt*, Deutsches Tax Treaty Overriding (2013), S. 181.

1186 Siehe dazu Punkt D.III.2.d); in dem hier vertretenen Sinne BFH vom 11.12.2013, I R 4/13, BStBl. II 2014, 791, Punkt B.II.3.b)bb) m. w. N.; a. A. (Kenntlichmachung erforderlich) *Musil*, IStR 2014, 192 (192 f.); ähnlich auch *Gosch*, in Kirchhof, EStG (2015), § 50d EStG Rz. 25 sowie Rz. 44b.

1187 Siehe dazu in Punkt D.V.2.

1188 Eine Auflistung der DBA findet sich bei *Gosch*, in Kirchhof, EStG (2015), § 50d EStG Rz. 45.

1189 BT-Drs. 16/11108, S. 23.

1190 Siehe nur *Boochs*, in Lademann, EStG (2015), § 50d Rz. 431 m. w. N.

1191 Vgl. die in der Bewertung allerdings etwas zurückhaltenderen Aussagen von *Gosch*, in Kirchhof, EStG (2015), § 50d EStG Rz. 44b; ähnlich auch *Frotscher*, IStR 2009, 593 (599).

d) Verstoß gegen Art. 2 Abs. 1 GG

Wie § 50d Abs. 8 Satz 1 EStG erfüllt auch § 50d Abs. 10 EStG alle fünf Voraussetzungen für einen Grundrechtseingriff.[1192] Dies gilt jedenfalls insoweit, als die Norm in den Fällen beschränkt Steuerpflichtiger regelmäßig zu einer Doppelbesteuerung führen wird.[1193] Hierzu kommt es, wenn Deutschland auf Grund von § 50d Abs. 10 EStG eine Besteuerung der Sondervergütungen von einer inländischen Personengesellschaft entgegen dem Abkommen in Anspruch nimmt, die an einen im Ausland ansässigen Gesellschafter gezahlt werden.[1194] Da der andere Staat als Ansässigkeitsstaat des Gesellschafters auf Grund dessen unbeschränkter Steuerpflicht die Vergütungen ebenfalls besteuern wird und weder zur Anrechnung noch zur Freistellung nach dem DBA verpflichtet ist (dieses sieht die unbeschränkte Besteuerung durch Deutschland regelmäßig gar nicht vor), kommt es zu einer Doppelbesteuerung.[1195]

Da die Doppelbesteuerung zudem durch einen völkerrechtswidrigen Gesetzgebungsakt herbeigeführt worden ist, ist der Eingriff in Art. 2 Abs. 1 GG auch im Falle des § 50d Abs. 10 EStG dahingehend zu konkretisieren, dass er einen Eingriff in Art. 2 Abs. 1 GG in Verbindung mit dem Gebot völkerrechtsfreundlichen Verhaltens darstellt.

Auch dieser Eingriff muss sich innerhalb der Schrankenregelungen halten, um als verfassungsmäßig angesehen zu werden. Dabei ist, wie oben zu § 50d Abs. 8 Satz 1 EStG näher ausgeführt, insbesondere der Verhältnismäßigkeitsgrundsatz zu beachten, auch wenn es sich um eine reine Fiskalzwecknorm handelt.[1196] § 50d Abs. 10 EStG ist dann als verhältnismäßig anzusehen, wenn die Norm zur Erzielung eines legitimen Zwecks geeignet, erforderlich und angemessen ist.

Die Geeignetheit der Norm zur Erreichung des Ziels, Minderbesteuerungen zu verhindern und eine Einheitlichkeit der Besteuerung inländischer und ausländischer Gesellschafter herbeizuführen,[1197] steht letztlich nicht in Frage. Zwar bestehen diesbezüglich Zweifel an der Wirksamkeit der Norm.[1198] Diese Zweifel haben ihre Rechtfertigung in einem Zirkelschluss, der im Zusammenspiel der Norm mit Art. 7 OECD-MA enthalten ist.[1199] Doch lassen diese Zweifel den Zweck von § 50d Abs. 10

1192 Vgl. Punkt F.IV.2.b)aa).

1193 *Frotscher,* Zur Zulässigkeit des „Treaty Override", in Spindler/Tipke/Rödder, Festschrift für Harald Schaumburg (2009), S. 687 (709).

1194 *Frotscher,* Zur Zulässigkeit des „Treaty Override", in Spindler/Tipke/Rödder, Festschrift für Harald Schaumburg (2009), S. 687 (709).

1195 *Frotscher,* Zur Zulässigkeit des „Treaty Override", in Spindler/Tipke/Rödder, Festschrift für Harald Schaumburg (2009), S. 687 (709).

1196 Siehe dazu ausführlich Punkt F.IV.2.b)cc).

1197 Siehe zu Letzterem BT-Drs.16/11108, S. 23.

1198 So *Gebhardt,* Deutsches Tax Treaty Overriding (2013), S. 178 ff.; *Gebhardt/Quilitzsch,* BB 2011, 669 (671 f.) m. w. N.; siehe dazu auch *Jansen/Weidmann,* IStR 2010, 596 (603 f.) m. w. N.

1199 Siehe dazu BFH vom 11.12.2013, I R 4/13, BStBl. II 2014, 791, Punkt B.I.3.b).aa).

EStG unbeachtet, dass zur Gleichstellung inländischer und ausländischer Gesellschafter in Bezug auf Sondervergütungen diese abkommensrechtlich Art. 7 Abs. 1 OECD-MA (Unternehmensgewinne) unterfallen sollen und nicht über Art. 7 Abs. 7 OECD-MA wiederum den speziellen Verteilungsnormen (Zirkelschluss).[1200] Vor diesem Hintergrund ist von der Wirksamkeit der Norm auszugehen.[1201]

Wie bereits im Falle von § 50d Abs. 8 Satz 1 EStG bestehen unter dem Gesichtspunkt der Notwendigkeit der Kündigung des gesamten DBA und entsprechender Folgeverhandlungen für einen Neuabschluss statt der punktuellen Änderung in Form des § 50d Abs. 10 gute Gründe für die Annahme, dass § 50d Abs. 10 EStG zur Erreichung der verfolgten Fiskalzwecke erforderlich ist.[1202]

Bezüglich der Angemessenheit von § 50d Abs. 10 EStG ist gemäß dem in dieser Arbeit befürworteten Prüfungsmaßstab zu fragen, ob nicht wesentliche Grundsätze des Steuerrechts die Anwendung von § 50d Abs. 10 EStG gebieten.[1203] Hier kommt nur der im Bereich des Einkommensteuerrechts wesentliche Grundsatz der Besteuerung nach der Leistungsfähigkeit als Art. 3 Abs. 1 GG innewohnendes Besteuerungsprinzip in Betracht.[1204]

Die Besteuerung nach der Leistungsfähigkeit kann jedoch aus mehreren Gründen vorliegend nicht rechtfertigend wirken. Zwar könnte argumentiert werden, dass § 50d Abs. 10 EStG durch die Anordnung der Anwendung der Anrechnungsmethode dazu führt, dass eine Gleichheit in der Besteuerung mit im Inland tätigen Steuerpflichtigen oder mit im Ausland tätigen Steuerpflichtigen, deren Einkünfte ebenfalls der Anrechnungsmethode unterfallen, hergestellt wird.[1205]

Doch befinden sich Steuerpflichtige, die Einkünfte erzielen, die abkommensrechtlich freigestellt sind, nicht in einer vergleichbaren Lage wie diejenigen, die Einkünfte unter Anwendung der Anrechnungsmethode bzw. allein inländische Einkünfte erzielen, da die steuerliche Situation gerade durch das Vorhandensein und die enstprechenden Verteilungsnormen eines DBA maßgeblich unterschiedlich ist.[1206] So bestehen in DBA für Einzelgewerbetreibende keine Zuordnungsnormen, wie sie die DBA für Sondervergütungen des Gesellschafters vorsehen.[1207]

1200 BFH vom 11.12.2013, I R 4/13, BStBl. II 2014, 791, Punkt B.I.3.b).aa).
1201 BFH vom 11.12.2013, I R 4/13, BStBl. II 2014, 791, Punkt B.I.3.b).aa) mit Verweis auf *Frotscher*, IStR 2009, 593 (594 f.).
1202 Siehe zu § 50d Abs. 8 Satz 1 EStG Punkt F.IV.2.b)cc)aaa).
1203 Siehe Punkt F.III.2.b)bb)aaa).
1204 Punkt F.IV.2.b)cc)aaa).
1205 So BFH vom 11.12.2013, I R 4/13, BStBl. II 2014, 791, Punkt B.II.3.b).cc)aaa) mit Verweis auf die Gesetzesbegründung in BT-Drs. 16/11108, S. 23.
1206 So richtigerweise BFH vom 11.12.2013, I R 4/13, BStBl. II 2014, 791, Punkt B.II.2.b). cc)aaa); a. A. wohl im Zusammenhang mit § 50d Abs. 10 EStG *Jansen/Weidmann*, IStR 2010, 596 (604 f.).
1207 *Frotscher*, IStR 2009, 593 (599); *Gosch*, in Kirchhof, EStG (2015), § 50d EStG Rz. 44b.

Im Übrigen führt die Anwendung des DBA dazu, dass der Einkunftsstrom „Zinszahlungen" nur vom Ansässigkeitsstaat besteuert werden darf.[1208] § 50d Abs. 10 EStG ordnet jedoch an, dass Sondervergütungen, die eigentlich dem Einkunftsstrom „Zinszahlungen" zuzuordnen sind, bei beschränkt Steuerpflichtigen durch eine innerstaatliche Umqualifizierung als „Unternehmensgewinne" auch vom Quellenstaat besteuert werden dürfen und dadurch eine Doppelbesteuerung entstehen kann.[1209] Auf diese Weise wird durch § 50d Abs. 10 EStG hinsichtlich dieses Einkunftsstroms eine Ungleichbehandlung im Hinblick auf andere Steuerpflichtige geschaffen, die Zinszahlungen erhalten, die unter das DBA fallen.[1210] Gleiches gilt für den Vergleich mit inländischen Gesellschaftern. Zwar findet hier jeweils eine Besteuerung nach dem deutschen Steuerniveau statt, doch sind beschränkt Steuerpflichtige darüber hinaus in vielen Fällen dem ausländischen Steueranspruch zusätzlich ausgesetzt, nur weil die Sondervergütungen in Deutschland als Unternehmensgewinne angesehen werden.[1211]

Auch die Gleichbehandlung mit Einzelunternehmern kann § 50d Abs. 10 EStG nicht rechtfertigen. Denn DBA enthalten für Einzelunternehmer keine Regelungen, die wie im Falle von Gesellschaftern einer Personengesellschaft das Besteuerungsrecht für Sondervergütungen dem Ansässigkeitsstaat des Gesellschafters zuweisen, so dass sich Einzel- und Mitunternehmer nicht in einer vergleichbaren Lage befinden.[1212] Auf Grund dessen ist eine Ungleichbehandlung dieser beiden Gruppen den DBA als faktisch immanent anzusehen, so dass es sich nicht um eine nach Art. 3 Abs. 1 GG zu rechtfertigende Ungleichbehandlung handelt.[1213] Folglich kann Art. 3 Abs. 1 GG und das von dieser Norm abgeleitete Leistungsfähigkeitsprinzip den durch § 50d Abs. 10 EStG bewirkten Grundrechtseingriff nicht verfassungsrechtlich rechtfertigen. Allein die § 50d Abs. 10 EStG innewohnende Staatsfinanzierungsfunktion kann auf Grund des Verfassungsgrundsatzes der Völkerrechtsfreundlichkeit

---

1208 So wohl auch *Frotscher*, IStR 2009, 593 (598 f.).

1209 *Frotscher*, IStR 2009, 593 (598 f.); die Doppelbesteuerung wird in vielen Fällen schon deshalb eintreten, weil dem anderen Vertragsstaat „Sondervergütungen" eines Mitunternehmers und die Qualifizierung dieser Einnahmen als gewerblich nicht bekannt sind und er somit im Falle der Einordnung als Zinszahlungen ein Besteuerungsrecht nach Art. 11 OECD-MA in Anspruch nehmen wird; so die richtige Folgerung in BFH vom 11.12.2013, I R 4/13, BStBl. II 2014, 791, Punkt B.II.2.b).cc)ccc).

1210 Vgl. *Frotscher*, IStR 2009, 593 (599).

1211 Vgl. *Frotscher*, IStR 2009, 593 (599).

1212 BFH vom 11.12.2013, I R 4/13, BStBl. II 2014, 791, Punkt B.II.2.b).cc)bbb) mit Verweis auf *Frotscher*, IStR 2009, 593 (599).

1213 Vgl. wiederum BFH vom 11.12.2013, I R 4/13, BStBl. II 2014, 791, Punkt B.II.2.b). cc)bbb) mit Verweis auf *Frotscher*, IStR 2009, 593 (599).

des Grundgesetzes den völkerrechtswidrigen Grundrechtseingriff ebenfalls nicht rechtfertigen.[1214]

e) Ergebnis

Nach alledem ist § 50d Abs. 10 EStG in dem regelmäßig eintretenden Fall einer durch die Norm verursachten Doppelbesteuerung als unverhältnismäßiger Eingriff des Gesetzgebers in Art. 2 Abs. 1 GG anzusehen. Eine Rechtfertigung dieses Eingriffs ist auch im Hinblick auf das in Art. 3 Abs. 1 GG verankerte Leistungsfähigkeitsprinzip ausgeschlossen. Die Vorschrift verletzt somit den betroffenen Steuerpflichtigen in seiner allgemeinen Handlungsfreiheit nach Art. 2 Abs. 1 GG in Verbindung mit dem Verfassungsgrundsatz der Völkerrechtsfreundlichkeit des Grundgesetzes.

1214 So auch im Ergebnis *Jansen/Weidmann*, IStR 2010, 596 (604); siehe dazu im Zusammenhang mit § 50d Abs. 8 Satz 1 EStG Punkt F.IV.2.b)cc)aaa).

G. Thesenförmige Zusammenfassung

1. Die monistische und die dualistische Theorie bilden den rechtstheoretischen Hintergrund für die Wirksamkeit von DBA im innerstaatlichen Rechtskreis. Das Bundesverfassungsgericht deutet das Grundgesetz unter Hinweis auf Art. 25 GG und Art. 59 Abs. 2 GG als dualistisch. Tatsächlich lässt sich das Grundgesetz sowohl (gemäßigt) dualistisch als auch (gemäßigt) monistisch interpretieren. Eine Prärogative hinsichtlich der Verfassungsmäßigkeit von Treaty Overriding-Vorschriften lässt sich aus den rechtstheoretischen Überlegungen zum Eingang des Völkervertragsrechts in den innerstaatlichen Rechtskreis nicht finden.

2. Geltung und Wirksamkeit erlangt ein DBA durch ein vom Bundestag verabschiedetes Zustimmungsgesetz zum DBA nach Art. 59 Abs. 2 GG. Dieses enthält nach herrschender Meinung in Literatur und Rechtsprechung einen sog. „Rechtsanwendungsbefehl" zu Gunsten des DBA. Folge davon ist, dass das DBA seinen völkerrechtlichen Charakter bzw. Status behält. Die Einwirkung der Treaty Overriding-Gesetzgebung ist vor diesem Hintergrund dogmatisch als Änderung des innerstaatlichen Rechtsanwendungsbefehls zu interpretieren.

3. Aus Art. 59 Abs. 2 GG ergibt sich die Einbeziehungskompetenz des Bundestags. Durch das Zustimmungsgesetz erlangt das DBA innerstaatliche Geltung. Diese ist unteilbar. Daher ist auch eine Zustimmung durch den Bundestag nur *en bloc* möglich. Eine normenhierarchische Rangbestimmung ist damit nicht zwingend verbunden. Ebenso wie aus den Theorien zur Einbeziehung von DBA kann auch aus Art. 59 Abs. 2 GG keine zwingende Folgerung für den Vorrang einer Norm im Falle einer Normenkollision zwischen einer DBA-Regelung und einer rein innerstaatlichen Norm gezogen werden. Der Anordnung in Art. 59 Abs. 2 GG der Umsetzung von völkerrechtlichen Verträgen *„in der Form eines Bundesgesetzes"* ist nicht zwingend eine Rangbestimmung für das DBA zu entnehmen. Denn der Rang der völkerrechtlichen Regel folgt nicht immer dem innerstaatlichen Umsetzungsakt, wie Art. 25 GG zeigt. Dort wird den allgemeinen Regeln des Völkerrechts nach weit verbreiteter Meinung ein Zwischenrang und nicht ein Verfassungsrang attestiert, obwohl die Einbeziehung durch eine Norm des Grundgesetzes (Art. 25 GG) erfolgt.

4. Kraft ihrer international anerkannten Souveränität steht den Staaten eine umfassende Besteuerungsbefugnis zu. Völkerrechtlich ist für die Ausübung der Steuerhoheit allein ein sog. „genuine link" notwendig, der etwa durch die Anknüpfung eines Steuersachverhalts an eine territoriale Verbindung oder auch durch die Anknüpfung an die Staatsangehörigkeit ausgefüllt werden kann. Dadurch entstehen in grenzüberschreitenden Steuersachverhalten Doppelbesteuerungen, die durch den Abschluss bilateraler Abkommen zum Wohle des wirtschaftlichen Austauschs zwischen den Staaten verhindert werden sollen.

5. Die DBA sind dogmatisch als Steuerbefreiungs- bzw. Steuerermäßigungsnormen anzusehen, die an einen bestehenden innerstaatlichen Steueranspruch anknüpfen.

6. Die DBA orientieren sich weltweit an sog. Musterabkommen. Das wichtigste Musterabkommen ist das der OECD. Daneben existiert auch ein UN-Musterabkommen sowie einzelstaatliche Musterabkommen wie beispielsweise dasjenige der USA. In Deutschland gibt es seit April 2013 die deutsche Verhandlungsgrundlage, die in ihrer Wirkung den einzelstaatlichen Musterabkommen gleichkommt, auch wenn sie nicht so bezeichnet wird.

7. Als Methoden zur Verhinderung der Doppelbesteuerung werden von den Staaten vornehmlich die Anrechnungs- und die Freistellungsmethode verwendet, die unterschiedliche Konsequenzen für den wirtschaftlichen grenzüberschreitenden Austausch zwischen zwei Staaten zeitigen. Generell kann gesagt werden, dass eine Exportnation wie Deutschland grundsätzlich die Freistellungsmethode wegen der ihr innewohnenden Kapitalimportneutralität bevorzugen wird, wobei Korrekturen dabei zur Herstellung eines fairen Steuerwettbewerbs nach einhelliger Meinung notwendig erscheinen.

8. Als „Kehrseite" der Verhinderung der internationalen Doppelbesteuerung durch den Abschluss von DBA kann es zu einer Minderbesteuerung oder einer doppelten Nichtbesteuerung grenzüberschreitender Steuersachverhalte kommen, was zumeist seitens der Vertragsstaaten nicht gewünscht oder zumindest kritisch gesehen wird. Die Gründe hierfür sind die Wirkungsweise der Freistellungsmethode, Qualifikationskonflikte, die (gegebenenfalls planmäßige) Verlagerung von Steuersubstrat (etwa in Konzernstrukturen), schlichte Steuerhinterziehung, aber auch die Vereinbarung einer fiktiven Steueranrechnung zwischen zwei Vertragsstaaten.

9. Maßnahmen der Vertragstaaten in DBA insbesondere zur Verhinderung einer doppelten Nichtbesteuerung sind Switch-over-Klauseln bzw. Aktivitätsklauseln, Subject-to-tax-Klauseln sowie die Anti-treaty-shopping-Klauseln. Mit dem ersten Begriffspaar sind Klauseln gemeint, die den Wechsel von der Freistellungsmethode zur Anrechnungsmethode für DBA-Sachverhalte vorsehen, bei denen es zu einer Minder- oder Nichtbesteuerung auf Grund eines Qualifikations- bzw. Zurechnungskonflikts kommt und ein Verständigungsverfahren zwischen den Vertragsstaaten erfolglos geblieben ist. Aktivitätsklauseln sehen den Methodenwechsel für den besonderen Fall vor, dass eine Auslandsinvestition ohne aktive (wirtschaftliche) Tätigkeit stattfindet. Die Subject-to-tax-Klauseln führen ebenfalls zu einem Methodenwechsel zur Anrechnungsmethode, der dann eintritt, wenn Einkünfte, die von der Klausel erfasst sind, im anderen Vertragsstaat nicht besteuert werden. Anti-treaty-shopping-Klauseln sind Regelungen, die die Erlangung von Abkommensvorteilen in Fällen verhindern, in denen nichtabkommensberechtigte Personen mit Hilfe von abkommensberechtigten, aber wirtschaftlich „substanzlosen" Gesellschaften Abkommensvorteile erlangen wollen. Werden die vorstehend genannten Regelungsmechanismen unilateral nachgebildet, haben sie häufig Treaty Overriding-Charakter.

10. Der maßgebliche Vorteil des gesetzgeberischen Vorgehens im Wege des Treaty Overriding liegt für den Gesetzgeber in der Breitenwirkung des jeweiligen Gesetzes. Der Gesetzgeber erspart sich langwierige Verhandlungen zur entsprechenden Abänderung einzelner DBA. Zudem sind die unilateralen Änderungen vor Änderungsvorschlägen anderer Vertragsstaaten „geschützt".

11. Bisherigen Literaturmeinungen zur Begriffsbestimmung von Treaty Overriding ist entweder eine Unschärfe immanent wie etwa der Begriffsbestimmung des Steuerausschusses der OECD, die für ein Treaty Overriding den in Einzelfall nur schwer zu identifizierenden „klaren Widerspruch" zu DBA-Regelungen erfordert oder sie beziehen sich nur auf solche Konstellationen, in denen die Treaty Overriding-Vorschrift dem Erlass eines Zustimmungsgesetzes zu einem DBA zeitlich nachfolgt. Dadurch kann jedoch nicht der (Anwendungs-)Frage nachgegangen werden, wie Treaty Overriding-Vorschriften auf spätere DBA einwirken.

12. In dieser Untersuchung wird eine eigene Begriffsbestimmung vorgenommen. Dabei wird dem Begriff des Treaty Overriding eine eindeutige Kontur verliehen, die Definition aber so weit gefasst, dass sämtliche Probleme, die aktuell mit dem Treaty Overriding verbunden sind, erfasst werden können. Damit besteht nicht mehr die Gefahr des „Wegdefinierens" von Problemen.

13. Anhand der hier gefundenen Definition des Treaty Overriding können viele Fälle des Treaty Overriding in der Praxis identifiziert werden. Eine eindeutige Identifikation wird häufig jedoch nur in der negativen Abgrenzung zu einzelnen Fallgruppen geschehen können, insbesondere weil ein Treaty Overriding immer nur im Verhältnis zu einer bestimmten DBA-Regelung vorliegen kann. Hier werden Abgrenzungsbeispiele zu allgemeinen und ausdrücklichen Regelungsvorbehalten in DBA gebracht. Abzugrenzen sind außerdem unterschiedliche gesetzgeberische Vorgehensweisen.

14. Zur dogmatischen Einordnung von Treaty Overriding-Vorschriften ist deren Zielsetzung heranzuziehen. Dies ist deshalb sinnvoll, weil sich je nach Zielsetzung ähnliche verfassungsrechtliche Fragen bzw. Würdigungen ergeben. Es sind drei Zielsetzungen auszumachen, die der Gesetzgeber mit Treaty Overriding-Vorschriften verfolgt: Verhinderung der missbräuchlichen Inanspruchnahme von DBA, Verhinderung einer doppelten Nichtbesteuerung oder einer Minderbesteuerung sowie „Rückholung" von Steuersubstrat. Entsprechend diesen Zielsetzungen sind Treaty Overriding-Vorschriften in diese drei Gruppen zu kategorisieren

15. Treaty Overriding ist völkerrechtswidrig. Zwar gibt es die Möglichkeit eines „rügelosen Einlassens" des Vertragsstaats nach Art. 45b WÜRV auf eine unilaterale Änderung des jeweiligen DBA, doch gibt es keine Anhaltspunkte für diese Annahme im Bereich des Internationalen Steuerrechts. Zwischenstaatliche Sanktionen bis zur Kündigung von DBA wurden bisher seitens der Vertragsstaaten nicht ergriffen. DBA selbst bieten für Steuerpflichtige keine Möglichkeit gegen ein Treaty Overriding vorzugehen, auch nicht über die Rechtsfigur des Vertrages zu Gunsten Dritter.

16. Die im Schrifttum geäußerte Ansicht, dass für die verfassungsrechtliche Beurteilung das Vorliegen einer erheblichen Vertragsverletzung im Sinne von Art. 60 WÜRV Relevanz hat, ist abzulehnen. Die Qualifizierung einer Vertragsverletzung als erheblich hat ausschließlich Auswirkungen auf die möglichen Sanktionen zwischen den Vertragsstaaten.

17. Der vom Bundesverfassungsgericht geprägte Rechtssatz der Völkerrechtsfreundlichkeit des Grundgesetzes macht deutlich, dass das Grundgesetz dem Völkervertragsbruch jedenfalls im Bereich des europäischen Menschenrechtsschutzes nicht wertungsfrei gegenübersteht.

18. Treaty Overriding setzt einen Normwiderspruch voraus. Damit sind spezielle und allgemeine Kollisionsregeln bei der Anwendung stets zu beachten.

19. § 2 Abs. 1 AO ist als spezielle Rechtsanwendungsregel für die Bestimmung des Verhältnisses einer Treaty Overriding-Vorschrift zu einer DBA-Regelung untauglich.

20. DBA und Treaty Overriding-Vorschriften entfalten ihre Wirkung auf der gleichen normenhierarchischen Ebene. Daher kann der „lex superior"-Grundsatz keine Lösung für die Normenkollision bieten.

21. DBA sind in dem Rechtsanwendungsbereich ihrer Verteilungsnormen leges speciales zum innerstaatlichen Recht, solange nicht dieses selbst an Rechtsfolgen der DBA und ihrer Verteilungsnormen anknüpft und diese modifiziert, wie es im Falle einer Treaty Overriding-Vorschrift geschieht. Ist die DBA-Regelung nicht etwa wegen ihres abschließenden Charakters (wofür es konkrete Anhaltspunkte geben muss) dennoch als speziellere Regelung anzusehen, kehrt sich das Verhältnis um (so der Regelfall). Auf Grund ihrer Spezialität kommen Treaty Overriding-Vorschriften daher gegenüber früher erlassenen DBA ohne weiteres zur Anwendung. Zusätzlich spricht die Posteriorität der Treaty Overriding-Vorschrift in dieser Fallkonstellation maßgeblich für ihre Anwendung.

22. Streitet der „lex posterior"-Grundsatz für die Anwendung der DBA-Regelung, weil diese jünger ist als die Treaty Overriding-Vorschrift, kommt es zu einem Widerspruch zwischen der Anwendungsregel des „lex posterior"-Grundsatzes und des „lex specialis"-Grundsatzes. Keiner von beiden hat allgemeinen Vorrang. Vielmehr ist in diesem Fall die Auslegung entscheidend. Die gebotene völkerrechtsfreundliche Auslegung streitet insoweit für die Anwendung der späteren DBA-Regelung. Macht der Gesetzgeber über Ausdrücke wie „ungeachtet des Abkommens" aber deutlich, dass er das jeweils anzuwendende DBA nicht angewendet wissen will, so ist regelmäßig die speziellere (wenn auch ältere) Treaty Overriding-Vorschrift anzuwenden. Anders mag der Fall liegen, wenn derartige Willensbekundungen des Gesetzgebers im Gesetzestext oder in den Gesetzesmaterialien fehlen.

23. Der Anwendungsdogmatik wird bisher in der Literatur und Rechtsprechung wenig Beachtung geschenkt. Möchte der Gesetzgeber jedoch die Treaty Overriding-Vorschriften stets angewendet wissen, so ist ihm als rechtssicherer Weg die Vereinbarung von entsprechenden Regelungsvorbehalten in zukünftigen DBA anzuraten.

24. Es erfolgt keine kompetenzielle Selbstbindung des Gesetzgebers durch den Abschluss von DBA.
25. Art. 25 GG in Verbindung mit dem Grundsatz „pacta sunt servanda" kann keine besondere verfassungsrechtliche Rechtfertigungsbedürftigkeit von Treaty Overriding-Vorschriften begründen.
26. Die Lösung für das verfassungsrechtliche Spannungsverhältnis zwischen Völkerrechtsverstoß und steuergesetzgeberischem Handlungsbedarf liegt in dem Rechtssatz der Völkerrechtsfreundlichkeit des Grundgesetzes.
27. Die Völkerrechtsfreundlichkeit des Grundgesetzes hat auslegungsleitende Funktion auf Ebene des Bundesrechts und ist in dieser Funktion als Konfliktvermeidungsregel zwischen dem Bundesrecht und auf der gleichen normenhierarchischen Ebene einzuordnendem Völkervertragsrecht anzusehen. Über die auslegungsleitende Funktion führt die Völkerrechtsfreundlichkeit des Grundgesetzes innerhalb der Grenzen der Auslegung zu einer Übereinstimmung von Völkerrecht und innerstaatlichem Recht.
28. Die Völkerrechtsfreundlichkeit des Grundgesetzes ist dogmatisch darüber hinaus als ungeschriebener Verfassungsgrundsatz einzuordnen, der aus einer Gesamtschau von Normen des Grundgesetzes entwickelt wird. Als solcher wohnt ihm über seine auslegungsleitende Funktion hinaus ein materieller Bedeutungsgehalt inne. Der Verfassungsgrundsatz strebt eine Harmonisierung von Völkerrecht und innerstaatlichem Recht an und fordert einen verfassungsrechtlichen Abwägungsprozess auch bei einem Normwiderspruch, der nicht anhand einer völkerrechtsfreundlichen Auslegung aufgelöst werden kann, etwa weil der Gesetzgeber seinen Willen, Völkervertragsrecht nicht anzuwenden, in der inhaltlich widersprechenden nationalen Norm ausdrücklich zum Ausdruck gebracht hat. An dem entgegenstehenden Willen des Gesetzgebers findet eine völkerrechtsfreundliche Auslegung seine Grenze – parallel zu der vom Bundesverfassungsgericht hinsichtlich der verfassungskonformen Auslegung gefundenen Grenze. Grund für diese Grenze ist, dass eine darüber hinausgehende Auslegung den auf Grund des Demokratieprinzips zu beachtenden rechtspolitischen Willen des Gesetzgebers untergraben bzw. ersetzen würde, ohne dass eine Abwägung mit verfassungsrechtlich relevanten Abwägungsbelangen stattfinden würde. Diese Grenze ist bei vielen Treaty Overriding-Vorschriften erreicht, so dass eine völkerrechtsfreundliche Auslegung nicht zu einer Harmonisierung von Völkerrecht und nationalem Recht führen kann. Harmonisierung bedeutet dann, dass dem Gesetzgeber hinsichtlich des Bruches seiner völkervertraglichen Verpflichtungen durch ein den Steuerpflichtigen belastendes Steuergesetz zwar ein Entscheidungsspielraum verbleibt, dieser aber in Fällen der (willentlichen) Abweichung von seinen völkervertraglichen Verpflichtungen auf Grund des Bestehens des Verfassungsgrundsatzes der Völkerrechtsfreundlichkeit des Grundgesetzes im Einzelfall verfassungsrechtlich gerechtfertigt werden muss.
29. Der Verfassungsgrundsatz der Völkerrechtsfreundlichkeit des Grundgesetzes prägt die gesamte innerstaatliche Rechtsordnung als Leitgedanke. Daraus folgt eine abgestufte Orientierung des innerstaatlichen Rechts am Völkerrecht. Diese

hat dadurch zu geschehen, dass die Bindung an das Völkerrecht umso höher ist, je weiter der zu entscheidende Fall an die von den einzelnen Artikeln umfassten Lebensbereiche angenähert ist, aus denen der Verfassungsgrundsatz entwickelt wird. Dies sind die Präambel, Art. 1 Abs. 2, soweit darin auch ein europäischer Menschenrechtsschutz verbürgt wird, Art. 9 Abs. 2, Art. 16 Abs. 2, Art. 23, Art. 24 bis 26, Art. 59 Abs. 2 sowie Art. 100 Abs. 2 GG. Freier ist der Gesetzgeber in Fällen, die keinen Bezug zu den vorstehenden Artikeln des Grundgesetzes haben. Als Verfassungsgrundsatz ist die Völkerrechtsfreundlichkeit jedoch nicht auf die von diesen Artikeln umfassten Lebenssachverhalte beschränkt, sondern ist auch in anderen grundrechtsrelevanten Lebenssachverhalten wie denjenigen des Internationalen Steuerrechts zu beachten. Auch hier vermittelt der Verfassungsgrundsatz der Völkerrechtsfreundlichkeit einen verfassungsrechtlichen Maßstab für die Steuergesetzgebung, wenn auch in einem im Vergleich zum europäischen Menschenrechtsschutz zurückgenommenen Maß an Harmonisierung. Grundsätzlich ist eine Harmonisierung aber in allen grundrechtsrelevanten Bereichen und somit auch im Bereich des Internationalen Steuerrechts geboten.

30. Für die materielle Ausgestaltung der Harmonisierung zwischen Treaty Overriding-Vorschriften und DBA ist auf die Grundsätze des Internationalen Privatrechts zurückzugreifen. Ein Abweichen von DBA auf Grund eines Treaty Overriding-Gesetzes ist daher nur dann in Einklang mit dem Verfassungsgrundsatz zu bringen, wenn in der Abweichung wesentliche Grundsätze des deutschen (Steuer-)Rechts zum Ausdruck kommen und diese den Bruch von einzelnen DBA-Regelungen erfordern.

31. Im Falle der Verletzung des Verfassungsgrundsatzes der Völkerrechtsfreundlichkeit des Grundgesetzes kann ein Gericht eine konkrete Normenkontrolle veranlassen oder der Steuerpflichtige Verfassungsbeschwerde erheben.

32. Als äußerste Grenze der materiellen Wirkkraft des Verfassungsgrundsatzes der Völkerrechtsfreundlichkeit des Grundgesetzes ist die uneingeschränkte Selbstbindung des Gesetzgebers durch den Abschluss von DBA einzustufen. Das bedeutet, dass die DBA-Regelungen nicht lediglich durch eine Änderung auf bilateraler Ebene, sondern grundsätzlich auch durch eine unilaterale Gesetzgebung geändert werden können, auch wenn dabei der Verfassungsgrundsatz der Völkerrechtsfreundlichkeit des Grundgesetzes bechtet werden muss.

33. Das Bundesverfassungsgericht hat den Rechtssatz der Völkerrechtsfreundlichkeit über mehrere Jahrzehnte entwickelt und verleiht ihm mehr und mehr eine materiell-rechtliche Bedeutung.

34. In der Zeit vor dem „Görgülü"-Beschluss im Jahr 2004 hat das Bundesverfassungsgericht bereits festgestellt, dass es keine kompetenzielle Selbstbindung des Gesetzgebers durch den Abschluss eines völkerrechtlichen Vertrages gibt, das Grundgesetz im Bereich des Völkerrechts keinen uneingeschränkten Vorrang beanspruchen kann sowie einem völkerrechtlichen Vertrag auslegungsleitende Funktion in Bezug auf einfaches Gesetzesrecht zukommt. Das

Bundesverfassungsgericht spricht schon vor dem „Görgülü"-Beschluss von dem Grundsatz der Völkerrechtsfreundlichkeit des Grundgesetzes.

35. Mit dem „Görgülü"-Beschluss wendet sich das Bundesverfassungsgericht in einem obiter dictum ausdrücklich an den Gesetzgeber und spricht der Völkerrechtsfreundlichkeit des Grundgesetzes einen materiellen Gehalt zu. Das Gebot einer völkerrechtsfreundlichen Auslegung wird bekräftigt.

36. Das Bundesverfassungsgericht vollzieht die Einordnung der Völkerrechtsfreundlichkeit des Grundgesetzes als Verfassungsgrundsatz in jüngeren Entscheidungen ausdrücklich.

37. Hinsichtlich der Bindung des Gesetzgebers an den Verfassungsgrundsatz spricht sich das Bundesverfassungsgericht für eine Berücksichtigungspflicht des Völkervertragsrechts bei der Anwendung innerstaatlichen (unilateralen) Rechts aus.

38. Verfahrensrechtlich kann sich der Steuerpflichtige über die Abwehrgrundrechte in Verbindung mit dem Verfassungsgrundsatz der Völkerrechtsfreundlichkeit des Grundgesetzes gegen eine aus der Anwendung einer Treaty Overriding-Vorschrift resultierende Belastung zur Wehr setzen.

39. Aus dem „Görgülü"-Beschluss ist der Umkehrschluss gezogen worden, dass der Gesetzgeber auf Grund der Völkerrechtsfreundlichkeit des Grundgesetzes Völkervertragsrecht beachten muss, solange dessen Anwendung nicht tragende Grundsätze der Verfassung entgegenstehen. Der in der steuerrechtlichen Literatur gezogene Schluss, dass Treaty Overriding-Vorschriften deshalb generell verfassungswidrig seien, da ein Verstoß gegen tragende Grundsätze der Verfassung im Bereich des Internationalen Steuerrechts kaum denkbar sei, ist kritisch zu sehen. Der Umkehrschluss ist methodisch nicht angreifbar.

40. Kritiker des Postulats der generellen Verfassungswidrigkeit von Treaty Overriding-Vorschriften auf Grund der Aussagen im „Görgülü"-Beschluss wenden ein, dass der vorgenannte Umkehrschluss nicht zu ziehen sei, die Übertragung dieses Schlusses „eins-zu-eins" auf das Internationale Steuerrecht unzulässig sei, der „Görgülü"-Beschluss nicht eine Bindung des Gesetzgebers, sondern der Judikative im Blick hatte sowie eine Übertragung daran scheitern müsse, dass die besondere Bedeutung der EMRK zu dieser Entscheidung geführt habe.

41. Die Übertragung auf das Internationale Steuerrecht ist möglich und angebracht, da es sich bei der EMRK wie den DBA um einfaches Recht handelt und daher eine Vergleichbarkeit gegeben ist, die die Übertragung der Aussagen im „Görgülü"-Beschluss auf das Internationale Steuerrecht jedenfalls soweit rechtfertigen, als es um die Bindung des Gesetzgebers geht. Der „Görgülü"-Beschluss enthält außerdem in einer als „obiter dictum" zu bezeichnenden Passage einen ausdrücklichen Bezug zur Bindung des Gesetzgebers.

42. Die gegen die Interpretation des „Görgülü"-Beschlusses als maßgebliche Entscheidung für das Verhältnis von Völkervertragsrecht zu innerstaatlichem Recht vorgebrachten Argumente halten einer Überprüfung jedoch insoweit stand, als tatsächlich die besondere Bedeutung der EMRK zu der im Beschluss enthaltenen Grenze für den Gesetzgeber geführt hat, dass Völkerrecht nur dann gebrochen werden dürfe, sofern nur auf diese Weise ein Verstoß gegen tragende

Grundsätze der Verfassung abzuwenden ist. Richtig ist aber auch, dass der „Görgülü"-Beschluss nur anhand der Annahme eines Verfassungsgrundsatzes der Völkerrechtsfreundlichkeit des Grundgesetzes dogmatisch zu erklären ist. Diese entwickelt, wie sich auch in späteren Entscheidungen zeigt, eine abgestufte Bindungswirkung gegenüber den Staatsorganen und damit auch gegenüber dem Gesetzgeber, je näher der zu beurteilende Sachverhalt zu Sachverhalten steht, die ausdrücklich in Grundgesetznormen geregelt sind, aus denen der Verfassungsgrundsatz entwickelt wird.

43. § 50d Abs. 8 Satz 1 EStG enthält eine unilaterale Subject-to-tax-Regelung. Die Norm ist als Treaty Overriding-Vorschrift anzusehen, sofern nicht das jeweils anzuwendende DBA entsprechende, ausreichende konkrete Vorbehalte oder eine dem § 50d Abs. 8 Satz 1 EStG entsprechende Klausel enthält.

44. § 50d Abs. 8 Satz 1 EStG widerspricht dem in den deutschen DBA noch vorherrschenden Grundsatz der Verhinderung der virtuellen Doppelbesteuerung.

45. § 50d Abs. 8 Satz 1 EStG beinhaltet nicht lediglich verfahrensrechtliche Anforderungen.

46. Auf Grund der bisherigen Rechtsprechung des Bundesverfassungsgerichts zur verfassungsrechtlichen Rechtsposition einer durch einen völkerrechtswidrigen Akt belasteten Person und seiner Einordnung des Verfassungsgrundsatzes der Völkerrechtsfreundlichkeit des Grundgesetzes erscheint es vorzugswürdig, im Hinblick auf ein Treaty Overriding eine Prüfung der dadurch eventuell verletzten Grundrechte vorzunehmen.

47. Im Bereich des Treaty Overriding kommt die Verletzung der Art. 14 Abs. 1, Art. 3 Abs. 1 oder aber Art. 2 Abs. 1 GG in Verbindung mit dem Gebot der Völkerrechtsfreundlichkeit in Betracht.

48. Der Schutzbereich von Art. 14 Abs. 1 GG könnte zwar eröffnet sein. Jedoch stellt das Bundesverfassungsgericht in seiner neueren Rechtsprechung an die Rechtfertigung eines Eingriffs in Art. 2 Abs. 1 und 14 Abs. 1 GG die gleichen Anforderungen, so dass eine Verletzung von Art. 14 Abs. 1 GG jedenfalls dann keine eigenständige Bedeutung für den Grundrechtsschutz des Steuerpflichtigen hat, wenn der Schutzbereich des Art. 2 Abs. 1 GG eröffnet ist und ein Eingriff in das Grundrecht der allgemeinen Handlungsfreiheit vorliegt.

49. Der Schutzbereich des Art. 2 Abs. 1 GG ist im Anwendungsbereich des § 50d Abs. 8 Satz 1 EStG eröffnet.

50. Es liegt ein Eingriff in Art. 2 Abs. 1 GG durch die Anwendung von § 50d Abs. 8 Satz 1 EStG vor. Dieser erklärt sich unter anderem aus der Art des Eingriffs, nämlich der Beschränkung der Handlungsfreiheit des Steuerpflichtigen auf Grund eines völkerrechtswidrigen Gesetzgebungsakts.

51. Eine Doppelbesteuerung ist für das Vorliegen eines Eingriffs nicht erforderlich.

52. § 50d Abs. 8 Satz 1 EStG ist als Fiskalzwecknorm einzuordnen.

53. Lenkungszwecke werden mit § 50d Abs. 8 Satz 1 EStG jedenfalls nicht konsequent oder glaubwürdig umgesetzt.

54. Der Verfassungsgrundsatz der Völkerrechtsfreundlichkeit des Grundgesetzes gebietet in seiner hier herausgearbeiteten Wirkungsweise eine Berücksichtigung im Rahmen einer Verhältnismäßigkeitsprüfung.

55. § 50d Abs. 8 Satz 1 EStG ist geeignet den ihm innewohnenden fiskalischen Zweck zu erfüllen. Es kann offen bleiben, ob § 50d Abs. 8 Satz 1 EStG erforderlich ist, um den fiskalischen Zweck zu erfüllen und ob es nicht mildere, gleich wirksame Mittelgibt, diesen Zweck zu erreichen.

56. § 50d Abs. 8 Satz 1 EStG ist jedenfalls unverhältnismäßig. Insbesondere können weder das Demokratieprinzip noch Gesichtspunkte der Lastengerechtigkeit den Verstoß gegen den Verfassungsgrundsatz der Völkerrechtsfreundlichkeit rechtfertigen.

57. Art. 3 Abs. 1 GG steht der in Treaty Overriding-Vorschriften zum Ausdruck kommenden Entscheidung des Gesetzgebers für einen völkerrechtswidrigen Belastungsgrund auf Grund des dabei bestehenden weitgehenden Entscheidungsspielraums des Gesetzgebers nicht im Wege. Die Sicherstellung einer Einmalbesteuerung ist ein ausreichender Sachgrund für die Belastungsentscheidung.

58. § 50d Abs. 8 Satz 1 EStG verstößt gegen Art. 2 Abs. 1 GG in Verbindung mit dem Verfassungsgrundsatz der Völkerrechtsfreundlichkeit des Grundgesetzes und ist aus diesem Grunde verfassungswidrig.

59. Dem Bundesfinanzhof ist in seinem Vorlagebeschluss zu § 50d Abs. 8 Satz 1 EStG nicht uneingeschränkt zu folgen. Neben dogmatischen Einwänden ist die nicht weiter differenzierte Übernahme des verfassungsrechtlichen Maßstabs aus der „Görgülü"-Entscheidung des Bundesverfassungsgerichts zu kritisieren.

60. Bei § 50d Abs. 10 EStG handelt es sich um eine Switch-over-Klausel, mittels derer ein abkommensrechtlicher Qualifikations- bzw. Zurechnungskonflikt im Bereich der Sondervergütungen eines Gesellschafters einer Personengesellschaft durch die Zuordnung dieser Vergütungen zu den Unternehmensgewinnen (Art. 7 OECD-MA) in der Weise unilateral aufgelöst wird, dass der deutsche Besteuerungszugriff sichergestellt wird. Im Rahmen der verfassungsrechtlichen Problematik von § 50d Abs. 10 EStG steht (neben Fragen der echten Rückwirkung, die in dieser Arbeit nicht behandelt werden) die Charakterisierung der Norm als Treaty Overriding im Vordergrund.

61. Hinsichtlich der Charakterisierung von § 50d Abs. 10 EStG als Treaty Overriding ist entscheidend, dass § 50d Abs. 10 EStG eine den Steuerpflichtigen belastende Rechtsfolge anordnet, die im Widerspruch zur (feststehenden) Auslegung von DBA-Regelungen durch den Bundesfinanzhof steht. Diese Auslegung führt dazu, dass Sondervergütungen nicht Art. 7 OECD-MA zugeordnet werden, sondern je nach Ausgestaltung Art. 11 OECD-MA (Zinszahlungen) oder Art. 12 OECD-MA (Lizenzzahlungen) und dementsprechend das Besteuerungsrecht der Vertragsstaaten begrenzt wird. Denn diese Auslegung ist für den Steuerpflichtigen jedenfalls „faktisch" maßgeblich.

62. Anders wäre dies wie bei allen anderen Treaty Overriding-Normen allein dann zu beurteilen, wenn das jeweils anzuwendende DBA einen entsprechenden, ausreichend konkreten Vorbehalt zu Gunsten des nationalen Rechts enthalten

würde. Gleiches würde gelten, wenn das Abkommen selbst eine Klausel enthalten würde, die § 50d Abs. 10 EStG inhaltlich entspricht oder das Abkommen Sondervergütungen ausdrücklich den Unternehmensgewinnen zuordnet, wie es in einigen DBA vereinbart ist.

63. Der Zweck von § 50d Abs. 10 EStG erschöpft sich in der Sicherstellung von Besteuerungssubstrat.

64. § 50d Abs. 10 EStG stellt einen Eingriff in Art. 2 Abs. 1 GG in Verbindung mit dem Gebot völkerrechtsfreundlichen Verhaltens dar, soweit seine Anwendung zu einer Doppelbesteuerung führt, was regelmäßig der Fall ist.

65. Es gibt keinen Rechtfertigungsgrund für den Grundrechtseingriff. Insbesondere können Gesichtspunkte der Besteuerung nach der Leistungsfähigkeit im Falle von § 50d Abs. 10 EStG angesichts der mit der Norm verfolgten, rein fiskalischen Zwecken nicht zu einer Rechtfertigung führen, zumal es in vielen Fällen zu einer Doppelbesteuerung in Folge der Anwendung der Norm kommt. Die vom Gesetzgeber in der Gesetzesbegründung erstrebte Gleichbehandlung von Gesellschaftern einer Personengesellschaft mit Einzelunternehmern ist in DBA von vornherein nicht vorgesehen. Daher ist eine Ungleichbehandlung in DBA-Fällen hinzunehmen. Sie kann ein gesetzgeberisches Vorgehen im Wege des Treaty Overriding nicht verfassungsrechtlich rechtfertigen.

66. § 50d Abs. 10 EStG verstößt gegen Art. 2 Abs. 1 GG in Verbindung mit dem Verfassungsgrundsatz der Völkerrechtsfreundlichkeit des Grundgesetzes und ist daher verfassungswidrig.

H. Schlussbetrachtung

Die vorliegende Arbeit hat gezeigt, dass Treaty Overriding nicht nur rechtspolitisch als (häufig offener) Bruch von Völkervertragsrecht unerfreulich ist, sondern einer verfassungsrechtlichen Prüfung regelmäßig nicht standhalten wird. Es bleibt abzuwarten, wie das Bundesverfassungsgericht diesbezüglich in den drei ihm zur Entscheidung vorliegenden Vorlagebeschlüssen des Bundesfinanzhofs entscheidet. Die Hoffnung auf eine Klärung dieser Problematik durch das Bundesverfassungsgericht in allen Vorlageverfahren ist jedoch gering. Es ist anzunehmen, dass die beiden Vorlagebeschlüsse aus den Jahren 2013 und 2014 aus Gründen der Rückwirkung für verfassungswidrig erklärt werden. Allein in dem ersten Vorlagebeschluss aus dem Jahr 2012 besteht die realistische Chance, dass die Steuer-, Staats- und Völkerrechtswissenschaft eine Klärung durch das Bundesverfassungsgericht erhält.

Unabhängig von der Entscheidung des Bundesverfassungsgerichts werden die Schwerpunkte in Zukunft regelmäßig auf den Fragen liegen, ob in Bezug auf das jeweilige DBA überhaupt ein Treaty Overriding vorliegt und sich daran anknüpfend die in dieser Arbeit herausgearbeiteten Anwendungs- und verfassungsrechtlichen Fragen ergeben. Im Hinblick darauf ist eine besondere „Begriffsschärfe" hinsichtlich des Untersuchungsgegenstands notwendig. Diese sollte in der vorliegenden Untersuchung durch eine eigene Begriffsbestimmung des Treaty Overriding und zahlreiche Abgrenzungsfälle geschaffen werden. Auf Grund des Umstands, dass der Begriff des Treaty Overriding in keiner Norm verwendet wird, wurde hinsichtlich der Begriffsbestimmung auf in der Steuerwissenschaft etablierte Ansätze zurückgegriffen und diese modifiziert. Auf Grundlage dieser Begriffsbestimmung bietet die vorliegende Arbeit für die sich daraus ergebenden Anwendungsfragen einen Lösungsweg.

Soweit es zu der typischen Konfliktsituation zwischen einem DBA und einer Treaty Overriding-Vorschrift kommen sollte, muss die Treaty Overriding-Vorschrift dem in dieser Arbeit herausgearbeiteten verfassungsrechtlichen Prüfungsrahmen standhalten, um eine Wirkung gegenüber dem betroffenen Steuerpflichtigen entfalten zu können. Dabei geht es auch um die Frage, ob der Verfassungsgrundsatz der Völkerrechtsfreundlichkeit des Grundgesetzes im Kontext des Internationalen Steuerrechts dem Steuerpflichtigen eine subjektive Rechtsposition gegen Akte der Steuerverwaltung einräumt. In dieser Untersuchung wird die Frage im Hinblick auf § 50d Abs. 8 Satz 1 und § 50d Abs. 10 EStG bejaht.

Weitgehende Einigkeit besteht inzwischen in der normenhierarchischen Einordnung von DBA als völkerrechtliche Verträge in die innerstaatliche Rechtsordnung. Sie stehen im Rang einfachen Bundesrechts. Die Konfliktsituation zwischen DBA und Treaty Overriding-Vorschrift erfordert jedoch die Beantwortung einer darüber hinausgehenden grundlegenden Frage des Verhältnisses zwischen innerstaatlichem Recht und Völkervertragsrecht: Inwieweit besteht seitens des Grundgesetzes ein Auftrag bzw. ein Gebot zur Harmonisierung? Erstaunlicherweise ist diese Frage in der langen Geschichte des Grundgesetzes bisher nicht so beantwortet worden, dass eine klare Antwort gefunden wurde. Doch zeigt die Konzeption des Grundgesetzes, aber auch die Interpretation des Grundgesetzes durch das Bundesverfassungsgericht, eine deutliche Tendenz. Es hat eine Harmonisierung stattzufinden. Durch die dualistische Sichtweise des Grundgesetzes kann es ein Primat des Völkerrechts nicht geben. Vielmehr muss im Konfliktfall eine Grenzziehung gefunden werden. Der entsprechende Mechanismus ist die seit Jahrzehnten in der Rechtsprechung des Bundesverfassungsgerichts vorzufindende Völkerrechtsfreundlichkeit des Grundgesetzes. *Bleckmann* attestierte dieser bereits im Jahr 1975: „*Dabei ist allerdings zu bedenken, daß die Bundesrepublik Deutschland sich innerstaatlich von ihren zahllosen völkerrechtlichen Verpflichtungen im Notfall lösen können muß (...). Deshalb muß eine Konstruktion gefunden werden, die den Vorzug des späteren Gesetzes im Notstand gestattet, aber im Normalfall ausschließt. Eine solche Lösung gestattet heute schon der Verfassungssatz der Völkerrechtsfreundlichkeit der nationalen Rechtsordnung (...).*"[1215] Diesem Grundgedanken folgt die vorliegende Arbeit und entwickelt ihn weiter. Dabei wurde seitens des Bundesverfassungsgerichts bereits anerkannt, dass die Völkerrechtsfreundlichkeit des Grundgesetzes jedenfalls im Rahmen der Grenzen der Auslegung zu einer Harmonisierung der völkerrechtlichen Verpflichtungen Deutschlands und seines innerstaatlichen Rechts führt. In dieser Arbeit wurde weitergehend dargelegt, dass die Völkerrechtsfreundlichkeit nicht nur Programm, sondern auch Verfassungsgrundsatz ist. Damit muss sie auch dann eine Berücksichtigung in der Prüfung der Vereinbarkeit von Treaty Overriding-Normen mit dem Grundgesetz finden, wenn die Grenzen der (völkerrechtsfreundlichen) Auslegung erreicht sind. Auch die Rechtsprechung des Bundesverfassungsgerichts lässt sich nach hier vertretener Ansicht so verstehen. Allein der Verfassungsgrundsatz der Völkerrechtsfreundlichkeit des Grundgesetzes ermöglicht eine abgestufte Intensität der Bindung des Gesetzgebers beim Erlass innerstaatlicher Normen an die völkervertraglichen Bindungen Deutschlands je nach Regelungsgegenstand (Menschenrechte, Friedensrecht, Steuerrecht etc.). Für das Steuerrecht bietet das Internationale Privatrecht mit seinem „ordre public" und der für eine Anerkennung ausländischen Rechts notwendigen Übereinstimmung mit der innerstaatlichen „Systemgerechtigkeit" des betroffenen Rechtsgebiets einen Maßstab zur Lösung von Konflikten zwischen DBA und Treaty Overriding-Vorschriften an. Am Ende steht jedoch stets eine Einzelprüfung, so dass in dieser Arbeit nicht abschließend über das Verhältnis zwischen Völkervertragsrecht und ihm widersprechenden innerstaatlichen Recht in jedem Fall entschieden werden kann. Es wird jedoch ein Weg aufgezeichnet, wie nicht nur im Verhältnis zur EMRK ein Maßstab für den Gesetzgeber gefunden werden kann, in dem die berechtigten Interessen Deutschlands an einem an Art. 3 Abs. 1 GG orientierten Einkommensteuersystem mit seinen völkervertraglichen Verpflichtungen und den ihnen innewohnenden Grundsätzen wie der Verhinderung der virtuellen Doppelbesteuerung in Einklang gebracht werden.

1215 *Bleckmann*, Grundgesetz und Völkerrecht (1975), S. 279.

Es dürfte kein Zufall sein, dass sich Deutschland ausgerechnet in Steuerfragen (häufig) offen gegen seine völkervertraglichen Verpflichtungen stellt – es geht um Staatseinnahmen. Hier kommt es für das Verhältnis von Völkervertragsrecht in Form der DBA und innerstaatlichem Recht in Form von Treaty Overriding-Vorschriften in verfassungsrechtlicher Hinsicht „zum Schwur". Rein fiskalische Gründe, zu denen auch die Verhinderung von doppelten Nichtbesteuerungen zählen, reichen als verfassungsrechtliche Rechtfertigung regelmäßig nicht aus, wie die Prüfung von § 50d Abs. 8 Satz 1 EStG sowie von § 50d Abs. 10 EStG in der vorliegenden Untersuchung gezeigt haben. Zwar können Gründe der Lastengerechtigkeit (Prinzip der Besteuerung nach der Leistungsfähigkeit) im Einzelfall ein Treaty Overriding rechtfertigen. Dies wird insbesondere dann der Fall sein, wenn es missbräuchliche und damit gleichheitswidrige Steuergestaltungen verhindert. In allen anderen Fällen ist aber zu berücksichtigen, dass das DBA bezüglich der maßgeblichen Vergleichsgruppen eine Besteuerungsgleichheit von vornherein suspendiert. Denn in den von Deutschland abgeschlossenen DBA ist die Vorstellung vorherrschend, dass sie allein die virtuelle (und nicht die tatsächliche) Doppelbesteuerung verhindern sollen. Damit einher geht eine Suspendierung des Leistungsfähigkeitsprinzips dahingehend, dass es dem anderen Staat überlassen ist, ob und in welchem Maße er von einem etwaigen Besteuerungsrecht Gebrauch macht. Für die Abwägung im Einzelfall wird in Zukunft entscheidend sein, ob Deutschland an dem grundsätzlichen System der Verhinderung der virtuellen Doppelbesteuerung und der damit einhergehenden Suspendierung des Gebots der Belastungsgleichheit festhalten wird. Solange dies jedoch der Fall ist, setzt sich das Völkervertragsrecht regelmäßig gegen das innerstaatliche Recht durch, wie zu den beiden genannten Vorschriften gezeigt wurde.

Mit Spannung ist die Entscheidung des Bundesverfassungsgerichts zu dem ersten Vorlagebeschluss des Bundesfinanzhofs aus dem Jahr 2012 zu erwarten. Es wurde in dieser Arbeit gezeigt, dass die Rechtsprechungslinie des Bundesverfassungsgerichts nicht erst seit der „Görgülü"-Entscheidung auf eine Harmonisierung in dem in dieser Arbeit favorisierten Sinne hindeutet. Es wäre wünschenswert, wenn das Bundesverfassungsgericht diese Tendenzen in einer Entscheidung verdichtet und den Vorlagebeschluss als Gelegenheit wahrnimmt, einen verfassungsrechtlichen Rahmen für den vielfältigen Bruch von Völkervertragsrecht durch den deutschen Gesetzgeber im Bereich der DBA zu entwickeln.

Unabhängig davon ist der Gesetzgeber angehalten, die in vielerlei Hinsicht höchst problematische Vorgehensweise der Schließung bestehender oder angenommener Besteuerungslücken in DBA im Wege des Treaty Overriding aufzugeben und vermehrt in den Dialog mit seinen Vertragspartnern zu treten.

I. Beschluss des Bundesverfassungsgerichts zur Zulässigkeit des Treaty Overriding vom 15. Dezember 2015 (Nachtrag)

Die vorliegende Untersuchung wurde am 8. Februar 2016 bei der Juristischen Fakultät der Universität Passau als Dissertation eingereicht. Sie berücksichtigt den Sachstand bis zum Zeitpunkt der Einreichung. Am 12. Februar 2016, wenige Tage nach der Einreichung dieser Untersuchung, hat das Bundesverfassungsgericht seinen Beschluss vom 15. Dezember 2015 zur Zulässigkeit der Überschreibung von Völkervertragsrecht durch innerstaatliches Recht („Treaty Override")[1216] auf seiner Homepage der Öffentlichkeit zugänglich gemacht.[1217] Das Bundesverfassungsgericht ist in seiner Begründung von dem in dieser Untersuchung herausgearbeiteten verfassungsrechtlichen Rahmen für das Treaty Overriding abgewichen und hat die Treaty Overriding-Vorschrift in Gestalt des § 50d Abs. 8 Satz 1 EStG ebenfalls abweichend von dem Ergebnis in dieser Untersuchung als verfassungsmäßig eingestuft.[1218] Auf Grund dieser inhaltlichen Divergenz und wegen der weitreichenden Bedeutung für den Untersuchungsgegenstand wird dieser Beschluss im Rahmen des folgenden Nachtrags behandelt. Darin soll der Inhalt des Beschlusses mit den wesentlichen Erwägungen des Bundesverfassungsgerichts zusammenfassend dargestellt und auf Grundlage der hier gefundenen Untersuchungsergebnisse sowie einer Auswertung der zu dem Beschluss ergangenen Fachliteratur einer Bewertung zugeführt werden.

I. Inhalt des Beschlusses

Das Bundesverfassungsgericht behandelt zunächst die Zulässigkeit des Vorlagebeschlusses des Bundesfinanzhofs[1219] und bejaht diese in wenigen Sätzen.[1220] Das

---

1216 BVerfG, Beschluss vom 15.12.2015, 2 BvL 1/12, IStR 2016, 191.

1217 Siehe hierzu die Pressemitteilung Nr. 9/2016 vom 12.2.2016, abrufbar unter http://www.bundesverfassungsgericht.de/SharedDocs/Entscheidungen/DE/2015/12/ls20151215_2bvl000112.html.

1218 BVerfG, Beschluss vom 15.12.2015, 2 BvL 1/12, IStR 2016, 191; vgl. dazu die Prüfung des § 50d Abs. 8 Satz 1 EStG in dieser Untersuchung unter Punkt F.IV.2.

1219 BFH vom 10.1.2012, I R 66/09, IStR 2012, 426, ergänzt durch den Beschluss des BFH vom 10.6.2015, I R 66/09, IStR 2015, 627; siehe zum Vorlagebeschluss ausführlich Punkt F.IV.3.

1220 BVerfG, Beschluss vom 15.12.2015, 2 BvL 1/12, IStR 2016, 191, juris Rz. 21 – 31; kritisch zur Zulässigkeit insbesondere im Hinblick auf das Offenlassen der Frage des Vorliegens eines Treaty Overriding im konkreten Fall *Fastenrath*, JZ 2016, 636 (637).

Bundesverfassungsgericht hält die Vorlage jedoch für unbegründet[1221] – mit abweichendem Votum der Richterin am Bundesverfassungsgericht *König*.[1222] § 50d Abs. 8 Satz 1 EStG in der Fassung des Zweiten Gesetzes zur Änderung steuerlicher Vorschriften vom 15. Dezember 2003[1223] sei mit dem Grundgesetz vereinbar.[1224] Das Bundesverfassungsgericht geht in seiner Begründung davon aus, dass völkerrechtlichen Verträgen, zu denen § 50d Abs. 8 Satz 1 EStG möglicherweise in Widerspruch steht,[1225] durch die vom Grundgesetz vorgegebene Ordnung der Rang einfacher Bundesgesetze zugewiesen sei,[1226] soweit nicht spezielle Öffnungsklauseln – insbesondere Art. 23 bis 25 GG – anzuwenden seien.[1227] Dies ergebe sich insbesondere aus der Existenz von Art. 25 Satz 2 GG, der nur den allgemeinen Regeln des Völkerrechts im Gegensatz zu den besonderen völkervertraglichen Regelungen einen erhöhten Rang einräumt.[1228] Aus dem Grundsatz *pacta sunt servanda* und § 2 Abs. 1 AO folge nichts anderes.[1229] Das führe dazu, dass völkervertragliche Regelungen durch spätere, ihnen widersprechende Bundesgesetze verdrängt werden können, was weder infolge der Anwendung des Grundsatzes der Völkerrechtsfreundlichkeit des Grundgesetzes noch auf Grund des Rechtsstaatsprinzips geändert werden könne.[1230] Eine andere Sichtweise würde dem Demokratieprinzip widersprechen, welches eine Herrschaft auf Zeit beinhalte und daher die Revidierbarkeit von Gesetzgebungsakten durch den späteren Gesetzgeber einfordere und einer „Änderungssperre" für die Zukunft entgegenstehe.[1231] Hinzu komme, dass der Gesetzgeber nicht für die Kündigung völkerrechtlicher Verträge zuständig sei.[1232]

Die geschilderte Sichtweise stehe im Einklang mit der bisherigen Rechtsprechung des Bundesverfassungsgerichts.[1233] Insbesondere könne dem „Görgülü"-Beschluss[1234] nichts anderes entnommen werden. Denn dieser verhalte sich nicht zu einer Bindung des Gesetzgebers, sondern betreffe die Rechtsfolgen einer unzureichenden Beach-

---

1221 BVerfG, Beschluss vom 15.12.2015, 2 BvL 1/12, IStR 2016, 191, juris Rz. 32 ff.
1222 Die abweichende Meinung von Prof. Dr. König findet sich im Anschluss an die Entscheidungsgründe des Bundesverfassungsgerichts in IStR 2016, 204 ff.
1223 BGBl. I 2003, 2645.
1224 BVerfG, Beschluss vom 15.12.2015, 2 BvL 1/12, IStR 2016, 191, juris Rz. 32.
1225 Diesen Widerspruch prüft das Bundesverfassungsgericht nicht abschließend, siehe BVerfG, Beschluss vom 15.12.2015, 2 BvL 1/12, IStR 2016, 191, juris Rz. 32, 82; vgl. auch *Trinks/Frau*, IWB 2016, 308 (309) sowie *Fastenrath*, JZ 2016, 636 (636 f.).
1226 BVerfG, Beschluss vom 15.12.2015, 2 BvL 1/12, IStR 2016, 191, juris Rz. 33.
1227 BVerfG, Beschluss vom 15.12.2015, 2 BvL 1/12, IStR 2016, 191, 2. Leitsatz.
1228 BVerfG, Beschluss vom 15.12.2015, 2 BvL 1/12, IStR 2016, 191, juris Rz. 37 ff.
1229 BVerfG, Beschluss vom 15.12.2015, 2 BvL 1/12, IStR 2016, 191, juris Rz. 43 ff.
1230 BVerfG, Beschluss vom 15.12.2015, 2 BvL 1/12, IStR 2016, 191, juris Rz. 33.
1231 BVerfG, Beschluss vom 15.12.2015, 2 BvL 1/12, IStR 2016, 191, juris Rz. 53 mit Verweis auf *Jankowiak*, Doppelte Nichtbesteuerung (2009), S. 261.
1232 BVerfG, Beschluss vom 15.12.2015, 2 BvL 1/12, IStR 2016, 191, juris Rz. 55.
1233 BVerfG, Beschluss vom 15.12.2015, 2 BvL 1/12, IStR 2016, 191, juris Rz. 57 ff.
1234 BVerfGE 111, 307; siehe hierzu ausführlich Punkt F.III.4.b).

tung von Völkerrecht durch die Fachgerichte.[1235] Andere Entscheidungen des Bundesverfassungsgerichts, die die Bindung des Gesetzgebers durch völkerrechtliche Verpflichtungen behandelten, hätten sich wiederum durchgängig auf grund- und menschenrechtliche Fragestellungen bezogen.[1236] Diese Entscheidungen könnten auf Grund des unterschiedlichen normativen Gesamtgefüges nicht ohne weiteres auf die dem Bundesverfassungsgericht vorgelegte Konstellation übertragen werden.[1237]

Schließlich könne das vom Bundesverfassungsgericht gefundene Ergebnis entgegen anderslautenden Meinungen in der Literatur nicht unter Rückgriff auf den ungeschriebenen Grundsatz der Völkerrechtsfreundlichkeit des Grundgesetzes in Frage gestellt werden.[1238] Der Grundsatz habe zwar Verfassungsrang,[1239] er enthalte jedoch keine verfassungsrechtliche Pflicht zur uneingeschränkten Befolgung aller völkerrechtlichen Verträge, diene vor allem als Auslegungshilfe und könne nicht die dargestellte Rangregelung und Systematik des Grundgesetzes in Bezug auf das Völkerrecht unterlaufen.[1240] Als Auslegungshilfe könne er nur Wirkung im Rahmen des methodisch Vertretbaren entwickeln.[1241] Diese Grenze sei dann überschritten, wenn Art. 59 Abs. 2 Satz 1 GG dahingehend ausgelegt werden sollte, dass völkerrechtlichen Verträgen zumindest im Regelfall ein Rang über den (einfachen) Gesetzen zukäme.[1242] Auch das Rechtsstaatsprinzip könne – entgegen einer vor allem in der steuerrechtlichen Literatur vertretenen und vom Bundesfinanzhof aufgegriffenen Ansicht – nicht zur Verfassungswidrigkeit eines Treaty Overriding führen.[1243] Dabei bestehe kein Zweifel am Vorrang des § 50d Abs. 8 Satz 1 EStG vor der Anwendung des DBA und zwar weder mit Blick auf den Rang noch auf die Zeitfolge noch auf die Spezialität der Regelung.[1244] Abschließend äußert sich das Bundesverfassungsgericht zur Frage der Vereinbarkeit von § 50d Abs. 8 Satz 1 EStG mit Art. 3 GG und bejaht diese Frage.[1245]

1235 BVerfG, Beschluss vom 15.12.2015, 2 BvL 1/12, IStR 2016, 191, juris Rz. 59.
1236 BVerfG, Beschluss vom 15.12.2015, 2 BvL 1/12, IStR 2016, 191, juris Rz. 76 mit Beispielen aus der Rechtsprechung des Bundesverfassungsgerichts.
1237 BVerfG, Beschluss vom 15.12.2015, 2 BvL 1/12, IStR 2016, 191, juris Rz. 76 m.w.N.
1238 BVerfG, Beschluss vom 15.12.2015, 2 BvL 1/12, IStR 2016, 191, juris Rz. 64 ff.
1239 BVerfG, Beschluss vom 15.12.2015, 2 BvL 1/12, IStR 2016, 191, juris Rz. 65.
1240 BVerfG, Beschluss vom 15.12.2015, 2 BvL 1/12, IStR 2016, 191, juris Rz. 67 ff.
1241 BVerfG, Beschluss vom 15.12.2015, 2 BvL 1/12, IStR 2016, 191, juris Rz. 72 m.w.N.
1242 BVerfG, Beschluss vom 15.12.2015, 2 BvL 1/12, IStR 2016, 191, juris Rz. 73.
1243 BVerfG, Beschluss vom 15.12.2015, 2 BvL 1/12, IStR 2016, 191, juris Rz. 77.
1244 BVerfG, Beschluss vom 15.12.2015, 2 BvL 1/12, IStR 2016, 191, juris Rz. 88.
1245 BVerfG, Beschluss vom 15.12.2015, 2 BvL 1/12, IStR 2016, 191, juris Rz. 92 ff.

II. Bewertung

Der Kern der Argumentation des Bundesverfassungsgerichts ist die aus dem Demokratieprinzip folgende Revidierbarkeit bisheriger Gesetzgebungsakte.[1246] Soweit das Bundesverfassungsgericht daraus und aus systematischen Gründen ableitet, dass völkerrechtlichen Verträgen der Rang von einfachem Bundesrecht zuzuweisen ist, ist dieser Folgerung zuzustimmen.[1247] Auch die Ablehnung einer absolut wirkenden „Änderungssperre" ist mit Blick auf das Demokratieprinzip ebenso richtig[1248] wie auch die Weigerung dem Grundsatz *pacta sunt servanda* eine maßgebliche Rolle in der verfassungsrechtlichen Beurteilung der Treaty Overriding-Problematik beizumessen.[1249]

Kritikwürdig erscheint jedoch, dass das Bundesverfassungsgericht ungeachtet der ausdrücklichen Bejahung eines Verfassungsgrundsatzes der Völkerrechtsfreundlichkeit des Grundgesetzes jegliche Bindung des Gesetzgebers jenseits zwingender, der Disposition des Verfassungsgebers entzogener Regelungen[1250] durch das Völkervertragsrecht über eine Pflicht zur völkerrechtsfreundlichen Auslegung hinaus ablehnt.[1251] Wie in dieser Untersuchung herausgearbeitet wurde, gibt es gute Gründe für eine Abwägung zwischen dem Verfassungsgrundsatz der Völkerrechtsfreundlichkeit des Grundgesetzes und dem Demokratieprinzip oder dem Prinzip der Besteuerung nach der Leistungsfähigkeit.[1252] Auch die Richterin *König* hat in ihrem abweichenden Votum das verfassungsrechtliche Gebot einer Abwägung skizziert, um Rechtsstaats- und Demokratieprinzip in einen angemessenen Ausgleich zu

---

1246 Dies ebenfalls als Kern der Argumentation ansehend *Fastenrath*, JZ 2016, 636 (639); vgl. auch *Henrich*, NVwZ 2016, 668: „*Bei seiner Begründung stützt sich der Senat maßgeblich auf das Demokratieprinzip.*"

1247 Siehe hierzu ausführlich Punkt F.I.2.a).

1248 Dies wurde u. a. in Punkt F.III.2.b)bb)bbb) sowie unter dem Aspekt der Selbstbindung des Gesetzgebers in Punkt F.II.1. herausgearbeitet.

1249 Siehe hierzu Punkt F.II.2.

1250 Keine Bindung des Gesetzgebers in der Entscheidung des Bundesverfassungsgerichts erblickend: *Jochimsen*, ISR 2016, 125 (127): „(...) *Freibrief für den deutschen Gesetzgeber* (...), *jedwede DBA-Regelung zu jedwedem Zeitpunkt durch rein innerstaatliches Recht zu überschreiten* (...)." Siehe auch *Musil*, FR 2016, 297 (302): „(...) *Auch einer Abwägungslösung ist das Gericht nicht nähergetreten.*" Wie hier einschränkend etwa für den Bereich der Menschenrechtsgarantien: *Sachs*, JuS 2016, 571 (574).

1251 Kritisch auch: *Fastenrath*, JZ 2016, 636 (639 f.); *Stöber*, DStR 2016, 1889; *Jochimsen*, ISR 2016, 125; *Lehner*, IStR 2016, 217; *Payandeh*, NJW 2016, 1279; *Henrich*, NVwZ 2016, 668; siehe auch die Kommentare von *Gosch*, DB 2016, M5 und *Skulesch*, BB 2016, 1. Mit überwiegend ergänzenden Erwägungen: *Hummel*, IStR 2016, 335. Die Entscheidung begrüßend oder erwartet: *Mitschke*, DStR 2016, 376; *Musil*, FR 2016, 297; ebenso wohl *Trinks/Frau*, IWB 2016, 308 sowie *Cloer/Hagemann*, NWB 2016, 1802.

1252 Siehe Punkt F.III.2.

bringen.[1253] Ein auf dem Verfassungsgrundsatz der Völkerrechtsfreundlichkeit des Grundgesetzes fußendes Abwägungsgebot hätte sich überdies ohne dogmatische Brüche in die bisherige Rechtsprechungsentwicklung eingefügt, wie in dieser Untersuchung nach umfangreicher Auswertung der bisherigen Rechtsprechung des Bundesverfassungsgericht festgestellt worden ist.[1254] Das Bundesverfassungsgericht sieht seine Entscheidung hingegen ebenfalls ausdrücklich im Einklang mit seiner bisherigen Rechtsprechung.[1255] Soweit der „Görgülü"-Beschluss von dem Bundesverfassungsgericht in seinem Beschluss vom 15. Dezember 2015 dahingehend interpretiert wurde, dass der „Görgülü"-Beschluss die Berücksichtigungspflicht der Fachgerichte betroffen hätte,[1256] ist diese Feststellung zwar richtig. Das Bundesverfassungsgericht hat sich in dem „Görgülü"-Beschluss jedoch auch – und zwar in einem obiter dictum – mit der Bindung des Gesetzgebers auseinandergesetzt und diese in der vom Bundesverfassungsgericht in seiner aktuellen Entscheidung selbst zitierten Stelle[1257] befürwortet.[1258] Ein „obiter dictum" ist jedoch kein Votum „zweiter Klasse". Trotz ausdrücklicher Erwähnung dieser Passage in dem „Görgülü"-Beschluss findet eine klarstellende Stellungnahme des Bundesverfassungsgerichts dazu nicht statt. Womöglich konnte sich das Bundesverfassungsgericht einen derartigen Begründungsaufwand jedoch deshalb ersparen, weil es an anderer Stelle deutlich macht, dass es einen entscheidenden materiellen Unterschied zwischen grundrechts- und menschenrechtssensiblen völkerrechtlichen Bereichen und sonstigem Völkerrecht (wie etwa DBA) erkennt.[1259] Es liegt nahe, letztlich darin den Grund für die Nichtanwendung der im „Görgülü"-Beschluss zum Ausdruck gebrachten weitgehenden Berücksichtigungspflicht von Völkervertragsrecht zu erblicken.[1260] Unklar bleibt indes, warum im Bereich von DBA im Sinne eines abgestuften grundgesetzlichen Systems für die Einwirkung bzw. für die Bindungsintensität von Völkerrecht[1261] jegliche Berücksichtigung des Völkervertragsrechts oder des Verfassungsgrundsatzes der Völkerrechtsfreundlichkeit des Grundgesetzes seitens des Bundesverfassungsgerichts abgelehnt wird. Nach der in dieser Untersuchung dargelegten Auffassung ist eine solch absolute Abgrenzung der Berücksichtigung

---

1253 BVerfG, Beschluss vom 15.12.2015, 2 BvL 1/12, IStR 2016, 191, Abweichende Meinung der Richterin *König*, Rz. 7 ff.; ebenfalls für eine verfassungsrechtlich gebotene Rechtfertigung für Treaty Overriding-Vorschriften an Hand von Fallgruppen plädierend *Drüen*, in Tipke/Kruse, AO/FGO (2016), § 2 Rz. 5b.

1254 Siehe Punkt F.III.4. und F.III.5.

1255 BVerfG, Beschluss vom 15.12.2015, 2 BvL 1/12, IStR 2016, 191, juris Rz. 57.

1256 BVerfG, Beschluss vom 15.12.2015, 2 BvL 1/12, IStR 2016, 191, juris Rz. 59.

1257 BVerfG, Beschluss vom 15.12.2015, 2 BvL 1/12, IStR 2016, 191, juris Rz. 59.

1258 Vgl. dazu bereits *Thiemann*, JZ 2012, 908 (911) sowie Punkt F.III.4.b); darauf ebenfalls hinweisend *Sachs*, JuS 2016, 571 (573).

1259 Darauf schon hinweisend *Thiemann*, JZ 2012.

1260 Vgl. auch *Sachs*, JuS 2016, 571 (574); darauf bereits hinweisend *Thiemann*, JZ 2012, 908.

1261 Vgl. *Frenz*, DVBl. 2016, 503 (511) sowie Punkt F.III.2.b)bb).

von grundrechts- und menschenrechtssensiblen Bereichen auf der einen Seite und der Nichtberücksichtigung von sonstigem Völkerrecht auf der anderen Seite nicht zwingend.[1262] Vielmehr gebietet die Bejahung eines Verfassungsgrundsatzes der Völkerrechtsfreundlichkeit des Grundgesetzes auch für diesen Bereich unabhängig von der Einordnung des Völkervertragsrechts als einfaches Recht eine Abwägung.[1263] Im Übrigen kann die Belastung des Steuerpflichtigen in verschiedenen Konstellationen des Treaty Overriding durch eine dadurch ausgelöste Doppelbesteuerung durchaus eine erhöhte Grundrechtsrelevanz haben.[1264]

Auch der Umstand, dass der Gesetzgeber selbst nicht zur Kündigung eines völkerrechtlichen Vertrags wie einem DBA befugt ist, lässt die Ablehnung jeglicher Bindungswirkung nicht zwingend erscheinen. So weist die Richterin *König* in ihrer abweichenden Meinung zu Recht darauf hin, dass es eine Reihe weiterer Möglichkeiten des Bundestags zur Einwirkung auf die zur Kündigung befugte Bundesregierung gibt.[1265] Ohnehin entspricht allein diese Mitwirkung der besonderen, nur schwach ausgestalteten Rolle des Gesetzgebers im Bereich der auswärtigen Gewalt, die ein Handlungsbereich der Regierung ist.[1266] Vorzugswürdig wäre es daher auch in diesem Zusammenhang gewesen, die Geltendmachung der Einflussmöglichkeiten des Gesetzgebers und deren Wirkung im Rahmen einer Abwägung zu würdigen.[1267] Die Entscheidung des Bundesverfassungsgerichts läuft jedenfalls im Bereich der DBA letztlich auf einen Totalvorbehalt[1268] zu Gunsten jeglicher abweichender Entscheidungen des Gesetzgebers hinaus mit möglichen Folgen für die Verlässlichkeit Deutschlands als Vertragspartner.[1269] Diese möglichen Folgen sowie die sonstigen

---

1262 Vgl. dazu *Payandeh*, NJW 2016, 1279 (1281): „(...) *das Grundgesetz* (enthält) *keine Anhaltspunkte für eine innerstaatliche Unterscheidung* (...).“

1263 Siehe wiederum Punkt F.III.2.b)bb); vgl. auch BVerfG, Beschluss vom 15.12.2015, 2 BvL 1/12, IStR 2016, 191, Abweichende Meinung der Richterin *König*, Rz. 9: „(...) *Abwägung* (...) *in jedem Einzelfall* (...)“ m.w.N.

1264 Vgl. dazu etwa *Frotscher*, Zur Zulässigkeit des „Treaty Override“, in Spindler/Tipke/Rödder, Festschrift für Harald Schaumburg (2009), S. 687 (708 ff.).

1265 BVerfG, Beschluss vom 15.12.2015, 2 BvL 1/12, IStR 2016, 191, Abweichende Meinung der Richterin *König*, Rz. 11; siehe dazu auch *Henrich*, NVwZ 2016, 668 (670) und *Fastenrath*, JZ 2016, 636 (639).

1266 Siehe dazu auch die Kritik bei *Lehner*, IStR 2016, 217 (219) sowie Punkt F.IV.2.b) cc)aaa); vgl. zudem *Henrich*, NVwZ 2016, 668 (670), *Stöber*, DStR 2016, 1889 (1892) und die Kritik von *Fastenrath*, JZ 2016, 636 (639).

1267 So auch *Payandeh*, NJW 2016, 1279 (1281); vgl. dazu wiederum BVerfG, Beschluss vom 15.12.2015, 2 BvL 1/12, IStR 2016, 191, Abweichende Meinung der Richterin *König*, Rz. 11.

1268 BVerfG, Beschluss vom 15.12.2015, 2 BvL 1/12, IStR 2016, 191, Abweichende Meinung der Richterin *König*, Rz. 1: „(...) *lässt dem Gesetzgeber von Verfassungs wegen freie Hand* (...)“; vgl. auch *Fastenrath*, JZ 2016, 636 (640): „(...) *das Völkervertragsrecht* (wird) *generell unter einen Demokratievorbehalt gestellt* (...).“

1269 Daran deutliche Kritik übend *Henrich*, NVwZ 2016, 668 (670) sowie *Stöber*, DStR 2016, 1889 (1892 f.).

Einflussmöglichkeiten lässt das Bundesverfassungsgericht unberücksichtigt. Zuzugeben ist allerdings, dass dies aus der Sicht der vom Bundesverfassungsgericht angenommenen Systematik des Grundgesetzes konsequent ist.

Schließlich führt die ausdrückliche Bejahung eines Verfassungsgrundsatzes der Völkerrechtsfreundlichkeit des Grundgesetzes durch das Bundesverfassungsgericht einerseits[1270] und der jedenfalls für den Bereich der DBA geltenden Eingrenzung seiner Wirkung als Auslegungshilfe für das einfache Recht im Rahmen des methodisch Vertretbaren[1271] zu dem paradoxen Ergebnis, dass ein Verfassungsgrundsatz gerade dann keine Wirkung entfaltet, wenn sich der Gesetzgeber etwa im Wege des Treaty Overriding offen und willentlich in Widerspruch zu den Vorgaben des Verfassungsgrundsatzes stellt. Denn dann ist die Grenze der Auslegung erreicht und die Wirkung des Verfassungsgrundsatzes offenbar nach Ansicht des Bundesverfassungsgerichts erschöpft. Üblicherweise entwickelt ein Verfassungsgrundsatz dort seine gegebenenfalls begrenzende Wirkung (im Wege der praktischen Konkordanz), wo die Gesetzgebung in Widerspruch zu seinen Vorgaben tritt. Letztlich wird der Verfassungsgrundsatz der Völkerrechtsfreundlichkeit des Grundgesetzes durch die Sichtweise des Bundesverfassungsgerichts selbst unter einen absolut wirkenden Demokratievorbehalt gestellt und erhält über die jederzeitige Revidierbarkeit von Völkervertragsrecht eine weitgehende Einschränkung seiner verfassungsrechtlichen Wirkung. Auch unter diesem Aspekt hätte es näher gelegen, die Vorgaben des Verfassungsgrundsatzes im Rahmen der praktischen Konkordanz mit dem Demokratieprinzip abzuwägen. Es stellt sich daher die Frage, ob es angesichts dieser eingeschränkten Wirkkraft aus Sicht des Bundesverfassungsgerichts nicht konsequent wäre, nicht an einem allgemeinen, aus einzelnen Grundgesetznormen abgeleiteten Verfassungsgrundsatz der Völkerrechtsfreundlichkeit des Grundgesetzes festzuhalten, sondern der Völkerrechtsfreundlichkeit ausschließlich in den Regelungsbereichen der einzelnen Grundgesetznormen eine materielle Wirkung beizumessen, aus denen der Verfassungsgrundsatz abgeleitet wird.[1272] Der Existenz eines Verfassungsgrundsatzes bedarf es hierfür nicht.

III. Ausblick

Gerade im Hinblick auf die noch anhängigen Verfahren beim Bundesverfassungsgericht,[1273] die ebenfalls die Frage der Verfassungswidrigkeit von Treaty Overriding-Vorschriften zum Gegenstand haben, stellt sich die Frage, ob das Bundesverfassungsgericht diese Problematik abschließend geklärt hat. In den ersten

---

1270 BVerfG, Beschluss vom 15.12.2015, 2 BvL 1/12, IStR 2016, 191, juris Rz. 65.
1271 BVerfG, Beschluss vom 15.12.2015, 2 BvL 1/12, IStR 2016, 191, juris Rz. 72 m.w.N.
1272 Siehe dazu Punkt F.III.
1273 BFH vom 11.12.2013, I R 4/13, BStBl. II 2014, 791, anhängig beim Bundesverfassungsgericht unter Az.: 2 BvL 15/14 sowie BFH vom 20.8.2014, I R 86/13, BStBl. II 2015, 18, anhängig beim Bundesverfassungsgericht unter Az.: 2 BvL 21/14.

Reaktionen auf die aktuelle Entscheidung des Bundesverfassungsgerichts wird dies unterschiedlich beurteilt.[1274] Jedoch hat das Bundesverfassungsgericht in seinem Beschluss deutlich gemacht, dass es im Bereich des Treaty Overriding keinerlei, auch nicht eine über den Verfassungsgrundsatz der Völkerrechtsfreundlichkeit des Grundgesetzes vermittelte Bindung des Gesetzgebers an DBA-Regelungen annimmt. Es wäre daher überraschend, sollte das Bundesverfassungsgericht etwa in Fällen von Doppelbesteuerungen auf Grund der Anwendung von Treaty Overriding-Vorschriften von der uneingeschränkten Revidierbarkeit völkervertraglicher DBA-Regelungen aus Gründen der Völkerrechtsfreundlichkeit in Zukunft abweichen. Aus den in dieser Untersuchung genannten Gründen wäre es dennoch wünschenswert.

In einfachrechtlicher Hinsicht hat der Beschluss bereits eine (unerwartete) Wirkung gehabt. So ist seit jeher die Frage der Anwendbarkeit von Treaty Overriding-Vorschriften in verschiedenen Konstellationen umstritten.[1275] Hierzu hat das Bundesverfassungsgericht in einem obiter dictum Stellung genommen und festgestellt, dass § 50d Abs. 8 Satz 1 EStG auf Grund der Formulierung „ungeachtet des Abkommens" vorrangig vor den DBA-Regelungen anzuwenden sei und daran „*weder mit Blick auf den Rang noch auf die Zeitfolge noch auf die Spezialität der Regelung Zweifel*" bestünden.[1276] Dieses obiter dictum des Bundesverfassungsgerichts zu einer Frage der Anwendung einfachen Rechts hat der Bundesfinanzhof in einer aktuellen Entscheidung[1277] aufgegriffen, sich diesem (unter ausdrücklichem Hinweis auf die fehlende Bindungswirkung) für den zu entscheidenden Fall eines dem § 50d Abs. 8 Satz 1 EStG zeitlich nachfolgenden DBA angeschlossen und die Anwendbarkeit der Treaty Overriding-Vorschrift bejaht.[1278] Ob dies dahingehend zu würdigen ist, dass der Bundesfinanzhof von einer generell vorrangigen Anwendung von Treaty Overriding-Vorschriften ausgeht,[1279] darf jedoch vor dem Hintergrund bezweifelt werden, dass der Bundesfinanzhof ausdrücklich auf „*die geltende Abkommenslage im Streitfall*"[1280] abstellt und nur für diesen Fall im Ergebnis mit der Annahme des Bundesverfassungsgerichts übereinstimmt.

1274   In diesem Sinne *Musil,* FR 2016, 297 (302); ähnlich *Mitschke,* DStR 2016, 376 (376 f.); a. A. *Drüen,* in Tipke/Kruse, AO/FGO (2016), § 2 Rz. 5b.

1275   Dies sind im Einzelnen die Präambel, Art. 1 Abs. 2, 9 Abs. 2, 16 Abs. 2, 23, 24 bis 26, 59 Abs. 2 sowie Art. 100 Abs. 2 GG; siehe zur Ableitung des Verfassungsgrundsatzes aus diesen Normen ausführlich Punkt F.III.2.a) sowie zur Rechtsprechung des Bundesverfassungsgerichts Punkt F.III.4.c).

1276   Siehe dazu BVerfG, Beschluss vom 15.12.2015, 2 BvL 1/12, IStR 2016, 191, juris Rz. 88 mit Verweis auf *Krumm,* AöR 2013, 363 (390); kritisch *Jochimsen,* ISR 2016, 125 (127 f.).

1277   BFH vom 25.5.2016, I R 64/13, IStR 2016, 770; siehe zur anderslautenden Vorentscheidung des FG Hamburg etwa Punkt F.II.2.

1278   BFH vom 25.5.2016, I R 64/13, IStR 2016, 770, juris Rz. 18 f.

1279   So etwa *Mitschke,* IStR 2016, 773 in seiner Anmerkung zur Entscheidung des BFH 25.5.2016, I R 64/13; a. A. *Drüen,* in Tipke/Kruse, AO/FGO (2016), § 2 Rz. 6c.

1280   BFH vom 25.5.2016, I R 64/13, IStR 2016, 770, juris Rz. 18.

Literaturverzeichnis

Bautze, Kristina: Völkerrecht, Berliner Wissenschafts-Verlag, Berlin 2012.

Bayer, Adebiola: Das neue Update zum UN-Musterabkommen, SWI 2011, 539–542.

Becker, Florian: Völkerrechtliche Verträge und parlamentarische Gesetzgebungskompetenz, NVwZ 2005, 289–291.

Bernhardt, Rudolf: Verfassungsrecht und völkerrechtliche Verträge, in Isensee, Josef / Kirchhof, Paul (Hrsg.), Handbuch des Staatsrechts der Bundesrepublik Deutschland, Bd. VII, Verlag C. F. Müller, Heidelberg 1992, § 174.

Birk, Dieter: Doppelbesteuerungsabkommen im Rechtssystem der Bundesrepublik Deutschland, in Tipke, Klaus / Seer, Roman / Hey, Johanna / Englisch, Joachim (Hrsg.), Festschrift für Joachim Lang zum 70. Geburtstag, Gestaltung der Steuerrechtsordnung, Verlag Dr. Otto Schmidt, Köln 2010, 1131–1146.

– / *Desens, Marc / Tappe, Henning:* Steuerrecht, Verlag C. F. Müller, 17. Auflage, Heidelberg u. a. 2014.

Bleckmann, Albert: Begriff und Kriterien der innerstaatlichen Anwendbarkeit völkerrechtlicher Verträge, Schriften zum Öffentlichen Recht, Bd. 123, Verlag Duncker & Humblot, Berlin 1970.

–: Grundgesetz und Völkerrecht, Verlag Duncker & Humblot, Berlin 1975.

–: Die Völkerrechtsfreundlichkeit der deutschen Rechtsordnung, DÖV 1979, 309–318.

–: Grundprobleme und Methoden des Völkerrechts, Verlag Karl Alber, Freiburg/ München 1982.

–: Der Grundsatz der Völkerrechtsfreundlichkeit der deutschen Rechtsordnung, DÖV 1996, 137–145.

Bron, Jan: Das Treaty Override im deutschen Steuerrecht vor dem Hintergrund aktueller Entwicklungen, IStR 2007, 431–436.

Burmester, Gabriele: Zur Systematik internationaler Minderbesteuerung und ihrer Vermeidung, in dies. / Endres, Dieter (Hrsg.), Außensteuerrecht, Doppelbesteuerungsabkommen und EU-Recht im Spannungsverhältnis, Festschrift für Helmut Debatin zum 70. Geburtstag, Verlag C. H. Beck, München 1997, 55–80.

Büttgen, Dagmar / Kaiser, Florian / Raible, Hans-Peter: Praxishinweise zum neuen DBA mit Großbritannien, BB 2011, 862–867.

Bydlinski, Franz: Juristische Methodenlehre und Rechtsbegriff, Verlag Springer, 2. Auflage, Wien New York 1991.

Carl, Maxi Ines: Zwischen staatlicher Souveränität und Völkergemeinschaftsrecht – Deutschlands Haltung und Beitrag zur Entstehung des Ständigen Internationalen Gerichtshofs, Verlag Nomos, Baden-Baden 2012.

Cloer, Adrian / Hagemann, Tobias: Verfassungskonformität des einseitigen Überschreibens von Abkommensrecht – Zum BVerfG-Beschluss vom 15.12.2015 – 2 BvL 1/12, NWB 2016, 1802–1810.

Debatin, Helmut: Doppelbesteuerungsabkommen und innerstaatliches Recht, DStR 1992, Beihefter zu Heft 23, 1–8.

Denninger, Erhard / Hoffmann-Riem, Wolfgang / Schneider, Hans-Peter / Stein, Ekkehart (Hrsg.): Kommentar zum Grundgesetz für die Bundesrepublik Deutschland, Verlag Luchterhand, 3. Auflage, Neuwied und Kriftel 2002.

Doehring, Karl: Die allgemeinen Regeln des völkerrechtlichen Fremdenrechts und das deutsche Verfassungsrecht, Beiträge zum ausländischen öffentlichen Recht und Völkerrecht, Bd. 39, Verlag Carl Heymanns, Köln, Berlin 1963.

–: Das Friedensgebot des Grundgesetzes, in Isensee, Josef / Kirchhof, Paul (Hrsg.), Handbuch des Staatsrechts der Bundesrepublik Deutschland, Bd. VII, Verlag C. F. Müller, Heidelberg 1992, § 178.

Dolzer, Rudolf: Völkerrecht und staatliches Recht, in Graf Vitzthum, Wolfgang / Proelß, Alexander (Hrsg.), Völkerrecht, Verlag De Gruyter, 6. Auflage, Berlin/Boston 2013, 439–520.

Dreier, Horst: Grundgesetz – Kommentar, Bd. II, Verlag Mohr Siebeck, 3. Auflage, Tübingen 2015.

Eckert, Ralf: Rechtsschutz gegen „Treaty Overriding" – dargestellt am Beispiel des § 50d EStG, RIW 1992, 386–388.

Elicker, Michael: Die Zukunft des deutschen internationalen Steuerrechts – Systemkritik am Welteinkommensprinzip – Vorrang des Abkommensrechts, IFSt-Schrift Nr. 438, Bonn 2006.

Englisch, Joachim: Wettbewerbsgleichheit im grenzüberschreitenden Handel, Jus Publicum, Bd. 174, Verlag Mohr Siebeck, Tübingen 2008.

Epping, Volker / Hillgruber, Christian (Hrsg.): Beck´scher Onlinekommentar GG, Verlag C. H. Beck, München, Stand: 1. Juni 2015.

Fastenrath, Ulrich: Anmerkung zu BVerfG, Beschluss vom 15.12.2015, 2 BvL 1/12, JZ 2016, 636–640.

Flick, Hans / Wassermeyer, Franz / Kempermann, Michael: Doppelbesteuerungsabkommen Deutschland-Schweiz, Steuern vom Einkommen und Vermögen, Nachlass- und Erbschaftsteuern, Kommentar, Loseblattsammlung, Bd. III, Verlag Dr. Otto Schmidt, Köln, Stand: Dezember 2015.

Flick, Hans / Wassermeyer, Franz / Baumhoff, Hubertus / Schönfeld, Jens: Außensteuerrecht – Kommentar, Außensteuergesetz – Außensteuerrechtliche Vorschriften des Einkommensteuergesetzes und des Körperschaftsteuergesetzes, Loseblattsammlung, Bd. II und III, Verlag Dr. Otto Schmidt, Köln, Stand: Dezember 2015.

Forsthoff, Ulrich: Treaty Override und Europarecht, IStR 2009, 509–512.

Frenz, Walter: Anmerkung zu BVerfG, Urt. V. 15.12.2015 – 2 BvL 1/12 – BverfG – Treaty Override ist verfassungsrechtlich zulässig, DVBl. 2016, 509–512.

Frotscher, Gerrit, Zur Zulässigkeit des „Treaty Override" in Spindler, Wolfgang / Tipke, Klaus / Rödder, Thomas (Hrsg.), Steuerzentrierte Rechtsberatung – Festschrift für Harald Schaumburg zum 65. Geburtstag, Verlag Dr. Otto Schmidt, Köln 2009, 687–714.

–: Treaty Override und § 50d Abs. 10 EStG, IStR 2009, 593–600.

Van Gall, Caroline: Russland und der EGMR: Mitgliedschaft mit eigenen Regeln, Russland-Analysen Nr. 304 (6.11.2015), 2–6.

Gebhardt, Ronald / Quilitzsch, Carsten: Erste höchstrichterliche Entscheidung zu § 50d Abs. 10 EStG – Implikationen und offene Fragen, BB 2011, 669–674.

Gebhardt, Ronald: Deutsches Tax Treaty Overriding – Steuersystematische und – ökonomische Implikationen, Hallesche Schriften zur Betriebswirtschaft, Bd. 28, Verlag Springer Gabler, Wiesbaden 2013.

Geiger, Rudolf: Grundgesetz und Völkerrecht mit Europarecht – De Bezüge des Staatsrechts zum Völkerrecht und Europarecht, Verlag C. H. Beck, 5. Auflage, München 2010.

Gosch, Dietmar, Die Zwischengesellschaft nach „Hilversum I und II", „Cadbury Schweppes" und den Jahressteuergesetzen 2007 und 2008, in Kirchhof, Paul / Nieskens, Hans (Hrsg.), Festschrift für Wolfram Reiss zum 65. Geburtstag, Verlag Otto Schmidt, Köln 2008, 597–620.

–: Über das Treaty Overriding – Bestandsaufnahme – Verfassungsrecht – Europarecht, IStR 2008, 413–421.

–: Über Streu- und Schachtelbesitz, in Kessler, Wolfgang / Förster, Guido / Watrin, Christoph (Hrsg.), Unternehmensbesteuerung, Festschrift für Norbert Herzig zum 65. Geburtstag, Verlag C. H. Beck. München 2010, 63–88.

–: Über die Auslegung von Doppelbesteuerungsabkommen, ISR 2013, 87–95.

– / *Kroppen, Heinz-Klaus / Grotherr, Siegfried* (Hrsg.): DBA-Kommentar, Loseblattsammlung, Bd. I, Verlag Neue Wirtschafts-Briefe, Herne, Stand: November 2015.

–: Vorlage an das BVerfG zum Treaty Override – Verfassungsmäßigkeit des § 50d Abs. 9 Satz 1 Nr. 2 EStG, BFH/PR 2015, 36–38.

–: Treaty Overriding ist willkommen!, DB 2016, M5.

Graf, Helmut / Bisle, Michael: DBA mit den Vereinigten Arabischen Emiraten (VAE): Bayerisches Landesamt für Steuern geht von abkommenslosem Zustand ab dem 1.1.2009 aus, IStR 2010, 353–357.

Grotherr, Siegfried: Die abkommensrechtliche Rückfallklausel im Wandel der Zeit, in Brähler, Gernot / Lösel, Christian (Hrsg.), Deutsches und internationales Steuerrecht – Gegenwart und Zukunft, Festschrift für Christiana Djanani zum 60. Geburtstag, 263–280.

Großfeld, Bernhard: Multinationale Kooperationen im Internationalen Steuerrecht, in Berichte der deutschen Gesellschaft für Völkerrecht – Internationalrechtliche Probleme multinationaler Kooperationen, Heft 18, Verlage C. F. Müller, Heidelberg Karlsruhe 1978, 73–168.

Haase, Florian (Hrsg.): Außensteuergesetz – Doppelbesteuerungsabkommen, Verlag V. F. Müller, 2. Auflage, Heidelberg 2012.

–: Qualifikationskonflikte im internationalen Steuerrecht – Aktuelle Praxis und Ausweg aus dem Zwiespalt zwischen nationalem und Abkommensrecht, IWB 2013, 162–178.

Hageböcke, Jens: Zum Konkurrenzverhältnis von DBA-Schachtelprivileg und § 8b KStG, IStR 2009, 473–481.

Hahn, Hartmut: Treaty Overriding sine ira et studio, IStR 2011, 863–870.

–: Treaty-Override als Verfassungsverstoß, BB 2012, 1955–1961.

Hannes, Berthold: Qualifikationskonflikte im Internationalen Steuerrecht, Schriften zum Steuer-, Rechnungs- und Prüfungswesen, Bd. 9, Verlag S + W Steuer- und Wirtschaftsverlag, Hamburg 1992.

Heckmann, Dirk: Geltungskraft und Geltungsverlust von Rechtsnormen: Elemente einer Theorie der autoritativen Normgeltungsbeendigung, Jus Publicum, Bd. 28, Verlag Mohr Siebeck, Tübingen 1997.

Heger, Karin: Normenkontrollantrag: Verfassungswidrigkeit eines sog. Treaty override?, jurisPR-SteuerR 25/2012.

Henrich, Christina: Das Bundesverfassungsgericht und die Verteidigung der Demokratie – Was kümmert mich meine Zustimmung von gestern?, NVwZ 2016, 668–671.

Herrmann, Carl / Heuer, Gerhard / Raupach, Arndt (Hrsg.): Einkommensteuer- und Körperschaftsteuergesetz – Kommentar, Bd. VIII, Verlag Dr. Otto Schmidt, Köln, Stand: September 2015.

Herzog, Roman: Das Verhältnis der Europäischen Menschenrechtskonvention zu späteren deutschen Gesetzen, DÖV 1959, 44–47.

Heurung, Rainer / Engel, Benjamin / Seidel, Philipp: Das DBA-Schachtelprivileg in Körperschaft- und Gewerbesteuer, DB 2010, 1551–1556.

Hey, Johanna: Spezialgesetzliche Missbrauchsgesetzgebung aus steuersystematischer, verfassungs- und europarechtlicher Sicht, StuW 2008, 167–183.

–: Nationale Missbrauchsvorschriften im Spannungsfeld von DBA- und EU-Recht, in Lüdicke, Jürgen (Hrsg.), Wo steht das deutsche Internationale Steuerrecht?, Forum der Internationalen Besteuerung, Bd. 35, Verlag Dr. Otto Schmidt, Köln 2009, 137–170.

Hils, Michael: Neuregelung internationaler Sondervergütungen nach § 50d Abs. 10 EStG, DStR 2009, 888–892.

Hobe, Stefan: Einführung in das Völkerrecht, Verlag Narr Francke Attempto, 9. Auflage, Tübingen 2008.

Hruschka, Franz: Das BMF-Schreiben zur Anwendung der Doppelbesteuerungsabkommen (DBA) auf Personengesellschaften vom 16.4.2010, DStR 2010, 1357–1363.

– / *Schicketanz, Rainer*: Vom Verbot der virtuellen Doppelbesteuerung zur Vermeidung weißer Einkünfte, ISR 2015, 164–168.

Hübschmann, Walter / Hepp, Ernst / Spitaler, Armin: Abgabenordnung Finanzordnung – Kommentar, Loseblattsammlung, Bd. I und II, Verlag Dr. Otto Schmidt, Köln, Stand: Dezember 2015.

Hummel, Lars: Anmerkung zum Beschluss des BVerfG vom 15.12.2015 – 2 BvL 1/12, IStR 2016, 335–336.

Ipsen, Knut (Hrsg.): Völkerrecht, Verlag C. H. Beck, 6. Auflage, München 2014.

Ismer, Roland / Baur, Stefanie: Verfassungsmäßigkeit von Treaty Overrides, IStR 2014, 421–427.

Jacob, Friedhelm: Das revidierte DBA-USA – Eckpfeiler – Fortentwicklungen – Neuland (Teil I), IStR 2011, 45–57.

Jacobs, Otto (Hrsg.): Internationale Unternehmensbesteuerung – Deutsche Investitionen im Ausland – Ausländische Investitionen im Inland, Verlag C. H. Beck, 8. Auflage, München 2016.

Jansen, Lothar / Weidmann, Matthias: Treaty Overriding und Verfassungsrecht – Beurteilung der verfassungsrechtlichen Zulässigkeit von Treaty Overrides am Beispiel des § 50d EStG, IStR 2010, 596–605.

Jochimsen, Klaus: Anmerkung zu BVerfG, Beschluss vom 15.12.2015, 2 BvL 1/12, ISR 2016, 125–128.

Kahl, Wolfgang / Waldhoff, Christian / Walter, Christian (Hrsg.): Bonner Kommentar zum Grundgesetz, Loseblattsammlung, Verlag C. F. Müller, Heidelberg, Stand: Dezember 2015.

Kahler, Björn: Die Freistellungsmethode in deutschen Doppelbesteuerungsabkommen und ihre Vereinbarkeit mit dem EG-Vertrag, Bochumer Schriften zum Steuerecht, Bd. 9, Verlag Peter Lang, Frankfurt u. a. 2007.

Kelsen, Hans: Die Einheit von Völkerrecht und staatlichem Recht, ZaöRV 1958, 234–248.

Kempf, Andreas / Bandl, Michael: Hat Treaty Override in Deutschland eine Zukunft?, DB 2007, 1377–1381.

Kerath, Andreas: Maßstäbe zur Auslegung und Anwendung von Doppelbesteuerungsabkommen unter besonderer Berücksichtigung des Verständigungsverfahrens, Juristische Schriftenreihe, Bd. 61, LIT Verlag, Hamburg 1995.

Kinzl, Ulrich Peter: Generalthema II: Abkommensberechtigung und persönliche Zurechnung von Einkünften, IStR 2007, 561–567.

Kirchhof, Paul (Hrsg.): Einkommensteuergesetz – Kommentar, Verlag Dr. Otto Schmidt, 14. Auflage, Köln 2015.

– / *Mellinghoff, Rudolf / Söhn, Hartmut* (Hrsg.): Einkommensteuergesetz – Kommentar, Bd. 19, Verlag C. F. Müller, Heidelberg, Stand: November 2015.

Kluge, Volker: Das Internationale Steuerrecht – Gemeinschaftsrecht, Außensteuerrecht, Abkommensrecht, Verlag C. H. Beck, 4. Auflage, München 2000.

Korn, Christian: Grenzen des Einflusses innerstaatlichen Rechts auf die Anwendung von Doppelbesteuerungsabkommen – Erläutert am Beispiel von § 50d Abs. 10 EStG, IStR 2009, 641–645.

Kotzur, Markus: Deutschland und die internationalen Beziehungen – „offene Staatlichkeit“ nach 60 Jahren Grundgesetz, in Häberle, Peter (Hrsg.), 60 Jahre deutsches Grundgesetz – Beiträge aus dem Jahrbuch des öffentlichen Rechts der Jahre 2009 – 2011, Verlag Mohr Siebeck, Tübingen 2011, 203–224.

Kraft, Gerhard: Die missbräuchliche Inanspruchnahme von Doppelbesteuerungsabkommen: Zur Problematik des „Treaty Shopping“ unter Berücksichtigung der Rechtslage in der Bundesrepublik Deutschland, in der Schweiz und in den Vereinigten Staaten, Mannheimer rechtswissenschaftliche Abhandlungen, Bd. 10, Verlag C. F. Müller, Heidelberg 1991.

– (Hrsg.): Außensteuergesetz, Verlag C. H. Beck, München 2009.

– / *Gebahrdt, Ronald / Qulitizsch, Carsten*: Das Auslandsdividendenpuzzle, FR 2011, 593–600.

Krumm, Marcel: Legislativer Völkervertragsbruch im demokratischen Rechtsstaat, Archiv des öffentlichen Rechts, Bd. 138, Verlag Mohr Siebeck, Tübingen 2013, 363–410.

Kunig, Philipp: Völkerrecht und staatliches Recht, in Graf Vitzthum, Wolfgang / Proelß, Alexander (Hrsg.), Völkerrecht, Verlag De Gruyter, 6. Auflage, Berlin/ Boston 2013, 61–130.

Lademann: Kommentar zum Einkommensteuergesetz, Loseblattsammlung, Bd. X, Verlag Richard Boorberg, Stuttgart, Stand: Dezember 2015.

Lampe, Marc H.: Missbrauchsvorbehalte in völkerrechtlichen Abkommen am Beispiel der Doppelbesteuerungsabkommen, Abhandlungen zum Steuer- und Abgabenrecht, Bd. 12, Verlag Heymanns, Köln 2006.

Lampert, Steffen: Doppelbesteuerungsrecht und Lastengleichheit – Qualifikations- und Zurechnungskonflikte bei der Besteuerung von Personengesellschaften, Steuerwissenschaftliche Schriften, Band 22, Verlag Nomos, Baden-Baden 2010.

–: Die Wahl der zutreffenden Vergleichsgruppe bei der Anwendung des allgemeinen Gleichheitssatzes auf grenzüberschreitende Steuersachverhalte, NVwZ 2013, 195–199.

Lang, Michael: Ausländische Bestriebsstättenverluste und DBA-Auslegung, SWI 2002, 86–94.

–: Vermeidung der Doppelbesteuerung und der doppelten Nichtbesteuerung als Auslegungsmaxime für Doppelbesteuerungsabkommen, in Haarmann, Wilhelm (Hrsg.): Auslegung und Anwendung von Doppelbesteuerungsabkommen, Forum der Internationalen Besteuerung, Bd. 26, Verlag Dr. Otto Schmidt, Köln 2004, 83–100.

Langbein, Volker: Double Taxation Agreements: Caught in the conflict between national law and international law, Intertax 1985, 145–157.

Larenz, Karl: Methodenlehre der Rechtswissenschaft – Enzyklopädie der Rechts- und Staatswissenschaft (Abteilung Rechtswissenschaft), Verlag Springer, 6. Auflage, Berlin Heidelberg New York 1998.

Läufer, Benedikt Christoph: Aktivitätsklauseln in deutschen Doppelbesteuerungsabkommen, PwC-Studien zum Unternehmens- und Internationalen Steuerrecht, Verlag Springer Gabler, Wiesbaden 2014.

Lehner, Moris: Die Umsetzung von abkommensrechtlichen Konsultationsvereinbarungen zur Vermeidung von Doppelbesteuerung und Doppelnichtbesteuerung durch Rechtsverordnungen, IStR 2011, 733–739.

–: Treaty Override im Anwendungsbereich des § 50d EStG, IStR 2012, 389–404.

–: Keine Verfügung des Parlaments über seine Normsetzungsautorität – Zum Vorlagebeschluss des BFH vom 11.12.2013, I R 4/13 zu § 50d Abs. 10 EStG, IStR 2014, 189–192.

–: Treaty Override ist nicht verfassungswidrig – Anmerkung zum Beschluss des BVerfG v. 15.12.2015 – 2 BvL 1/12, IStR 2016, 217–220.

Leisner, Walter: Abkommensbruch durch Außensteuerrecht? – Bilanz der Diskussion um die Novelle des Außensteuergesetzes von 1992, RIW 1993, 1013–1020.

Lüdicke, Jürgen: Überlegungen zur deutschen DBA-Politik, Schriften des Instituts für Ausländisches und Internationales Finanz- und Steuerwesen der Universität Hamburg, Verlag Nomos, Baden-Baden 2008.

–: Anmerkungen zur deutschen Verhandlungsgrundlage für Doppelbesteuerungsabkommen, IStR-Beihefter 2013, 26–46.

–: Das Jahr im Rückblick: Wertung der aktuellen Abkommenspolitik aus Sicht des Rechtsanwenders, in Brunsbach, Stefan / Endres, Dieter / Lüdicke, Jürgen / Schnitger, Arne: Deutsche Abkommenspolitik – Trends und Entwicklungen 2011/2012, IFSt-Schrift Nr. 480, Bonn 2012.

Von Mangold, Herrmann / Klein, Friedrich / Stark, Christian (Hrsg.): Kommentar zum Grundgesetz, Bd. 2, Verlag Franz Vahlen, München 2005.

Maunz, Theodor / Dürig, Günter: Grundgesetz – Kommentar, Loseblatt, Bd. I, IV und V, Verlag C. H. Beck, München, Stand: September 2015.

Mausch, Volker: Treaty overriding: Behandlung von Divergenzen bei der Nachvertraglichkeit von innerstaatlicher Gesetzgebung (dargestellt an ausgewählten Normbeispielen des Einkommensteuer-, Außensteuer- und Körperschaftsteuerrechts unter Berücksichtigung der konkreten Abkommensrechtslage), Berichte aus der Rechtswissenschaft, Verlag Shaker, Aachen 1998.

Menhorn, Matthias: § 50d Abs. 3 EStG und der stillschweigende Missbrauchsvorbehalt in Doppelbesteuerungsabkommen, IStR 2005, 323–328.

Meyer-Ladewig, Jens / Nettesheim, Martin / von Raumer, Stefan: EMRK – Europäische Menschenrechtskonvention, Handkommentar, Verlag Nomos, 4. Auflage, Baden-Baden 2015.

Michael, Lothar: Lebenspartnerschaften unter dem besonderen Schutz einer (über-) staatlichen Ordnung – Legitimation und Grenzen eines Grundrechtswandels kraft europäischer Integration, NJW 2010, 3537–3542.

Mitschke, Wolfgang: Streitpunkt § 50d Abs. 10 EStG – ein Tiger mit scharfen Zähnen, DB 2010, 303–306.

–: Keine Diskriminierung nach Art. XX Abs. 4 DBA-Großbritannien in Fällen ausländerbeherrschter Inlandskapitalgesellschaften, IStR 2011, 537–542.

–: Das Treaty Override zur Verhinderung einer Keinmalbesteuerung aus Sicht der Finanzverwaltung, DStR 2011, 2221–2229.

–: Tatbestandsmäßigkeit und Verfassungsmäßigkeit von § 50d Abs. 9 Satz 1 Nr. 2 EStG 2002/2007/2009 – Die Zulässigkeit von Treaty Overrides und die Auslegung von Doppelbesteuerungsabkommen, FR 2015, 94–96.

–: Anmerkung zu BVerfG, Beschluss vom 15.12.2015, 2 BvL 1/12, DStR 2016, 359.

Mössner, Jörg Manfred u. a. (Hrsg.): Steuerrecht international tätiger Unternehmen, Verlag Dr. Otto Schmidt, 4. Auflage, Köln 2012.

Mückl, Stefan: Kooperation oder Konfrontation? – Das Verhältnis zwischen Bundesverfassungsgericht und Europäischem Gerichtshof für Menschenrechte, Der Staat, Bd. 44, Verlag Duncker & Humblot, Berlin 2005, 403–431.

Müller-Gattermann, Gert: Aktuelle deutsche Abkommenspolitik, FR 2012, 1032–1037.

Von Münch, Ingo / Kunig, Philip (Hrsg.): Grundgesetz-Kommentar, Bd. 1, Verlag C. H. Beck, 6. Auflage, München 2012.

Musil, Robert: Deutsches Treaty Overriding und seine Vereinbarkeit mit Europäischem Gemeinschaftsrecht, Schriften zum Europäischen Recht, Bd. 66, Verlag Duncker & Humblot, Berlin 2000.

–: Spielräume des deutschen Gesetzgebers bei der Verhütung grenzüberschreitender Steuerumgehung, RIW 2006, 387–394.

–: § 50d Abs. 3 EStG – eine unendliche Geschichte?, FR 2012, 149–153.

–: Treaty Override als Dauerproblem des Internationalen Steuerrechts, IStR 2014, 192–196.

–: Treaty Override nach der Entscheidung des BVerfG, FR 2016, 326, FR 2016, 297–302.

Mutén, Leif, Steuerrechtsprobleme in Entwicklungsländern, in Klein, Franz / Stihl, Hans Peter / Wassermeyer, Franz (Hrsg.), Festschrift für Hans Flick zum 70. Geburtstag, Verlag Dr. Otto Schmidt, Köln 1997, 69–83.

Niedrig, Hans-Peter: Substanzerfordernisse bei ausländischen Gesellschaften, IStR 2003, 474–482.

OECD (Hrsg.): Application of the OECD Model Tax Convention to Partnerships, Issues in International Taxation No. 6, Paris 1999.

Oellerich, Ingo: Die Abwehr des Abkommensmissbrauchs – Fälle des Abkommensmissbrauchs, Missbrauchsklauseln und ihr Verhältnis zum deutschen Recht, IWB 2013, 33–40.

Paschen, Uwe: Steuerumgehung im nationalen und internationalen Steuerrecht, Ökonomische Analyse des Rechts, Deutscher Universitäts Verlag, Wiesbaden 2001.

Payandeh, Mehrdad: Völkerrechtsfreundlichkeit als Verfassungsprinzip – Ein Beitrag des Grundgesetzes zur Einheit von Völkerrecht und nationalem Recht, in Häberle (Hrsg.): Jahrbuch des öffentlichen Rechts, Neue Folge, Bd. 57, Verlag Mohr Siebeck, Tübingen 2009, 465–502.

–: Grenzen der Völkerrechtsfreundlichkeit – Der Trety Override-Beschluss des BVerfG, NJW 2016, 1279–1282.

Petereit, Axel: Die sog. switch-over-Klausel in den deutschen Doppelbesteuerungsabkommen – Überblick, Inhalg und Steuerplanung, IStR 2003, 577–586.

Pfeffer, Robert: Das Verhältnis von Landesrecht und Völkerrecht – Eine kritische Betrachtung alter und neuer Lehren unter besonderer Berücksichtigung der Europäischen Menschenrechtskonvention, Verlag Mohr Siebeck, Tübingen 2009.

Pieroth, Bodo / Schlink, Bernhard: Grundrechte – Staatsrecht II, Verlag C. F. Müller, 14. Auflage, Heidelberg 1998.

Pohl, Carsten: § 50d Abs. 10 EStG – Ein Eigentor des Gesetzgebers? – Anmerkungen zum Urteil des FG München vom 8.11.2012 – 10 K 1984/11, IWB 2013, 378–383.

Portner, Rosemarie: Die BFH-Ausführungen zur Anwendung des § 50d Abs. 8 und Abs. 9 EStG, IStR 2009, 195–198.

–: Besteuerung von Abfindungen nach dem DBA-Großbritannien – Anwendungsbereich der „Remittance-Base-Klausel", IStR 2010, 837–839.

Proelß, Alexander: Der Grundsatz der völkerrechtsfreundlichen Auslegung im Lichte der Rechtsprechung des BVerfG, in H. Rensen/S. Brink (Hrsg.), Linien der Rechtsprechung des Bundesverfassungsgerichts, Verlag De Gruyter, Berlin u. a. 2009, 553–584.

Rehr, Ruben: Zur Verfassungswidrigkeit des Treaty Override, StBW 2014, 709–715.

Reimer, Franz: Verfassungsprinzipien – Ein Normtyp im Grundgesetz, Schriften zum Öffentlichen Recht, Bd. 857, Verlag Duncker & Humblot, Berlin 2001.

Rensmann, Thilo: Die Genese des „offenen Verfassungsstaats" 1948/1949, in Giegerich, Thomas (Hrsg.), Der „offene Verfassungsstaat" des Grundgesetzes nach 60 Jahren – Anspruch und Wirklichkeit einer großen Errungenschaft, Veröffentlichung des Walther-Schücking-Instituts für Internationales Recht an der Universität Kiel, Bd. 177, Verlag Duncker & Humblot, Berlin 2010, 37–58.

Roderburg, Georg / Rode, Oliver: Die Missbrauchsabwehrregelungen in der deutschen Verhandlungsgrundlage für Doppelbesteuerungsabkommen und der Sonderfall Liechtenstein, ISR 2013, 149–155.

Richter, Dagmar, Völkerrechtsfreundlichkeit und Völkerrechtsskepsis in der Rechtsprechung des Bundesverfassungsgerichts – Die unfreundliche Erlaubnis zum Bruch völkerrechtlicher Verträge, in Giegerich, Thomas (Hrsg.), Der „offene Verfassungsstaat" des Grundgesetzes nach 60 Jahren – Anspruch und Wirklichkeit einer großen Errungenschaft, Veröffentlichung des Walther-Schücking-Instituts für Internationales Recht an der Universität Kiel, Bd. 177, Verlag Duncker & Humblot, Berlin 2010, 159–178.

Richter, Andreas / Welling, Berthold: Diskussionsbericht zum 40. Berliner Steuergespräch „DBA-Politik der Bundesregierung", FR 2011, 1092–1094.

Röder, Eric: Zur Verfassungswidrigkeit der Mindestbesteuerung (§ 10d Abs. 2 EStG) und der Beschränkung des Verlustabzugs nach § 8c KStG, StuW 2012, 18–32.

Rudolf, Walter: Völkerrecht und deutsches Recht, Tübinger Rechtswissenschaftliche Abhandlungen, Bd. 19, Verlag J. C. B. Mohr (Paul Siebeck), Tübingen 1967.

Rust, Alexander, Avoidance of Double Non-Taxation in Germany, in Lang, Michael (Hrsg.), Avoidance of Double Non-Taxation, Schriftenreihe zum Internationalen Steuerrecht, Bd. 26, Verlag Linde, Wien 2003, 109–135.

–: Ermöglichen Diskriminierungsverbote eine Organschaft über die Grenze? – Anmerkung zum Urteil des BFH vom 29.1.2003, IStR 2003, 422, IStR 2003, 658–661.

– / *Reimer, Ekkehart*: Treaty Override im deutschen Internationalen Steuerrecht, IStR 2005, 843–849.

Sachs, Michael (Hrsg.): Grundgesetz – Kommentar, Verlag C. H. Beck, 7. Auflage, München 2014.

–: Staatsorganisationsrecht: Völkerrecht in der deutschen Verfassungsordnung – Keine Verfassungswidrigkeit von Gesetzen wegen Völkerrechtsverletzung, JuS 2016, 571–574.

Salzmann, Stephan: DBA-Italien 1989: Sog. Rückfallklausel bei Nichtausübung des ausschließlichen Besteuerungsrechts für Umwandlungsgewinne – Anmerkung zum Urteil des BFH vom 17. Oktober 2007, I R 96/06, IStR 2008, 264–265.

Sauer, Heiko: Die neue Schlagkraft der gemeineuropäischen Grundrechtsjudikatur – Zur Bindung deutscher Gerichte an die Entscheidungen des Europäischen Gerichtshofs für Menschenrechte, ZaöRV 2005, 35–69.

Schaumburg, Harald: Das Leistungsfähigkeitsprinzip im internationalen Steuerrecht, in Lang, Joachim (Hrsg.): Die Steuerrechtsordnung in der Diskussion, Festschrift für Klaus Tipke zum 70. Geburtstag, Verlag Dr. Otto Schmidt, Köln, 1995, 125–152.

–: Internationales Steuerrecht – Außensteuerrecht – Doppelbesteuerungsrecht, Verlag Otto Schmidt, 3. Auflage, Köln 2011.

Scherer, Thomas B.: Doppelbesteuerung und Europäisches Gemeinschaftsrecht – Auswirkungen des Gemeinschaftsrechts auf die Anwendung der Doppelbesteuerungsabkommen und des Außensteuerrechts, Verlag C. H. Beck, München.

Schilling, Theodor: Rang und Geltung von Normen in gestuften Rechtsordnungen, Grundlagen des Rechts, Berliner Juristische Universitätsschriften, Bd. 1, Berliner Wissenschafts-Verlag, Berlin 1994.

Schnittker, Helder: Seminar L: Limitation-on-Benefits-Klauseln – eine Bestandsaufnahme, IStR 2012, 720–723.

Schönfeld, Jens: Neues zum DBA-Schachtelprivileg oder: Was bleibt von § 8 Nr. 5 GewStG und § 8b Abs. 5 KStG bei grenzüberschreitenden Dividenden? – Zugleich Anmerkung zu BFH vom 19.5.2010, I R 62/09 – in diesem Heft, S. 661 – und vom 23.6.2010, I R 71/09, IStR 2010, 658–661.

– / *Ditz, Xaver* (Hrsg.): Doppelbesteuerungsabkommen – Kommentar, Verlag Dr. Otto Schmidt, Köln 2013.

Schorkopf, Frank: Völkerrechtsfreundlichkeit und Völkerrechtsskepsis in der Rechtsprechung des Bundesverfassungsgerichts, in Giegerich, Thomas (Hrsg.), Der „offene Verfassungsstaat" des Grundgesetzes nach 60 Jahren – Anspruch und Wirklichkeit einer großen Errungenschaft, Veröffentlichung des Walther-Schücking-Instituts für Internationales Recht an der Universität Kiel, Bd. 177, Verlag Duncker & Humblot, Berlin 2010, 131–157.

Schreiber, Ulrich: Besteuerung der Unternehmen – Eine Einführung in Steuerrecht und Steuerwirkung, Verlag Gabler, 3. Auflage, Wiesbaden 2012.

Schröcker: Das vertragswidrige Gesetz, DVBl. 1958, 369–377 sowie 410–418.

Schweisfurth, Theodor: Völkerrecht, Verlag Mohr Siebeck, Tübingen 2006.

Schwenke, Michael: Treaty override und kein Ende?, FR 2012, 443–450.

Seer, Roman: Grenzen der Zulässigkeit eines treaty overridings am Beispiel der Switch-over-Klausel des § 20 AStG, IStR 1997, 481–486.

Seibert-Fohr, Anja: Neue internationale Anforderungen an die Überführung von Menschenrechtsabkommen in nationales Recht – Das Verhältnis des internationalen Pakts über bürgerliche und politische Rechte zu nationalem Recht, ZaöRV 2002, 391–420.

Skulesch, Stefan: Rechtsunsicherheit durch „Treaty Override" – Doppelbesteuerungs-abkommen werden durch Bundesverfassungsgerichtg ausgehebelt, BB 2016, 1.

Stein, Torsten: Völkerrecht und nationales Recht im Widerstreit?, IStR 2006, 505–509.

– / *von Butlar, Christian*: Völkerrecht, Verlag Franz Vahlen, 13. Auflage, München 2012.

Steinberger, Helmut: Allgemeine Regeln des Völkerrechts, in Isensee, Josef / Kirch-hof, Paul (Hrsg.), Handbuch des Staatsrechts der Bundesrepublik Deutschland, Bd. VII, Verlag C. F. Müller, Heidelberg 1992, § 173.

Stern, Klaus: Das Staatsrecht der Bundesrepublik Deutschland, Bd. I, Verlag C. H. Beck, 2. Auflage, München 1984.

Stöber, Michael: Zur verfassungs- und europarechtlichen (Un-)Zulässigkeit von Treaty Overrides, DStR 2016, 1889–1895.

Thiemann, Christian: Anmerkung zum BFH-Beschluss vom 10.01.2012 (I R 66/09. JZ 2012, 903) – Zur verfassungsrechtlichen Pflicht des Gesetzgebers, keine völker-vertragswidrigen Gesetze zu erlassen mit Bezügen zum Steuerrecht, JZ 2012, 908–912.

Thömmes, Otmar: Seminar D: Abkommensberechtigung und „Limitation on Bene-fits" (LOB)-Klauseln, IStR 2007, 577–579.

Tipke, Klaus / Lang, Joachim u. a. (Hrsg.): Steuerrecht, Verlag Otto Schmidt, 22. Auf-lage, Köln 2015.

Tipke, Klaus / Kruse, Wilhelm (Hrsg.): Abgabenordnung – Finanzgerichtsordnung, Kommentar zur AO (ohne Steuerstrafrecht) und FGO, Loseblattsammlung, Bd. I, Verlag Dr. Otto Schmidt, Köln, Stand: Oktober 2015 (Stand Nachtrag: Juli 2016).

Tomuschat, Christian: Die staatsrechtliche Entscheidung für die internationale Of-fenheit, in J. Isensee, Josef / Kirchhof, Paul (Hrsg.), Handbuch des Staatsrechts der Bundesrepublik Deutschland, Bd. VII, Verlag C. F. Müller, Heidelberg 1992, § 172.

Triepel, Heinrich: Völkerrecht und Landesrecht, Verlag J. C. B. Mohr (Paul Siebeck), Leipzig 1899.

Trinks, Matthias / Frau, Robert: Treaty Overrides sind verfassungsgemäß, IWB 2016, 308–312.

Verdross, Alfred: Völkerrecht, Verlag Springer, 5. Auflage, Wien 1964.

– / *Simma, Bruno*: Universelles Völkerrecht – Theorie und Praxis, Verlag Duncker & Humblot, 3. Auflage, Berlin 1984.

Viellechner, Lars: Berücksichtigungspflicht als Kollisionsregel – Zu den inner-staatlichen Wirkungen von völkerrechtlichen Verträgen und Entscheidungen internationaler Gerichte, insbesondere bei der Auslegung und Anwendung von Grundrechten, in Matz-Lück, Nele / Hong, Mathias (Hrsg.), Grundrechte und Grundfreiheiten im Mehrebenensystem – Konkurrenzen und Interferenzen, Ver-lag Springer, Heidelberg u. a. 2012, 109–159.

Vogel, Klaus: Die Verfassungsentscheidung des Grundgesetzes für eine internationale Zusammenarbeit, Recht und Staat, Heft 292/293, Verlag J. C. B. Mohr (Paul Siebeck), Tübingen 1964.

–: Abkommensbindung und Missbrauchsabwehr, in Cagianut, Francis / Fischer, Lutz (Hrsg.), Steuerrecht: Ausgewählte Probleme am Ende des 20. Jahrhunderts – Festschrift zum 65. Geburtstag von Ernst Höhn, Verlag Haupt, Bern u. a. 1995, 461–482.

–: Internationales Steuerrecht, DStZ 1997, 269–282.

–: Wortbruch im Verfassungsrecht, JZ 1997, 161–167.

–: Transnationale Auslegung von Doppelbesteuerungsabkommen, IStR 2003, 523–529.

–: Völkerrechtliche Verträge und innerstaatliche Gesetzgebung – Eine neue Entscheidung des BVerfG hat Bedeutung auch für die Beurteilung des treaty override, IStR 2005, 29–30.

–: Neue Gesetzgebung zur DBA-Freistellung, IStR 2007, 225–228.

– / *Lehner, Moris* (Hrsg.): Doppelbesteuerungsabkommen der Bundesrepublik Deutschland auf dem Gebiet der Steuern vom Einkommen und Vermögen – Kommentar auf der Grundlage der Musterabkommen, Verlag C. H. Beck, 6. Auflage, München 2015.

Voßkuhle, Andreas: Der Europäische Verfassungsverbund, Staatlichkeit im Wandel, Sonderforschungsbereich 597 – Transformation of the State, No. 106, Universität Bremen 2009.

Vranes, Erich: Lex Superior, Lex Specialis, Lex Posterior – Zur Rechtsnatur der „Konfliktlösungsregeln", ZaöRV 2005, 391–405.

Wassermeyer, Franz: Die Auslegung von Doppelbesteuerungsabkommen durch den Bundesfinanzhof, StuW 1990, 404–412.

–: Der Wirrwarr mit den Aktivitätsklauseln im deutschen Abkommensrecht, IStR 2000, 65–70.

– / *Schönfeld, Jens*: Die Besteuerung grenzüberschreitender Dividendenzahlungen nach dem neuen DBA-USA – Änderungen des Art. 10 Abs. 3 DBA-USA (Quellenbesteuerungsverbot) durch das Protokoll vom 1.6.2006, DB 2006, 1970–1978.

Wassermeyer, Franz (Hrsg.): Doppelbesteuerung – Kommentar zu allen deutschen Doppelbesteuerungsabkommen, Loseblattsammlung, Bd. I und VI, Verlag C. H. Beck, München, Stand: Oktober 2015.

– / *Richter, Stefan / Schnittker, Helder* (Hrsg.): Personengesellschaften im Internationalen Steuerrecht, Verlag Dr. Otto Schmidt, 2. Auflage, Köln 2015.

Weber-Fas, Rudolf: Völkerrecht und Steuerhoheit, RIW 1979, 585–587.

Weigell, Jörg: „Treaty Override" durch § 20 Abs. 2 AStG? – Unerfreulich – Einfach gesetzlich unwirksam – Verfassungswidrig, IStR 2009, 636.641.

–: „Treaty Override durch § 20 Abs. 2 AStG? Unerfreulich – einfachgesetzlich unwirksam – verfassungswidrig, in Wachter, Thomas (Hrsg.), Festschrift für Sebastian Spielberger zum 70. Geburtstag, Vertragsgestaltung im Zivil- und Steuerrecht, Verlag zerb, Bonn 2009.

Wernsmann, Rainer: Verhaltenslenkung in einem rationalen Steuersystem, Jus Publicum, Bd. 135, Verlag Mohr Siebeck, Tübingen 2005.

–: Die Steuer als Eigentumsbeeinträchtigung?, NJW 2006, 1169–1174.

–: § 30 Steuerrecht, in Schulze, Reiner / Zuleeg, Manfred / Kadelbach, Stefan (Hrsg.): Europarecht – Handbuch für die deutsche Rechtspraxis, Verlag Nomos, 3. Auflage, Baden-Baden 2015.

Wischermann, Anja: Überweisungsklauseln zu Doppelbesteuerungsabkommen – Liegt der BFH mit seiner Auslegung falsch?, IStR 2002, 688–693.

Wohlschlegel (später *Daragan*), *Hanspeter*: Doppelbesteuerungsabkommen: Treaty Override und Grundgesetz, FR 1993, 48–50.

Zippelius, Reinhold: Juristische Methodenlehre, Verlag C. H. Beck, 10. Auflage, München 2006.

Entscheidungsregister

BVerfG vom 20. April 2004 – 1 BvR 905/00, 1 BvR 1748/99, BVerfGE 110, 274.

BVerfG vom 14. Oktober 2004 – 2 BvR 1481/04, BVerfGE 111, 307.

BVerfG vom 26. Oktober 2004 – 2 BvR 1038/01, BVerfGE 112, 1.

BVerfG vom 21. Juni 2006 – 2 BvL 2/99, BVerfGE 116, 164.

BVerfG vom 19. September 2006, 2 BvR 2115/01, 2 BvR 2132/01, 2 BvR 348/03, BVerfGK 9, 174.

BVerfG vom 22. Dezember 2006 – 2 BvR 1526/04, BVerfGK 10, 116.

BVerfG vom 26. Februar 2008 – 2 BvR 392/07, BVerfGE 120, 224.

BVerfG vom 30. Juni 2009 – 2 BvE 2/08, 2 BvE 5/08, 2 BvR 1010/08, 2 BvR 1022/08, 2 BvR 1259/08, 2 BvR 182/09, BVerfGE 123, 267.

BVerfG vom 8. Juli 2010 – 2 BvR 2485/07, 2 BvR 2513/07, 2 BvR 2548/07, BVerfGK 17, 390.

BVerfG vom 06. Juli 2010 – 2 BvR 2661/06, BVerfGE 126, 286.

BVerfG vom 12. Oktober 2010 – 1 BvL 12/07, BVerfGE 127, 224.

BVerfG vom 04. Mai 2011 – 2 BvR 2333/08, 2 BvR 2365/09, 2 BvR 571/10, 2 BvR 740/10, 2 BvR 1152/10, BVerfGE 128, 326.

BVerfG vom 7. September 2011 – 2 BvR 987/10, 2 BvR 1485/10, 2 BvR 1099/10, BVerfGE 129, 124.

BVerfG vom 15. Januar 2014 – 1 BvR 1656/09, BVerfGE 135, 126.

BVerfG vom 25. Juni 2014 – 1 BvR 668/10, 1 BvR 2104/10, BVerfGE 137, 1.

BVerfG vom 5. November 2014 – 1 BvF 3/11, BVerfGE 137, 350.

BVerfG vom 16. Dezember 2014 – 1 BvR 2142/11, BVerfGE 138, 64.

BVerfG vom 15. Dezember 2015 – 2 BvL 1/12, IStR 2016, 191.

Entscheidungen des Europäischen Gerichtshofs für Menschenrechte:
EGMR vom 13 Juli 2006, 38033/02 Nr. 29, NVwZ 2007, 1035.

Entscheidungen des Bundes- und Reichsfinanzhofs:
RFH vom 29. Februar 1940 – III 206/39, RStBl. 1940, 532.

BFH vom 18. Dezember 1963 – I 230/61 S, BFHE 79, 57.

BFH vom 18. September 1968 – I R 56/67, BStBl. II 1968, 797.

BFH vom 13. September 1972 – I R 130/70, BStBl. II 1973, 57.

BFH vom 31. Juli 1974 – I R 27/73, BStBl. II 1975, 61.

BFH vom 1. Februar 1989 – I R 74/86, BStBl. II 1990, 4.

BFH vom 14. März 1989 – I R 20/87, BStBl. II 1989, 649.

BFH vom 29. September 1992 – VII R 56/91, BFHE 169, 564.

BFH vom 13. Juli 1994 – I R 120/93, BStBl. II 1995, 129.

BFH vom 27. August 1997 – I R 127/95, BStBl. II 1998, 58.

BFH vom 29. Oktober 1997 – I R 35/96, BStBl. II 1997, 235.

BFH vom 29. November 2000 – I R 102/99, IStR 2001, 252.

BFH vom 20. März 2002 – I R 38/00, BStBl. II 2002, 819.

BFH vom 17. Dezember 2003 – I R 14/02, IStR 2004, 240.

BFH vom 9. August 2006 – II R 59/05, BStBl. II 2009, 758.

BFH vom 17. Oktober 2007 – I R 96/06, IStR 2008, 262.

BFH vom 2. September 2009 – I R 90/08, IStR 2010, 817.

BFH vom 19. Mai 2010 – I B 191/09, BStBl. II 2011, 156.

BFH vom 19. Mai 2010 – I R 62/09, BFH/NV 2010, 1919.

BFH vom 23. Juni 2010 – I R 71/09, IStR 2010, 701.

BFH vom 8. September 2010 – I R 74/09, BFH/NV 2011, 138.

BFH vom 11. Januar 2012 – I R 27/11, IStR 2012, 313.

BFH vom 10. Januar 2012 – I R 66/09, IStR 2012, 426 sowie die Ergänzung des Vorlagebeschlusses, IStR 2015, 627.

BFH vom 29. August 2012 – I R 7/12, BStBl. II 2013, 89.

BFH vom 11. Dezember 2013 – I R 4/13, BStBl. II 2014, 791.

BFH vom 20. August 2014 – I R 86/13, BStBl. II 2015, 18.

BFH vom 25. Mai 2016 – I R 64/13, IStR 2016, 770.

Entscheidungen der Finanzgerichte:

FG Hamburg vom 15. Januar 1987 – V 124/86, EFG 1987, 161.

FG Bremen vom 10. Februar 2011, 1 K 20/10 (3), DStRE 2011, 679.

FG Hamburg vom 21. August 2013 – 1 K 87/12, EFG 2013, 1932.

FG Düsseldorf vom 11. Oktober 2013 – 13 K 4438/12 E, IStR 2014, 602.

Entscheidungen des Bundesverwaltungsgerichts:

BVerwG vom 12. Juni 1970 – VII C 64.68, BVerwGE 35, 262.

Verzeichnis der Verwaltungsanweisungen

BMF- und OFD-Schreiben:

BMF vom 31. Oktober 1983, IV B 6 – S 2293 – 50/83, BStBl. I 1983, 470.

BMF vom 21. Juli 2005, IV B 1 – S 2411 – 2/05, BStBl. I 2005, 821.

OFD Düsseldorf und Münster vom 18. Juli 2005, S 1301 A – 12 (D), S 1315 – 42 – St 14 – 32 (Ms), IStR 2006, 96.

OFD Frankfurt/Main vom 19. Juli 2006, S – 1301 A – 55 – St 58, DStZ 2006, 708.

BMF vom 16. April 2010, IV B 2 – S 1300/09/10003, Rz. 4.1.3.2 f., BStBl. I 2010, 354.

OFD Münster vom 9. November 2011, S 1301-18-St 45–32, BeckVerw 258004.

BMF vom 20. Juli 2013, IV B 2-S 1400/09/10006, BStBl. I 2013, 980.

BMF vom 26. September 2014, IV B 5-S 1300/09/10003, 2014/0599097, BStBl. I 2014, 1258.

BMF vom 19. Januar 2015, IV B 2-S 1301/07/10017-06, BStBl. I 2015, 128.

Gesetzesmaterialien

Entwurf eines Gesetzes zur Bekämpfung des Mißbrauchs und zur Bereinigung des Steuerrechts (Mißbrauchsbekämpfungs- und Steuerbereinigungsgesetz – StMBG), Bundestag-Drucksache 12/5764 vom 27. September 1993.

Gesetzentwurf der Fraktionen SPD und BÜNDNIS 90/DIE GRÜNEN – Entwurf eines Zweiten Gesetzes zur Änderung steuerlicher Vorschriften (Steueränderungsgesetz 2003 – StÄndG 2003), Bundestag-Drucksache 15/1562 vom 23. September 2003.

Bericht des Finanzausschusses (7. Ausschuss) a) zu dem Gesetzentwurf der Fraktionen SPD und BÜNDNIS 90/DIE GRÜNEN – Drucksache 15/1562 – Entwurf eines Zweiten Gesetzes zur Änderung steuerlicher Vorschriften (Steueränderungsgesetz 2003 – StÄndG 2003) b) zu dem Gesetzentwurf der Bundesregierung – Drucksachen 15/1621, 15/1798 – Entwurf eines Zweiten Gesetzes zur Änderung steuerlicher Vorschriften (Steueränderungsgesetz 2003 – StÄndG 2003), Bundestag-Drucksache 15/1945 vom 6. November 2003.

Bericht des Finanzausschusses (7. Ausschuss) zu dem Gesetzentwurf der Bundesregierung – Drucksachen 16/10189, 16/10494, 16/10665 Nr. 3 – Entwurf eines Jahressteuergesetzes 2009 (JStG 2009), Bundestag-Drucksache 16/11108 vom 27. November 2008.

Gesetzesstand und Abkürzungen

Sämtliche in dieser Arbeit erwähnten Gesetzesangaben beziehen sich vorbehaltlich einer ausdrücklich anders lautenden Angabe im Text auf die jeweils aktuelle Fassung. Rechtsstand ist 8. Februar 2016.

Alle in dieser Arbeit verwendeten Abkürzungen finden sich in Kirchner, Abkürzungsverzeichnis der Rechtssprache, Verlag De Gruyter, 8. Auflage, Berlin/Boston 2015. Nicht in dem Werk erwähnte Abkürzungen werden im Text erläutert.

Finanz- und Steuerrecht in Deutschland und Europa

Herausgegeben von Klaus-Dieter Drüen, Hanno Kube
und Rainer Wernsmann

www.peterlang.com